具体例で理解する

税法条文の見方・読み方

編著	税理士	橋本 清治

著	税理士	河合 由紀子	税理士	仙田 哲也
	税理士	中瀬 進一	税理士	西本 隆文
	税理士	春好 崇樹	税理士	藤本 幸三
	税理士	松本 直哉	税理士	山田 晴彦

清文社

推薦のことば

　社会の進展とともに納税者のニーズが変化し、経済・社会も急激に国際化しており、さらにインターネットが普及し、法律や法令解釈通達、裁判例が容易に入手できる等、税を取り巻く環境は、時代とともに大きく変わりつつあります。
　また、「社会保障・税一体改革」が論議され、「支え合う社会を回復するため」「社会保障の安定財源の確保と財政健全化の同時達成」への第一歩として、消費税率の引上げを柱とする税制全体を通じた改革を行う方針の下、関連法案が国会に提出されました。
　こうした状況の中で、税理士の役割はますます重要なものとなっています。
　ご存じのとおり、税理士は税務に関する専門家として、独立した公正な立場において、申告納税制度の理念に沿って、納税義務者の信頼にこたえ、租税に関する法令に規定された納税義務の適正な実現を図るという公共的な使命を負っています。
　税理士は「税務に関する専門家」としての能力の維持向上を図り、税理士業務の社会的・公共的重要性に鑑み、高度情報化や納税者ニーズの多様化に対応できるように努めなければなりません。
　そのため、「一読して難解、二読して誤解、三読して混迷」と言われている税法を読破し、法的思考力や法的解釈力、法的処理能力を身につける必要があります。
　本書は、事例に対する条文や政令委任している項目から答えを導き出すという体系になっていますので、税理士をめざす方にも大変理解し易いものになっています。
　ベテランの税理士の方も若手税理士の方も一度原点に戻り、税理士をめざしていた頃のように、本書を手にとっていただき、税法の条文と根気よく向き合っていただければ、より日常業務に役立つことになるでしょう。

平成24年5月吉日

税理士　宮田　義見

（近畿税理士会　会長）

はしがき

　「社会保障・税一体改革」が議論され、税はますます身近な問題となっています。

　しかし、税は身近でありながら、法律に関連する政省令、通達、判例等が多岐にわたっており、また毎年の税制改正によって複雑で読みにくいものとなっています。

　「税については、税法に直接あたり、よく条文を読め」と言われています。つまり、税法を学ぶには解説書を読むだけではなく、税法を直接読まなければなりません。

　そこで本書は、「第1編 所得税」「第2編 法人税」「第3編 相続税・贈与税」「第4編 消費税」に分類し、さらに各税目の第1章には、その税目の税体系や基本的な事項のまとめを記載し、第2章以下には、法律の概要や事例を挙げ、「Phase 1　原文を読もう」「Phase 2　キーワードを探そう」「Phase 3　具体例を検討しよう」と段階を踏んで、事例に対する考え方や答えを導き出すという体系となっています。

　「Phase 1　原文を読もう」では、基本となる条文や政令委任している項目、他の条文との関連について調べ、「Phase 2　キーワードで理解しよう」では、その条文又は事例のキーワードとなる言葉をつかみ、キーワードの定義等について確認し、「Phase 3　事例を検討しよう」では、Phase 1・2を踏まえ、事例に対する回答を考えるものとなっています。

　また、本文の中で、その項目のポイントとなることや疑問に思うことなどについてのコメント「ちょっとひとこと」を設け、参考になる判例・法令解釈通達等を随所に記載しています。

　本書が、税理士をめざす方や税法をはじめて学ばれる方、あまり得意でない税目を得意税目にしたいと考えているご同輩税理士にとって、税法を身近に感じ、税法を理解される上で、少しでもお役に立てば幸いと存じます。

本書刊行の機会を与えていただいた株式会社清文社 矢島祐治氏には、終始ご支援をいただきましたことを心よりお礼申し上げます。
　最後に、本書を執筆するにあたり、助言等をいただきました桜志会研修委員会ならびに支援していただいた桜志会会員諸兄の先生方には大変感謝しております。ありがとうございました。

　平成24年5月吉日

税理士　藤原 伸彦

目　次

第1編　所得税

第1章　所得税の基本事項 …………………………………… 2

法律の概要　2

所得税の納税義務　5

課税所得の範囲　8

所得税の計算の順序　16

確定申告と納付　17

青色申告制度　19

●ちょっとひとこと　法律，政省令とは？　4／附則とは？　5／国家公務員が海外勤務した場合は？　6／所得とは？　8／所得の帰属は？　8／納税義務者の区分が異動した場合は？　9／通勤手当は非課税所得？　13／103万円の壁・130万円の壁とは？　14／損益通算とは？　16／居住者の納税地は？　17／納税地の所轄税務署以外へ誤って申告書を提出した場合は？　18／シャウプ勧告と税制改正　20

第2章　収入金額 ……………………………………………… 21

法律の概要　21

具体例から学ぶ①（収入金額に計上する時期と低額譲渡）　23

具体例から学ぶ②（棚卸資産の自家消費・贈与等）　31

●ちょっとひとこと　収入すべき時期は？　22／収入金額と総収入金額の違いは？　22／同時履行の抗弁権とは？　28／法人に対し一の契約により2以上の資産を譲渡した場合の判定は？　29／同族会社等に対する低額譲渡は？　30／個人に対して低額譲渡した場合は？　30／「その他の」と「その他」の違いは？　35／事業所得の基因となる山林とは？　36

第3章　必要経費 ……………………………………………………39

　　法律の概要　39
　　具体例から学ぶ①（家事費、家事関連費）　40
　　具体例から学ぶ②（減価償却〜賃貸用資産を相続した場合〜）　45
　　具体例から学ぶ③（事業資産の損失）　58
　　具体例から学ぶ④（親族に対する対価の支払い）　66
　●ちょっとひとこと　「別段の定め」とは？　39／「債務の確定」をどのように判断すべきか？　40／主たる部分とは？　43／業務の遂行上必要とは？　44／資産の購入代価に含まれるものは？　50／建設等とは？　50／贈与等により取得したものとは？　51／取得の意義とは？　52／親族の有する固定資産は？　61／事業に至らない業務用資産の損失とは？　64／損害賠償金その他これらに類するものとは？　64／保険金で損失の金額が補てんされているときは？　65／この規定の趣旨は？　69／従事期間に含まれない期間は？　71

第4章　課税標準・各種所得金額 ……………………………………73

1．課税標準　73
　　法律の概要　73
　　具体例から学ぶ（総所得金額等と合計所得金額）　73
2．各種所得の金額　82
　　法律の概要　82
　　具体例から学ぶ①（事業所得と給与所得）　84
　　具体例から学ぶ②（不動産所得）　88

第5章　所得控除 ………………………………………………………93

　　法律の概要　93
　　具体例から学ぶ①（災害による損失が生じた場合）　93
　　具体例から学ぶ②（医療費を支払った場合／コンタクトレンズの購入費用）　104
　　具体例から学ぶ③（寡婦控除・扶養控除）　111
　●ちょっとひとこと　生計を一にするとは？　96／雑損控除の適用される親族の

判定はいつ行う？　97／振り込め詐欺による損害は雑損控除の対象になる？
99／補てんされる保険金等は？　101／雑損失の金額が所得金額よりも多い場合
は？　104／雑損控除の適用以外に何かないの？　104／生計を一にする親族の
所得要件は？　107

第6章　所得税法の特例 ……………………………………………………… 115

法律の概要　115

具体例から学ぶ（居住用財産の譲渡損失）　115

第2編　法人税

第1章　法人税の基本事項 ……………………………………………………… 130

法律の概要　130

法人税の納税義務　131

課税所得の範囲　132

確定申告　133

●ちょっとひとこと　事業年度とは？　133／納税地とは？　133／確定した決算
とは？　134／株主総会の承認を得ていない申告書の取扱いは？　134／損金経
理を条件としているものは？　134

第2章　各事業年度の所得の金額 ……………………………………………… 136

法律の概要　136

第3章　益金の額の計算 ………………………………………………………… 138

1．事業年度に算入すべき金額　138

法律の概要　138

具体例から学ぶ（入金が決算期をまたがった場合）　138

2．受取配当等の益金不算入　143

法律の概要　143
　　具体例から学ぶ（益金に算入しなくてよい額とは）　144
●**ちょっとひとこと**　通達の記述は？　141／法人実在説とは？　144／法人擬制説とは？　144

第4章　損金の額の計算 ………………………………………… 154

1．見積費用を未払計上した場合　154
　　法律の概要　154
　　具体例から学ぶ（出金が決算期をまたがった場合）　154
2．所有権移転外リース取引　160
　　法律の概要　160
　　具体例から学ぶ（リースに係る所得の金額）　160
3．資本的支出と修繕費　169
　　法律の概要　169
　　具体例から学ぶ（機械装置のオーバーホールとバージョンアップ）　169
4．役員の給与等　179
　　法律の概要　179
　　具体例から学ぶ①（役員の範囲〜執行役員は役員か〜）　180
　　具体例から学ぶ②（定期同額給与）　182
　　具体例から学ぶ③（事前確定届出給与）　188
5．役員退職給与　194
　　法律の概要　194
　　具体例から学ぶ（会長の退職金の額）　195
6．寄附金　199
　　法律の概要　199
　　具体例から学ぶ（関連会社への寄附金）　200
7．繰越欠損金　209
　　法律の概要　209
　　具体例から学ぶ①（青色申告法人の欠損金の取扱い）　209
　　具体例から学ぶ②（解散した場合の期限切れ欠損金）　216

●ちょっとひとこと　資本等取引とは？　156／売上原価等が確定していない場合は？　157／「債務が確定しているもの」とは？　158／減価償却の方法は？　165／賃貸借処理した場合は？　166／償却費として損金経理した金額に含まれるものは？　168／他人が所有しているものに修理等を行った場合は？　173／税務調査で修繕費と処理していたものが資本的支出とされた場合は？　177／定期同額給与に該当すればすべて損金に算入される？　188／繰越欠損金の損金算入の順序は？　212／残余財産がないことの見込みが変わった場合は？　221

第5章　法人税の特例（措置法）……………………………………… 222

1．交際費等　222
法律の概要　222
具体例から学ぶ（交際費の判定）　222

2．使途秘匿金の支出がある場合の特別税率　232
法律の概要　232
具体例から学ぶ（使途秘匿金の支出）　233

3．中小企業者等が機械等を取得した場合の特別償却又は法人税額の特別控除　238
法律の概要　238
具体例から学ぶ（製造設備を購入し、特別償却を選択した場合）　238

●ちょっとひとこと　必要な記載事項は？　226／使途秘匿金課税とは？　237／医療機械は機械装置？　242

第3編　相続税・贈与税

第1章　相続税の基本事項 ……………………………………… 248

法律の概要　248
相続税の仕組み　248
相続税の申告と納付　252

●**ちょっとひとこと**　相続もしくは遺贈により取得したものとみなされるものは？　250／財産の所在は？　250／養子・特別養子縁組とは？　251／養子が実施とみなされる場合は？　252／相続開始があったことを知った日の特殊な例とは？　253／12月29日、30日、31日が申告期限になる場合は？　253／連帯の納付義務が解除される場合は？　254

第2章　民法の基礎知識（相続人、法定相続分） ……………… 257

法律の概要　257

具体例から学ぶ（相続人が兄弟姉妹だけの場合／被相続人の先妻との間に子があり、その子がすでに亡くなっている場合／認知した非嫡出子と認知していない非嫡出子が存在する場合／異父兄弟がいる場合）　257

●**ちょっとひとこと**　代襲相続人とは？　261／内縁関係とは？　261／相続人がいない場合とは？　262／相続放棄をしなかった場合とは？　262／嫡出である子（嫡出子）と嫡出でない子（非嫡出子）とは？　263／民法の相続分に関連する規定は？　265

第3章　納税義務者と課税財産 ……………………………… 268

1．相続税の納税義務者と課税財産の範囲　268

法律の概要　268

具体例から学ぶ（海外留学者の住所の判定）　268

2．相続税の非課税財産　274

法律の概要　274

具体例から学ぶ（非課税財産の種類、換金性のある仏具等／教育用財産／死亡保険金、死亡退職金）　274

3．相続・遺贈により取得したものとみなす場合　282

法律の概要　282

具体例から学ぶ（みなし相続財産）　282

●**ちょっとひとこと**　納税地は？　272／日本国籍と外国籍とを併有する個人は？　272／毎日の礼拝に欠かせない金の仏像とは？　277／幼稚園等教育用財産の非課税の要件は？　278／保険料の一部を被保険者（被相続人）が負担した場合

は？　286／死亡保険金のうち、被相続人が保険料を負担していない部分がある場合は？　286／退職手当金等で死亡後３年以内に支給が確定しないものは？　287／源泉徴収される所得税の額がある場合は？　287／定期金給付契約に関する権利の価額は？　288／被相続人から取得したものとみなされる金額は？　288／遺族年金の取扱いは？　289／退職手当金が定期金で支給された場合は？　289

第４章　債務控除 ……………………………………………………… 291

　法律の概要　291

　具体例から学ぶ（債務等／葬儀費用）　291

●ちょっとひとこと　控除対象とならない債務は？　295／葬式費用に該当しないものは？　295

第５章　相続税額 ………………………………………………………… 297

１．相続税の総額、相続税の課税価格　297

　法律の概要　297

　具体例から学ぶ（相続税の総額）　297

２．配偶者に対する相続税額の軽減　300

　法律の概要　300

　具体例から学ぶ（課税価格の合計額が１億6,000万円未満／法定相続人が被相続人の配偶者と兄弟の場合／税務調査で指摘された配偶者名義の預金等）　300

３．未成年者控除、障害者控除、相次相続控除、在外財産に対する相続税額の控除　309

　法律の概要　309

　具体例から学ぶ（未成年者控除、障害者控除／控除しきれない金額／相似相続控除／在外財産に対する相続税額の控除）　310

４．相続税額の加算　322

　法律の概要　322

　具体例から学ぶ（税額の２割加算）　322

●ちょっとひとこと　各人の課税価格は？　299／隠ぺい仮装が発覚した場合は？

307／相続に係る被相続人がアメリカ合衆国の国籍を有していた場合は？　316／婚姻による成年とみなされるものの未成年者控除は？　316／相続に係る被相続人がアメリカ合衆国の国籍を有していた場合は？　317／相続の放棄をした者及び相続権を失った者は適用できる？　318／控除すべき金額が算出した金額を超える場合は？　319／外国税額控除に係る税額の邦貨換算時期とレートは？　319

第6章　小規模宅地等についての相続税の課税価格の計算の特例 …………………………………………… 326

　法律の概要　326

　具体例から学ぶ（小規模宅地の相続）　326

●ちょっとひとこと　生計を一とは？　329／青空駐車場は含まれる？　331

第7章　贈与税 …………………………………………………………… 335

1．贈与税の基本事項　335

　法律の概要　335

2．贈与税の非課税財産　340

　法律の概要　340

　具体例から学ぶ（扶養義務者からの生活費、教育費の贈与）　340

3．贈与税の配偶者控除　346

　法律の概要　346

　具体例から学ぶ（婚姻期間が20年以上）　346

●ちょっとひとこと　贈与税の課税の対象は？　337／推定相続人の年齢は？　338／その年の中途に養子になったときは？　338／財産を取得した者が贈与税を納めないときは？　340／生活費又は教育費で通常必要と認められるものは？　344／通常必要と認められるものとは？　344／買ってもらった車を売却した場合は？　345／同一人と再婚した場合は？　349／対象者は1人だけ？　349／贈与を受けた不動産に居住しなければならない？　350

第4編　消費税

第1章　消費税の基本事項 ……………………………………………… 354

第2章　課税の対象・納税義務者 ……………………………………… 355

法律の概要　355
具体例から学ぶ①（海外に所有する絵画を売却した）　356
具体例から学ぶ②（会社員が行った不動産の貸付け）　359
具体例から学ぶ③（試供品の配布）　361
具体例から学ぶ④（株式の配当）　364
具体例から学ぶ⑤（土地の貸付け）　367
具体例から学ぶ⑥（自動車の輸出）　373

●ちょっとひとこと　個人事業者がマイカーを売却した場合は？　361／みなし譲渡とは？　363／輸入取引の場合は？　363／みなし輸入は？　363／譲渡と取り扱わない譲渡は？　364／資産の譲渡等に該当しないものは？　367／不課税、非課税、免税の違いは？　375

第3章　納税義務 ………………………………………………………… 378

1．納税義務の免除と免除の特例　378
法律の概要　378
具体例から学ぶ①（貸ビル業の引継ぎ）　379
具体例から学ぶ②（消費税の還付手続き）　385

2．課税期間　389
法律の概要　389
具体例から学ぶ（年の中途で開業した場合）　390

●ちょっとひとこと　基準期間がない場合（新設法人）は？　382／基準期間によらない場合（特定期間）は？　382／相続財産が未分割の場合は？　383／相続財産が分割された場合は？　383／調整対象固定資産を取得した場合は？　387

／課税期間を短縮している場合の基準期間は？　392

第4章　課税標準 …………………………………………………… 394

　法律の概要　394

　具体例から学ぶ（課税標準額の算定）　394

●ちょっとひとこと　「みなす」と「推定する」の違いは？　398

第5章　税額控除 …………………………………………………… 400

　1．仕入れに係る消費税額の控除　400

　　法律の概要　400

　　具体例から学ぶ（仕入税額控除の対象は）　400

　2．調整対象固定資産　408

　　法律の概要　408

　　具体例から学ぶ（建物を取得した場合）　408

　3．棚卸資産に係る消費税額の調整　417

　　法律の概要　417

　　具体例から学ぶ（棚卸資産に含まれる消費税額）　418

　4．簡易課税制度　423

　　法律の概要　423

　　具体例から学ぶ（簡易課税制度の再適用は）　423

　5．貸倒れに係る消費税額の控除等　436

　　法律の概要　436

　　具体例から学ぶ（貸倒債権に係る消費税額）　436

●ちょっとひとこと　課税売上割合は端数処理するの？　405／課税売上割合に準ずる割合は？　406／課税売上割合に準ずる割合の適用範囲は？　406／全額仕入税額控除のできる課税期間は？　407／一の取引の単位は？　413／前各号に掲げる資産に準ずるものは？　413／調整対象固定資産を転用した場合は？　417／前課税期間において簡易課税制度の適用を受けていた場合は？　422／調整対象固定資産と所有権移転外リースは？　433／裁判所の判断理由は？　434

凡　例

　本書では法令等の名称について、とくに記述のある場合を除き、以下の略記を使用しています。

　　国通　　国税通則法
　　通則令　国税通則法施行令
　　消法　　消費税法
　　消令　　消費税法施行令
　　消規　　消費税法施行規則
　　消基通　消費税法基本通達
　　商　　　商法
　　所法　　所得税法
　　所令　　所得税法施行令
　　所規　　所得税法施行規則
　　措法　　租税特別措置法
　　措令　　租税特別措置法施行令
　　措規　　租税特別措置法施行規則
　　措通　　租税特別措置法関係通達
　　相法　　相続税法
　　相令　　相続税法施行令
　　相基通　相続税法基本通達
　　震災特例法　東日本大震災の被災者等に係る国税関係法律の臨時特例に関する法律
　　法法　　法人税法
　　法令　　法人税法施行令
　　法規　　法人税法施行規則
　　法基通　法人税基本通達
　　民　　　民法

○条文番号の表記
　［例］所得税法第2条第1項第1号…所法2①一

※　本書の記述は、平成24年4月1日時点における法令等の情報によっています。

第1編
所得税

第1章 所得税の基本事項

法律の概要

　所得税法は所得税について、納税義務者、課税所得の範囲、税額の計算の方法、申告、納付及び還付の手続き、源泉徴収に関する事項ならびにその納税義務の適正な履行を確保するため必要な事項を定めています（所法1）。

　所得税の法体系は右頁のとおりです。このように納税義務者を分類し、課税所得の範囲や税額の計算方法を定めています。

　また、法令を読む際には、法令用語について、独自に法律に定めているものなのか、それとも他の法律の借用概念なのか、確認する必要があります。

　所得税法では、第2条に定義規定が設けられています。

法令の読み方

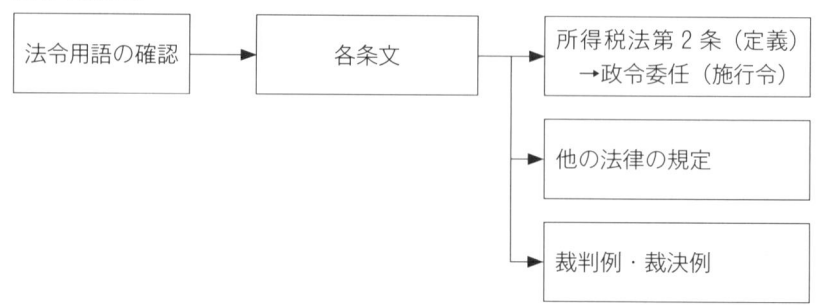

法令用語の確認 → 各条文 → 所得税法第2条（定義）
　　　　　　　　　　　　　　→政令委任（施行令）

　　　　　　　　　　　　　→ 他の法律の規定

　　　　　　　　　　　　　→ 裁判例・裁決例

所得税の法体系

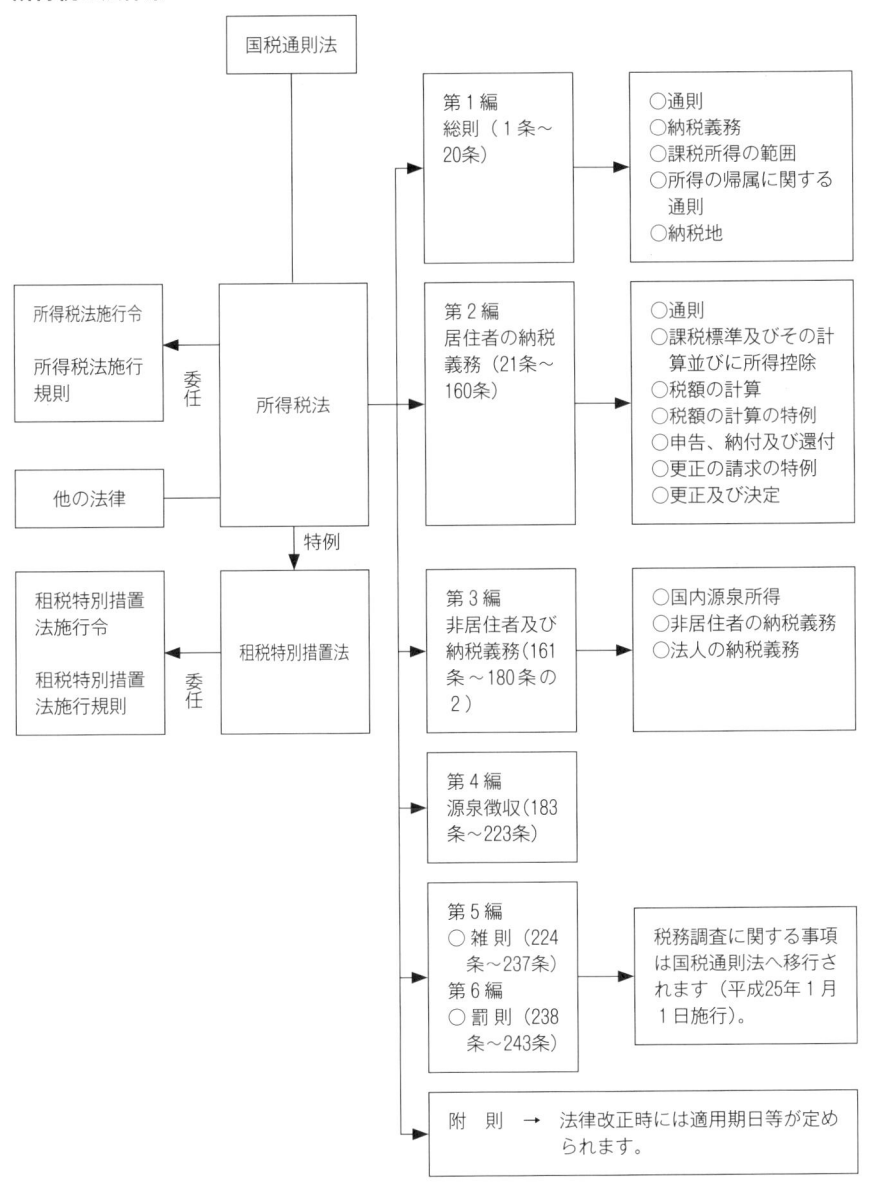

```
                          ┌─────────────┐
                          │ 国税通則法   │
                          └──────┬──────┘
                                 │
                                 ▼
┌──────────────┐          ┌─────────────┐     ┌──────────────────┐     ┌────────────────────┐
│ 所得税法施行令│          │             │     │ 第1編            │     │ ○通則              │
│              │◄── 委任──│             │────►│ 総則（1条～      │────►│ ○納税義務          │
│ 所得税法施行 │          │             │     │ 20条）           │     │ ○課税所得の範囲    │
│ 規則         │          │             │     │                  │     │ ○所得の帰属に関する│
└──────────────┘          │             │     └──────────────────┘     │  通則              │
                          │  所得税法   │                               │ ○納税地            │
                          │             │                               └────────────────────┘
┌──────────────┐          │             │     ┌──────────────────┐     ┌────────────────────┐
│ 他の法律     │─────────►│             │     │ 第2編            │     │ ○通則              │
└──────────────┘          │             │────►│ 居住者の納税     │────►│ ○課税標準及びその計│
                          │             │     │ 義務（21条～     │     │  算並びに所得控除  │
                          └──────┬──────┘     │ 160条）          │     │ ○税額の計算        │
                                 │            │                  │     │ ○税額の計算の特例  │
                                 │ 特例       └──────────────────┘     │ ○申告、納付及び還付│
                                 ▼                                      │ ○更正の請求の特例  │
┌──────────────┐          ┌─────────────┐                               │ ○更正及び決定      │
│租税特別措置  │          │             │                               └────────────────────┘
│法施行令      │◄── 委任──│ 租税特別措置│     ┌──────────────────┐     ┌────────────────────┐
│              │          │ 法          │     │ 第3編            │     │ ○国内源泉所得      │
│租税特別措置  │          │             │────►│ 非居住者及び     │────►│ ○非居住者の納税義務│
│法施行規則    │          │             │     │ 納税義務（161    │     │ ○法人の納税義務    │
└──────────────┘          └─────────────┘     │ 条～180条の      │     └────────────────────┘
                                               │ 2）              │
                                               └──────────────────┘
                                               ┌──────────────────┐
                                               │ 第4編            │
                                               │ 源泉徴収（183    │
                                               │ 条～223条）      │
                                               └──────────────────┘
                                               ┌──────────────────┐     ┌────────────────────┐
                                               │ 第5編            │     │ 税務調査に関する事項│
                                               │ ○雑則（224      │     │ は国税通則法へ移行さ│
                                               │  条～237条）     │────►│ れます（平成25年1月│
                                               │ 第6編            │     │ 1日施行）。        │
                                               │ ○罰則（238       │     └────────────────────┘
                                               │  条～243条）     │
                                               └──────────────────┘
                                               ┌──────────────────────────────────────┐
                                               │ 附　則 → 法律改正時には適用期日等が定め│
                                               │         られます。                   │
                                               └──────────────────────────────────────┘
```

第1章　所得税の基本事項

ちょっとひとこと

法律、政省令とは？

「税」に関する法律のスタートラインは、憲法第30条（国民の納税義務）と憲法第84条（租税法律主義）です。憲法第84条には「あらたに租税を課し、又は現行の租税を変更するには、法律又は法律の定める条件によることを必要とする。」と規定されています。

所得税についての法律、政省令の制定までの流れは次のとおりです。

① 国会

国会は唯一の立法機関（憲法41）ですので、各法律の法案を審議し、制定します。法律には、基本的な事項などが定められ、細部は政令・省令に委任されます。

→所得税法及び所得税法の特例である租税特別措置法が制定されます。

② 内閣

内閣は法律が制定されると、法律の規定を実施するために政令を制定します（憲法73⑥）。「政令には、法律の委任がなければ、義務を課し、又は権利を制限する規定を設けることができない。」とされています（内閣法11）。

→所得税法施行令・租税特別措置法施行令が制定されます。

所得税法施行令の前文には、「内閣は所得税法（昭和40年法律第33号）の規定に基づき、及び同法を実施するため、所得税法施行規則（昭和22年勅令第110号）の全部を改正するこの<u>政令</u>を制定する。」とされています（下線は筆者による。以下同様）。

③ 財務大臣

主任の行政事務について、法律もしくは政令を施行するため、又は法律もしくは政令の特別の委任に基づいて、それぞれの機関の命令として省令を発します（国家行政組織法12①）。「省令には、法律の委任がなければ、罰則を設け、又は義務を課し、若しくは国民の権利を制限する規定を設けることができない。」とされています（国家行政組織法12③）。

→所得税法施行規則・租税特別措置法施行規則が制定されます。

所得税法施行規則の前文には、「所得税法及び所得税法施行令の規定に

基づき、並びに同法及び同令を実施するため、所得税法施行細則（昭和22年大蔵省令第29号）の全部を改正する省令を次のように定める。」とされています。

附則とは？
　法律の規定は「本則」と「附則」から構成されます。本則には、法令の実質的な定めが定められ、附則には本則に定められた事項に付随して必要となる事項が定められています。附則には、施行期日や法律改正による新制度への移行を円滑に行うための経過的な措置や新旧法令の適用関係を明確にするための定め等の事項が規定されますので、注意深く見ていく必要があります。

所得税の納税義務

　納税義務者は、納税者自身が確定申告を行い申告期限内に納付しなければならない申告納税義務者と、納税者に支払う際に源泉所得税を徴収しなければならない源泉徴収義務者があり、個人だけではなく法人も含まれ、広い範囲のものとなっています。
　所得税の納税義務者は、次の（1）～（4）のとおりです。

（1）居住者
　居住者は、所得税を納める義務があります（所法5①）。
　居住者の定義について、所得税法では以下のとおり定めています。

○「居住者」とは
　国内に住所を有し、又は現在まで引き続いて1年以上居所を有する個人をいいます（所法2①三）。
　居住者のうち、日本国籍を有しておらず、かつ、過去10年以内において国内に住所又は居所を有していた期間の合計が5年以下である個人は、非永住者といいます（所法2①四）。

> **ちょっとひとこと**
>
> **国家公務員が海外勤務した場合は？**
>
> 国家公務員又は地方公務員（日本国籍を有しない者その他政令で定める者は除きます）は、国内に住所を有しない期間についても国内に住所を有するものとみなして、適用されます（所法3）。
>
> したがって、国家公務員の場合は非居住者ではなく、居住者ということになります。

居住者及び非居住者との区分（法律と政令との関連）

| 【所法3①かっこ書き】
日本国籍を有しない者その他政令で定める者

【所法3②】
個人が国内に住所を有するかどうかの判定について必要な事項は政令で定める | → | 【所令13】
（国内に住所を有するものとみなされる公務員から除かれる者）
法第3条第1項…に規定する政令で定める者は…

【所令14】
（国内に住所を有する者と推定する場合）

【所令15】
（国内に住所を有しない者と推定する場合） |

（2）非居住者

次の①、②の場合には、所得税を納める義務があります（所法5②）。

① 国内源泉所得（所法161）を有するとき（一定の場合を除きます）

② その引受けを行う法人課税信託の信託に帰せられる内国法人課税所得（所法174各号）の支払いを国内において受けるとき、又はその信託財産に帰せられる外国法人課税所得（所法161一の二〜七又は九〜十二に掲げるもの）の支払いを受けるとき

非居住者の定義について、所得税法では以下のとおり定めています。

> ○「非居住者」とは
> 　居住者以外の個人をいいます（所法2①五）。

（3）内国法人

　国内において内国法人課税所得の支払いを受けるとき、またはその引受けを行う法人課税信託の信託財産に帰せられる外国法人課税所得の支払いを受けるときは、所得税を納める義務があります（所法5③）。

　内国法人・法人課税信託の定義について、所得税法では以下のとおり定めています。

> ○「内国法人」とは
> 　国内に本店又は主たる事務所を有する法人をいいます（所法2①六）。
> ○「法人課税信託」とは
> 　法人税法第2条第29号の2に規定する法人課税信託をいいます（所法2①八の三）。

（4）外国法人

　外国法人課税所得の支払いを受けるとき、またはその引受けを行う法人課税信託の信託財産に帰せられる内国法人課税所得の支払いを国内において受けるときは、所得税を納める義務があります（所法5③）。

　外国法人の定義について、所得税法では以下のとおり定めています。

> ○「外国法人」とは
> 　内国法人以外の法人をいいます（所法2①六）。

＜源泉徴収義務者＞

　給与手当等、利子等・配当等、退職手当等、公的年金等、報酬・料金・契約金などの支払をする者は、その支払いに係る金額につき源泉徴収義務があります（所法6）。

　支払をする者が源泉徴収義務者となり、税務署に源泉徴収した税額を納める

ことになります。

> 課税所得の範囲

　納税義務のある者について、次の①～⑤の区分に応じて所得税が課税されます（所法7）。

① 非永住者以外の居住者

　すべての所得に課税されます。

> **ちょっとひとこと**
>
> **所得とは？**
>
> 　所得については、「所得源泉説」や「純資産増加説」などの学説がありますが、法人税のように益金の額から損金の額を控除し所得金額を算出するものではなく、その発生原因やその発生形態など所得の性質や担税力等により所得を10種類に分類し、それぞれの所得につき、課税されるものと社会政策等により非課税とされるものや免税とされるものとに分類されています。
>
> **所得の帰属は？**
>
> 　所得税法は、「名義人」と「収益を享受する」者が異なる場合には、その所得は「収益を享受する」実質的な所得者に帰属すると定めています（所法12）。このことを「実質所得者課税の原則」といいます。

② 非永住者

　国内源泉所得（所法161）及びこれ以外の所得で国内において支払われ、又は国外から送金されたものに課税されます。

③ 非居住者

　非居住者に対する課税の方法（所法164①各号）に掲げる非居住者の区分に応じた国内源泉所得に課税されます。

④ 内国法人

　国内において支払われる内国法人に係る所得税の課税標準（所法174）に

掲げられているものに課税されます。

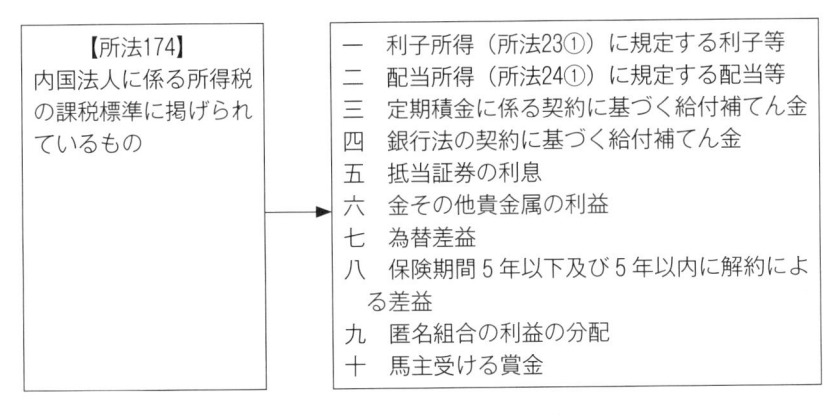

【所法174】 内国法人に係る所得税の課税標準に掲げられているもの	一　利子所得（所法23①）に規定する利子等 二　配当所得（所法24①）に規定する配当等 三　定期積金に係る契約に基づく給付補てん金 四　銀行法の契約に基づく給付補てん金 五　抵当証券の利息 六　金その他貴金属の利益 七　為替差益 八　保険期間5年以下及び5年以内に解約による差益 九　匿名組合の利益の分配 十　馬主受ける賞金

⑤　外国法人

　国内源泉所得のうち、所得税法第161条第1号の2から第7号まで及び第9号から第12号（9～12頁参照）までに掲げるものに課税されます。

ちょっとひとこと

納税義務者の区分が異動した場合は？

　その年に、個人が非永住者以外の居住者、非永住者又は非居住者に対する課税の方法（所法164①各号）に掲げる非居住者の区分のうち2以上のものに該当した場合には、非永住者以外の居住者、非永住者又は非居住者（所法164①各号）であった期間に応じ、それぞれの期間内に生じた所得に対し、所得税が課税されます（所法8）。

【参考】国内源泉所得とは

所得税法第161条
　一　国内において行う事業から生じ、又は国内にある資産の運用、保有若しくは譲渡により生ずる所得（次号から第12号までに該当するものを除く。）その他その源泉が国内にある所得として政令で定めるもの
　一の二　国内において民法第667条第1項（組合契約）に規定する組合契約

（これに類するものとして政令で定める契約を含む。以下この号において同じ。）に基づいて行う事業から生ずる利益で当該組合契約に基づいて配分を受けるもののうち政令で定めるもの

一の三　国内にある土地若しくは土地の上に存する権利又は建物及びその附属設備若しくは構築物の譲渡による対価（政令で定めるものを除く。）

二　国内において人的役務の提供を主たる内容とする事業で政令で定めるものを行う者が受ける当該人的役務の提供に係る対価

三　国内にある不動産、国内にある不動産の上に存する権利若しくは採石法の規定による採石権の貸付け（地上権又は採石権の設定その他他人に不動産、不動産の上に存する権利又は採石権を使用させる一切の行為を含む。）、鉱業法の規定による租鉱権の設定又は居住者若しくは内国法人に対する船舶若しくは航空機の貸付けによる対価

四　第23条第1項（利子所得）に規定する利子等のうち次に掲げるもの
　イ　日本国の国債若しくは地方債又は内国法人の発行する債券の利子
　ロ　外国法人の発行する債券の利子のうち当該外国法人が国内において行う事業に帰せられるものその他の政令で定めるもの
　ハ　国内にある営業所、事務所その他これらに準ずるもの（以下この編において「営業所」という。）に預け入れられた預貯金の利子
　ニ　国内にある営業所に信託された合同運用信託、公社債投資信託又は公募公社債等運用投資信託の収益の分配

五　第24条第1項（配当所得）に規定する配当等のうち次に掲げるもの
　イ　内国法人から受ける第24条第1項に規定する剰余金の配当、利益の配当、剰余金の分配又は基金利息
　ロ　国内にある営業所に信託された投資信託（公社債投資信託及び公募公社債等運用投資信託を除く。）又は特定受益証券発行信託の収益の分配

六　国内において業務を行う者に対する貸付金（これに準ずるものを含む。）で当該業務に係るものの利子（政令で定める利子を除き、債券の買戻又は売戻条件付売買取引として政令で定めるものから生ずる差益として政令で定めるものを含む。）

七　国内において業務を行う者から受ける次に掲げる使用料又は対価で当該業務に係るもの

イ　工業所有権その他の技術に関する権利、特別の技術による生産方式若しくはこれらに準ずるものの使用料又はその譲渡による対価
　　ロ　著作権（出版権及び著作隣接権その他これに準ずるものを含む。）の使用料又はその譲渡による対価
　　ハ　機械、装置その他政令で定める用具の使用料
八　次に掲げる給与、報酬又は年金
　　イ　俸給、給料、賃金、歳費、賞与又はこれらの性質を有する給与その他人的役務の提供に対する報酬のうち、国内において行う勤務その他の人的役務の提供（内国法人の役員として国外において行う勤務その他の政令で定める人的役務の提供を含む。）に基因するもの
　　ロ　第35条第3項（公的年金等の定義）に規定する公的年金等（政令で定めるものを除く。）
　　ハ　第30条第1項（退職所得）に規定する退職手当等のうちその支払を受ける者が居住者であつた期間に行った勤務その他の人的役務の提供（内国法人の役員として非居住者であつた期間に行った勤務その他の政令で定める人的役務の提供を含む。）に基因するもの
九　国内において行う事業の広告宣伝のための賞金として政令で定めるもの
十　国内にある営業所又は国内において契約の締結の代理をする者を通じて締結した保険業法第2条第3項（定義）に規定する生命保険会社又は同条第4項に規定する損害保険会社の締結する保険契約その他の年金に係る契約で政令で定めるものに基づいて受ける年金（第209条第2号（源泉徴収を要しない年金）に掲げる年金に該当するものを除く。）で第8号ロに該当するもの以外のもの（年金の支払の開始の日以後に当該年金に係る契約に基づき分配を受ける剰余金又は割戻しを受ける割戻金及び当該契約に基づき年金に代えて支給される一時金を含む。）
十一　次に掲げる給付補てん金、利息、利益又は差益
　　イ　第174条第3号（内国法人に係る所得税の課税標準）に掲げる給付補てん金のうち国内にある営業所が受け入れた定期積金に係るもの
　　ロ　第174条第4号に掲げる給付補てん金のうち国内にある営業所が受け入れた同号に規定する掛金に係るもの
　　ハ　第174条第5号に掲げる利息のうち国内にある営業所を通じて締結され

た同号に規定する契約に係るもの
　ニ　第174条第6号に掲げる利益のうち国内にある営業所を通じて締結された同号に規定する契約に係るもの
　ホ　第174条第7号に掲げる差益のうち国内にある営業所が受け入れた預貯金に係るもの
　ヘ　第174条第8号に掲げる差益のうち国内にある営業所又は国内において契約の締結の代理をする者を通じて締結された同号に規定する契約に係るもの
十二　国内において事業を行う者に対する出資につき、匿名組合契約（これに準ずる契約として政令で定めるものを含む。）に基づいて受ける利益の分配

（注）下線部分（筆者による）は平成25年1月1日から施行されます。

　国内源泉所得に関する関連条文を見ておきましょう。

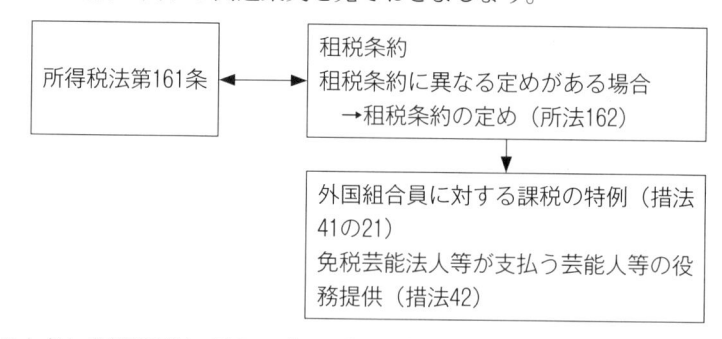

```
┌──────────────┐     ┌──────────────────────────┐
│ 所得税法第161条 │ ←→ │ 租税条約                    │
└──────────────┘     │ 租税条約に異なる定めがある場合 │
                      │   →租税条約の定め（所法162）   │
                      └──────────────────────────┘
                                    ↓
                      ┌──────────────────────────┐
                      │ 外国組合員に対する課税の特例（措法 │
                      │ 41の21）                      │
                      │ 免税芸能法人等が支払う芸能人等の役 │
                      │ 務提供（措法42）               │
                      └──────────────────────────┘
```

　このように租税条約に異なる定めがある場合には、租税条約の定めによるものとされています。

＜非課税所得と免税所得＞

　所得税は、原則すべての所得に対して課税されますが、所得の性質上所得税を課すことが適当でないもの、または租税政策上税を課すことがふさわしくないものがあります。前者を非課税所得、後者を免税所得といいます。

　免税所得は、その所得もいったん所得に含めて所得税の計算をした上で、その所得に対応する税金が控除という計算で免除されます。

　これに対し、非課税所得は、総所得金額の計算には含められていませんので、

当初の所得計算からは除外されます。

所得の区分

所得
- 免税所得
  ・肉用牛の売却による農業所得（措法25）
- 課税所得
- 非課税所得
  ・通勤手当、一定の生活用資産の譲渡、学資に充てるため給付される金品、扶養義務者相互間の扶養義務を履行するための給付される金品、相続・遺贈又は個人から贈与により取得するもの　など（所法9）
  ・障害者等の少額預金の利子所得等（所法10）
  ・措置法に規定するもの
  ・他の法律に規定するもの

ちょっとひとこと

通勤手当は非課税所得？

　給与所得の収入金額について、通勤手当を除くという規定になっていません。

　通勤手当の法的性格を考えてみましょう。民法は、雇用契約について「当事者の一方が相手方に対して労働に従事することを約し、相手方がこれに対してその報酬を与えることを約することによって、その効力を生ずる。」としています（民623）。つまり、労働したことについて給与を支給するという規定になっていますので、通勤費用は本来労働者が負担すべき性格のものです。しかし、就業規則等で通勤手当を支給すると規定すれば、給与となります。

　所得税法では、通勤手当が実費弁償的な性格を有しているため、一定の額を非課税所得としています。

103万円の壁・130万円の壁とは？

扶養親族の範囲について、103万円の壁とか130万円の壁が世間では話題になります。103万円については税の問題です。通勤手当は非課税所得ですので、収入金額から除いて判定します。130万円については社会保険の問題です。通勤手当は賃金として認識しますので、通勤手当を含めたところで判定します。

＜参考＞

「通勤費用が労働契約の原則からいえば労働者が負担すべきものなので、業務費ではなく、その支給基準が定められている限り賃金である」としています（菅野和夫『労働法 第8版』210頁、弘文堂、平成20年4月）。

◀ 参考 ▶

［判例を読む］

○非課税所得について争った裁判例（年金二重課税事件）

最三小平成22年7月6日判決小　平成20年（行ヒ）第16号所得税更正処分取消請求事件（破棄自判）（確定）（納税者勝訴）

［事案の概要］

年金払特約付きの生命保険契約の被保険者でありその保険料を負担していた夫が死亡したことにより、同契約に基づく第1回目の年金として夫の死亡日を支給日とする年金の支払を受けた上告人が、当該年金の額を収入金額に算入せずに所得税の申告をしたところ、長崎税務署長から当該年金の額から必要経費を控除した額を上告人の雑所得の金額として総所得金額に加算することなどを内容とする更正を受けたため、上告人において、当該年金は、相続税法3条1項1号所定の保険金に該当し、いわゆるみなし相続財産に当たるから、所得税法9条1項15号により所得税を課すことができず、上記加算は許されない旨を主張して、上記更正の一部取消しを求めている事案である。

［争点の概要］

本件年金受給権が相続税法3条1項1号のみなし相続財産に当たるか否か、本

件年金が所得税法上の所得に当たるか否か、本件年金が所得税法の所得に当たるとした場合に所得税法9条1項15号により非課税とされるか否かである。

[判示事項の概要]

　当該財産の取得によりその者に帰属する所得とは、当該財産の取得の時における価額に相当する経済的価値にほかならず、これは相続税又は贈与税の課税対象となるものであるから、同号の趣旨は、相続税又は贈与税の課税対象となる経済的価値に対しては所得税を課さないこととして、同一の経済的価値に対する相続税又は贈与税と所得税との二重課税を排除したものであると解される。相続税法3条1項1号は、被相続人の死亡により相続人が生命保険契約の保険金を取得した場合には、当該相続人が、当該保険金のうち被相続人が負担した保険料の金額の当該契約に係る保険料で被相続人の死亡の時までに払い込まれたものの全額に対する割合に相当する部分を、相続により取得したものとみなす旨を定めている。上記保険金には、年金の方法により支払を受けるものも含まれると解されるところ、年金の方法により支払を受ける場合の上記保険金とは、基本債権としての年金受給権を指し、これは同法24条1項所定の定期金給付契約に関する権利に当たるものと解される。そうすると、年金の方法により支払を受ける上記保険金（年金受給権）のうち有期定期金債権に当たるものについては、同項1号の規定により、その残存期間に応じ、その残存期間に受けるべき年金の総額に同号所定の割合を乗じて計算した金額が当該年金受給権の価額として相続税の課税対象となるが、この価額は、当該年金受給権の取得の時における時価（同法22条）、すなわち、将来にわたって受け取るべき年金の金額を被相続人死亡時の現在価値に引き直した金額の合計額に相当し、その価額と上記残存期間に受けるべき年金の総額との差額は、当該各年金の上記現在価値をそれぞれ元本とした場合の運用益の合計額に相当するものとして規定されているものと解される。したがって、これらの年金の各支給額のうち上記現在価値に相当する部分は、相続税の課税対象となる経済的価値と同一のものということができ、所得税法9条1項15号により所得税の課税対象とならないものというべきである。

　この最高裁判決後、特別還付金の支給制度の創設（措法97の2）や相続等に

より定期預金、株式等その他の金融資産を取得した場合、その相続等に係る被相続人等に生じている未実現の利子・配当等は実現段階で相続人等に課税されるという取扱いが法令に規定されました（法法67の4）。

所得税の計算の順序

　所得税の額は、分類された所得を個人に帰属する所得のすべてを総合して課税するものと担税力・社会政策等の理由により他の所得として分離し課税されるものとに区分し、納税者の税負担を軽減するための諸控除や税額控除の規定を適用し、算出する仕組みとなっています。

　具体的には、居住者に対して課する所得税の額は次の①→⑤の順序により計算します（所法21）。

① 　各種所得の金額の計算の規定により、その所得を利子所得、配当所得、不動産所得、事業所得、給与所得、退職所得、山林所得、譲渡所得、一時所得又は雑所得に区分し、これらの所得ごとに所得の金額を計算します。

② 　①の所得の金額を基礎として、損益通算及び損失の繰越控除の規定により総所得金額、退職所得金額及び山林所得金額を計算します。

　（注）総合長期譲渡所得の金額及び一時所得の金額は、これらの金額につき損益通算の適用がある場合には、その適用後の金額の合計額の2分の1に相当する金額とされます。

ちょっとひとこと

損益通算とは？
　損益通算とは、2種類以上の所得があり、その各所得の金額と他の所得の損失の金額とを、一定の順序に従って、差引計算を行うというものです。

③ 　総所得金額、退職所得金額又は山林所得金額から基礎控除その他の所得控除をして課税総所得金額、課税退職所得金額又は課税山林所得金額を計算します。

④　課税総所得金額、課税退職所得金額または課税山林所得金額を基礎として、税率を乗じて所得税の額を計算します。
⑤　配当控除及び外国税額控除、住宅取得等の特別控除などの税額控除を受ける場合には、④の所得税の額に相当する金額からその控除をしたあとの金額をもって所得税の額とします。

確定申告と納付

　その年分の総所得金額等から所得控除の額を控除した課税総所得金額等についてそれぞれ税率を乗じて算出した所得税額の合計額が配当控除の額を超えるときは、税務署長に対し確定申告書を提出しなければならないとされています（所法120）。

　確定申告書を提出した者は、確定申告所得に係る所得税額があるときは、申告書の提出期限までに、所得税を国に納付しなければなりません（所法128）。

（注1）総所得金額等

　　総所得金額等とは、総所得金額、上場株式等に係る配当所得の金額（措法8の4）、分離課税の短期譲渡所得金額、分離課税の長期譲渡所得の金額、株式等の譲渡所得等の金額（上場株式等に係る譲渡損失の繰越控除・特定株式に係る繰越控除の適用後の金額）、先物取引に係る雑所得等の金額（先物取引の差金等決済に係る損失の繰越控除の適用後の金額）、山林所得金額及び退職所得金額の合計額（純損失の繰越控除・雑損失の繰越控除の適用がある場合には適用後の金額）をいいます。

（注2）配当控除の額の読み替え

　　年末調整で控除された住宅借入金等の特別控除額がある場合には、配当控除の額に加えて判定するものとされています（措法41の2の2④二）。

ちょっとひとこと

居住者の納税地は？

　所得税の納税地は、原則として、次の①、②のいずれかの場所とされてい

ます（所法15）。
① 国内に住所を有する場合：その住所地
② 国内に住所を有せず、居所を有する場合：その居所地

所定の届出をすれば、上記の納税地に代えて、次の①、②のいずれかを納税地とすることができます（所法16）。
① 国内に住所のほか居所を有する場合：その居所地
② 国内に住所又は居所を有し、かつ、その住所地または居所地以外の場所に事業場等を有する場合：事業場等

納税地の所轄税務署以外へ誤って申告書を提出した場合は？

確定申告書は納税地を所轄する税務署長へ提出します。もし、誤って所轄税務署以外に提出した場合は無申告になるのかという疑問が生じます。

所得税法では、「税務署長に対し確定申告書を提出しなければならない」と規定されています（所法120）。したがって、納税地の所轄税務署以外に提出した場合でも「納税地の所轄税務署に対し」と規定されていないので、有効な申告書とされます。

また、確定申告については、次のように区分し規定されています。その区分によって、申告書の提出期限や更正の請求の期限が異なります。

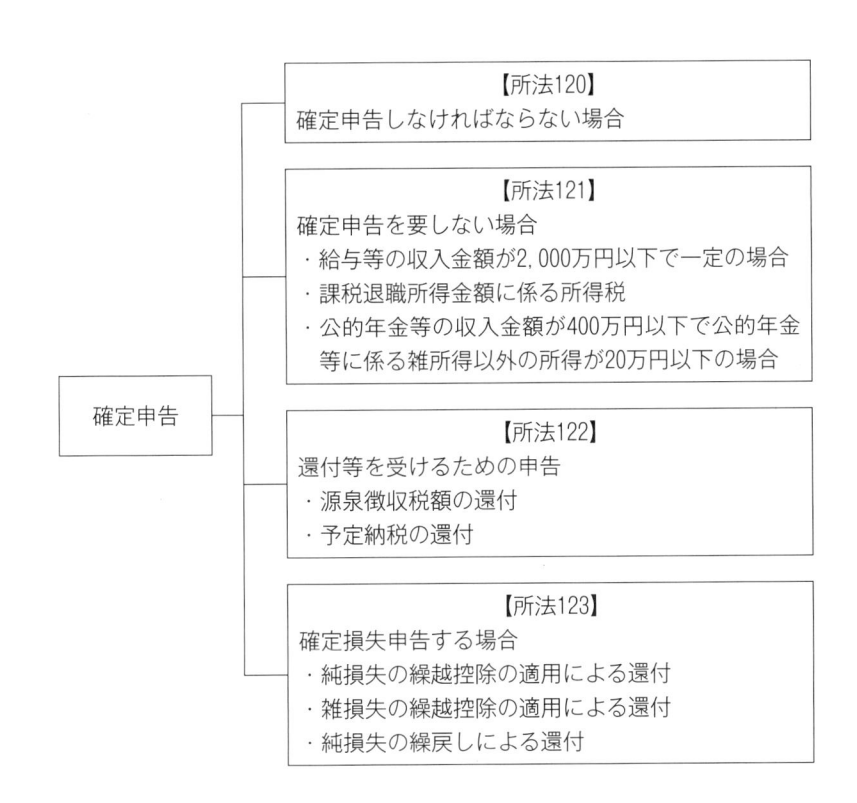

```
                ┌─ 【所法120】
                │  確定申告しなければならない場合
                │
                ├─ 【所法121】
                │  確定申告を要しない場合
                │  ・給与等の収入金額が2,000万円以下で一定の場合
                │  ・課税退職所得金額に係る所得税
                │  ・公的年金等の収入金額が400万円以下で公的年金
                │    等に係る雑所得以外の所得が20万円以下の場合
確定申告 ─┤
                ├─ 【所法122】
                │  還付等を受けるための申告
                │  ・源泉徴収税額の還付
                │  ・予定納税の還付
                │
                └─ 【所法123】
                   確定損失申告する場合
                   ・純損失の繰越控除の適用による還付
                   ・雑損失の繰越控除の適用による還付
                   ・純損失の繰戻しによる還付
```

青色申告制度

青色申告は、いわゆるシャウプ勧告によって創設された制度です。

不動産所得、事業所得又は山林所得を生ずべき業務を行う居住者は、納税地の所轄税務署長の承認を受けた場合には、確定申告書及び当該申告書に係る修正申告書を青色の申告書により提出することができるとされています（所法143）。

青色申告者は、不動産所得、事業所得又は山林所得を生ずべき業務につき備え付ける帳簿書類については、所定の方法に従って行われなければならないとされています（所規56）。

「取引の記録」については、原則として正規の簿記の原則に従い、整然と、

かつ、明りょうに記録し、その記録に基づき、貸借対照表及び損益計算書を作成しなければならないとされています（所規57）。

特典としては、専従者給与・特別償却・準備金の必要経費算入・青色申告特別控除・純損失の繰越し・純損失の繰戻し還付などがあります。

青色申告者に対する更正処分については、税務署長への異議申立てを省略し、直接、国税不服審判所長に審査請求をすることができます。

> **ちょっとひとこと**
>
> **シャウプ勧告と税制改正**
>
> 　日本における長期的・安定的な税制と税務行政の確立を図るため、昭和24年にシャウプ使節団が来日しました。使節団は全国を精力的に視察し、シャウプ勧告書を提出しました。
>
> 　この勧告書の基本原則は、同25年の税制改正に反映され、より現状に即した調整が加えられ、国税と地方税にわたる税制の合理化と負担の適正化が図られました。
>
> 　所得税を税制の根幹に据え、基礎控除額を引き上げて負担の軽減を図ると同時に、その減収分は高額所得者へ富裕税として課税されました。また、申告納税制度の水準の向上を図るための青色申告制度や、容易で確実な納付のための納税貯蓄組合制度も導入されました。
>
> （国税庁ホームページより）

第2章 収入金額

> 法律の概要

　その年分の各種所得の金額の計算上収入金額とすべき金額又は総収入金額に算入すべき金額は、別段の定めがあるものを除き、その年において収入すべき金額とされます（所法36）。

　収入金額の別段の定めには、棚卸資産の自家消費（所法39）、棚卸資産の贈与（所法40）、農産物の収穫（所法41）、収入金額（所法36）、国庫補助金等（所法42、43）、移転等の支出にあてるための交付金（所法44）、減額された外国税額控除（所法44の2）があります。所得税法の別段の定めではありませんが、特例として租税特別措置法に規定されているものがあります。

　収入金額とすべき金額又は総収入金額に算入すべき金額は、その収入の基因となった行為が適法であるか問われないものとされています（所基通36-1）。

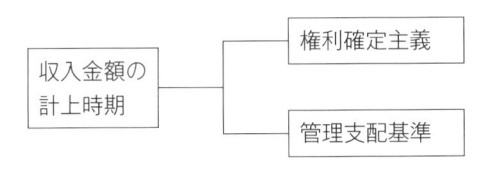

```
収入金額の       ┬── 権利確定主義
計上時期         │
                 └── 管理支配基準
```

　つまり、「法律上の権利の確定」を原則とし、経済的利得を納税者が管理・支配できる状況になっていれば、収入金額に計上します。

　金銭以外の物又は権利その他経済的な利益をもって収入する場合には、その物もしくは権利を取得し、またはその利益を享受する時におけるその金銭以外の物又は権利その他経済的な利益の価額とされています（所法36②）。

> **ちょっとひとこと**
>
> **収入すべき時期は？**
>
> 　収入すべき時期については、具体的に所得税法では規定されていません。そこで、所得税基本通達を参照します。
>
> 　所得税基本通達には、各所得金額の収入すべき時期について、次のとおり定められています。
>
> 　利子所得（所基通36-2）、配当所得（同36-4）、不動産所得（同36-5）、事業所得（同36-8）、給与所得（同36-9）、退職所得（同36-10）、山林所得又は譲渡所得（同36-12）、一時所得（同36-13）、雑所得（同36-14）
>
> **収入金額と総収入金額の違いは？**
>
> 　各種所得に起因する収入が一種類の場合は収入金額、複数の種類がある場合には総収入金額と法令上区分されています。
>
> ＜収入金額とされているもの＞
>
> 　利子所得（所法23）、配当所得（同24）、給与所得（同28）、退職所得（同29）
>
> ＜総収入金額とされているもの＞
>
> 　不動産所得（所法26）、事業所得（同27）、山林所得（同32）、譲渡所得（同33）、一時所得（同34）、雑所得（同35）

　収入すべき時期については、支払いをする者から見ると、いつ支払わなければならないかという問題でもあります。つまり、債権＝債務の関係となります。契約に関する事項については民法、商法などに規定されていますので、見ていく必要があります。

　また、収入すべき時期については、所得税基本通達に規定されていますが、「権利確定主義」「管理支配基準」について参考にしましょう。

◀ 参考 ▶

[判例を読む]

(1) 権利確定主義

「納税者が恣意的に所得の帰属を操作する余地を排して、課税の公平を図ることができる。収入の原因と怠る権利が確定する時期はそれぞれの権利の特質を考慮して決定されるべきである」（平成18年12月5日山形地裁判決、平成19年9月25日最高裁上告棄却）

(ＴＡＩＮＳ Z888-1360、ＴＡＩＮＳ Z888-135)

(2) 管理支配基準

「土地の所有者である被控訴人らは、国から本件損失補償金の一括支払を受けているというのであるから、被控訴人らは、支払を受けた日以後は、本件損失補償金全額を事実上支配管理しうる状況にそったというべきであり、…被控人らが本件損失補償金のうち未使用期間に相当するものを固に返還する義務が発生するか否かといった事情は考慮する必要がある」（平成10年11月10日最高裁判決）

(ＴＡＩＮＳ Z239-8276)

具体例から学ぶ①

[事例] 収入金額に計上する時期と低額譲渡

平成23年12月26日、私はＡ株式会社と土地及び建物を譲渡する旨の売買契約を締結しました。平成24年2月26日、土地及び建物の代金残額を受領し、Ａ株式会社に対して土地及び建物を引き渡しました。

この場合の収入金額の計上時期はいつでしょうか？

なお、不動産の譲渡価額は2,000万円、時価は5,000万円です。

＜適用条文：所得税法第33条・第36条・第59条＞

Phase 1　原文を読もう

はじめに、条文をそのまま読んでみましょう。

第2章　収入金額　23

(譲渡所得)
所得税法第33条　譲渡所得とは、資産の譲渡（建物又は構築物の所有を目的とする地上権又は賃借権の設定その他契約により他人に土地を長期間使用させる行為で政令で定めるものを含む。以下この条において同じ。）による所得をいう。
　(以下省略)

(収入金額)
第36条　その年分の各種所得の金額の計算上収入金額とすべき金額又は総収入金額に算入すべき金額は、別段の定めがあるものを除き、その年において収入すべき金額（金銭以外の物又は権利その他経済的な利益をもって収入する場合には、その金銭以外の物又は権利その他経済的な利益の価額）とする。
　(以下省略)

(贈与等の場合の譲渡所得等の特例)
第59条　次に掲げる事由により居住者の有する山林（事業所得の基因となるものを除く。）又は譲渡所得の基因となる資産の移転があつた場合には、その者の山林所得の金額、譲渡所得の金額又は雑所得の金額の計算については、その事由が生じた時に、その時における価額に相当する金額により、これらの資産の譲渡があったものとみなす。
　一　贈与（法人に対するものに限る。）又は相続（限定承認に係るものに限る。）若しくは遺贈（法人に対するもの及び個人に対する包括遺贈のうち限定承認に係るものに限る。）
　二　著しく低い価額の対価として政令で定める額による譲渡（法人に対するものに限る。）
2　居住者が前項に規定する資産を個人に対し同項第2号に規定する対価の額により譲渡した場合において、当該対価の額が当該資産の譲渡に係る山林所得の金額、譲渡所得の金額又は雑所得の金額の計算上控除する必要経費又は取得費及び譲渡に要した費用の額の合計額に満たないときは、その不足額は、その山林所得の金額、譲渡所得の金額又は雑所得の金額の計算上、なかったものとみなす。

政令との関係を見てみましょう。

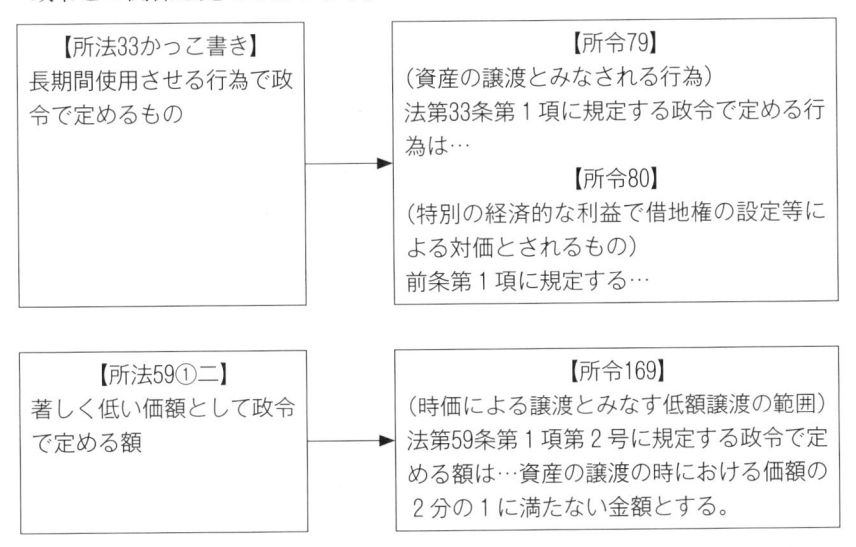

【所法33かっこ書き】 長期間使用させる行為で政令で定めるもの	→	【所令79】 (資産の譲渡とみなされる行為) 法第33条第1項に規定する政令で定める行為は… 【所令80】 (特別の経済的な利益で借地権の設定等による対価とされるもの) 前条第1項に規定する…
【所法59①二】 著しく低い価額として政令で定める額	→	【所令169】 (時価による譲渡とみなす低額譲渡の範囲) 法第59条第1項第2号に規定する政令で定める額は…資産の譲渡の時における価額の2分の1に満たない金額とする。

次に、所得税法第59条のかっこ書きを見ていきましょう。

① 山林→「事業所得の基因となるものを除く。」

> ○「事業所得の起因となるもの」とは
> 　製材業者又は立木を売買することを業とする者が保有する山林で、その取得の日以後5年を経過していないものをいいます（所基通40-1）。

② 贈与→「法人に対するものに限る。」

> ○「贈与」とは
> 　贈与は当事者の一方が自己の財産を無償で相手方に与える意思を表示し、相手方が受諾をすることによって、その効力が生ずる契約をいいます（民549）。
> 　書面によらない贈与は、各当事者が撤回することができます。ただし、履行の終わった部分については撤回することはできません（民550）。

③ 相続→「限定承認に係るものに限る。」

> ○「限定承認」とは
> 　相続人は、相続によって得た財産の限度においてのみ被相続人の債務及び遺贈を弁済すべきことを留保して、相続の承認をすることができます（民922）。
> 　相続人が数人あるときは、限定承認は、共同相続人の全員が共同してのみこれをすることができます（民923）。
> 　相続人は、（限定承認をしようとするときは自己のために相続の開始があったことを知った時から3か月以内に、）相続財産の目録を作成して家庭裁判所に提出し、限定承認をする旨を申述しなければなりません（民924）。

④　遺贈→「法人に対するもの及び個人対する遺贈のうち限定承認に係るものに限る。」

> ○「遺贈」とは
> 　遺言により無償で他人に財産を与える行為をいいます。
> 　遺贈には、包括遺贈、つまり、遺産全体に対する分量的割合で行われる遺贈と特定遺贈、つまり、特定の財産を与えることを内容とする遺贈があります（民964）。
> 　なお、包括受遺者は相続人と同じ権利・義務をもつものとされています（民990）。

⑤　譲渡→「法人に対するものに限る。」

> ○「資産の譲渡」とは
> 　資産とは、一般にその経済的価値が認められて取引の対象とされ、資産の増加益の発生が見込まれるようなすべての資産を含むと解され、譲渡とは、有償であると無償であるとを問わず、一般に所有権その他の権利の移転を広く含むものと解されています（名古屋地裁平成17年7月27日判決）。

　このように分解してみると、「対象資産が何か？」「どのような取引が適用を受けるのか？」ということが見えてきます。

Phase 2　キーワードで理解しよう

　次に、キーワードをつかむことにより理解しやすくなります。

キーワードは、(1) 総収入金額に算入すべき金額、(2) 法人に対する譲渡、です。

(1) 総収入金額に算入すべき金額

所得税の納税義務は、暦年終了の時とされています（国通15②一）。いわゆる暦年基準を採用していますので、どの年に収入金額を計上するのかが問題となります。所得税法は「総収入金額に算入すべき金額」と規定しますが、いつの時期を示しているのか、明確に規定はされていません。

事例は不動産を譲渡していますので、譲渡所得ということになります。

譲渡所得の総収入金額の収入すべき時期については、所得税基本通達36-12に規定されています。

その通達を見てみましょう。

「山林所得又は譲渡所得の総収入金額の収入すべき時期は、山林所得又は譲渡所得の基因となる資産の引渡しがあった日によるものとする。ただし、納税者の選択により、当該資産の譲渡に関する契約の効力発生の日…により総収入金額に算入して申告があったときは、これを認める。」としています。

また、「譲渡所得の総収入金額の収入すべき時期は、資産の譲渡の当事者間で行われる当該資産に係る支配の移転の事実（例えば、土地の譲渡の場合における所有権移転登記に必要な書類等の交付）に基づいて判定をした当該資産の引渡しがあった日によるのであるが、当該収入すべき時期は、原則として譲渡代金の決済を了した日より後にはならないのであるから留意する。」としています（注書き1）。

収入すべき時期の考え方については、「資産の引渡しがあった時を収入すべき時期とする取扱いを基準として採用しているのは売主が資産の引渡しを行った場合には、買主にはもはや同時履行の抗弁権を主張する立場にならないから売主に譲渡代金の請求権が確定的に帰属し、この時点において、売主は資産の譲渡による利得を支配し得る状況に至ったとの考え方によるものと理解されている」（後藤昇ほか『所得税基本通達逐条解説（平成24年版）』大蔵財務協会、平成

第2章 収入金額　27

24年2月）と説明されています。

> **ちょっとひとこと**
>
> **同時履行の抗弁権とは？**
>
> 　双務契約の当事者の一方が、相手方においてその債務の履行を提供するまでは、自己の債務の履行を拒むことができる権利をいいます（民533）。
>
> 　不動産の売買の場合、売主は買主がその代金を支払うまでは、目的物の引渡しや所有権移転登記の協力を拒むことができるというものです。

　このように、譲渡所得の総収入金額の算入すべき時期については、原則、引渡しの日、例外として契約の効力発生の日ということになります。

◀ **参考** ▶

［裁決例を読む］
○譲渡所得の収入すべき時期について

> 　「譲渡所得の収入すべき時期については、当該資産の所有権が相手方に移転した時期が、重要な要素となることはいうまでもないが、課税の公平や担税力に応じた課税の実現という見地からすると、所有権の移転という法的評価だけでなく、資産の増加益の利得という経済的利益の確定的に発生する時期が、いつであるかについても考慮を払う必要があり、これらを総合して収入すべき時期を判定するのが相当である。」
>
> 　「所得税基本通達36-12によれば、譲渡所得の総収入金額の収入すべき時期は、譲渡所得の基因となる資産の引渡しがあった日によるものとされているが、当該資産の譲渡に関する契約の効力発生の日により総収入金額に算入して申告があったときは、これを認めるとされている。一般論としては、資産の引渡しがあれば、それまでに所有権が移転しているのが通常であり、また、引渡しによって売買代金を相手方に請求できることが確定的になることから、引渡しの日をもって譲渡所得の総収入金額を収入すべき時期であるとすることは、合理性があると認めら

れる。」
　「また、通常、譲渡に関する契約の効力発生の日は、資産の引渡しの日に先行することから、納税者がこの収入すべき時期を譲渡に関する契約の効力発生の日として申告した場合は、これを認めることも相当である（平成4年3月31日、裁決事例集 No.43・96頁）。

（2）法人に対する譲渡

　法人に対して譲渡した場合、譲渡所得の基因となる資産の移転があった場合には、その者の譲渡所得の金額の計算については、次の①～③の事由が生じた時に、その時における価額に相当する金額により、これらの資産の譲渡があったものとみなされます。

① 法人に対する贈与
② 法人に対する遺贈
③ 著しく低い価額の対価（時価の2分の1に満たない額）による譲渡

> **ちょっとひとこと**
>
> **法人に対し一の契約により2以上の資産を譲渡した場合の判定は？**
>
> 　法人に対し一の契約により2以上の資産を譲渡した場合において、当該資産の譲渡が低額譲渡に該当するかどうかを判定するときは、たとえ、当該契約において当該譲渡した個々の資産の全部又は一部について対価の額が定められている場合であっても、当該個々の資産ごとに判定するのではなく、当該契約ごとに当該契約により譲渡したすべての資産の対価の額の合計額を基として判定するものとされています（所基通59-4）。

Phase 3　事例を検討しよう

（1）総収入金額に計上すべき時期について

　総収入金額の計上すべき時期については、原則として引き渡した日とされて

いますので、「平成24年2月26日」となります。また、納税者の選択により契約の効力が生ずる日、つまり「平成23年12月26日」でもよいことになります。

（2）法人への譲渡について

A株式会社へ不動産を譲渡していますので、譲渡対価が著しく低い価額（時価の2分の1未満）かどうかについて検討していく必要があります。

本事例の場合、時価5,000万円の不動産を2,000万円で譲渡していますので、以下のとおり、著しく低い価額で法人に対して譲渡したことになります。

$$5,000万円 \times \frac{1}{2} = \underset{時価}{2,500万円} > \underset{譲渡価額}{2,000万円}$$

したがって、譲渡所得の収入すべき金額は、時価の5,000万円となります。

> **ちょっとひとこと**
>
> **同族会社等に対する低額譲渡は？**
>
> 譲渡所得の起因となる資産を法人に対し時価の2分の1以上の対価で譲渡した場合には、低額譲渡の適用はありません。
>
> ただし、時価の2分の1以上の対価による法人の譲渡であっても、その譲渡が「同族会社等の行為又は計算の否認」（所法157）の規定に該当する場合には、税務署長の認めるところによって、当該資産の時価に相当する金額により譲渡所得の金額を計算することができるものとされています（所基通59-3）。
>
> **個人に対して低額譲渡した場合は？**
>
> 個人が資産を個人に対し、低額譲渡した場合において、その対価の額が必要経費又は取得費及び譲渡に要した費用の額の合計額に満たないとき、つまり損失になったときは、その山林所得の金額、譲渡所得の金額又は雑所得の金額の計算上、なかったものとみなされます（所法59②）。
>
> また、著しく低い価額の対価で譲り受けた個人については、財産の時価と支払った対価の額との差額について贈与税の課税がされます（相法7）。

具体例から学ぶ②

【事例】棚卸資産の自家消費・贈与等

私は、スーパーを営んでいます。ある日、店で販売している商品を自宅の夕食のおかずに使用しました。また、店の商品を得意先に贈答用に使用しました。

この場合、どのような取扱いになるのでしょうか？

なお、夕食にした商品の販売価額は20,000円、仕入価額16,000円です。贈答用にした商品の販売価額は50,000円、仕入価額は30,000円です。

<適用条文：所得税法第39条・第40条>

Phase 1 原文を読もう

はじめに、条文をそのまま読んでみましょう。

（たな卸資産等の自家消費の場合の総収入金額算入）
所得税法第39条　居住者がたな卸資産（これに準ずる資産として政令で定めるものを含む。）を家事のために消費した場合又は山林を伐採して家事のために消費した場合には、その消費した時におけるこれらの資産の価額に相当する金額は、その者のその消費した日の属する年分の事業所得の金額、山林所得の金額又は雑所得の金額の計算上、総収入金額に算入する。

（たな卸資産の贈与等の場合の総収入金額算入）
第40条　次の各号に掲げる事由により居住者の有するたな卸資産（事業所得の基因となる山林その他たな卸資産に準ずる資産として政令で定めるものを含む。以下この条において同じ。）の移転があつた場合には、当該各号に掲げる金額に相当する金額は、その者のその事由が生じた日の属する年分の事業所得の金額又は雑所得の金額の計算上、総収入金額に算入する。
一　贈与（相続人に対する贈与で被相続人である贈与者の死亡により効力を生

第2章　収入金額　31

ずるものを除く。)又は遺贈(包括遺贈及び相続人に対する特定遺贈を除く。) 当該贈与又は遺贈の時におけるそのたな卸資産の価額
　二　著しく低い価額の対価による譲渡　当該対価の額と当該譲渡の時におけるそのたな卸資産の価額との差額のうち実質的に贈与をしたと認められる金額
2　居住者が前項各号に掲げる贈与若しくは遺贈又は譲渡により取得したたな卸資産を譲渡した場合における事業所得の金額、山林所得の金額、譲渡所得の金額又は雑所得の金額の計算については、次に定めるところによる。
　一　前項第1号に掲げる贈与又は遺贈により取得したたな卸資産については、同号に掲げる金額をもつて取得したものとみなす。
　二　前項第2号に掲げる譲渡により取得したたな卸資産については、当該譲渡の対価の額と同号に掲げる金額との合計額をもつて取得したものとみなす。

政令との関連を見ていきましょう。

【所法39】	【所令86】
たな卸資産(これに準ずる資産として政令で定めるものを含む。)	(自家消費の場合のたな卸資産に準ずる資産の範囲) 法第39条に規定する政令で定めるものは、第81条各号(譲渡所得の起因とされないたな卸資産に準ずる資産)に掲げる資産(山林を除く。)とする。 →【所令81】 　法第33条第2項第1号に規定する政令で定めるものは… 　一　不動産所得、山林所得又は雑所得を生ずべき業務に係る第3条各号に掲げる資産に準ずる資産 　＜棚卸資産の定義参照→33頁＞。 　二　減価償却資産で第138条(少額減価償却資産の取得価額の必要経費算入)の規定に該当するもの(同条に規定する取得価額が10万円未満であるもののうち、その者

	三　減価償却資産で第139条第1項（一括償却資産の必要経費算入）の規定の適用を受けたもの（その者の業務の性質上基本的に重要なものを除く。）
【所法40】 その他たな卸資産に準ずる資産として政令で定めるものを含む	【所令87】 (贈与等の場合のたな卸資産に準ずる資産の範囲) 法第40条第1項に規定する政令で定めるものは、前条に規定する資産及び事業所得に起因となる有価証券とする。 →前条＝第86条（上記参照）

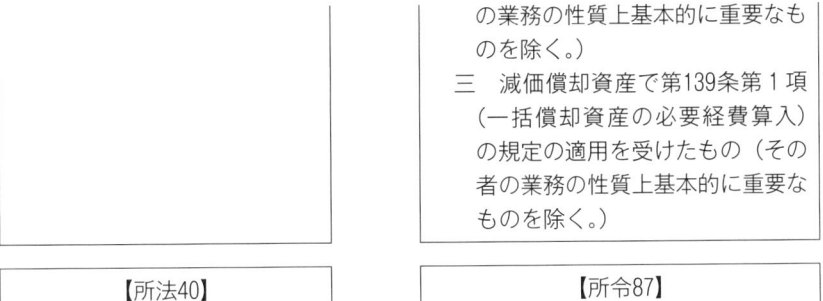

（の業務の性質上基本的に重要なものを除く。）

次に、所得税法第40条のかっこ書きを見てみましょう。

① 贈与→「相続人に対する贈与で被相続人である贈与者の死亡により効力を生ずるものを除く。」

② 遺贈→「包括遺贈及び相続人に対する特定遺贈を除く。」

このように、かっこ書きを見ると、贈与・遺贈から除かれるものがわかります。

Phase 2　キーワードで理解しよう

次に、キーワードをつかむことにより理解しやすくなります。
キーワードは、（1）棚卸資産等、（2）自家消費・贈与等、です。

（1）棚卸資産等

棚卸資産等の自家消費・贈与等した場合の取扱いについて定められたものです。棚卸資産の定義について、見ていきましょう。

> ○「棚卸資産」とは
> 【所法2十六】
> 　事業所得を生ずべき事業に係る商品、製品、半製品、仕掛品、原材料、その他の資産（有価証券及び山林を除く。）で棚卸しをすべきものとして<u>政令で定めるもの</u>をいう。
>
> ⇩
>
> 【所令3】（棚卸資産の範囲）
> 　法第2条第1項第16号…に規定する<u>政令で定める資産</u>は、次に掲げる資産とする。
> 　一　商品又は製品（副産物及び作業くずを含む。）
> 　二　半製品
> 　三　仕掛品（半成工事を含む。）
> 　四　主要原材料
> 　五　補助原材料
> 　六　消耗品で貯蔵中のもの
> 　七　前各号に掲げる資産に準ずるもの

　次に、「前各号に掲げる資産に準ずるもの」という規定になっていますので、どのようなものが該当するのか検討する必要があります。

　この点について、所得税基本通達2-13に例示されていますので、参考にしましょう。

> ①　飼育又は養殖中の牛、馬、豚、家きん、魚介類等の動物
> ②　定植前の苗木
> ③　育成中の観賞用の植物
> ④　まだ収穫しない水陸稲、麦、野菜等の立毛及び果実
> ⑤　養殖中ののり、わかめ等の水産植物でまだ採取されないもの
> ⑥　仕入等に伴って取得した空き缶、空き箱、空き瓶等

　したがって、前各号に掲げる資産に準ずるものは、上記のような資産で、一般に販売（家事消費を含む）の目的で保有されるものが含まれるもの、という

ことになります。

> **ちょっとひとこと**
>
> **「その他の」と「その他」の違いは？**
>
> 　「その他の」は、「その他の」の文言のすぐ前に記載されているものが含まれ、一例示をする場合に用いるとされています。一方「その他」は、並列的な例示をする場合に用いるとされています。
>
> 　例えば、棚卸資産の定義は「商品、製品、半製品、仕掛品、原材料、その他の資産で棚卸しをすべきものとして政令で定めるもの」となっています。
>
> 　したがって、
> ・商品、製品、半製品、仕掛品、原材料は例示しています
> ・かっこ書きで有価証券及び山林を除いています
> ・「政令で定める資産は次に掲げる資産」としています
>
> ということで、棚卸資産の範囲は、所得税法で除いたもの以外で、政令で規定されるものとなります。

（2）棚卸資産等の自家消費・贈与等
① 棚卸資産等の自家消費

　棚卸資産を家事のために消費した場合には、その消費した時におけるこれらの資産の価額に相当する金額は、その者のその消費した日の属する年分の事業所得の金額の計算上、総収入金額に算入されます。

　総収入金額に算入される金額は、資産の価額に相当する金額とされています。資産の価額に相当する金額は、法令には規定されていないので、所得税基本通達を参照します。

　消費したものが販売用の資産の場合には、消費の時の通常他に販売する価額、その他の資産の場合には消費の時の通常売買される価額とされています（所基通39-1）。

　特例として、当該棚卸資産の取得価額以上の金額をもってその備え付ける帳簿の記載を行い、これを総収入金額に算入しているときは、著しく低い価額で

ない限り、認められます（所基通39-2）。

> ○「自家消費時の資産の価額」は
> ・原則：通常の販売価額
> ・特例：取得価額（販売価額の70％以上の場合）

② 棚卸資産の贈与等

贈与又は遺贈や著しく低い価額の対価による譲渡により居住者の有する棚卸資産の移転があった場合には、その事由が生じた日の属する年分の事業所得の金額又は雑所得の金額の計算上、総収入金額に算入するものとされています。

低額譲渡の趣旨は譲渡の形式をとっている場合でも、実質的に部分的な贈与をしたと認められる行為について、課税するものです（所基通40-2注書き）。

(注) 条文のかっこ書き・政令により、次のものは除かれます。
　① 贈与…相続人に対する贈与で被相続人である贈与者の死亡により効力を生ずるものが除かれます。
　② 遺贈…包括遺贈及び相続人に対する特定遺贈が除かれます。
　③ 棚卸資産…事業所得の基因となる山林その他棚卸資産に準ずる資産として政令で定めるものが含まれます。

●ちょっとひとこと

事業所得の基因となる山林とは？
製材業者又は立木を売買することを業とする者が保有する山林で、その取得の日以後5年を経過していないものをいいます（所基通40-1）。

総収入金額に算入される金額は、資産の価額に相当する金額とされています。資産の価額については、自家消費と同様に法令には規定されていないので、所得税基本通達を参照します。

贈与したものが販売用の資産の場合には、贈与の時の通常他に販売する価額、その他の資産の場合には消費の時の通常売買される価額とされています（所基

通39-1）。

　特例として、当該棚卸資産の取得価額以上の金額をもってその備え付ける帳簿の記載を行い、これを総収入金額に算入しているときは著しく低い価額でない限り、認められます（所基通39-2）。

　贈与又は遺贈の場合の総収入金額に算入される額は、次のとおりです。

> ＜贈与又は遺贈の時の棚卸資産の価額＞
> ・原則：通常の販売価額
> ・特例：取得価額（販売価額の70％以上の場合）

　また、著しく低い価額の対価については、法文で明確に規定はされていません。そこで、所得税基本通達を参考にしましょう。

　所得税基本通達40-2に、著しく低い価額の対価による譲渡の意義があります。

　「著しく低い価額の対価による譲渡」とは、「通常の価額（所基通39-1に定める価額）のおおむね70％に相当する金額に満たない対価により譲渡する場合の当該譲渡をいうものとする」とされています。

　つまり、著しく低い価額の対価とは、通常の価額の70％未満の価額ということになります。

　著しく低い価額の対価による譲渡を行った場合の総収入金額に算入される額は、次のとおりです。

> ・原則：対価の額－譲渡の時におけるその棚卸資産の価額
> ・特例：通常の販売価額×70％－対価の額（所基通40-3）

Phase 3　事例を検討しよう

（1）自家消費

　自家消費した商品の総収入金額に算入すべき金額は、自家消費した時の価額ですが、特例を使用します。

第2章　収入金額　37

```
  販売価額                    仕入価額（取得価額）
  20,000円×70％＝14,000円    ＜    16,000円
  ∴ 16,000円
```

　上記のとおり、本事例の場合、総収入金額に算入される金額は16,000円ということになります。

（2）贈与

　贈与した商品の総収入金額に算入すべき金額は、贈与した時の価額ですが、特例を使用します。

```
  販売価額                    仕入価額（取得価額）
  50,000円×70％＝35,000円    ＞    30,000円
  ∴ 35,000円
```

　上記のとおり、本事例の場合、総収入金額に算入される金額は35,000円ということになります。

第3章 必要経費

法律の概要

その年分の不動産所得の金額、事業所得の金額又は雑所得の金額の計算上必要経費に算入すべき金額は、

「別段の定めがあるものを除き、これらの所得の総収入金額に係る売上原価その他当該総収入金額を得るため直接に要した費用の額及びその年における販売費、一般管理費その他これらの所得を生ずべき業務について生じた費用（償却費以外の費用でその年において債務の確定しないものを除く）の額」

とされています（所法37）。

つまり、直接に要した費用の額と間接に要した費用の額に区分し、必要経費に算入すべき金額について規定しています。また、別段の定めがあるものを除き、償却費以外の費用については、その年に債務の確定していないものは必要経費に算入しないということになります（所基通37-1）。

> **ちょっとひとこと**
>
> **「別段の定め」とは？**
>
> 別段の定めには、次のものがあります。
> ・家事関連費等（所法45）
> ・所得税額から控除する外国税額控除（所法46）
> ・棚卸資産の売上原価等の計算（所法47）
> ・有価証券の譲渡原価等の計算（所法48）
> ・減価償却資産の償却費の計算（所法49）

- 繰延資産の償却費の計算（所法50）
- 資産損失（所法51）
- 各引当金（所法52・53・54）
- 事業から対価を受ける親族（所法56・57）
- 事業の廃止（所法63）

所得税法上の別段の定めではありませんが、租税特別措置法上の特別償却・準備金（措法10の2～15・20～24の2）があります。

「債務の確定」をどのように判断すべきか？

債務の確定については、次のように判断されています（所基通37-2）。

① その年の12月31日（年の中途において死亡し又は出国をした場合には、その死亡又は出国の時）までにその費用に係る債務が成立していること。

② その年の12月31日までに、その債務に基づいて具体的な給付をすべき原因となる事実が発生していること。

③ その年の12月31日までに、その金額を合理的に算定することができるものであること。

具体例から学ぶ①

[事例] 家事費、家事関連費

私は、3階建ての店舗併用住宅（150㎡）を賃借して飲食店を営んでいます。店舗部分は1階（54㎡）で、2階と3階（各48㎡）は居宅部分として使用しています。店舗併用住宅の家賃は月額400,000円です。

事業所得の必要経費に算入することができる家賃は、月額いくらになるでしょうか？

<適用条文：所得税法第45条>

Phase 1　原文を読む

はじめに、条文をそのまま読んでみましょう。

(家事関連費等の必要経費不算入等)
所得税法第45条　居住者が支出し又は納付する次に掲げるものの額は、その者の不動産所得の金額、事業所得の金額、山林所得の金額又は雑所得の金額の計算上、必要経費に算入しない。
一　家事上の経費及びこれに関連する経費で政令で定めるもの
二　所得税（不動産所得、事業所得又は山林所得を生ずべき事業を行う居住者が納付する第131条第3項（確定申告税額の延納に係る利子税）又は第136条（延払条件付譲渡に係る所得税額の延納に係る利子税）の規定による利子税で、その事業についてのこれらの所得に係る所得税の額に対応するものとして政令で定めるものを除く。）
三　所得税以外の国税に係る延滞税、過少申告加算税、無申告加算税、不納付加算税及び重加算税並びに印紙税法（昭和42年法律第23号）の規定による過怠税
四　地方税法（昭和25年法律第226号）の規定による道府県民税及び市町村民税（都民税及び特別区民税を含む。）
五　地方税法の規定による延滞金、過少申告加算金、不申告加算金及び重加算金
六　罰金及び科料（通告処分による罰金又は科料に相当するもの及び外国又はその地方公共団体が課する罰金又は科料に相当するものを含む。）並びに過料
七　損害賠償金（これに類するものを含む。）で政令で定めるもの
(以下省略)
2　（省略）
3　第1項第2号から第7号までに掲げるものの額又は前項に規定する金銭の額及び金銭以外の物若しくは権利その他経済的な利益の価額は、第1項又は前項の居住者の一時所得の金額の計算上、支出した金額に算入しない。

政令との関連を見てみましょう。

【所法45①】	【所令96】
一 家事上の経費及びこれに関連する経費で政令で定めるもの	（家事関連費） 　法第45条第1項第1号に規定する政令で定める経費は、次に掲げる経費以外の経費とする。 一 家事上の経費に関連する経費の主たる部分が不動産所得、事業所得、山林所得又は雑所得を生ずべき業務の遂行上必要であり、かつ、その必要である部分を明らかに区分することができる場合における当該部分に相当する経費 二 前号に掲げるもののほか、青色申告書を提出することにつき税務署長の承認を受けている居住者に係る家事上の経費に関連する経費のうち、取引の記録等に基づいて、不動産所得、事業所得又は山林所得を生ずべき業務の遂行上直接必要であつたことが明らかにされる部分の金額に相当する経費
二 政令で定めるものを除く。	【所令97】 （必要経費に算入される利子税） 　法第45条第1項第2号に規定する政令で定める利子税は…
七 損害賠償金（これに類するものを含む。）で政令で定めるもの	【所令98】 （必要経費に算入されない損害賠償金の範囲） 　法第45条第1項第7号に規定する政令で定める損害賠償金は…

Phase 2　キーワードで理解しよう

次に、キーワードをつかむことにより理解しやすくなります。
キーワードは、(1) 家事費関連費、(2) 必要経費に算入しない、です。

(1) 家事関連費

経費は、業務上の経費、家事上の経費、家事上と関連する経費に区分されます。

業務上の経費については、所得の計算上、必要経費に算入されることはいうまでもありません。そこで問題となるのは、家事部分と業務部分が一緒になっている経費、つまり「家事関連費」についての取扱です。

家事関連費については、原則として必要経費に算入されません。

しかし、次の①、②に該当するときは、家事関連費として支出した金額について必要経費に算入されます（所令96）。

① 家事上の経費に関連する経費の主たる部分が不動産所得、事業所得、山林所得又は雑所得を生ずべき業務の遂行上必要であり、かつ、その必要である部分を明らかに区分することができる場合における当該部分に相当する経費

② 青色申告書を提出する居住者に係る家事上の経費に関連する経費のうち、取引の記録等に基づいて、不動産所得、事業所得又は山林所得を生ずべき業務の遂行上直接必要であったことが明らかにされる部分の金額に相当する経費

> **ちょっとひとこと**
>
> **主たる部分とは？**
>
> 主たる部分については、業務の内容、経費の内容、家族及び使用人の構成、店舗併用の家屋その他の資産の利用状況等を総合勘案して判断されます（所基通45-1）。

第3章　必要経費

> **業務の遂行上必要とは？**
>
> 　その支出する金額のうちその業務の遂行上必要な部分が、50％を超えるかどうかにより判定するものとされています。
> 　ただし、その必要な部分の金額が50％以下であっても、必要である部分を明らかに区分することができる場合には、その必要である部分に相当する金額を必要経費に算入することができます（所基通45-2）。この取扱いは、白色申告者についても適用されます。

（2）必要経費に算入しない

　家事上の経費や家事に関連する経費については、上記（1）の部分を除き、必要経費に算入されません。

Phase 3　事例を検討しよう

　店舗併用住宅を賃借していますので、支払った家賃は家事関連費になります。家事関連費について必要経費に算入する場合には、経費の主たる部分が事業所得の生ずべき業務の遂行上必要であり、かつ、その必要である部分を明らかに区分することが必要となります。「主たる部分」は、店舗部分になります。

　店舗併用住宅の総床面積に対する店舗部分の床面積の割合は36％（＝54㎡÷150㎡）ですので、50％以下になりますが、業務の遂行上必要な部分が50％以下であっても、必要な部分を明らかに区分することができる場合には、その必要である部分に相当する金額を必要経費に算入することができます。

　このケースでは、店舗部分と居住部分は1階と2階・3階と明らかに区分されています。したがって、必要経費となる家賃は以下のとおりです。

$$\text{支払家賃} \times \frac{\text{店舗の床面積}}{\text{総床面積}} = 400,000円 \times \frac{54㎡}{150㎡} = 144,000円$$

具体例から学ぶ②

[事例] 減価償却〜賃貸用資産を相続した場合〜

　私は平成24年4月4日、父から賃貸用マンション（法定耐用年数47年）を相続し、賃貸の用に供しています。

　平成24年分の償却費は、どのように計算するのでしょうか？

　なお、父は平成19年1月、賃貸用マンションを50,000,000円で取得しました。

<適用条文：所得税法第49条・第60条、所得税法施行令第131条・第132条>

Phase 1　原文を読もう

はじめに、条文をそのまま読んでみましょう。

(減価償却資産の償却費の計算及びその償却の方法)
所得税法第49条　居住者のその年12月31日において有する減価償却資産につきその償却費として第37条（必要経費）の規定によりその者の不動産所得の金額、事業所得の金額、山林所得の金額又は雑所得の金額の計算上必要経費に算入する金額は、その取得をした日及びその種類の区分に応じ、償却費が毎年同一となる償却の方法、償却費が毎年一定の割合で逓減する償却の方法その他の政令で定める償却の方法の中からその者が当該資産について選定した償却の方法（償却の方法を選定しなかつた場合には、償却の方法のうち政令で定める方法）に基づき政令で定めるところにより計算した金額とする。

2　（省略）

(贈与等により取得した資産の取得費等)
第60条　居住者が次に掲げる事由により取得した前条第1項に規定する資産を譲渡した場合における事業所得の金額、山林所得の金額、譲渡所得の金額又は雑所得の金額の計算については、その者が引き続きこれを所有していたものとみ

第3章　必要経費　　45

なす。
一　贈与、相続（限定承認に係るものを除く。）又は遺贈（包括遺贈のうち限定承認に係るものを除く。）
二　前条第2項の規定に該当する譲渡
2　居住者が前条第1項第1号に掲げる相続又は遺贈により取得した資産を譲渡した場合における事業所得の金額、山林所得の金額、譲渡所得の金額又は雑所得の金額の計算については、その者が当該資産をその取得の時における価額に相当する金額により取得したものとみなす。

（減価償却資産の償却費の計算）
所得税法施行令第131条　居住者の有する減価償却資産につきその償却費としてその者の各年分の不動産所得の金額、事業所得の金額、山林所得の金額又は雑所得の金額の計算上必要経費に算入する金額は、当該資産につきその者が採用している償却の方法に基づいて計算した金額とする。

（年の中途で業務の用に供した減価償却資産等の償却費の特例）
第132条　居住者の有する減価償却資産（営業権並びに第120条第1項第6号及び第120条の2第1項第6号（減価償却資産の償却の方法）に掲げる減価償却資産を除く。）が次の各号に掲げる場合に該当することとなったときは、当該資産の償却費としてその該当することとなった日の属する年分の不動産所得の金額、事業所得の金額、山林所得の金額又は雑所得の金額の計算上必要経費に算入する金額は、前条の規定にかかわらず、当該各号に定める金額とする。
一　当該資産が年の中途において不動産所得、事業所得、山林所得又は雑所得を生ずべき業務の用に供された場合（次号に掲げる場合に該当する場合を除く。）　次に掲げる資産の区分に応じそれぞれ次に定める金額
　イ　そのよるべき償却の方法として旧定額法、旧定率法、定額法、定率法又は取替法を採用している減価償却資産（取替法を採用しているものについては、第121条第2項第2号（取替資産の償却費）に規定する新たな資産に該当するものを除く。次号イ及び第3号イにおいて同じ。）　当該資産につきこれらの方法により計算した前条の規定による当該年分の償却費の額に相当する金額を12で除し、これに当該業務の用に供された日からその年

12月31日（その者が年の中途において死亡し又は出国をした場合には、その死亡又は出国の日。以下この項において同じ。）までの期間の月数を乗じて計算した金額

　　ロ・ハ　（省略）

　二　（省略）

　三　当該資産を有する居住者が年の中途において死亡し又は出国をする場合（前２号に掲げる場合に該当する場合を除く。）　次に掲げる資産の区分に応じそれぞれ次に定める金額

　　イ　そのよるべき償却の方法として旧定額法、旧定率法、定額法、定率法又は取替法を採用している減価償却資産　当該資産につきこれらの方法により計算した前条の規定による当該年分の償却費の額に相当する金額を12で除し、これにその年１月１日からその死亡又は出国の日までの期間の月数を乗じて計算した金額

　　ロ・ハ　（省略）

２　前項各号の月数は、暦に従って計算し、１月に満たない端数を生じたときは、これを１月とする。

政令との関連を見てみましょう。

【所法49①】
○その他の政令で定める償却の方法の中から…
○政令で定めるところにより計算した金額とする。

○（償却の方法を選定しなかつた場合には、償却の方法のうち政令で定める方法）

【所令120】
（減価償却資産の償却の方法）
19年３月31日以前取得された減価償却資産にあっては…（法第49条第１項…）

【所令120の２】
19年４月１日以後に取得された減価償却資産にあっては…（法第49条第１項…）

【所令125】
（減価償却資産の法定償却方法）
法第49条第１項に規定する償却方法の方法を選定しなかった場合における政令で定める方法は…

第３章　必要経費　　47

Phase 2　キーワードで理解しよう

次に、キーワードをつかむことにより理解しやすくなります。

キーワードは、（1）減価償却資産、（2）取得価額、（3）減価償却方法、（4）事業の用に供した期間、です。

（1）減価償却資産

減価償却資産とは、棚卸資産、有価証券及び繰延資産以外の資産のうち、次のものをいいます。ただし、美術品のように時の経過によりその価値の減少しないものは除かれます（所法2十九、所令6）。

① 有形固定資産
　イ．建物及びその附属設備（暖冷房設備、照明設備、通風設備、昇降機その他建物に附属する設備）
　ロ．構築物（ドック、橋、岸壁、さん橋、軌道、貯水池、坑道、煙突その他土地に定着する土木設備又は工作物）
　ハ．機械及び装置
　ニ．船舶
　ホ．航空機
　ヘ．車両及び運搬具
　ト．工具、器具及び備品（観賞用、興行用その他これらに準ずる用に供する生物を含みます）

② 無形固定資産
　イ．鉱業権（租鉱権及び採石権その他土石を採掘し又は採取する権利を含みます）
　ロ．漁業権（入漁権を含みます）
　ハ．ダム使用権
　ニ．水利権
　ホ．特許権

ヘ．実用新案権
ト．意匠権
チ．商標権
リ．ソフトウエア
ヌ．育成者権
ル．営業権
ヲ．専用側線利用権（鉄道事業法2①又は軌道法1①に規定されているもの）
ワ．鉄道軌道連絡通行施設利用権
カ．電気ガス供給施設利用権（電気事業法2①・同五、ガス事業法2①・③に規定されているもの）
ヨ．熱供給施設利用権（熱供給事業法2③・④に規定されているもの）
タ．水道施設利用権（水道法3⑤に規定されているもの）
レ．工業用水道施設利用権（工業用水道事業法2⑤に規定されているもの）
ソ．電気通信施設利用権（電気通信事業法2三〜五・9に規定されているもの）

③ 生物
イ．牛、馬、豚、綿羊及びやぎ
ロ．かんきつ樹、りんご樹、ぶどう樹、なし樹、桃樹、桜桃樹、びわ樹、栗樹、梅樹、かき樹、あんず樹、すもも樹、いちじく樹及びパイナップル
ハ．茶樹、オリーブ樹、つばき樹、桑樹、こりやなぎ、みつまた、こうぞ、もう宗竹、アスパラガス、ラミー、まおらん及びホップ
なお、観賞用、興行用その他これらに準ずる用に供する生物は除きます。

（2）減価償却資産の取得額

減価償却資産の取得価額は、次の金額とされています（所令126）。

① 購入した減価償却資産
次のイ、ロの合計額です。

イ．資産の購入の代価＋資産の購入のために要した費用

ロ．その資産を業務の用に供するために直接要した費用の額

> **ちょっとひとこと**
>
> **資産の購入代価に含まれるものは？**
>
> 資産の購入代価には、引取運賃・荷役費・運送保険料・購入手数料・関税（関税法２①四の二に規定する附帯税は除かれます）が含まれます。

② 建設等に係る減価償却資産

次のイ、ロの合計額です。

イ．その資産の建設等のために要した原材料費、労務費及び経費の額

ロ．その資産を業務の用に供するために直接要した費用の額

> **ちょっとひとこと**
>
> **建設等とは？**
>
> 建設等は、自己の建設、製作又は製造をいいます。

③ 自己が生育させた牛馬等

次のイ、ロの合計額です。

イ．成育させるために取得した牛馬等に係る購入代価もしくは資産のために通常要する費用又は種付費及び出産費の額、ならびに当該取得した牛馬等の成育のために要した飼料費、労務費及び経費の額

ロ．成育させた牛馬等を業務の用に供するために直接要した費用の額

④ 自己が成熟させた果汁等

次のイ、ロの合計額です。

イ．成熟させるために取得した果樹等に係る購入代価もしくは資産のために通常要する費用又は種苗費の額ならびに当該取得した果樹等の成熟のために要した肥料費、労務費及び経費の額

ロ．成熟させた果樹等を業務の用に供するために直接要した費用の額
⑤　①～④以外の方法により取得した減価償却資産

　次のイ、ロの合計額です。

　　イ．その取得の時におけるその資産の取得のために通常要する価額
　　ロ．その資産を業務の用に供するために直接要した費用の額

> **ちょっとひとこと**
>
> **贈与等により取得したものとは？**
>
> 　贈与等により取得した資産の取得費等（所法60①）に掲げる事由により取得した減価償却資産の前項に規定する取得価額は、その減価償却資産を取得した者が引き続き所有していたものとみなした場合におけるその減価償却資産の上記（2）①～⑤及び資本的支出の取得価額に相当する金額とされます（所令126②）。
>
> （注1）贈与等
>
> 　　　贈与等とは、贈与、相続（限定承認に係るものを除く）、遺贈（包括遺贈のうち限定承認に係るものを除く）低額譲渡に該当する譲渡をいいます（所法60）。
>
> （注2）棚卸資産の贈与等の場合の総収入金額算入（所法40①一）の規定の適用があったものは除きます。
>
> （注3）減価償却資産に係る登録免許税等（所基通49-3）
>
> 　　イ．登録により権利が発生する資産に係るものは取得価額に算入します。
> 　　ロ．登録を要する資産に係るものは、取得価額に算入しないことができます。
> 　　ハ．イ、ロ以外の資産に係るものは取得価額に算入されません。

　減価償却資産の取得価額については所得税法施行令第126条に規定されていますが、次の特例があります。

取得価額の特例

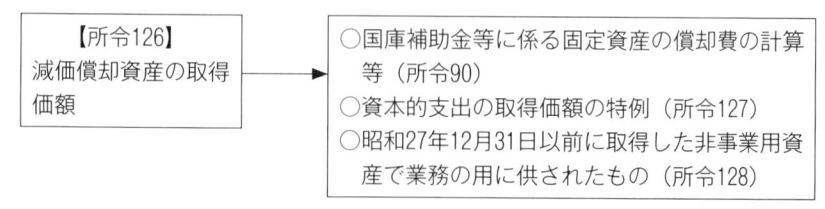

| 【所令126】
減価償却資産の取得価額 | → | ○国庫補助金等に係る固定資産の償却費の計算等（所令90）
○資本的支出の取得価額の特例（所令127）
○昭和27年12月31日以前に取得した非事業用資産で業務の用に供されたもの（所令128） |

（3）減価償却方法

減価償却の方法は、取得年月、減価償却資産の種類に応じて決められ（所令120）、償却方法を選定しなければならないとされています（所令123）。

選定しなかった場合には、施行令で定められた方法によるものとされています（所令125）。

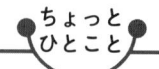

> **ちょっとひとこと**
>
> **取得の意義とは？**
> 取得には、購入や自己の建設によるもののほか、相続、遺贈、贈与によるものも含まれます（所基通49-1）。

① 平成19年3月31日以前に取得した減価償却資産

平成19年3月31日以前に取得した減価償却資産の減価償却方法については、次のとおりです（所令120）。

減価償却資産の種類		減価償却の方法	法定償却を選定していない場合（法定償却方法） （所令125一）
建物	平成10年3月31日以前に取得	旧定額法・旧定率法	旧定額法
	平成10年4月1日以降に取得	旧定額法	
建物附属設備、構築物、機械及		旧定額法・旧定率法	旧定額法

び装置、船舶、航空機、車両及び運搬具、工具、器具及び備品		
鉱業用減価償却資産※（無形固定資産・鉱業権を除く）	旧定額法・旧定率法 旧生産高比例法	旧生産高比例法
無形固定資産（鉱業権を除く） 生物	旧定額法	
鉱業権	旧定額法・旧生産高比例法	旧生産高比例法
国外リース資産	旧国外リース期間定額法	

※　鉱業用減価償却資産

　鉱業経営上直接必要な減価償却資産で、鉱業の廃止により著しくその価値を減ずるものをいいます（所令120②）。

　平成19年３月31日以前に取得した減価償却資産の減価償却方法の定義は、以下のとおりです。

○「旧定額法」とは

　当該減価償却資産の取得価額からその残存価額を控除した金額に、その償却費が毎年同一となるように当該資産の耐用年数に応じた償却率を乗じて計算した金額を、各年分の償却費として償却する方法をいいます。

○「旧定率法」とは

　当該減価償却資産の取得価額（第２年目以後の償却の場合にあっては、当該取得価額から既に償却費として各年分の不動産所得の金額、事業所得の金額、山林所得の金額又は雑所得の金額の計算上必要経費に算入された金額を控除した金額）に、その償却費が毎年一定の割合で逓減するように当該資産の耐用年数に応じた償却率を乗じて計算した金額を、各年分の償却費として償却する方法をいいます。

○「旧生産高比例法」とは

　当該鉱業用減価償却資産の取得価額からその残存価額を控除した金額を、当該資産の耐用年数（当該資産の属する鉱区の採掘予定年数がその耐用年数より短い場合には、当該鉱区の採掘予定年数）の期間内における当該資産の属する鉱区の

採掘予定数量で除して計算した一定単位当たりの金額に、各年における当該鉱区の採掘数量を乗じて計算した金額を、その年分の償却費として償却する方法をいいます。

② 平成19年4月1日以後に取得した減価償却資産

平成19年4月1日以後に取得した減価償却資産（所有権移転外リース取引に係る契約が平成20年4月1日以後に締結されたもの）の減価償却方法については、次のとおりです（所令120の2）。

減価償却資産の種類	減価償却の方法	償却方法を選定していない場合（法定償却方法）（所令125二）
建物	定額法	
建物附属設備、構築物、機械及び装置、船舶、航空機、車両及び運搬具、工具、器具及び備品	定額法・定率法	定額法
鉱業用減価償却資産（無形固定資産・鉱業権を除く）	定額法・定率法 生産高比例法	生産高比例法
無形固定資産（鉱業権を除く） 生物	定額法	
鉱業権	定額法・生産高比例法	生産高比例法

平成19年4月1日以後に取得した減価償却資産の減価償却方法の定義は、以下のとおりです。

○「定額法」とは
　当該減価償却資産の取得価額に、その償却費が毎年同一となるように当該資産の耐用年数に応じた償却率を乗じて計算した金額を、各年分の償却費として償却する方法をいいます。

○「定率法」とは
　当該減価償却資産の取得価額（第2年目以後の償却の場合にあっては、当該取得価額からすでに償却費として各年分の不動産所得の金額、事業所得の金額、山

林所得の金額又は雑所得の金額の計算上必要経費に算入された金額を控除した金額）に、その償却費が毎年一定の割合で逓減するように当該資産の耐用年数に応じた償却率を乗じて計算した金額（当該計算した金額が償却保証額（※1）に満たない場合には、改定取得価額（※2）にその償却費がその後毎年同一となるように当該資産の耐用年数に応じた改定償却率を乗じて計算した金額）を、各年分の償却費として償却する方法をいいます。

　※1　償却保証額とは、減価償却資産の取得価額に当該資産の耐用年数に応じた保証率を乗じて計算した金額をいいます。
　※2　改定取得価額とは、次の①、②の金額をいいます。
　　　①　「調整前償却額」（※3）が償却保証額に満たない場合（その年の前年における調整前償却額が償却保証額以上である場合に限ります）
　　　　　→当該減価償却資産の当該取得価額
　　　※3　調整前償却額とは、取得価額に耐用年数に応じた償却率を乗じて計算した金額をいいます。
　　　②　連続する2以上の年において減価償却資産の調整前償却額がいずれも償却保証額に満たない場合
　　　　　→当該連続する2以上の年のうち最も古い年における取得価額

○「生産高比例法」とは
　当該鉱業用減価償却資産の取得価額を、当該資産の耐用年数（当該資産の属する鉱区の採掘予定年数がその耐用年数より短い場合には、当該鉱区の採掘予定年数）の期間内における当該資産の属する鉱区の採掘予定数量で除して計算した一定単位当たりの金額に、各年における当該鉱区の採掘数量を乗じて計算した金額を、その年分の償却費として償却する方法をいいます。

○「リース資産定額法」とは
　当該リース資産の取得価額（当該取得価額に残価保証額に相当する金額が含まれている場合には、当該取得価額から当該残価保証額を控除した金額）を、当該リース資産のリース期間（当該リース資産（※）がリース期間の中途において法第60条第1項各号（贈与等により取得した資産の取得費等）に掲げる事由以外の事由により移転を受けたものである場合には、当該移転の日以後の期間に限る）

の月数で除して計算した金額にその年における当該リース期間の月数を乗じて計算した金額を、各年分の償却費として償却する方法をいいます。
　※　リース資産とは、所有権移転外リース取引に係る賃借人が取得したものとされる減価償却資産をいいます。

（4）事業の用に供した期間

事業の用に供した期間について留意すべきは、次の①、②の場合です。
① 年の中途において業務の用に供した場合
　当該資産が年の中途において不動産所得、事業所得、山林所得又は雑所得を生ずべき業務の用に供された場合には、当該業務の用に供した日からその年の12月31日までの期間をいいます。
② 年の中途において死亡又は出国した場合
　年の中途において死亡又は出国した場合には、1月1日から死亡又は出国の日までの期間をいいます。
　事業の用に供した期間の月数は暦に従って計算し、1月に満たない場合の端数を生じた場合は、これを1月とします（所令132②）。

Phase 3　事例を検討しよう

事例では、「平成24年4月4日に賃貸用マンション（建物）を父から相続により取得しました」となっています。賃貸用マンション（建物）ですので、減価償却資産に該当します。
　次に、減価償却資産の取得価額について見てみましょう。
　相続により取得した減価償却資産の取得価額は、その減価償却資産を取得した者が引き続き所有していたものとみなした場合におけるその減価償却資産の取得価額とされます（所令126②）。
　したがって、相続により取得した場合には、取得価額、耐用年数を適用することになりますので、未償却残高も引き継ぐことになります。

減価償却の方法については、平成24年4月4日、賃貸用マンション（建物）を相続により取得しましたので、平成19年4月1日以後に取得したことになります。したがって、減価償却の方法は、建物ですので、「定額法」ということになります。
　それでは、具体的に父とあなたの減価償却の計算してみましょう。

＜父の減価償却費の計算＞
　賃貸用マンションは、平成19年1月取得ですので、平成19年3月31日以前に取得した減価償却資産となります。
　したがって、建物の減価償却費は旧定額法により計算します。

> 取得価額 50,000,000円 × 0.9 × 旧定額法の償却率 0.022 × $\frac{4}{12}$ ＝330,000円
>
> ・業務の用に供した期間：平成24年1月1日〜平成24年4月4日→4か月
> ・償却率：平成19年3月31日以前取得の場合の償却率表（別表第七）参照。

＜あなたの減価償却費の計算＞
　平成23年4月4日に相続で取得しましたので、父の取得価額、耐用年数、未償却残高を引き継ぎます。
　父の選定していた償却方法は相続人（あなた）に引き継がれないので、建物の減価償却方法は、定額法により計算します。

(1) 減価償却費の額

> 50,000,000円 × 定額法の償却率 0.022 × $\frac{9}{12}$ ＝825,000円
>
> （注）業務の用た期に供し間：平成24年4月4日〜平成24年12月31日→9か月

第3章　必要経費

（2）平成24年12月31日の未償却残高

① 父の相続時の未償却残高
　イ．取得価額：50,000,000円
　ロ．償却費の累計額
　　a．平成19年〜23年：50,000,000円×0.9×0.022×5年＝4,950,000円
　　b．平成24年：330,000円
　　c．a＋b＝5,280,000円
　ハ．イ－ロ＝44,720,000円
② 平成24年12月31日の未償却残高：
　　44,720,000円－825,000円＝43,895,000円

具体例から学ぶ③

［事例］事業資産の損失

　Aの事務所が火災で一部損壊しました。事業所得の金額の計算上、必要経費に算入できる金額はいくらになりますか？

・損壊前の建物の帳簿価額　　1,000万円
・損壊直後の建物の価額　　　 500万円
・受取火災保険金　　　　　　 300万円

　　　　　　　　　　　　　＜適用条文：所得税法第51条＞

Phase 1　原文を読もう

はじめに、条文をそのまま読んでみましょう。

（資産損失の必要経費算入）
所得税法第51条　居住者の営む不動産所得、事業所得又は山林所得を生ずべき事業の用に供される固定資産その他これに準ずる資産で政令で定めるものについ

て、取りこわし、除却、滅失（当該資産の損壊による価値の減少を含む。）その他の事由により生じた損失の金額（保険金、損害賠償金その他これらに類するものにより補てんされる部分の金額及び資産の譲渡により又はこれに関連して生じたものを除く。）は、その者のその損失の生じた日の属する年分の不動産所得の金額、事業所得の金額又は山林所得の金額の計算上、必要経費に算入する。

2　居住者の営む不動産所得、事業所得又は山林所得を生ずべき事業について、その事業の遂行上生じた売掛金、貸付金、前渡金その他これらに準ずる債権の貸倒れその他政令で定める事由により生じた損失の金額は、その者のその損失の生じた日の属する年分の不動産所得の金額、事業所得の金額又は山林所得の金額の計算上、必要経費に算入する。

3　災害又は盗難若しくは横領により居住者の有する山林について生じた損失の金額（保険金、損害賠償金その他これらに類するものにより補てんされる部分の金額を除く。）は、その者のその損失の生じた日の属する年分の事業所得の金額又は山林所得の金額の計算上、必要経費に算入する。

4　居住者の不動産所得若しくは雑所得を生ずべき業務の用に供され又はこれらの所得の基因となる資産（山林及び第62条第1項（生活に通常必要でない資産の災害による損失）に規定する資産を除く。）の損失の金額（保険金、損害賠償金その他これらに類するものにより補てんされる部分の金額、資産の譲渡により又はこれに関連して生じたもの及び第1項若しくは第2項又は第72条第1項（雑損控除）に規定するものを除く。）は、それぞれ、その者のその損失の生じた日の属する年分の不動産所得の金額又は雑所得の金額（この項の規定を適用しないで計算したこれらの所得の金額とする。）を限度として、当該年分の不動産所得の金額又は雑所得の金額の計算上、必要経費に算入する。

5　第1項及び前2項に規定する損失の金額の計算に関し必要な事項は、政令で定める。

政令との関連を見ていきましょう。

【所法51①】
その他これに準ずる資産で政令で定めるものについて…

【所法51②】
貸倒れその他政令で定める事由により生じた損失の金額は…

【所法51⑤】
金額の計算に関し必要な事項は、政令で定める。

【所令140】
(固定資産に準ずる資産の範囲)
法第51条第1項に規定する政令で定める資産は…

【所令141】
(必要経費に算入される損失の生ずる事由)
法第51条第2項に規定する政令で定める事由は次に掲げる事由で…

【所令142】
(必要経費に算入される資産損失の金額)
次の各号に掲げる資産について生じた法第51条第1項、第3項又は第4項に規定に関する損失の金額の計算の基礎となる…

【所令143】
(昭和27年12月31日以前に取得した資産の損失の金額の特例)
次の各号に掲げる資産について生じた法第51条第1項、第3項又は第4項に規定に関する損失の金額の計算の基礎となるその資産の価額は前条の規定にかかわらず、当該各号に掲げる金額とする。

Phase 2 キーワードで理解しよう

次に、キーワードをつかむことにより理解しやすくなります。

キーワードは、(1)事業の用に供される固定資産等、(2)取りこわし、除却、滅失その他の事由による損失の金額、(3)保険金等により補てんされる

部分、です。

（1）事業の用に供される固定資産等

対象資産を確認していきましょう。

対象資産は「事業の用に供される固定資産」、その他これに準ずる資産で政令（所令140）で定める資産、つまり「不動産所得、事業所得又は山林所得を生ずべき事業に係る繰延資産のうちまだ必要経費に算入されていない部分（帳簿価額）」「業務の用に供され又はこれらの所得の基因となる資産」です。

また、その事業又は業務の用に供されることが明らかであると認められる建設中の固定資産も含まれるものとされています（所基通51-1）。

ちょっとひとこと

親族の有する固定資産は？

親族の有する固定資産については、「不動産取得、事業所得又は山林所得を生ずべき事業を営む者が自己と生計を一にする配偶者その他の親族の有する固定資産又は繰延資産を当該事業の用に供している場合には、当該事業を営む者が当該資産を所有しているものとみなして法第51条第1項の規定を適用することができるものとする」とされています。

ただし、自己又は自己と生計を一にする配偶者その他の親族が雑損控除の規定の適用を受ける場合は除かれます（所基通51-5）。

（2）取りこわし、除却、滅失その他の事由により生じた損失の金額

損失の金額は、次の①～③のとおりです。

① 固定資産

固定資産については、当該損失の生じた日にその資産の譲渡があったものとみなして譲渡所得の金額の計算上控除する取得費（所法38①又は38②）の規定を適用した場合に、その資産の取得費とされる金額です（所令142一）。

固定資産の定義について、所得税法第2条では以下のとおり定めています。

○「固定資産」とは

【所法2十八】

　土地（土地の上に存する権利を含む。）、減価償却資産、電話加入権その他の資産（山林を除く。）で<u>政令で定めるもの</u>をいう。

⇩

【所令5】（固定資産の範囲）

　法第2条第1項第18号に規定する政令で定める資産は、たな卸資産、有価証券及び繰延資産以外の資産のうち次に掲げるものとする。

　一　土地（土地の上に存する権利を含む。）
　二　次条各号に掲げる資産（※）
　三　電話加入権
　四　前3号に掲げる資産に準ずるもの
　　※　次条各号に掲げる資産→【所令6】（減価償却資産の範囲）

○「減価償却資産」とは

【所法2十九】

　不動産所得若しくは雑所得の起因となり、又は不動産所得、事業所得、山林所得若しくは雑所得を生ずべき業務の用に供される建物、構築物、機械及び装置、船舶、車両及び運搬具、工具、器具及び備品、鉱業権その他の資産で償却をすべきものとして<u>政令で定めるもの</u>をいう。

⇩

【所令6】（減価償却の範囲）

　法第2条第1項第19号に規定する政令で定める資産は…（以下省略）

○「有価証券」とは

【所法2十八】

　金融商品取引法第2条第1項に規定する有価証券その他これに準ずるもので<u>政令で定めるもの</u>をいう。

⇩

> 【所令4】（有価証券に準ずるものの範囲）
> 　法第2条第1項第17号に規定する政令で定める有価証券は…（以下省略）
>
> ○「繰延資産」とは
> 【所法2二十】
> 　不動産所得、事業所得、山林所得若しくは雑所得を生ずべき業務に関し個人が支出する費用のうち支出の効果がその支出の日以後1年以上に及ぶもので政令で定めるものをいう。
>
> ⇩
>
> 【所令7】（繰延資産の範囲）
> 　法第2条第1項第20号に規定する政令で定める費用は…（以下省略）

② 山林

　山林については、当該損失の生じた日までに支出したその山林の植林費、取得に要した費用、管理費その他その山林の育成に要した費用の額です（所令142一）。

③ 繰延資産

　繰延資産については、その繰延資産の額からその償却費として繰延資産の償却費の計算及びその償却の方法（所法50）の規定により当該損失の生じた日の属する年分以前の各年分の不動産所得の金額、事業所得の金額、山林所得の金額又は雑所得の金額の計算上必要経費に算入される金額の累積額を控除した金額です（所令142三）。

　また、損失の金額とは、資産そのものについて生じた損失の金額とされ、上記①～③で計算した金額から、その損失の基因となった事実の発生直後における当該資産の価額及び発生資材の価額の合計額を控除した残額に相当する金額とするとされています（所基通51-2）。

損失の金額は

> （所令142に規定する金額－保険金等）
> 　－（損失の発生直後の資産の価額＋発生資材の価額）

> **ちょっとひとこと**
>
> **事業に至らない業務用資産の損失とは？**
>
> 　不動産所得又は雑所得を生ずべき業務用の資産（山林及び生活に通常必要でない資産を除く）について生じた損失の金額については、その損失の生じた日の属する年分の不動産所得の金額又は雑所得の金額を限度として、不動産所得の金額又は雑所得の金額の計算上、必要経費に算入されます（所法51④）。
>
> 　また、納税者の選択により雑損控除の適用することができます（所法72）。
>
> 　不動産所得の事業的規模については90頁、雑損控除については93頁を参照してください。

（3）保険金等による補てん

　取りこわし、除却、滅失、その他の事由により生じた損失の金額について保険金等で補てんされるものは控除します。

　なお、保険金等の額が損失の生じた年分の確定申告書を提出するときまで確定していない場合には、その保険金等の見積額に基づいて適用されます。

　この場合、後日、その保険金等の確定額とその見積額とが異なることとなったときは、遡及して各種所得の金額を訂正するものとされています（基通51-7）。

> **ちょっとひとこと**
>
> **損害賠償金その他これらに類するものとは？**
>
> 　損害賠償金その他これらに類するものには、次のようなものが含まれます

(所基通51-6)。
① 損害保険契約又は火災共済契約に基づき被災者が支払いを受ける見舞金
② 資産の損害の補てんを目的とする任意の互助組織から支払いを受ける災害見舞金

Phase 3 事例を検討しよう

事例は事務所ですので、事業の用に供している固定資産となります。

事業の用に供している固定資産が火災で損壊しましたので、その損失の生じた日の属する年分の事業所得の金額の計算上、必要経費に算入されます。

損失の金額は、損失の発生前の資産の帳簿価額から損失発生直後の資産の価額を控除した残額になりますが、今回、火災保険金を受け取っていますので、火災保険金も控除することになります。

損失の金額は

> 損壊前の建物の帳簿価額－損壊直後の建物の価額－受取保険金
> ＝1,000万円－500万円－300万円＝200万円

上記のとおり、200万円が事業所得の金額の計算上、必要経費に算入されます。

ちょっとひとこと

保険金で損失の金額が補てんされているときは？

受け取った保険金等の金額で損失額を補てんされているときは、損失はなかったものとされます。つまり、必要経費に算入される金額はありません。

また、固定資産の損害により受け取った保険金は、非課税とされます（所法9十七）。

具体例から学ぶ④

[事例] 親族に対する対価の支払い

　私は、青色申告で申告書を提出しています。家内所有の建物を借り、事業を行っています。なお、家賃として月額20万円を支払っています。
　また、今年3月に家内と離婚しました。離婚するまでの期間、家内は事業に従事しその対価を支払っていました。
　これらの支払った対価は、必要経費に算入されるのでしょうか？
　専従者給与の届け出は、所轄税務署に提出しています。

＜適用条文：所得税法第56条・第57条＞

Phase 1　原文を読もう

はじめに、条文をそのまま読んでみましょう。

(事業から対価を受ける親族がある場合の必要経費の特例)
所得税法第56条　居住者と生計を一にする配偶者その他の親族がその居住者の営む不動産所得、事業所得又は山林所得を生ずべき事業に従事したことその他の事由により当該事業から対価の支払を受ける場合には、その対価に相当する金額は、その居住者の当該事業に係る不動産所得の金額、事業所得の金額又は山林所得の金額の計算上、必要経費に算入しないものとし、かつ、その親族のその対価に係る各種所得の金額の計算上必要経費に算入されるべき金額は、その居住者の当該事業に係る不動産所得の金額、事業所得の金額又は山林所得の金額の計算上、必要経費に算入する。この場合において、その親族が支払を受けた対価の額及びその親族のその対価に係る各種所得の金額の計算上必要経費に算入されるべき金額は、当該各種所得の金額の計算上ないものとみなす。

(事業に専従する親族がある場合の必要経費の特例等)
第57条　青色申告書を提出することにつき税務署長の承認を受けている居住者と生計を一にする配偶者その他の親族（年齢15歳未満である者を除く。）で専ら

その居住者の営む前条に規定する事業に従事するもの（以下この条において「青色事業専従者」という。）が当該事業から次項の書類に記載されている方法に従いその記載されている金額の範囲内において給与の支払を受けた場合には、前条の規定にかかわらず、その給与の金額でその労務に従事した期間、労務の性質及びその提供の程度、その事業の種類及び規模、その事業と同種の事業でその規模が類似するものが支給する給与の状況その他の政令で定める状況に照らしその労務の対価として相当であると認められるものは、その居住者のその給与の支給に係る年分の当該事業に係る不動産所得の金額、事業所得の金額又は山林所得の金額の計算上必要経費に算入し、かつ、当該青色事業専従者の当該年分の給与所得に係る収入金額とする。
2　（省略）
3　居住者（第1項に規定する居住者を除く。）と生計を一にする配偶者その他の親族（年齢15未満である者を除く。）で専らその居住者の営む前条に規定する事業に従事するもの（以下この条において「事業専従者」という。）がある場合には、その居住者のその年分の当該事業に係る不動産所得の金額、事業所得の金額又は山林所得の金額の計算上、各事業専従者につき、次に掲げる金額のうちいずれか低い金額を必要経費とみなす。
　一　次に掲げる事業専従者の区分に応じそれぞれ次に定める金額
　　イ　その居住者の配偶者である事業専従者　86万円
　　ロ　イに掲げる者以外の事業専従者　50万円
　二　その年分の当該事業に係る不動産所得の金額、事業所得の金額又は山林所得の金額（この項の規定を適用しないで計算した場合の金額とする。）を当該事業に係る事業専従者の数に一を加えた数で除して計算した金額
4〜7　（省略）
8　青色事業専従者又は事業専従者の要件の細目、第2項の書類に記載した事項を変更する場合の手続その他第1項又は第3項の規定の適用に関し必要な事項は、政令で定める。

政令との関連を見ていきましょう。

| 【所法57①】
支給する給与の状況その他の政令で定める状況に照らし…

【所法57⑧】
規定の適用に関し必要な事項は、政令で定める。 | 【所令164】
（青色事業専従者給与の判定基準等）
① 法第57条第1項に規定する政令で定める状況は…
　→青色申告者の規定
② 法第57条第2項に規定する書類を提出した…
　→青色申告者の規定

【所令165】
（親族が事業に専ら従事するかどうかの判定）
法第57条第1項又は第3項に規定する居住者と生計を一にする…
　→白色申告書の規定

【所令166】
（事業専従者控除の限度額の計算）
法第57条第3項第2号に規定する親族がある場合…。
　→白色申告書の規定

【所令167】
（2以上の事業に従事した場合の事業専従者給与等必要経費算入額の計算）
法第57条第1項又は第3項に規定する…
　→青色申告者・白色申告書の規定 |

Phase 2　キーワードで理解しよう

　次に、キーワードをつかむことにより理解しやすくなります。

　キーワードは、（1）生計を一にする、（2）事業に従事したことその他の事由、（3）当該事業から対価の支払いを受ける、です。

（1）生計を一にする

　一般的には、同一の生活単位に属し、相助けて共同の生活を営み、ないしは日常生活の糧を共通にしていることと解されていることから、親族が同一の家屋に起居している場合にも、明らかに互いに独立した生活を営んでいる場合を除き、これらの親族は生計を一にするものとされています。

（2）事業に従事したことその他の事由

　「居住者と生計を一にする配偶者その他の親族がその居住者の営む不動産所得、事業所得又は山林所得を生ずべき事業に従事したことその他の事由により」と規定されています。

　「その他の事由」は、例えば、親族所有の不動産で事業を行う、親族から事業資金を借入する、などが考えられます。

（3）当該事業から対価を受ける

　「当該事業から対価を受ける」となっていますので、従事したことの対価として、給与の支給を受ける、家賃の支払いを受ける、利息の支払いを受ける、などが該当するものと考えられます。

> **ちょっとひとこと**
>
> **この規定の趣旨は？**
>
> 　対価が支払われる場合であっても、支払対価をそのまま必要経費として認めると、その所得を家族に恣意的に分散して不当に税負担の軽減を図るおそれが生じるなど、税負担の回避を防止するために設けられたものとされています。

Phase 3　事例を検討しよう

　居住者と生計を一にする配偶者その他の親族に対して、事業に従事したこと

その他の事由により、対価を支払っても必要経費に算入されません。
　事例の場合を見ていきましょう。

（1）家賃の支払い

　居住者と生計を一にする配偶者その他の親族に対して事業に従事したことその他の事由により対価の支払っても、必要経費に算入されません。また、居住者と生計を一にする配偶者その他の親族が対価を受け取っても、所得はないものとされます。

　しかし、3月に離婚されていますので、元妻は生計を一にする配偶者その他の親族に該当しません。したがって、離婚後に支払った家賃は、必要経費に算入されます。

（2）給与について

　事業専従者については届出の範囲内、労務の対価として相当であると認められる場合には、必要経費に算入するものとされています。
　事例の場合、青色申告者で、専従者給与の支給について所定の手続きをされています。給与として支給された額が、専従者給与として必要経費に算入できるかどうか検討しましょう。

＜専ら従事しているかどうか＞

　専らその居住者の営む事業に従事するかどうかについては、当該事業に専ら従事する期間がその年を通じて6か月を超えるかどうかによって判定されます。
　ただし、次の①、②のいずれかに該当するときは、当該事業に従事することができると認められる期間を通じてその2分の1に相当する期間を超える期間、当該事業に専ら従事すれば足りるものとされています（所令165）。
　① 当該事業が年の中途における開業、廃業、休業又はその居住者の死亡、当該事業が季節営業であることその他の理由によりその年中を通じて営まれなかったこと
　② 当該事業に従事する者の死亡、長期にわたる病気、婚姻その他相当の理

由によりその年中を通じてその居住者と生計を一にする親族として当該事業に従事することができなかったこと

> **ちょっとひとこと**
>
> **従事期間に含まれない期間は？**
>
> 次の①～③に該当する者である期間があるときは、その期間は、事業に専ら従事する期間に含まれないものとされています。
> ① 高校・大学・専修学校・各種学校の学生又は生徒である者（夜間において授業を受ける者で昼間を主とする当該事業に従事する者、昼間において授業を受ける者で夜間を主とする当該事業に従事する者、学校の生徒で常時修学しない者その他当該事業に専ら従事することが妨げられないと認められる者は除かれます）
> ② 他に職業を有する者（その職業に従事する時間が短い者、その他当該事業に専ら従事することが妨げられないと認められる者は除かれます）
> ③ 老衰その他心身の障害により事業に従事する能力が著しく阻害されている者

事例では、元妻と3月に離婚されていますので、従事した月数は3か月です。その年の1年を通じて6か月を超えることの条件は満たしていません。

次に、上記①、②のいずれかの理由に該当するかどうかを検討する必要があります。

事例の場合、離婚ですので、上記ロのその他の理由に該当するものと考えられます。従事できる月数は3か月ですので、その2分の1の期間を超えれば、専ら従事したことになります。

したがって、その年の離婚した3月までの間、事業に従事し、支給した給与が適正額であれば、専従者給与として必要経費に算入されます。

第3章　必要経費

◀ 参考 ▶

[判例を読む]
○他に事業を営んでいる配偶者の裁判例(平成16年11月2日(平成16(行ツ)23))
　最高裁は、「所得税法56条の趣旨及びその文言に照らせば、居住者と生計を一にする配偶者その他の親族が居住者と別に事業を営む場合であってもそのことを理由に同条の適用を否定することはできず、同条の要件を満たす限りその適用があるというべきである」と判示しています。

第4章 課税標準・各種所得金額

1 ── 課税標準

> 法律の概要

　居住者の課税標準は、総所得金額、退職所得金額及び山林所得金額をいいます。
　このほかに、租税特別措置法に規定されている不動産の譲渡による所得や上場株式等の譲渡による所得などが含まれます。

> 具体例から学ぶ

[事例] 総所得金額等と合計所得金額

　所得税の課税標準は、総所得金額、退職所得金額及び山林所得金額とされ、総所得金額等の合計額としていますが、総所得金額等はどのように規定されているのでしょうか？
　また、総所得金額等の合計額のほかに「合計所得金額」という文言が使われますが、これらの違いはどのようなものなのでしょうか？

<適用条文：所得税法第22条・第2条>

Phase 1　原文を読もう

はじめに、条文をそのまま読んでみましょう。

> 所得税法第22条　居住者に対して課する所得税の課税標準は、総所得金額、退職所得金額及び山林所得金額とする。
> 2　総所得金額は、次節（各種所得の金額の計算）の規定により計算した次に掲げる金額の合計額（第70条第1項若しくは第2項（純損失の繰越控除）又は第71条第1項（雑損失の繰越控除）の規定の適用がある場合には、その適用後の金額）とする。
> 　一　利子所得の金額、配当所得の金額、不動産所得の金額、事業所得の金額、給与所得の金額、譲渡所得の金額（第33条第3項第1号（譲渡所得の金額の計算）に掲げる所得に係る部分の金額に限る。）及び雑所得の金額（これらの金額につき第69条（損益通算）の規定の適用がある場合には、その適用後の金額）の合計額
> 　二　譲渡所得の金額（第33条第3項第2号に掲げる所得に係る部分の金額に限る。）及び一時所得の金額（これらの金額につき第69条の規定の適用がある場合には、その適用後の金額）の合計額の2分の1に相当する金額
> 3　退職所得金額又は山林所得金額は、それぞれ次節の規定により計算した退職所得の金額又は山林所得の金額（これらの金額につき第69条から第71条までの規定の適用がある場合には、その適用後の金額）とする。
>
> 第2条
> 　三十
> 　　ロ　…第70条（純損失の繰越控除）及び第71条（雑損失の繰越控除）の規定を適用しないで計算した場合における第22条（課税標準）に規定する総所得金額、退職所得金額及び山林所得金額の合計額（以下この条において「合計所得金額」という。）

Phase 2　キーワードで理解しよう

次に、キーワードをつかむことにより理解しやすくなります。
キーワードは、（1）総所得金額、（2）合計所得金額、です。

（1）総所得金額

　総所得金額は、課税標準の根幹となる部分です。条文の理解を深めるため、5つのステップに分解して見ていきましょう。

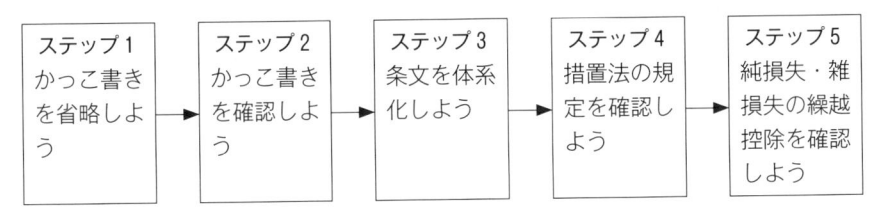

```
ステップ1            ステップ2            ステップ3          ステップ4          ステップ5
かっこ書き    →    かっこ書き    →    条文を体系   →    措置法の規   →    純損失・雑
を省略しよ          を確認しよ          化しよう           定を確認し          損失の繰越
う                  う                                     よう                控除を確認
                                                                              しよう
```

＜ステップ1：かっこ書きを省略しよう＞

第22条　居住者に対して課する所得税の課税標準は、総所得金額、退職所得金額及び山林所得金額とする。
2　総所得金額は、次節の規定により計算した次に掲げる金額の合計額とする。
　一　利子所得の金額、配当所得の金額、不動産所得の金額、事業所得の金額、給与所得の金額、譲渡所得の金額及び雑所得の金額の合計額
　二　譲渡所得の金額及び一時所得の金額の合計額の2分の1に相当する金額
3　退職所得金額又は山林所得金額は、それぞれ次節の規定により計算した退職所得の金額又は山林所得の金額とする。

　このように、かっこ書きを省略すると読みやすくなりますが、所得税の根幹となる課税標準の規定ですので、かっこ書きについても確認しておきましょう。

＜ステップ2：かっこ書きを確認しよう＞

1．純損失の繰越控除に関する規定

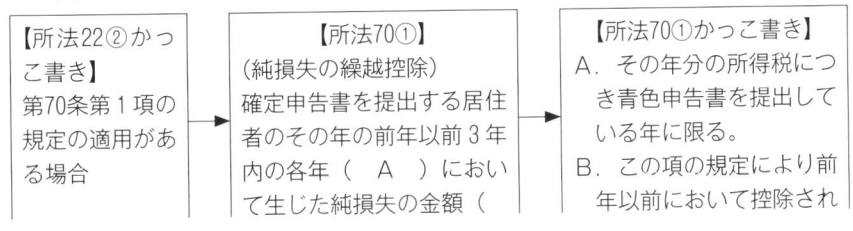

【所法22②かっこ書き】
第70条第1項の規定の適用がある場合

→

【所法70①】
（純損失の繰越控除）
確定申告書を提出する居住者のその年の前年以前3年内の各年（　A　）において生じた純損失の金額（

→

【所法70①かっこ書き】
A．その年分の所得税につき青色申告書を提出している年に限る。
B．この項の規定により前年以前において控除され

第4章　課税標準・各種所得金額　75

	B ）がある場合には、当該純損失の金額に相当する金額は、政令で定めるところにより、当該確定申告書に係る年分の総所得金額、退職所得金額又は山林所得金額の計算上控除する。	たもの及び第142条第2項（純損失の繰戻しによる還付）の規定により還付を受けるべき金額の計算の基礎となったものを除く。 →所法142② 政令で定めるところ 　→所令201（純損失の繰越控除）
【所法22②かっこ書き】 第70条第2項の規定の適用がある場合	【所法70②】 確定申告書を提出する居住者のその年の前年以前3年内の各年において生じた純損失の金額（　A　）のうち、当該各年において生じた次に掲げる損失の金額に係るもので政令で定めるものがあるときは、当該政令で定める純損失の金額に相当する金額は、政令で定めるところにより、当該申告書に係る年分の総所得金額、退職所得金額又は山林所得金額の計算上控除する。 一　変動所得の金額の計算上生じた損失の金額 二　被災事業用資産の損失の金額	【所法70②かっこ書き】 A．前項の規定の適用を受けるもの及び第142条第2項の規定により還付を受けるべき金額の計算の基礎となったものを除く。 →所法142② 政令で定めるもの 　→所令201（純損失の繰越控除）

「変動所得」及び「被災事業用資産の損失の金額」について、所得税法では次のとおり定義しています。

○「変動所得」とは
　【所法2①二十三】
　　漁獲から生ずる所得、著作権の使用料に係る所得その他の所得で年年の変動

の著しいもののうち政令で定めるものをいいます。

【所令7の2】
　漁獲もしくはのりの採取から生ずる所得、はまち、まだい、ひらめ、かき、うなぎ、ほたて貝もしくは真珠（真珠貝を含む）の養殖から生ずる所得、原稿もしくは作曲の報酬に係る所得又は著作権の使用料に係る所得をいいます。

○「被災事業用資産の損失の金額」とは
【所法70③】
　たな卸資産又は第51条第1項もしくは第3項（資産損失の必要経費算入）に規定する資産の災害による損失の金額（その災害に関連するやむを得ない支出で政令で定めるものの金額を含むものとし、保険金、損害賠償金その他これらに類するものにより補てんされる部分の金額を除く）で変動所得の金額の計算上生じた損失の金額に該当しないものをいいます。

【所令203】（被災事業資産の損失に含まれる支出）
一　災害により法第70条第3項に規定する資産（以下この条において「事業用資産」という。）が滅失し、損壊し又はその価値が減少したことによる当該事業用資産の取壊し又は除去のための費用その他の付随費用
二　災害により事業用資産が損壊し又はその価値が減少した場合その他災害により当該事業用資産を業務の用に供することが困難となった場合において、その災害のやんだ日の翌日から1年を経過した日（大規模な災害の場合その他やむを得ない事情がある場合には、3年を経過した日）の前日までに支出する次に掲げる費用その他これらに類する費用
　　イ　災害により生じた土砂その他の障害物を除去するための費用
　　ロ　当該事業用資産の原状回復のための修繕費
　　ハ　当該事業用資産の損壊又はその価値の減少を防止するための費用
三　災害により事業用資産につき現に被害が生じ、又はまさに被害が生ずるおそれがあると見込まれる場合において、当該事業用資産に係る被害の拡大又は発生を防止するため緊急に必要な措置を講ずるための費用

2．雑損失の繰越控除に関する規定

【所法22②かっこ書き】
第71条第1項の規定の適用がある場合

→

【所法71①】
（雑損失の繰越控除）
確定申告書を提出する居住者のその年の前年以前3年内の各年において生じた雑損失の金額（　A　）は、政令で定めるところにより、当該申告書に係る年分の総所得金額、退職所得金額又は山林所得金額の計算上控除する。

→

【所法71①かっこ書き】
A．この項又は次条第1項の規定により前年以前において控除されたものを除く。
政令で定めるところ
　→所令204（雑損失の繰越控除）

3．譲渡所得に関する規定

【所法2②かっこ書き】
第33条第3項第1号に掲げる所得、第2号に掲げる所得

→

【所法33③】
（譲渡所得）
譲渡所得の金額は、次の各号に掲げる所得につき、それぞれその年中の当該所得に係る総収入金額から当該所得の基因となった資産の取得費及びその資産の譲渡に要した費用の額の合計額を控除し、その残額の合計額（　A　）から譲渡所得の特別控除額を控除した金額とする。
一　資産の譲渡（　B　）でその資産の取得の日以後5年以内にされたものによる所得（　C　）
二　資産の譲渡による所得で前号に掲げる所得以外のもの

→

【所法33③一かっこ書き】
A．当該各号のうちいずれかの号に掲げる所得に係る総収入金額が当該所得の基因となった資産の取得費及びその資産の譲渡に要した費用の額の合計額に満たない場合には、その不足額に相当する金額を他の号に掲げる所得に係る残額から控除した金額。以下この条において「譲渡益」という。
B．前項の規定に該当するものを除く。次号において同じ。
C．政令で定めるものを除く。
　→所令82（短期譲渡所得の範囲）

4．損益通算に関する規定

【所法2②かっこ書き】	【所法69①】	【所法69①】
第69条の規定の適用がある場合	（損益通算） 総所得金額、退職所得金額又は山林所得金額を計算する場合において、不動産所得の金額、事業所得の金額、山林所得の金額又は譲渡所得の金額の計算上生じた損失の金額があるときは、政令で定める順序により、これを他の各種所得の金額から控除する。	（政令で定める順序） →所令198（損益通算の順序）
	【所法69②】 前項の場合において、同項に規定する損失の金額のうちに第62条第1項（　A　）の計算上生じた損失の金額があるときは、当該損失の金額のうち政令で定めるものは政令で定めるところにより他の生活に通常必要でない資産に係る所得の金額から控除するものとし、当該政令で定めるもの以外のもの及び当該控除をしてもなお控除しきれないものは生じなかつたものとみなす。	【所法69②かっこ書き】 A．生活に通常必要でない資産の災害による損失に規定する資産に係る所得の金額（以下この項において「生活に通常必要でない資産に係る所得の金額」）という。 【所法62①】 生活に通常必要でない資産の災害による損失 →所令178（生活に通常必要でない資産の災害による損失額の計算等） 政令で定めるところ →所令200（損益通算の対象とならない損失の控除）

第4章　課税標準・各種所得金額　79

<ステップ３：条文を体系化しよう>

課税標準に関する条文の体系

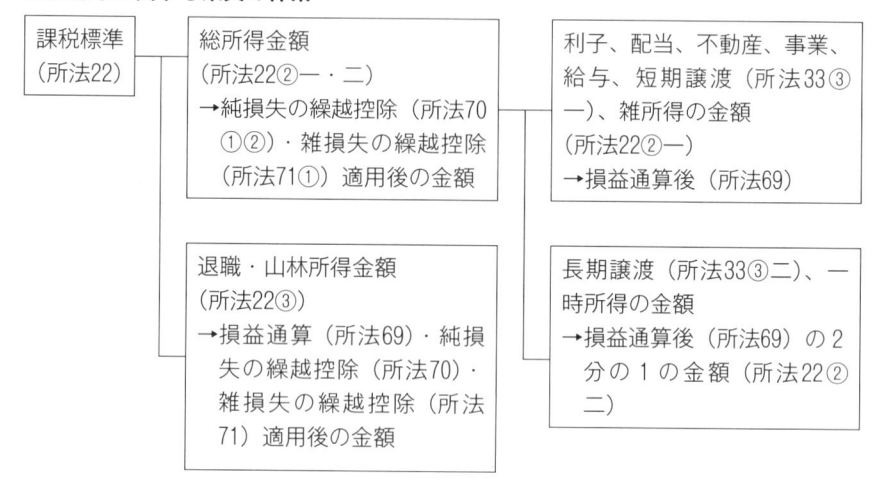

```
課税標準
（所法22）
├─ 総所得金額
│  （所法22②一・二）
│  →純損失の繰越控除（所法70
│  ①②）・雑損失の繰越控除
│  （所法71①）適用後の金額
│     ├─ 利子、配当、不動産、事業、
│     │  給与、短期譲渡（所法33③
│     │  一）、雑所得の金額
│     │  （所法22②一）
│     │  →損益通算後（所法69）
│
├─ 退職・山林所得金額
│  （所法22③）
│  →損益通算（所法69）・純損
│  失の繰越控除（所法70）・
│  雑損失の繰越控除（所法
│  71）適用後の金額
│     ├─ 長期譲渡（所法33③二）、一
│     │  時所得の金額
│     │  →損益通算後（所法69）の２
│     │  分の１の金額（所法22②
│     │  二）
```

<ステップ４：措置法の規定を調べよう>

各所得の特例があるのかどうか、措置法の規定を調べます。

上場株式に係る配当所得の課税の特例（措法8の4）、長期譲渡所得の課税の特例（措法31③）、短期譲渡所得の課税の特例（措法32）、株式等に係る譲渡所得等の課税の特例（措法37の10）、先物取引に係る雑所得等の課税の特例（措法41の14）があります。

それぞれ規定には、「所得税法第22条…の規定にかかわらず、他の所得と区分し」という文言が記載されており、総所得金額と区分して計算することが定められています。

その上で同様に、措置法において『「所得税法第２条第１項第30号から第34号の３までの規定の適用については」…「山林所得金額」とあるのは、「山林所得金額並びに…」とする』とされていますので、総所得金額等に含まれることになります。

<ステップ5：純損失及び雑損失の繰越控除の適用の有無を確認する>

純損失及び雑損失の繰越控除の適用の有無を確認します。

純損失の繰越控除（所法70）、雑損失の繰越控除（所法71）には、それぞれ純損失の金額に相当する金額及び雑損失の金額を「当該申告書に係る年分の総所得金額、退職所得金額又は山林所得金額の計算上控除する。」とされており、総所得金額等の計算上控除することがわかります。

Phase 3　事例を検討しよう

（1）総所得金額

総所得金額についてまとめると、次のようになります。

> 総所得金額等の合計額
> ① 損益通算、純損失の繰越控除及び雑損失の繰越控除適用後
> 　　利子所得の金額、配当所得の金額、不動産所得の金額、事業所得の金額、給与所得の金額、短期譲渡所得の金額
> ② 損益通算、純損失の繰越控除及び雑損失の繰越控除適用後
> 　　長期譲渡所得の金額、一時所得の金額の合計額の $\frac{1}{2}$ の金額
> ③ 損益通算、純損失の繰越控除及び雑損失の繰越控除適用後
> 　　退職所得の金額及び山林所得の金額

なお、措置法の特例の適用がある場合には、総所得金額等とは、総合課税及び分離課税の所得の合計額から純損失及び雑損失を控除した金額となります。

（2）合計所得金額

合計所得金額は、純損失又は雑損失の繰越控除を適用しないで計算した総所得金額、ならびに申告分離課税を選択した上場株式等に係る配当所得の金額（繰越控除適用前）、分離課税の短期譲渡所得金額、分離課税の長期譲渡所得の金額、株式等の譲渡所得の金額、先物取引に係る雑所得等の金額、山林所得金額及び退職所得金額の合計額（純損失の繰越控除・雑損失の繰越控除の適用がある場

合には適用前の金額）をいいます。つまり、その年の本来の所得といえます。

合計所得金額は、寡婦・寡夫・勤労学生・控除対象配偶者・扶養親族に該当するかどうか、配偶者特別控除の適用が受けられるかどうかについて判定するために用いられます。

2 ── 各種所得の金額

法律の概要

各種所得の金額は、利子所得の金額、配当所得の金額、不動産所得の金額、事業所得の金額、給与所得の金額、退職所得の金額、山林所得の金額、譲渡所得の金額、一時所得の金額をいいます（所法2①二十二）。

これらの各種所得について、さらにそれぞれの計算方法等が以下のとおり定められています。

○「利子所得」とは（所法23①）
・公社債及び預貯金の利子など
→
○「利子所得の金額」とは（所法23②）
・利子等の収入金額

○「配当所得」とは
・剰余金の分配、利益の配当など（所法24①）
・みなし配当（所法25）
→
○「配当所得の金額」とは（所法24②）
・配当等の収入金額－負債利子（元本の取得に要した部分）

○「不動産所得」とは（所法26①）
・不動産、不動産の上に存する権利、船舶・航空機の貸付け
→
○「不動産所得の金額」とは（所法26②）
・総収入金額－必要経費

○「事業所得」とは(所法27①)
・農業、漁業、製造業、卸売業、小売業、サービス業その他の事業から生ずる所得(山林所得・譲渡所得に該当するものを除く)

→

○「事業所得の金額」とは(所法27②)
・総収入金額-必要経費

○「給与所得」とは(所法28①)
・俸給、給料、賃金、歳費及び賞与ならびにこれらの性質を有する給与

→

○「給与所得の金額」とは(所法28②)
・収入金額-給与所得控除

○「退職所得」とは(所法30①)
・退職手当、一時恩給その他退職により一時に受ける給与やこれらの性質を有する給与
・退職手当等とみなす一時金(所法31)

→

○「退職所得の金額」とは(所法30②)
・(収入金額-退職所得控除)×$\frac{1}{2}$

○「山林所得」とは(所法32①)
・山林の伐採又は譲渡による所得

→

○「山林所得の金額」とは(所法32②)
・総収入金額-必要経費-山林所得特別控除

○「譲渡所得」とは(所法33①)
・資産の譲渡による所得

→

○「譲渡所得の金額」とは(所法33③)
・総収入金額-取得費・譲渡費用-特別控除

○「一時所得」とは(所法34①)
・利子所得、配当所得、不動産所得、事業所得、給与所得、退職所得、山林所得、譲渡所得以外の所得で営利を目的とする継続的行為から生じた所得以外の一時の所得で労務その他の役務や資産の譲渡の対価としての性質を有しないもの

→

○「一時所得の金額」とは(所法34②)
・総収入金額-収入を得るための支出-特別控除

○「雑所得」とは（所法35①）
・利子所得、配当所得、不動産所得、事業所得、給与所得、退職所得、山林所得、譲渡所得、一時所得のいずれにも該当しないもの

○「雑所得の金額」とは（所法35②）
・公的年金等
　　公的年金等の収入金額－公的年金等控除額
・公的年金等以外
　　総収入金額－必要経費

具体例から学ぶ①

［事例］事業所得と給与所得

　A氏は、甲市にあるB株式会社の組立工場において、製品の一部分を組み立てる作業を行っています。
　作業する時間帯や曜日などはA氏が決め、完成した種類や数量に応じて請求書を発行しています。また、作業に必要な道具はA氏が準備しています。所得税の計算をするにあたり、A氏の所得は何所得に区分されるでしょうか？

<適用条文：所得税法第27条・第23条>

Phase 1 原文を読もう

まず、原文を読んでみましょう。

所得税法第27条　事業所得とは、農業、漁業、製造業、卸売業、小売業、サービス業その他の事業で政令で定めるものから生ずる所得（山林所得又は譲渡所得に該当するものを除く。）をいう。
2　事業所得の金額は、その年中の事業所得に係る総収入金額から必要経費を控除した金額とする。

次に、政令との関連を見てみましょう。

【所法27】	【所令63】
その他の事業で政令で定めるもの	（事業の範囲） 　法第27条第1項（事業所得）に規定する政令で定める事業は、次に掲げる事業（不動産の貸付業又は船舶若しくは航空機の貸付業に該当するものを除く。）とする。 　一　農業 　二　林業及び狩猟業 　三　漁業及び水産養殖業 　四　鉱業（土石採取業を含む。） 　五　建設業 　六　製造業 　七　卸売業及び小売業（飲食店業及び料理店業を含む。） 　八　金融業及び保険業 　九　不動産業 　十　運輸通信業（倉庫業を含む。） 　十一　医療保健業、著述業その他のサービス業 　十二　前各号に掲げるもののほか、対価を得て継続的に行なう事業

次に、給与所得についての条文を読んでみましょう。

（給与所得）
所得税法第23条　給与所得とは、俸給、給料、賃金、歳費及び賞与並びにこれらの性質を有する給与（以下この条において「給与等」という。）に係る所得をいう。
2　給与所得の金額は、その年中の給与等の収入金額から給与所得控除額を控除した残額とする。
3　前項に規定する給与所得控除額は、次の各号に掲げる場合の区分に応じ当該各号に定める金額とする。（以下省略）
4　（省略）

第4章　課税標準・各種所得金額

Phase 2　キーワードで理解しよう

次に、キーワードをつかむことにより理解しやすくなります。
キーワードは、(1) 事業、(2) 給与等、です。

(1) 事業

事業所得は、各事業から生ずる所得としか規定されていませんので、基本通達や裁判例を参考にしましょう。

はじめに、事業所得に関係する所得税基本通達を見てみましょう。

所得税基本通達27-1では、貸衣装等の譲渡による所得について、「事業の用に供された固定資産を反復継続して譲渡することが当該事業の性質上通常である場合における当該固定資産の譲渡による所得は事業所得に該当する」としています。

所得税基本通達27-2では、有料駐車場等の所得について、「自己の責任において他人の物を保管する場合の所得は事業所得又は雑所得に該当し、そうでない場合の所得は不動産所得」としています。

これらの通達をみると、事業所得に該当する場合には、「反復継続して」「自己の責任において」という用語がキーワードとなっています。

次に、事業所得の定義について裁判例を見てみましょう。

裁判所は「事業所得は自己の計算と危険において独立して営まれ、営利性及び有償性を有し、かつ反復継続して遂行する意思と社会的地位とが客観的に認められる業務から生ずる所得」と判示しています（最高裁第二小法廷　昭和56年4月24日民集35巻3号）。

事業所得については、①独立して営まれていること、②営利性、有償性があること、③反復継続して遂行することが客観的に認められること、といえます。

(2) 給与等

俸給、給料、賃金、歳費及び賞与ならびにこれらの性質を有する給与をいい

ます。しかし、所得税基本通達を見ても、定義らしいものは見当たりません。

そこで、給与所得について裁判例を見てみましょう。

裁判所は、「給与所得とは雇傭契約又はこれに類する原因に基づき使用者の指揮命令に服して提供した労務の対価として使用者から受ける給付をいう。なお、給与所得については、とりわけ、給与支給者との関係において何らかの空間的、時間的な拘束を受け、継続的ないし断続的に労務又は役務の提供があり、その対価として支給されるものであるかどうかが重視されなければならない。」と判示しています（最高裁第二小法廷　昭和56年4月24日民集35巻3号）。

給与所得は、①雇用契約等の契約に基づいていること、②使用者の指揮命令に服していること、③労務の対価として受け取る給付であること、④空間的、時間的拘束を受けていること、といえます。

Phase 3　事例を検討しよう

事例の場合、まず、給与所得になるのかどうか、次の3要件を確認していきましょう。

① 　要件雇用契約等の契約に基づいていること
② 　要件使用者の指揮命令に服していること
③ 　労務の対価として受け取る給付であること

事例では、場所は甲市にあるB株式会社の工場で作業をしていますので、空間的拘束を受けている可能性があります。時間については、時間や曜日は自由となっていますので、時間的拘束を受けていないものと思われます。

したがって、A氏は空間的拘束を受けているものの時間に制約はなく、完成した製品の数によって請求書を作成し、組立作業に係る対価を得ていることから、A氏の所得は事業所得に該当するものと考えられます。

具体例から学ぶ②

> **[事例] 不動産所得**
>
> 　A氏はマンションを8室（1室65㎡）所有しており、1か月当たり1室20万円の賃料で貸し付けています。
> 　所得税の申告（青色申告の承認申請手続き済）にあたり、帳簿の整備等の要件が整っていれば、青色申告特別控除として65万円控除することは可能でしょうか？
> 　　　　　　　　　　＜適用条文：所得税法第26条、租税特別措置法第25条の2＞

Phase 1　原文を読もう

まず、条文を読んでみましょう（下線は筆者による）。

(不動産所得)

所得税法第26条　不動産所得とは、不動産、不動産の上に存する権利、船舶又は航空機（以下この項において「不動産等」という。）の貸付け（地上権又は永小作権の設定その他他人に不動産等を使用させることを含む。）による所得（事業所得又は譲渡所得に該当するものを除く。）をいう。

2　不動産所得の金額は、その年中の不動産所得に係る総収入金額から必要経費を控除した金額とする。

(青色申告特別控除)

租税特別措置法第25条の2　青色申告書を提出することにつき税務署長の承認を受けている個人のその承認を受けている年分（第3項の規定の適用を受ける年分を除く。）の不動産所得の金額、事業所得の金額又は山林所得の金額は、所得税法第26条第2項、第27条第2項又は第32条第3項の規定により計算した不動産所得の金額、事業所得の金額又は山林所得の金額から次に掲げる金額のうちいずれか低い金額を控除した金額とする。

一　10万円
　二　所得税法第26条第2項、第27条第2項又は第32条第3項の規定により計算した不動産所得の金額、事業所得の金額（次条第1項の規定の適用がある場合には、同項に規定する社会保険診療につき支払を受けるべき金額に対応する部分の金額を除く。第3項第2号において同じ。）又は山林所得の金額の合計額
2　前項の規定により控除すべき金額は、不動産所得の金額、事業所得の金額又は山林所得の金額から順次控除する。
3　青色申告書を提出することにつき税務署長の承認を受けている個人で不動産所得又は事業所得を生ずべき事業を営むもの（所得税法第67条の規定の適用を受ける者を除く。）が、同法第148条第1項の規定により、当該事業につき帳簿書類を備え付けてこれにその承認を受けている年分の不動産所得の金額又は事業所得の金額に係る取引を記録している場合（これらの所得の金額に係る一切の取引の内容を詳細に記録している場合として財務省令で定める場合に限る。）には、その年分の不動産所得の金額又は事業所得の金額は、同法第26条第2項又は第27条第2項の規定により計算した不動産所得の金額又は事業所得の金額から次に掲げる金額のうちいずれか低い金額を控除した金額とする。
　一　65万円
　二　所得税法第26条第2項又は第27条第2項の規定により計算した不動産所得の金額又は事業所得の金額の合計額
4　前項の規定により控除すべき金額は、不動産所得の金額又は事業所得の金額から順次控除する。
5　第3項の規定は、確定申告書に同項の規定の適用を受けようとする旨及び同項の規定による控除を受ける金額の計算に関する事項の記載並びに同項に規定する帳簿書類に基づき財務省令で定めるところにより作成された貸借対照表、損益計算書その他不動産所得の金額又は事業所得の金額の計算に関する明細書の添付があり、かつ、当該確定申告書をその提出期限までに提出した場合に限り、適用する。この場合において、同項の規定により控除される金額は、当該金額として記載された金額に限るものとする。

（注）下線部分は、平成23年12月税制改正で削除され、平成23年分以後適用されます。

Phase 2　キーワードで理解しよう

次に、キーワードをつかむことにより理解しやすくなります。
キーワードは、(1) 不動産所得、(2) 不動産所得を生ずべき事業、(3) 青色申告特別控除、です。

(1) 不動産所得

不動産所得とは、不動産、不動産の上に存する権利、船舶又は航空機の貸付け（地上権又は永小作権の設定その他他人に不動産等を使用させることを含みます）による所得（事業所得又は譲渡所得に該当するものを除きます）をいいます。

役務の提供を伴う等不動産等の貸付けの場合には、不動産所得とはされません。

(2) 不動産所得を生ずべき事業

不動産所得を生ずべき事業について、明確な定義規定はありません。そこで、所得税基本通達を参考にしましょう。

基本通達では、「建物の貸付けが不動産所得を生ずべき事業として行われているかどうかは、社会通念上事業と称するに至る程度の規模で建物の貸付けを行っているかどうかにより判定すべきであるが、次に掲げる事実のいずれか一に該当する場合又は賃貸料の収入の状況、貸付資産の管理の状況等からみてこれらの場合に準ずる事情があると認められる場合には、特に反証がない限り、事業として行われているものとする。」とされています（所基通26-9）。

「次に掲げる事実」は、以下①、②のとおりです。
① 貸間、アパート等については、貸与することができる独立した室数がおおむね10以上であること
② 独立家屋の貸付けについては、おおむね5棟以上であること。

（3）青色申告特別控除

青色申告特別控除について上記条文をまとめると、以下①、②のようになります。

① 10万円控除
　　適用対象者：青色申告書の提出の承認を受けている個人
　　適用所得：不動産所得、事業所得、山林所得
② 65万円控除
　　適用対象者：青色申告書の提出の承認を受けている個人で不動産所得
　　　　　　　又は事業所得を生ずべき事業を営むもの
　　適用所得：不動産所得、事業所得
　　適用要件：青色申告者の帳簿書類（所法148①）に規定されている帳簿
　　　　　　　書類を備置すること、所得計算のための処理が正規の簿記
　　　　　　　の原則に従って記録されていること（所規57〜62・64）

Phase 3　事例を検討しよう

　事例は、マンション（不動産）の貸付けであるため、不動産所得に該当します。

　ここで重要となるのが、65万円控除の適用対象者は不動産所得又は事業所得を生ずべき"事業"を営むものであるという点です。不動産所得であっても、事業的規模でなければ65万円控除の適用を受けることはできません。

　所得税基本通達26-9では、事業として行われているか否かは原則的には「社会通念上事業と称するに至る程度の規模」で貸付けを行っているかどうかにより判断すべきとされています。そして、「事業」に該当するかどうかという判断は、事業所得における「事業」の定義に基づいて考えることができます（86頁参照）。

　しかしながら、その個別的な判断が困難な場合が多いと思われることから、通達では一定の形式的な基準を定めています。通達による形式基準としては、

アパート等については独立した室数がおおむね10室以上、もしくは独立家屋についてはおおむね5棟以上となっています。

　ところで本事例を検討すると、マンション8室の賃貸であるため、形式基準から考えると65万円控除の対象にはなりません。しかし、貸室は1室65㎡・1室当たり20万円の賃料であり、総貸付面積は520㎡、1か月当たりの収入は160万円と、仮に10万円の家賃収入のある貸室10室が事業的規模に相当すると考えるならば、収入金額からみても十分事業的規模に匹敵すると考えられます。

　したがって、形式基準には合致しませんが、実態を考慮すると65万円控除の対象となると考えられます。

第5章 所得控除

法律の概要

算出した各所得から差し引かれる金額を、所得控除額といいます。

所得控除には、①雑損控除（所法72）、②医療費控除（同73）、③社会保険料控除（同74）、④小規模企業共済等掛金控除（同75）、⑤生命保険料控除（同76）、⑥地震保険料控除（同77）、⑦寄附金控除（同78）、⑧障害者控除（同79）、⑨寡婦（寡夫）控除（同81）、⑩勤労学生控除（同82）、⑪配偶者控除（同83）、⑫配偶者特別控除（同83の2）、⑬扶養控除（同84）、⑭基礎控除（同86）があります。

これらを控除する場合には、まず雑損控除を行うものとされ（同87①）、控除すべき金額は、総所得金額、山林所得金額又は退職所得金額から順次控除します（同87②）。

具体例から学ぶ①

[事例] 災害による損失が生じた場合

K市に居住するAさんは、平成23年3月11日に起きた地震により所有する居住用の家屋（取得価額不明、木造、築年数10年、床面積300㎡）が倒壊しました。

Aさんは、撤去費用として150万円を負担しました。また、地震保険に加入していたため、1,000万円の保険金を受け取りました。なお、Aさんの平成23年の総所得金額等は650万円です。

<適用条文：所得税法第72条>

Phase 1 原文を読もう

はじめに、条文をそのまま読んでみましょう。

> 所得税法第72条　居住者又はその者と生計を一にする配偶者その他の親族で政令で定めるものの有する資産（第62条第1項（生活に通常必要でない資産の災害による損失）及び第70条第3項（被災事業用資産の損失の金額）に規定する資産を除く。）について災害又は盗難若しくは横領による損失が生じた場合（その災害又は盗難若しくは横領に関連してその居住者が政令で定めるやむを得ない支出をした場合を含む。）において、その年における当該損失の金額（当該支出をした金額を含むものとし、保険金、損害賠償金その他これらに類するものにより補てんされる部分の金額を除く。以下この項において「損失の金額」という。）の合計額が次の各号に掲げる場合の区分に応じ当該各号に掲げる金額を超えるときは、その超える部分の金額を、その居住者のその年分の総所得金額、退職所得金額又は山林所得金額から控除する。
> 一　その年における損失の金額に含まれる災害関連支出の金額（損失の金額のうち災害に直接関連して支出をした金額として政令で定める金額をいう。以下この項において同じ。）が5万円以下である場合（その年における災害関連支出の金額がない場合を含む。）　その居住者のその年分の総所得金額、退職所得金額及び山林所得金額の合計額の10分の1に相当する金額
> 二　その年における損失の金額に含まれる災害関連支出の金額が5万円を超える場合　その年における損失の金額の合計額から災害関連支出の金額のうち5万円を超える部分の金額を控除した金額と前号に掲げる金額とのいずれか低い金額
> 三　その年における損失の金額がすべて災害関連支出の金額である場合　5万円と第1号に掲げる金額とのいずれか低い金額
> 2　前項に規定する損失の金額の計算に関し必要な事項は、政令で定める。
> 3　第1項の規定による控除は、雑損控除という。

第1項の条文のかっこ書きを省略すると、次のようになります。

> 所得税法第72条　居住者又はその者と生計を一にする配偶者その他の親族で政令で定めるものの有する資産について災害又は盗難若しくは横領による損失が生じた場合において、その年における当該損失の金額の合計額が次の各号に掲げる場合の区分に応じ当該各号に掲げる金額を超えるときは、その超える部分の金額を、その居住者のその年分の総所得金額、退職所得金額又は山林所得金額から控除する。
> 一　その年における損失の金額に含まれる災害関連支出の金額が5万円以下である場合　その居住者のその年分の総所得金額、退職所得金額及び山林所得金額の合計額の10分の1に相当する金額
> 二　その年における損失の金額に含まれる災害関連支出の金額が5万円を超える場合　その年における損失の金額の合計額から災害関連支出の金額のうち5万円を超える部分の金額を控除した金額と前号に掲げる金額とのいずれか低い金額
> 三　その年における損失の金額がすべて災害関連支出の金額である場合　5万円と第1号に掲げる金額とのいずれか低い金額

政令との関連を見てみましょう。

| 【所法72①】
配偶者その他親族で政令で定めるもの…（その居住者が政令で定めるやむを得ない支出をした場合）… | → | 法第72条第1項…に規定する政令で定める親族は…
○雑損控除の適用を認められる親族の範囲を規定しています。
　→親族の所得金額を規定（所令205①）
　→親族と生計を一にする居住者が2人以上ある場合（所令205②）
法第72条第1項…に規定する政令で定めるやむを得ない支出は…
○雑損控除の対象となる雑損失の範囲等を規定しています（所令206）。 |

> **ちょっとひとこと**
>
> **生計を一にするとは？**
>
> 生計を一にするとは、次の①、②のような場合をいいます（所基通2-47）。
> ① 勤務、修学、療養等の都合上他の親族と日常の起居を共にしていない親族がある場合であっても、次に掲げる場合に該当するときは、これらの親族は生計を一にするものとする。
>   イ．当該他の親族と日常の起居を共にしていない親族が、勤務、修学等の余暇には当該他の親族のもとで起居を共にすることを常例としている場合
>   ロ．これらの親族間において、常に生活費、学資金、療養費等の送金が行われている場合
> ② 親族が同一の家屋に起居している場合には、明らかに互いに独立した生活を営んでいると認められる場合を除き、これらの親族は生計を一にするものとする。

Phase 2 キーワードで理解しよう

次に、キーワードをつかむことにより理解しやすくなります。

キーワードは、（1）適用対象者、（2）適用対象資産、（3）損失の金額、（4）控除額、です。

（1）適用対象者

居住者又は居住者と生計を一にする配偶者その他の親族で政令で定めるものとされています（居住者の定義は、5頁を参照してください）。

また、生計を一にする配偶者その他の親族で政令で定めるものとは、「居住者の配偶者その他の親族でその年分の総所得金額、退職所得金額及び山林所得金額の合計額が基礎控除の額に相当する金額以下であるもの」とされています（所令205①）。

> **ちょっとひとこと**
>
> **雑損控除の適用される親族の判定はいつ行う？**
>
> 　雑損控除の適用される親族の判定は、資産そのものについて生じた損失につき雑損控除を受けようとする場合は当該損失が生じた日、また政令で定めるやむを得ない支出をした場合には、損失が生じた日又は支出をした日の状況により判定されます（所基通72-4）。

適用対象者の見つけ方

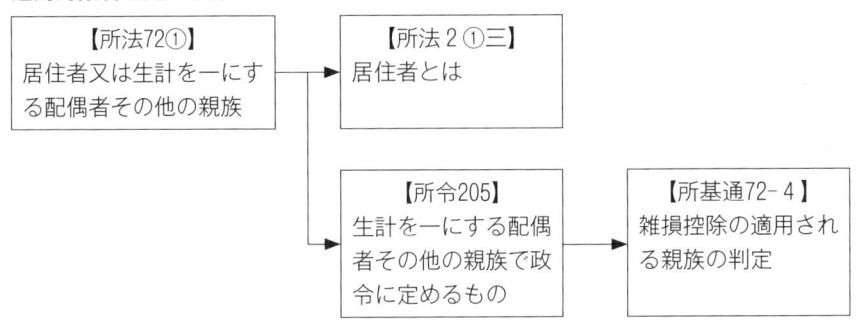

```
【所法72①】                    【所法2①三】
居住者又は生計を一にす    →    居住者とは
る配偶者その他の親族

                               【所令205】                    【所基通72-4】
                          →    生計を一にする配偶      →    雑損控除の適用され
                               者その他の親族で政            る親族の判定
                               令に定めるもの
```

（2）適用対象資産

　適用対象資産は、適用対象者の有する災害又は盗難もしくは横領による損失が生じた資産とされています。

　ただし、生活に通常必要でない資産の災害による損失や被災事業用資産の損失の金額は除きます（所法72①）。

　災害の定義について、所得税法及び施行令では以下のとおり定めています。

> 　災害とは、震災、風水害、火災、冷害などの自然現象の異変による災害及び鉱害、火薬類の爆発など人為による異常な災害ならびに害虫その他の生物による異常な災害をいいます（所法2①二十七、所令9）。

　次に、盗難の定義ですが、所得税法等には明確な規定がありません。そこで、

判例や裁決事例を参考にします。

◀ 参考 ▶

［裁決例を読む］

> 不服審判所は「盗難」の概念について、「所得税法及び同法施行令に定義規定がないものの、雑損控除制度の趣旨のほか課税行政の明確性及び公平性の観点からして、限定的で、かつ、ほかの法律上の概念と共通する一義的な解釈をすべきであるから、盗難の意義は、刑法の窃盗罪と同様に、財物の占有者の意に反する第三者による当該財物の占有の移転であると解するのが相当である（最高裁平成19年4月17日第三小法廷判決・民集61巻3号1026頁参照）」としています。
>
> （平成23年5月23日裁決）

横領の定義についても、所得税法等には明確な規定がありません。そこで、判例や裁決事例を参考にします。

◀ 参考 ▶

［裁決例を読む］

> 不服審判所は『「横領」の概念についても、所得税法及び同法施行令に定義規定がないものの、刑法の横領罪と同様に、他人の物の占有者が委託の任務に背いて、その物につき権限がないのに所有者でなければできないような処分をすること、であると解するのが相当である（最高裁昭和24年3月8日第三小法廷判決・刑集3巻3号276頁、大審院明治42年8月31日判決・刑録15号1097頁参照）。金銭は、特別の場合を除いては、物としての個性を有せず、単なる価値そのものと考えるべきであり、価値は金銭の所在に随伴するものであるから、金銭の所有権者は、特段の事情のない限り、その占有者と一致すると解すべきであり、また金銭を現実に支配して占有する者は、それをいかなる理由によって取得したか、またその占有を正当づける権利を有するか否かにかかわりなく、価値の帰属者すなわち金銭の所有者とみるべきであるとされている（最高裁昭和29年11月5日第一小法廷判決・刑集8巻11号1675頁、同昭和39年1月24日第二小法廷判決・裁判集民

事71号331頁)』としています。

(平成23年5月23日裁決)

ちょっとひとこと

振り込め詐欺による損害は雑損控除の対象になる？

　振り込め詐欺による損失については、不服審判所の裁決事例があります。
　不服審判所は、『所得税法第72条第1項は、納税者の資産に損失が生じた場合のうち、「災害又は盗難若しくは横領」という納税者の意思に基づかないことが客観的に明らかな事由によってその損失が生じた場合に限定して、当該納税者の担税力の減少に配慮し、当該損失のうちの一定額を当該納税者の所得から控除する旨規定したものと解される。そして、「災害又は盗難若しくは横領」のうち、「災害」についてのみ所得税法及び同法施行令に定義規定があることからすると、「災害」、「盗難」、「横領」はそれぞれ別個の概念であり、それぞれの意義及びそのいずれかに該当するか否かについては、雑損控除制度の趣旨等に照らして各別に解釈し、判断すべきである。振り込め詐欺による損失は、所得税法第72条第1項に規定する「災害」による損失、「盗難」による損失、又は「横領」による損失のいずれにも当たらない。』との判断をしています。

(平成23年5月23日裁決)

適用対象資産の見つけ方

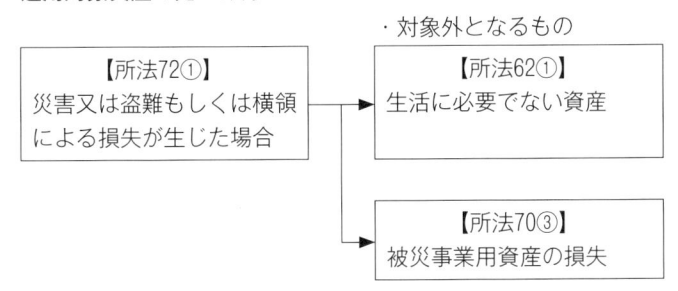

・対象外となるもの

【所法72①】
災害又は盗難もしくは横領による損失が生じた場合

→ 【所法62①】
生活に必要でない資産

→ 【所法70③】
被災事業用資産の損失

(3) 損失の金額

　災害により被害を受けた住宅又は家財等の資産(以下「住宅家財等」)の損失額は、その資産が被害を受けた直前の価額(被害時の時価)を基礎として計算するものとされています(所令206③)。

　また、災害又は盗難もしくは横領に関連してその居住者が政令で定めるやむを得ない支出をした場合を含み、保険金、損害賠償金その他これらに類するものにより補てんされる部分の金額を除くとされています(所法72①)。

　災害に関連するやむを得ない支出(災害関連支出)とは、次の①〜④をいいます(所令206)。

① 災害により住宅家財等が滅失し、損壊し又はその価値が減少したことによる当該住宅家財等の取壊し又は除去のための支出その他の付随する支出

② 災害により住宅家財等が損壊し又はその価値が減少した場合その他災害により当該住宅家財等を使用することが困難となった場合において、その災害のやんだ日の翌日から1年を経過した日(大規模な災害の場合その他やむを得ない事情がある場合には、3年を経過した日)の前日までにした次のイ〜ハに掲げる支出その他これらに類する支出

　イ．災害により生じた土砂その他の障害物を除去するための支出

　ロ．当該住宅家財等の原状回復のための支出(当該災害により生じた当該住宅家財等の③の損失の金額に相当する部分の支出を除く)

　ハ．当該住宅家財等の損壊又はその価値の減少を防止するための支出

③ 災害により住宅家財等につき現に被害が生ずるおそれがあると見込まれる場合において、当該住宅家財等に係る被害の拡大又は発生を防止するために緊急に必要な措置を講ずるための支出

④ 盗難又は横領による損失が生じた住宅家財等の原状回復のための支出その他これに類する支出

> **ちょっとひとこと**
>
> **補てんされる保険金等は？**
>
> 　保険金等とは、損害保険契約等に基づき被災者が支払いを受ける保険金や資産の損失により支払いを受ける損害賠償金のほかに、損害保険契約等に基づき被災者が支払いを受ける見舞金や、資産の損害の補てんを目的とする任意の互助組織から支払いを受ける災害見舞金が含まれます（所基通72-6・51-7）。

Phase ❸　事例を検討しよう

　災害を受けた居住用の家屋の所有者は居住者であるＡさんですから、雑損控除の適用対象者となります。

　資産は適用対象者であるＡさんの資産で地震により損失が生じており、居住用財産であるため例外にはあてはまりませんから、適用対象資産となります。

　Ａさんの損失額については、時価を算定し計算します。

　時価の算定が困難な状況等の場合には、国税庁から「損失額の合理的な計算方法」が発表されます。発表された、東日本大震災に係る雑損控除の適用における「損失額の合理的な計算方法」で計算してみましょう。

（1）住宅の損失額

① 住宅の価額

　１㎡当たりの工事費用×総床面積＝158千円／㎡×300.00㎡＝47,400,000円

　（注）次頁「別表１　地域別・構造別の工事費用表（全国平均）」参照。

② 減価償却費

　47,400,000円×0.9×0.031×10年＝13,224,600円

③ 被災直前の時価相当額

　47,400,000円－13,224,600円　＝34,175,400円

④ 損害額

34,175,400円×100％＝34,175,400円

(注)「別表3　被害割合表」参照。

【参考】国税庁「損失額の合理的な計算方法」(抜粋)

別表1　地域別・構造別の工事費用表（1㎡当たり）

	木造	鉄骨鉄筋 コンクリート造	鉄筋 コンクリート造	鉄骨造
	千円	千円	千円	千円
北海道	148	188	146	177
青森	139	134	263	166
岩手	143	222	183	175
宮城	146	146	167	177
秋田	137	135	190	166
山形	146	23	134	154
福島	149	143	199	172
全国平均	158	214	198	195

別表3　被害割合表

区分	被害区分	被害割合 住宅	被害割合 家財	摘要
損壊	全壊・流出・埋没・倒壊 （倒壊に準ずるものを含む）	100%	100%	被害住宅の残存部分に補修を加えても、再び住宅として使用できない場合 住宅の主要構造部の被害額がその住宅の時価の50％以上であるか、損失部分の床面積がその住宅の総床面積の70％以上である場合
損壊	半壊	50	50	住宅の主要構造部の被害額がその住宅の時価の20％以上50％未満であるか、損失部分の床面積がその住宅の総床面積の20％以上70％未満で残存部分を補修すれば再び使用できる場合
損壊	一部破損	5	5	住宅の主要構造部の被害が半壊程度には達しないが、相当の復旧費を要する被害を受けた場合

(国税庁ホームページより)

（2）損失額

① 住宅の損失額　　　　　34,175,400円
② 災害関連支出
　　撤去費用　　　　　　 1,500,000円
③ 補てんされる保険金等　10,000,000円
④ 損失額（①＋②－③）　25,675,400円

＜参考＞国税庁は、ホームページで東日本大震災に係る損失額の計算システムを提供しています（https://www.keisan.nta.go.jp/shinsai/jsp/SHI00100.jsp）。

（3）控除額

損失の金額が次の金額を超える場合は、超える部分の金額が控除されます。

① 損失の金額に含まれる災害関連支出の金額が5万円以下の場合

　総所得金額等×$\frac{1}{10}$

② 損失の金額に含まれる災害関連支出の金額が5万円超の場合

　以下のいずれか低いほうの金額

　　イ．損失の金額の合計額－（災害関連支出の金額－5万円）
　　ロ．総所得金額等×$\frac{1}{10}$

③ 損失の金額がすべて災害関連支出の金額の場合

　以下のいずれか低いほうの金額

　　イ．5万円
　　ロ．総所得金額等×$\frac{1}{10}$

Aさんの損失額には災害関連支出が1,500,000円含まれていますので、②に該当します。したがって、控除額は次のようになります。

① 損失の額　25,675,400円
② イ．25,675,400円－（1,500,000円－50,000円）＝24,225,400円
　 ロ．6,500,000円×$\frac{1}{10}$＝650,000円
　　　イ＞ロなので、650,000円

③ 控除額
①−②＝25,025,400円

　総所得金額等の650万円よりも控除額が大きいので、Aさんの平成23年分の課税所得金額は、なしとなります。

> **ちょっとひとこと**
>
> **雑損失の金額が所得金額よりも多い場合は？**
>
> 　雑損失の金額が所得金額を超える場合は、雑損失の金額を翌年以後3年間繰越することができます。→「雑損失の繰越控除」
>
> 　事例の場合、雑損失の金額25,025,400円から所得金額6,500,000円を差引きした金額18,525,400円は翌年以降3年間（震災特例法の適用を受ける場合には、5年間）繰り越して、翌年の所得金額から控除することができます（所法71①）。
>
> **雑損控除の適用以外に何かないの？**
>
> 　災害減免法の規定の適用があります。
>
> 　災害減免法は、災害のあった年分の合計所得金額が1,000万円以下の方で、震災、風水害、火災等の災害による損失の損害額が住宅又は家財の2分の1以上で、雑損控除の適用を受けない場合には、次のとおり所得税額がそれぞれ軽減されます。
>
> ・合計所得金額：500万円以下　　　　　→全額が免除
> 　　　　　　　　500万円超750万円以下　→$\frac{1}{2}$が免除
> 　　　　　　　　750万円超1,000万円以下→$\frac{1}{4}$が免除

（具体例から学ぶ②）

［事例1］医療費を支払った場合

　次の①、②のような場合、Bさんの医療費控除の取扱いはどのようになるのでしょうか？

① 遠方の大学に通うため、大学の近くで一人暮らしをしている息子の医療費を支払っています。
② 年の途中で結婚し、生計を一にすることがなくなった娘の結婚前の医療費を支払っています。

<適用条文：所得税法第73条>

[事例2] コンタクトレンズの購入費用

Cさんは近視のため、医師の処方箋に基づきコンタクトレンズを使用しています。このコンタクトレンズ購入費用は、医療費控除の対象となるのでしょうか？

<適用条文：所得税法第73条>

Phase 1 原文を読もう

はじめに、条文をそのまま読んでみましょう。

所得税法第73条　居住者が、各年において、自己又は自己と生計を一にする配偶者その他の親族に係る医療費を支払った場合において、その年中に支払った当該医療費の金額（保険金、損害賠償金その他これらに類するものにより補てんされる部分の金額を除く。）の合計額がその居住者のその年分の総所得金額、退職所得金額及び山林所得金額の合計額の100分の5に相当する金額（当該金額が10万円を超える場合には、10万円）を超えるときは、その超える部分の金額（当該金額が200万円を超える場合には、200万円）を、その居住者のその年分の総所得金額、退職所得金額又は山林所得金額から控除する。

2　前項に規定する医療費とは、医師又は歯科医師による診療又は治療、治療又は療養に必要な医薬品の購入その他医療又はこれに関連する人的役務の提供の対価のうち通常必要であると認められるものとして政令で定めるものをいう。

3　第1項の規定による控除は、医療費控除という。

政令との関連を見てみましょう。

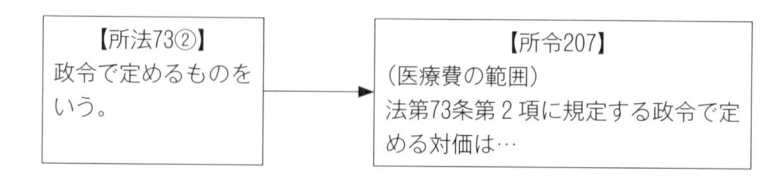

```
┌─────────────────┐      ┌──────────────────────┐
│ 【所法73②】      │      │ 【所令207】           │
│ 政令で定めるものを│ ───→ │ (医療費の範囲)       │
│ いう。           │      │ 法第73条第2項に規定する政令で定│
│                 │      │ める対価は…          │
└─────────────────┘      └──────────────────────┘
```

Phase 2　キーワードで理解する

次に、キーワードをつかむことにより理解しやすくなります。
キーワードは、(1) 適用範囲、(2) 対象となる医療費、です。

(1) 適用範囲

対象となる適用範囲は、自己又は自己と生計を一にする配偶者その他の親族に係る医療費です。

ここで、「生計を一にする」とは、次の①、②のような場合をいいます（所基通2-47）。

① 勤務、修学、療養等の都合上他の親族と日常の起居を共にしていない親族がある場合であっても、次のイ、ロに掲げる場合に該当するときは、これらの親族は生計を一にするものとする。

　イ．当該他の親族と日常の起居を共にしていない親族が、勤務、修学等の余暇には当該他の親族のもとで起居を共にすることを常例としている場合

　ロ．これらの親族間において、常に生活費、学資金、療養費等の送金が行われている場合

② 親族が同一の家屋に起居している場合には、明らかに互いに独立した生活を営んでいると認められる場合を除き、これらの親族は生計を一にするものとする。

また、配偶者その他の親族の範囲ですが、「親族」とは6親等内の血族及び3親等内の姻族の範囲とされています（民725）。

さらに、生計を一にする親族に係る医療費については、医療費を支出すべき事由が生じた時又は現実に医療費を支払った時の現況において居住者と生計を一にし、かつ親族である者に係るものをいいます（所基通73-1）。

> **ちょっとひとこと**
>
> **生計を一にする親族の所得要件は？**
>
> 　医療費控除の場合、生計を一にする配偶者その他の親族とされていますので、扶養控除のように所得要件はありません。
> 　生計を一にする配偶者その他の親族に係る医療費については、医療費控除の対象となります。

（2）対象となる医療費

　条文では、医療費とは、「医師又は歯科医師による診療又は治療、治療又は療養に必要な医薬品の購入その他医療又はこれに関連する人的役務の提供の対価のうち通常必要であると認められるものとして政令で定めるものをいう」とされています。

　ここで、対象となる政令を読んでみましょう。

　政令で定める対価は、「次に掲げるものの対価のうち、その病状その他財務省令で定める状況に応じて一般的に支出される水準を著しく超えない部分の金額とする」とされています（所令207）。

一　医師又は歯科医師による診療又は治療
二　治療又は療養に必要な医薬品の購入
三　病院、診療所（これに準ずるものとして財務省令で定めるものを含む。）又は助産所へ収容されるための人的役務の提供
四　あん摩マツサージ指圧師、はり師、きゆう師等に関する法律（昭和22年法律第217号）第3条の2（名簿）に規定する施術者（同法第12条の2第1項（医業類似行為を業とすることができる者）の規定に該当する者を含む。）又は柔

第5章　所得控除　　107

道整復師法（昭和45年法律第19号）第2条第1項（定義）に規定する柔道整復師による施術
　五　保健師、看護師又は准看護師による療養上の世話
　六　助産師による分べんの介助
　<u>七　介護福祉士による社会福祉士及び介護福祉法（昭和62年法律第30号）第2条第2項（定義）に規定する喀痰吸引等又は同法附則第3条第1項（認定特定行為業務従事者に係る特例）に規定する認定特定行為業務従事者による同項に規定する特定行為</u>

（注）下線部分（筆者による）は平成24年4月1日以後適用されます。

Phase 3　事例を検討しよう

（1）事例1①について

生計を一にするかどうかについての事例です。

Bさんの息子は遠方の大学に通うため、日常の起居を共にしていませんが、上記「生計を一にする」の例にあてはまるため、生計を一にしているといえます。したがって、Bさんが支払った医療費は医療費控除の対象になります。

（2）事例1の②について

年の途中で生計を一にしなくなった場合の事例です。判定時期については、医療費を支払った時の現況において、生計を一にしていたかどうかで判断されます。したがって、Bさんの娘の医療費は医療費控除の対象になります。

（3）事例2について

コンタクトレンズについて、医療費控除が認められるかどうかを検討してみましょう。

まず、Cさんは医師の処方箋に基づいてコンタクトレンズを購入しています。そこで、所得税法施行令第207条の「治療又は療養に必要な医薬品の購入」に

あてはまるかどうかを検討します。

事例のCさんは近視ですが、コンタクトレンズが近視の治療に必要な医薬品であるかどうかの検討が必要になります。そこで、所得税基本通達を読んでみましょう。

「次に掲げるもののように、医師、歯科医師、令第207条第4号（医療費の範囲）に規定する施術者又は同第6号に規定する助産師（以下この項においてこれらを「医師等」という。）による診療、治療、施術又は分べんの介助（以下この項においてこれらを「診療等」という。）を受けるために直接必要な費用は、医療費に含まれるものとする。」としています（所基通73-3）。

(1) 医師等による診療等を受けるための通院費若しくは医師等の送迎費、入院若しくは入所の対価として支払う部屋代、食事代等の費用又は医療用器具等の購入、賃借若しくは使用のための費用で、通常必要なもの
(2) 自己の日常最低限の用をたすために供される義手、義足、松葉づえ、補聴器、義歯等の購入のための費用
(3) 身体障害者福祉法第38条（費用の徴収）、知的障害者福祉法第27条（費用の徴収）若しくは児童福祉法第56条（費用の徴収）又はこれらに類する法律の規定により都道府県知事又は市町村長に納付する費用のうち、医師等による診療等の費用に相当するもの並びに（1）及び（2）の費用に相当するもの

上記のとおり、通達によると、医師や歯科医師等の診療等を受けるために直接必要な費用は医療費に含まれるとして、(1)～(3)でその例を限定して列挙されています。

ところで、Cさんは一般的な近視を矯正するためにコンタクトレンズを購入しているため、診療等を受けるために直接必要な費用とはいえず、医療費控除の対象にはなりません。

◀ **参考** ▶

［判例を読む］

○「所得税更正処分取消請求、更正処分取消請求事件」(平成元年6月28日横浜地裁判決)
○「所得税更正処分取消、更正処分取消請求控訴事件」(平成2年6月28日最高裁判決)

　近視及び乱視矯正用の眼鏡及びコンタクトレンズの代金について医療費控除の対象として計算した所得税の確定申告につき、更正処分を受けたためその取消を求めた事件です。判決によると一審、二審ともに棄却されています。

　判決理由において、医療費控除制度の創設について述べられています。その一部に以下のような記載があります。

　「医療費控除制度は、シャウプ勧告に基づき昭和25年の税制改正により医療費が多額で異常な支出となる場合における担税力の減殺を調整する目的で創設されたものである。」

　つまり、所得税の公平な負担という観点から、多額で異常な支出となった医療費については担税力の減少に反映させる目的で創設されたものであるとしています。

　しかし一方で、医療費控除に関して「税務行政に多大な負担を生じることを考えるなら…法及び施行令が無限定に全ての医療費を医療費控除の対象とする方法を取らずに…医療費の対象を限定列挙していることはやむを得ない」としています。

　以上のことをふまえて、眼鏡等の購入費用が医療費控除の対象となるか否かについて検討されています。

　その中で、①わが国では眼鏡等を使用する人口が多く近視等を矯正するために眼鏡等を装用することは一般的である、②眼鏡等の装用のみならずその前提となる検眼も医療として医師法等により規制されていない、③医師の検眼を受ける場合でも近視等のために眼鏡を装用するための検眼は眼鏡等による矯正の

必要度を判断するのにすぎないため医師が行う場合でも眼鏡店での検眼と基本的に異なるわけではないため、検眼が医師の専門的知識や技能等を必要とする診療ないし治療と断定しがたい、という点をもって、眼鏡及びコンタクトレンズの購入費用は医療費控除の対象とならないと結論づけています。

具体例から学ぶ③

> **[事例] 寡婦控除・扶養控除**
>
> 私と内縁の夫は、お互い先祖代々名家で、それぞれの家を守らないといけない立場です。婚姻届は提出せずに、事実婚で生活をしていました。
>
> 2人の子供も授かり、お互いの家を守ることができ、これで婚姻届も提出することができると喜んでいました。しかし、内縁の夫は病に冒され、婚姻届を提出する前に亡くなりました。
>
> 私は、何か控除を受けることができるのでしょうか？
>
> なお、子供は双子で1歳になったところで、所得はありません。
>
> <適用条文：所得税法第2条三十・三十四、第81条・第84条>

Phase 1　原文を読もう

はじめに、条文をそのまま読んでみましょう。

```
所得税法第2条
三十　寡婦　次に掲げる者をいう。
　イ　夫と死別し、若しくは夫と離婚した後婚姻をしていない者又は夫の生死の
　　　明らかでない者で政令で定めるもののうち、扶養親族その他その者と生計を
　　　一にする親族で政令で定めるものを有するもの
　ロ　イに掲げる者のほか、夫と死別した後婚姻をしていない者又は夫の生死の
　　　明らかでない者で政令で定めるもののうち、第70条（純損失の繰越控除）及
　　　び第71条（雑損失の繰越控除）の規定を適用しないで計算した場合における
　　　第22条（課税標準）に規定する総所得金額、退職所得金額及び山林所得金額
```

の合計額（以下この条において「合計所得金額」という。）が500万円以下であるもの

三十一～三十三の二　（省略）

三十四　扶養親族　居住者の親族（その居住者の配偶者を除く。）並びに児童福祉法（昭和22年法律第164号）第27条第１項第３号（都道府県の採るべき措置）の規定により同法第６条の３第１項（定義）に規定する里親に委託された児童及び老人福祉法（昭和38年法律第133号）第11条第１項第３号（市町村の採るべき措置）の規定により同号に規定する養護受託者に委託された老人でその居住者と生計を一にするもの（第57条第１項に規定する青色事業専従者に該当するもので同項に規定する給与の支払を受けるもの及び同条第３項に規定する事業専従者に該当するものを除く。）のうち、合計所得金額が38万円以下である者をいう

三十四の二　控除対象扶養親族　扶養親族のうち、年齢16歳以上の者をいう。

三十四の三　特定扶養親族　控除対象扶養親族のうち、年齢19歳以上23歳未満の者をいう。

三十四の四　老人扶養親族　控除対象扶養親族のうち、年齢70歳以上の者をいう。

（寡婦（寡夫）控除）

第81条　居住者が寡婦又は寡夫である場合には、その者のその年分の総所得金額、退職所得金額、又は山林所得金額から27万円を控除する。

２　（省略）

（扶養控除）

第84条　居住者が控除対象扶養親族を有する場合には、その居住者のその年分の総所得金額、退職所得金額又は山林所得金額から、その控除対象扶養親族１人につき38万円（その者が特定扶養親族である場合には63万円とし、その者が老人扶養親族である場合には48万円とする。）を控除する。

２　（省略）

政令との関連を見てみましょう。

```
┌─────────────────────┐      ┌─────────────────────────┐
│   【所法2三十】      │      │     【所令11①】          │
│ イ 政令で定めるもの  │      │  (寡婦の範囲)            │
│   のうち…親族で政令で│─────▶│ 法第2条第1項第30号イ又ロに規定する│
│   定めるもの…       │      │ 夫の生死の明らかでない者で政令で定│
│ ロ 政令で定めるもの  │      │ めるものは、次に掲げる者の妻とする…│
│   のうち…           │      ├─────────────────────────┤
│                     │      │     【所令11②】          │
│                     │      │ 法第2条第1項第30号に規定するその者│
│                     │      │ と生計を一にする…       │
└─────────────────────┘      └─────────────────────────┘
```

Phase 2 キーワードで理解する

次に、キーワードをつかむことにより理解しやすくなります。
キーワードは、(1) 寡婦、(2) 扶養親族、です。

(1) 寡婦

寡婦とは、所得税法第2条第30号に規定されているように、婚姻後、夫と死別又は夫と離婚、夫の生死が明らかでない者となっています。
つまり、寡婦の前提は、事実婚ではなく、法律婚を意味しています。

(2) 扶養親族

扶養親族とは、居住者の親族(その居住者の配偶者を除く)、児童福祉法に規定に規定する里親に委託された児童及び老人福祉法に規定する養護受託者に委託された老人で、その居住者と生計を一にするもの(青色事業専従者に該当するもので給与の支払いを受けるもの及び事業専従者に該当するものを除く)のうち、合計所得金額が38万円以下である者をいいます。

Phase 3 事例を検討しよう

まず、「寡婦」の要件を見てみましょう。
所得税法は、法律婚を基礎に規定しています。事例の場合、内縁の夫は婚姻

第5章 所得控除　113

届を提出する前に亡くなられていますので、寡婦には該当しないことになります。したがって、寡婦の要件を満たしていないので、「寡婦控除」の適用を受けることはできません。

　お子さんが、「扶養親族」になるかどうかを見てみましょう。

　扶養親族は、居住者の親族（その居住者の配偶者を除く）、児童福祉法に規定に規定する里親に委託された児童及び老人福祉法に規定する養護受託者に委託された老人でその居住者と生計を一にするもの（青色事業専従者に該当するもので給与の支払いを受けるもの及び事業専従者に該当するものを除く）のうち、合計所得金額が38万円以下である者をいいます。したがって、お子さんはあなたの親族で、所得がないので、扶養親族となります。

　次に、「扶養控除」について見てみましょう。

　居住者が控除対象扶養親族を有する場合には、その居住者のその年分の総所得金額、退職所得金額又は山林所得金額から、その控除対象扶養親族1人につき38万円（その者が特定扶養親族である場合には63万円とし、その者が老人扶養親族である場合には48万円とする。同居の老親等に係る扶養控除は58万円とする）を控除するとされています（所法84、措法41の16）。

　控除対象扶養親族は、扶養親族のうち、年齢16歳以上の者と規定されています。お子さんは1歳ですので、「控除対象扶養親族」に該当しないことになります。

　したがって、扶養控除の適用も受けることができません。

第6章 所得税法の特例

法律の概要

　租税特別措置法は、当分の間、所得税を軽減・免除・還付、又は所得税に係る納税義務、課税標準や税額の計算、申告書の提出期限や徴収について、所得税法の特例を設けたものです。

　その特例には、利子所得の分離課税制度、上場株式等に係る配当所得の課税の特例、設備投資等をした場合の特別償却・所得税額控除、土地等・建物等の譲渡所得の特例、株式等に係る譲渡所得等の特例、住宅借入金等を有する場合の特別税額控除、などがあります。

具体例から学ぶ

[事例] 居住用財産の譲渡損失

　私は、3年前に父から相続した居住用の建物・土地を相続しました。相続後も、その家に母と一緒に住んでいました。

　母は足が悪く、「階段の上り下りがつらい」というので、平成24年3月、住んでいた家を街の不動産屋A氏に4,000万円で売却し、マンションに引っ越しました。

　この場合、税法上の取扱いはどのようになるのでしょうか？

　なお、父はこの家を平成18年9月に5,000万円（新築、木造家屋2,000万円・土地3,000万円）で購入しました。私の年間所得は500万円です。

　また、相続時には住宅ローンの残高がありましたが、私が引き継ぎ、返

済しています。売却時の住宅ローン残高は3,500万円あります。
　母と住むマンションは、母が父から相続したものです。

＜適用条文：租税特別措置法第41条の5の2＞

Phase 1　原文を読もう

はじめに、居住用財産の譲渡に関する特例を見てみましょう。

（1）譲渡益が生ずる場合

　居住用財産を買換えしない場合の特例には、「譲渡所得の特別控除」（措法35）、「長期譲渡所得の課税の特例」（措法31の3）があります。
　居住用財産を買換えする場合の特例には、「特定の居住用財産の譲渡所得の買換えの場合の長期譲渡所得の課税の特例」（措法36の2）があります。
　そのほか、居住用財産に限定されていない収用等の特別控除などがあります。

（2）譲渡損失が生ずる場合

　譲渡所得の特例として、「居住用財産の買換え等の場合の譲渡損失の損益通算及び繰越控除」（措法41の5）、「特定居住用財産の譲渡損失の損益通算及び繰越控除」（措法41の5の2）があります。
　今回の事例は、譲渡損失が生じたケースです。
　それでは、関連する条文を読んでみましょう。

（特定居住用財産の譲渡損失の損益通算及び繰越控除）
租税特別措置法第41条の5の2　個人の平成16年分以後の各年分の譲渡所得の金額の計算上生じた特定居住用財産の譲渡損失の金額がある場合には、第31条第1項後段及び第3項第2号の規定にかかわらず、当該特定居住用財産の譲渡損失の金額については、所得税法第69条第1項の規定その他の所得税に関する法令の規定を適用する。ただし、当該個人がその年の前年以前3年内の年におい

て生じた当該特定居住用財産の譲渡損失の金額以外の特定居住用財産の譲渡損失の金額につきこの項の規定の適用を受けているときは、この限りでない。
2・3　（省略）
4　確定申告書を提出する個人が、その年の前年以前3年内の年において生じた通算後譲渡損失の金額（この項の規定の適用を受けて前年以前の年において控除されたものを除く。）を有する場合には、第31条第1項後段の規定にかかわらず、当該通算後譲渡損失の金額に相当する金額は、政令で定めるところにより、当該確定申告書に係る年分の同項に規定する長期譲渡所得の金額、第32条第1項に規定する短期譲渡所得の金額、総所得金額、退職所得金額又は山林所得金額の計算上控除する。ただし、当該個人のその年分の所得税に係るその年の所得税法第2条第1項第30号の合計所得金額が3千万円を超える年については、この限りでない。
5　前項の規定は、当該個人が特定居住用財産の譲渡損失の金額が生じた年分の所得税につき第2項の確定申告書をその提出期限までに提出した場合であって、その後において連続して確定申告書を提出しており、かつ、前項の確定申告書に同項の規定による控除を受ける金額の計算に関する明細書その他の財務省令で定める書類の添付がある場合に限り、適用する。
6　（省略）
7　この条において、次の各号に掲げる用語の意義は、当該各号に定めるところによる。（以下省略）
8〜12　（読み替え規定のため省略）

① 読み替え規定について

　読み替え規定の場合、「○○の規定にかかわらず、…適用する」という条文になります。上記第1項の読み替え規定を見てみましょう（下線は筆者）。

【譲渡損失の原則的な取扱い】
○租税特別措置法第31条第1項後段
　→長期譲渡所得の金額の計算上生じた損失の金額があるときは、同法その他所得税に関する法令の規定の適用については、当該損失の金額は生じなかつたものとみなす。

> ○租税特別措置法第31条第3項第2号
> →所得税法第69条の規定の適用の読み替え規定
> 「譲渡所得の金額」→「譲渡所得の金額（措法第31条第1項に規定する譲渡による譲渡所得がないものとして計算した金額とする。」
> 「各種所得の金額」→「各種所得の金額（長期譲渡所得の金額を除く。）」とする。
>
> <u>の規定にかかわらず</u>、特定居住用財産の譲渡所得の金額は、所得税法第69条第1項（損益通算）<u>の規定を適用する</u>。

このように、原則として譲渡損失は生じなかったものとみなされるものが、読み替え規定により損益通算の対象になることがわかります。

② 用語の意義について

上記条文で、第7項の用語の意義はとくに重要なものです。区分して見ていきましょう。

・条文のポイント

| 【措法41の5の2⑦】
この条において、次の各号に掲げる用語の意義は、当該各号に定めるところによる。
一　特定居住用財産の譲渡損失の金額
　当該個人が、平成16年1月1日から平成25年12月31日までの期間（次項において「適用期間」という。）内に、その有する家屋又は土地若しくは土地の上に存する権利で、その年1月1日において第31条第2項に規定する所有期間が5年を超えるもののうち次に掲げるもの（以下この号及び次項において「譲渡資産」という。）の譲渡（第33条第3項第1号に規定する譲渡所得の基因となる不動産等の貸付けを含むものとし、 | 1．適用期間
　平成16年1月1日から平成25年12月31日（※）まで
　※　平成24年改正で平成25年まで延長されました。

2．譲渡資産
○家屋又は土地等でその年1月1日現在で、所有期間が5年を超えるもの
　→所有期間（措法31②に規定）
○措法33③一に規定する譲渡所得の起因となる不動産等の貸付け
　→措法33①に規定する建物又は構築物の所有を目的とする地上権又は賃借権の設定その他契約により他人に土地を長期間使用させる行為で政令で定めるもの |

当該個人の配偶者その他の当該個人と政令で定める特別の関係がある者に対してするものその他政令で定めるものを除く。以下この号及び次項において「特定譲渡」という。）をした場合（当該個人が当該特定譲渡に係る契約を締結した日の前日において当該譲渡資産に係る住宅借入金等の金額を有する場合に限るものとし、当該個人がその年の前年若しくは前々年における資産の譲渡につき第31条の3第1項、第35条第1項、第36条の2若しくは第36条の5の規定の適用を受けている場合又は当該個人がその年若しくはその年の前年以前3年内における資産の譲渡につき前条第1項の規定の適用を受け、若しくは受けている場合を除く。）において、当該譲渡資産の特定譲渡（その年において当該特定譲渡が2以上ある場合には、当該個人が政令で定めるところにより選定した一の特定譲渡に限る。）による譲渡所得の金額の計算上生じた損失の金額のうち、当該特定譲渡をした日の属する年分の第31条第1項に規定する長期譲渡所得の金額及び第32条第1項に規定する短期譲渡所得の金額の計算上控除してもなお控除しきれない部分の金額として政令で定めるところにより計算した金額（当該特定譲渡に係る契約を締結した日の前日における当該譲渡資産に係る住宅借入金等の金額の合計額から当該譲渡資産の譲渡の対価の額を控除した残額を限度とする。）をいう。 イ　当該個人がその居住の用に供し	→政令で定めるもの（所令79） 3．特定譲渡 　譲渡資産（左記イ〜ニ）の譲渡で、個人の配偶者その他の当該個人と政令で定める者に対してするものを除く 　→政令で定める者とは 【措令26の7の2③】 　　法第41条の5の2第7項第1号に規定する当該個人と政令で定める特別の関係… 　A．配偶者・直系血族 　B．生計を一にする親族（Aを除く）で、譲渡がされた後に当該家屋に居住をする者 　C．事実上婚姻関係にある者とその者の親族で生計を一にしている者 　D．A〜Cの者と個人の使用人以外の者で、当該個人から受ける金銭等で生計を維持している者とその者の親族で生計を一にしているもの 　E．個人、AとBに該当する親族、個人の使用人とその使用人の親族でその使用人と生計を一にしているものやC、Dを株主等とした場合に同族関係者の範囲に規定する会社その他法人 4．特定譲渡契約の前日に住宅借入金等を有すること 5．特例を受けているものを除く ○「その年の前年・前々年に資産の譲渡につき、 　①　措法31の3①（居住用財産を譲渡した場合の長期譲渡所得の課税の特例） 　②　措法35①（居住用財産の譲渡所

ている家屋で政令で定めるもののうち国内にあるもの ロ　イに掲げる家屋で当該個人の居住の用に供されなくなったもの（当該個人の居住の用に供されなくなった日から同日以後３年を経過する日の属する年の12月31日までの間に譲渡されるものに限る。） ハ　イ又はロに掲げる家屋及び当該家屋の敷地の用に供されている土地又は当該土地の上に存する権利 ニ　当該個人のイに掲げる家屋が災害により滅失した場合において、当該個人が当該家屋を引き続き所有していたとしたならば、その年１月１日において第31条第２項に規定する所有期間が５年を超える当該家屋の敷地の用に供されていた土地又は当該土地の上に存する権利（当該災害があつた日から同日以後３年を経過する日の属する年の12月31日までの間に譲渡されるものに限る。） 二　純損失の金額　所得税法第２条第１項第25号に規定する純損失の金額をいう。 三　通算後譲渡損失の金額　当該個人のその年において生じた純損失の金額のうち、特定居住用財産の譲渡損失の金額に係るものとして政令で定めるところにより計算した金額をいう。 四　住宅借入金等　住宅の用に供する家屋の新築若しくは取得又は当該家屋の敷地の用に供される土地若しくは当該土地の上に存する権利の取得（以下この号において「住宅の取得	得の特別控除） ③　措法36の２（特定の居住用財産の買換の場合の長期譲渡所得の課税の特例） ④　措法36の５（特定の居住用財産の交換した場合の長期譲渡所得の課税の特例） の適用を受けている場合」 ○「その年若しくは前年以前３年以内に前条第１項の適用を受け、もしくは受けている場合」 →措法41の５（居住用財産の買換え等の場合の譲渡損失の損益通算及び繰越控除）
	６．損失の金額 　当該譲渡資産に係る住宅借入金等の金額の合計額から当該譲渡資産の譲渡の対価の額を控除した残額を限度とする 　　→住宅借入金等の金額 　　　　＞譲渡対価の額
	７．家屋で政令で定めるもの 【措令26の７の２⑦】 　法41条の５の２第７項１号イに規定する政令で定める家屋は… →居住用以外の用に供している部分があるときは、居住用部分 →家屋を２以上有するときは、主として居住の用に供している家屋に限る
	８．居住の用に供さなくなったものの譲渡 　供さなくなった日から同日以後３年を経過する日の属する年の12月31日までの間について適用

等」という。）に要する資金に充てるために第8条第1項に規定する金融機関又は独立行政法人住宅金融支援機構から借り入れた借入金で契約において償還期間が10年以上の割賦償還の方法により返済することとされているものその他の住宅の取得等に係る借入金又は債務（利息に対応するものを除く。）で政令で定めるものをいう。	9．住宅借入金等 　住宅取得等に要する資金にあてるために金融機関等から借り入れた借入金で10年以上割賦償還の方法により返済するもの

Phase 2　キーワードで理解しよう

次に、キーワードをつかむことにより理解しやすくなります。
キーワードは、（1）特定譲渡、（2）所有期間、（3）住宅借入金等、です。

（1）特定譲渡

　適用期間内に、その有する家屋又は土地もしくは土地の上に存する権利で、その年1月1日において所有期間が5年を超えるもののうち、居住の用に供している家屋とその敷地の用に供されている土地等、居住用の家屋で居住の用に供されなくなったもの（上記8参照）とその敷地の用に供されている土地等、居住の用に供している家屋が災害により滅失した場合で、当該個人が当該家屋を引き続き所有していたとしたならば、その年1月1日において所有期間が5年を超える当該家屋の敷地の用に供されていた土地又は当該土地の上に存する権利（当該災害があった日から同日以後3年を経過する日の属する年の12月31日までの間に譲渡されるものに限られる）の譲渡（譲渡所得の基因となる不動産等の貸付けを含み、当該個人の配偶者その他の当該個人と特別の関係がある者に対してするものその他を除きます（上記3参照））をいいます。

第6章　所得税法の特例

（2）所有期間

所有期間とは、当該個人がその譲渡をした土地等（土地・土地の上に存する権利）又は建物等（建物・建物附属設備・構築物）をその取得（建設を含む）をした日の翌日から引き続き所有していた期間をいいます（措法31②）。

土地等又は建物等が次に該当するものは、その譲渡をした土地等又は建物等については、当該個人が次に定める日においてその取得をし、かつ、次に定める日の翌日から引き続き所有していたものとみなされます（措令20②）。

【措令20②一】 交換により取得した土地等又は建物等で、所得税法第58条第1項の規定の適用を受けたもの	当該交換により譲渡をした土地等又は建物等の取得をした日
【措令20②二】 昭和47年12月31日以前に所得税法の一部を改正する法律（昭和48年法律第8号）による改正前の所得税法第61第第1項各号に該当する贈与、相続、遺贈又は譲渡により取得した土地等又は建物等	当該贈与をした者、当該相続に係る被相続人、当該遺贈に係る遺贈者又は当該譲渡をした者が当該土地等又は建物等の取得をした日
【措令20②三】 昭和48年1月1日以後に所得税法第60条第1項各号に該当する贈与、相続、遺贈又は譲渡により取得した土地等又は建物等	当該贈与をした者、当該相続に係る被相続人、当該遺贈に係る遺贈者又は当該譲渡をした者が当該土地等又は建物等の取得をした日

（3）住宅借入金等

住宅の取得等（住宅の用に供する家屋の新築もしくは取得又は当該家屋の敷地の用に供される土地もしくは当該土地の上に存する権利の取得）に要する資金にあてるために金融機関（措法8①に規定されているもの）又は独立行政法人住宅金融支援機構から借り入れた借入金で、契約において償還期間が10年以上の割賦償

還の方法により返済することとされているものその他の住宅の取得等に係る借入金又は債務（利息に対応するものを除く）で一定のもの（措令26の7の2⑨に規定）をいいます。

Phase 3 事例を検討しよう

事例について検討していきましょう。

（1）特定譲渡について

① 所有期間

所有期間について検討してみましょう。

事例の場合、相続により取得していますので、所有期間は、被相続人（父）が取得した時（平成18年9月）からの期間となります。

したがって、売却した年の1月1日現在では、5年を超えていることになります。

② 譲渡先

事例の場合、譲渡先はA不動産ですので、親族等の特殊関係者に対する譲渡には該当しません。

（2）譲渡損益の計算

① 収入金額　4,000万円

② 取得費・譲渡費用

イ．取得費

　　土地　　　　建物
　3,000万円＋2,000万円＝5,000万円

ロ．減価の額（※）

　2,000万円×0.9×0.028×5年＝3,024,000円

耐用年数（減価償却資産の耐用年数等に関する省令「耐用年数表・償却率

第6章　所得税法の特例　123

表」参照)

　　　　・木造住宅の場合：24年×1.5倍＝36年（償却率0.028）

　　経過年数　平成18年9月～24年3月＝5年7月→6年

　ハ．イーロ＝46,976,000円

③　損益

　①－②＝△6,976,000円

※　減価の額の計算

　　取得に要した金額と設備の等の合計額に当該資産と同種の減価償却資産に係る耐用年数に1.5倍を乗じて計算した年数により旧定額法に準じて計算した金額に当該資産の当該期間に係る年数を乗じて計算した金額とされています（所令85）。

　　1年未満の端数の処理については、次のとおりです。

　①　1.5倍した年数→1年未満の端数切り捨て

　②　経過年数　　→6か月以上の端数は1年とし、6か月未満の端数は切り捨て

（3）住宅借入金等について

　事例の場合、父の住宅ローンを引き継いで、返済しています。この住宅ローンが上記規定の住宅借入金に該当するかどうか検討する必要があります。

　住宅借入金は、「住宅の取得等に要する資金に充てるため」となっています。つまり、住宅借入金は自己が居住の用に供している建物等・土地等を取得するための借入金をいいます。

　事例のように、相続により住宅ローンを引き継いだ場合には、単なる債務を引き継いだことになりますので、上記の住宅借入金には該当しないことになります。

　したがって、事例の場合は6,976,000円譲渡損失が生じていますが、当該特定譲渡に係る契約した日の前日に住宅借入金等を有していないので、特定居住用財産の譲渡損失の損益通算の特例の適用を受けることはできません。

本則に戻り、譲渡損失の額は生じなかったものとされます。

【参考】納税義務者ごとの所得税法適用区分表

	居住者	非居住者	内国法人	外国法人
（1）納税義務	5条・6条	5条・6条	5条・6条	5条・6条
法人課税信託の受託者等に関する通則			6条の2・6条の3	6条の2・6条の3
納税地	15条〜20条	15条〜20条	15条〜20条	15条〜20条
（2）課税所得の範囲				
課税所得の範囲	7条〜10条	7条・8条	7条・11条	7条
所得の帰属に関する通則	12条・13条・14条	12条・13条・14条	12条・13条・14条	12条・13条、14条
国内源泉所得		161条〜163条	161条〜163条	161条〜163条
（3）税額の計算の方法				
通則	21条	164条		178条〜180条の2
課税標準	22条	165条	174条	178条
所得の種類及び各種所得の金額	23条〜35条			
所得金額の計算の通則	36条〜38条			
収入金額の計算	39条〜44条の2			
必要経費等の計算	45条〜57条の2			
外貨建取引の換算	57条の3			
資産の譲渡に関する総収入金額並びに必要経費及び取得費の計算の特例	57条の4〜62条			
事業を廃止した場合等の所得計算の特例	63条・64条			

	居住者	非居住者	内国法人	外国法人
リース取引	67条の2			
信託に係る所得の金額の計算	67条の3			
各種所得の範囲及びその金額の計算の細目	68条			
損益通算及び損失の繰越控除	69条~71条			
所得控除	72条~88条			
税率	89条~91条		175条	179条
税額控除	92条~95条			
税額の計算の特例	96条~103条			
非居住者に対する所得税の分離課税		169条~173条		
信託財産に係る利子等の課税の特例			176条	180条の2
国内に恒久的施設を有する外国法人の受ける国内源泉所得に係る課税の特例				180条
（4）申告、納付及び還付の手続き				
予定納税	104条~106条			
特別農業所得者の予定納税の特例	107条~110条			
予定納税額の減額	111条~114条			
予定納税額の納付及び徴収に関する特例	115条~119条			

	居住者	非居住者	内国法人	外国法人
確定申告	120条～123条			
死亡又は出国の場合の確定申告	124条～127条			
納付	128条～130条	166条		
延納	131条～137条	166条		
還付	138条～142条	166条		
青色申告	143条～151条			
更正の請求の特例	152条・153条	167条		
更正及び決定	154条～160条	168条		
(5) 源泉徴収				
利子所得及び配当所得に係る源泉徴収			181条・182条	181条・182条
源泉徴収義務及び徴収税額	183条～189条			
年末調整	190条～193条			
給与所得者の源泉徴収に関する申告	194条～198条			
退職所得に係る源泉徴収	199条～203条			
公的年金等に係る源泉徴収	203条の2～203条の6			

	居住者	非居住者	内国法人	外国法人
報酬、料金、契約金又は賞金に係る源泉徴収	204条～206条	204条～206条	204条～206条	204条～206条
生命保険契約等に基づく年金に係る源泉徴収			207条～209条	207条～209条
定期積金の給付補てん金等に係る源泉徴収			209条の2・209条の3	
匿名組合契約等の利益の分配に係る源泉徴収				
非居住者又は法人の所得に係る源泉徴収		212条～215条	212条・213条	212条・213条・215条
源泉徴収に係る所得税の納期の特例	216条～219条	216条～219条	216条～219条	216条～219条
源泉徴収に係る所得税の納付及び徴収	220条～223条	220条～223条	220条～223条	220条～223条

第2編 法人税

第1章 法人税の基本事項

法律の概要

　法人税法は、納税義務者、課税所得等の範囲、税額の計算方法、申告、納付及び還付の手続き、ならびにその納税義務の適正な履行を確保するため、必要な事項を定めています（法法1）。

　法人税の法体系は次のとおりです。

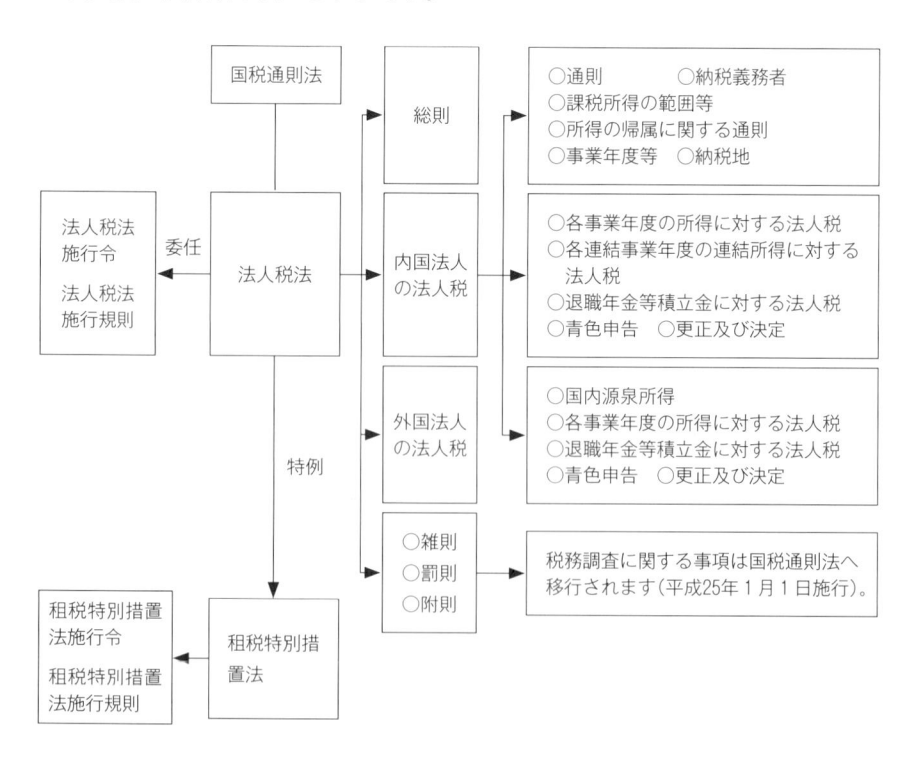

```
                国税通則法
                    ↓
                          ┌─→ 総則 ──→ ○通則　　　○納税義務者
                          │           ○課税所得の範囲等
法人税法施行令 ←委任─┐    │           ○所得の帰属に関する通則
法人税法施行規則     │    │           ○事業年度等　○納税地
                    法人税法
                          │    ┌─→ 内国法人 ──→ ○各事業年度の所得に対する法人税
                          │    │   の法人税     ○各連結事業年度の連結所得に対する
                          │    │                 法人税
                          │    │                ○退職年金等積立金に対する法人税
                          │    │                ○青色申告　○更正及び決定
                          │    │
                          │    ├─→ 外国法人 ──→ ○国内源泉所得
                          │    │   の法人税     ○各事業年度の所得に対する法人税
                          │    │                ○退職年金等積立金に対する法人税
                          │    │                ○青色申告　○更正及び決定
                          │    │
                          │    └─→ ○雑則　──→ 税務調査に関する事項は国税通則法へ
                          │        ○罰則        移行されます（平成25年1月1日施行）。
                          │        ○附則
                    ↓特例
租税特別措置法施行令 ←── 租税特別措置法
租税特別措置法施行規則
```

法令を読む際には、まずは法令用語について、独自に法律に定めているものなのか、それとも他の法律からの借用概念なのかを確認する必要があります。

　法人税法では、法人税法第2条に用語の定義規定が設けられています。

法令の読み方

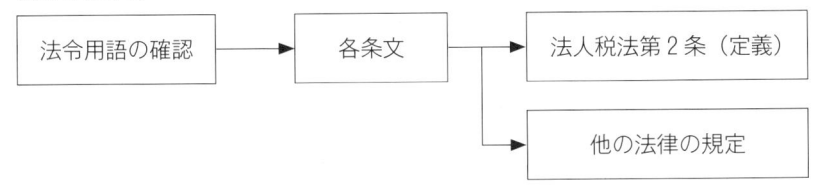

法令用語の確認 → 各条文 → 法人税法第2条（定義）
　　　　　　　　　　　　→ 他の法律の規定

法人税の納税義務

　法人税の納税義務者は、次の（1）～（4）のとおりです。

（1）内国法人

　この法人税法により、法人税を納める義務があります。

　ただし、公益法人等又は人格のない社団等については、

① 収益事業を行う場合

② 法人課税信託の引受けを行う場合

③ 法人税法第84条第1項（退職年金等積立金の額の計算）に規定する退職年金業務等を行う場合

に限られます（法法4①）。

　（注）　連結納税義務者

　　　　内国法人が連結納税について国税庁長官の承認を受けた場合には、これらの法人は、当該内国法人を納税義務者として法人税を納めるものとされます（法法4の2）。

（2）公共法人

　法人税を納める義務がありません（法法4②）。

（3）外国法人

　外国法人は、

① 法人税法第138条（国内源泉所得）に規定する国内源泉所得を有するとき（人格のない社団等にあっては、当該国内源泉所得で収益事業から生ずるものを有するときに限る）
② 法人課税信託の引受けを行うとき
③ 法人税法第145条の3（外国法人に係る退職年金等積立金の額の計算）に規定する退職年金業務等を行うとき

には、法人税を納める義務があります（法法4③）。

（4）個人

法人課税信託の引受けを行うときは、法人税を納める義務があります（法法4④）。

> 課税所得の範囲

内国法人と外国法人の課税所得の範囲は、次のとおりです。

（1）内国法人

各事業年度の所得について、各事業年度の所得に対する法人税が課税されます（法法5）。

公益法人等又は人格のない社団等の各事業年度の所得のうち、収益事業から生じた所得以外の所得については課税されません（法法7）。

退職年金業務等を行う内国法人については、各事業年度の所得に対する法人税が課税され、各事業年度の退職年金等積立金について、退職年金等積立金に対する法人税が課税されます（法法8）。

（2）外国法人

各事業年度の所得について、外国法人の区分に応じて国内源泉所得に係る所得について、各事業年度の所得に対する法人税が課税されます（法法9①）。

国内源泉所得に係る所得のうち、収益事業から生じた所得以外の所得については課税されません（法法9②）。

退職年金業務等を行う外国法人については、外国法人の区分に応じて国内源泉所得に係る所得について各事業年度の所得に対する法人税が課税され、各事

業年度の退職年金等積立金について退職年金等積立金に対する法人税が課税されます（法法10の2）。

> **ちょっとひとこと**
>
> **事業年度とは？**
>
> 　事業年度とは、法人の財産及び損益計算の単位となる期間で、法令で定めるもの又は法人の定款等に定めるものをいいます（法法13）。
>
> 　法令等又は定款等に定めがない場合には、納税地の所轄税務署長に届け出た会計期間、納税地の所轄税務署長が指定した期間をいいます。
>
> **納税地とは？**
>
> 　内国法人の納税地は、原則としてその本店又は主たる事務所の所在地とされています（法法16）。
>
> 　外国法人の納税地は、国内に恒久的施設（PE）を有する外国法人については事務所、事業所その他これらに準ずるものの所在地などとされています（法法17）。
>
> 　法人課税信託の受託者である個人の納税地は、原則として所得税法に規定している場所とされています（法法17の2）。

確定申告

（1）法人の決算

　青色申告法人は、その資産、負債及び資本に影響を及ぼす一切の取引につき、複式簿記の原則に従い、整然と、かつ明瞭に記録し、その記録に基づいて決算を行わなければならないとされています（法規53）。

（2）確定申告

　内国法人は、各事業年度終了の日の翌日から2か月以内に、税務署長に対し、確定した決算に基づき一定の事項を記載した申告書を提出しなければならないとされています（法法74）。

この申告書には、その事業年度の貸借対照表、損益計算書その他の一定の書類を添付しなければなりません（法法74③）。

> **ちょっとひとこと**
>
> **確定した決算とは？**
>
> 　株主総会の承認、総社員の同意その他これに準ずるものがあったことをいいます。
>
> **株主総会の承認を得ていない申告書の取扱いは？**
>
> 　この点について争われた事案があります。
>
> 　裁判所は、「会社が、事業年度末において、総勘定元帳の各勘定の閉鎖後の残高を基に決算を行い、この決算書に基づき確定申告をした場合には、当該決算書類につき株主総会又は社員総会の承認が得られていなくても、当該申告は有効と解すべきである。」と判示しています（福岡地裁平成19年6月19日判決）。

（3）損金経理

　法人がその確定した決算において、費用又は損失として経理することをいいます（法法2二十五）。

> **ちょっとひとこと**
>
> **損金経理を条件としているものは？**
>
> 　損金経理を条件としている手続きには、次のものがあります。
>
> 　減価償却資産の償却（法法31）、繰延資産の償却（同32）、資産の評価損（同33）、利益連動役員給与（同34）、圧縮記帳等（同42・45・46・47・50）、引当金（同52・53）、少額資産（法令133・134）、準備金（措法55・56・57・58）

確定決算と損金経理

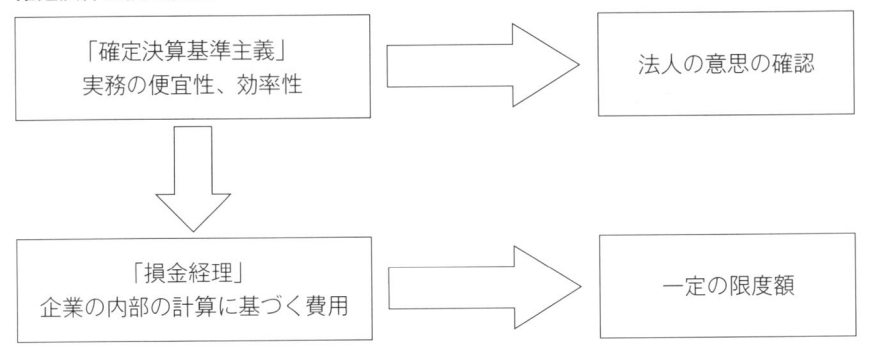

```
┌─────────────────────┐              ┌─────────────────┐
│  「確定決算基準主義」  │ ━━━━▶       │  法人の意思の確認  │
│  実務の便宜性、効率性  │              │                 │
└─────────────────────┘              └─────────────────┘
          ┃
          ▼
┌─────────────────────┐              ┌─────────────────┐
│      「損金経理」      │ ━━━━▶       │    一定の限度額   │
│ 企業の内部の計算に基づく費用 │          │                 │
└─────────────────────┘              └─────────────────┘
```

「確定した決算において」とされているため、法人税法は、課税所得の計算方法を網羅的に規定せず、その相当部分は適正な企業会計の慣行に委ねています。

そこで、法人の意思を確認するために損金経理規定が設けられています。

第2章 各事業年度の所得の金額

> 法律の概要

　内国法人に対して課される法人税は、各事業年度の所得の金額に対して税率を乗じ計算されることとなります（法法21）。

　ここでいう「各事業年度の所得の金額」とは、当該事業年度の益金の額から当該事業年度の損金の額を控除した金額をいいます（法法22①）。

　当該益金の額には、資本等取引以外の取引により生じた収益の額を算入し、また、損金の額には、資本等取引以外の取引により生じた費用及び損失の額を算入することとなっています。

　また、法人税法第22条第4項において「収益及び費用・損失等の金額は一般に公正妥当と認められる会計処理の基準に従って計算されるものとする」と規定されています。

　つまり、ここで規定する「各事業年度の所得」とは、別段の定めのある益金

各事業年度の所得の算定方法

```
  企業会計の利益
        │
（誘導的に算出）  ←──  法令の別段の定めによる調整
        ↓                （税務調整）
   課税所得                  ↑
                    ・政策上の必要があるもの
                    ・会計上の処理を否認するもの
                    ・課税の公平性や明確性によるもの
```

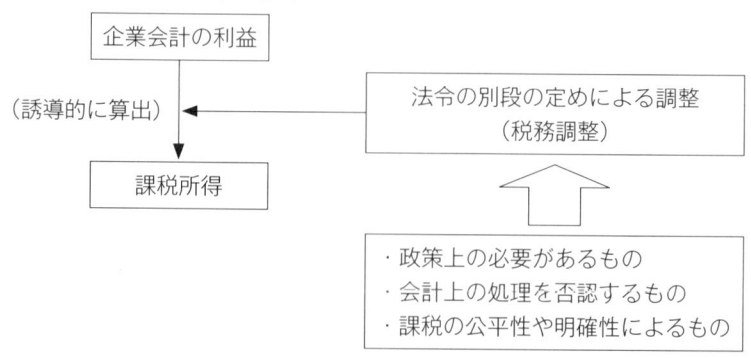

及び損金を除けば、基本的に、企業会計の手法によって経理された利益に基づいて算定されるべきことを明確にしたものであると解されています。

言い換えれば、法人税額算定の課税標準額となる各事業年度の所得金額は、一般に公正妥当と認められる会計処理によって導き出された利益に、別段の定めのある「益金の額に算入する／算入しない」「損金の額に算入する／算入しない」という例外を加減算して算定されることとなります。

この法人税法第22条の基本規定の例外をなす「別段の定め」は、税務会計の中心をなすものであり、当該個々の別段の定めについて詳しく学んでいく必要があります。

ここで、「一般に公正妥当と認められる会計処理」とはどのような会計処理かが問題となります。

通常は、法人の業種、業態、ならびにその事業に係る取引の慣行及び契約の内容等に照らし、それが適正かつ妥当であると認められるものであることということになります。

そして法人税法で「各事業年度の所得の金額」と規定されていることから、上記の会計処理により導き出された期間損益が重要となります。

当該規定のみではかなり多くの解釈が入り込む余地があるため、法人税基本通達により、収益の計上時期や売上原価等や費用の計上時期について細かく定められています。

益金の額と損金の額

益金不算入		益金算入

益金の額

収益の額

損金不算入		損金算入

損金の額

費用・損失の額

第3章 益金の額の計算

1 ── 事業年度に算入すべき金額

> 法律の概要

　法人の各事業年度の所得金額は、その事業年度の益金の額からその事業年度の損金の額を控除して計算することとしています（法法22①）。

　この場合、益金の額については、別段の定めのあるものを除いて、資産の販売、有償又は無償による資産の譲渡又は役務の提供、無償による資産の譲受け等に係る収益と規定されています（法法22②）。

　その事業年度の益金の額に算入すべき金額とはどのように判断すべきなのか、以下において検討しましょう。

> 具体例から学ぶ

［事例1］入金が決算期をまたがった場合
　当社は、家庭用電気製品用金型製造メーカーです（3月31日決算）。
　A社から発注を受けた金型について、製造工期が長いため、1月に見積価格の30％を入金、試験使用するためA社に金型を引き渡した3月末時点で50％を入金、最終的に検収を受けた4月末時点で残額を請求することとなりました。
　当社は、継続して検収を受けた時点で売上高を計上していましたが、今期は当初入金から検収までに決算期末をまたがってしまいました。

この場合、前2回の入金を決算において前受金として処理することが可能でしょうか？

<適用条文：法人税法第22条第2項>

Phase 1　原文を読もう

はじめに、関連する条文をそのまま読んでみましょう。

法人税法第22条　内国法人の各事業年度の所得の金額は、当該事業年度の益金の額から当該事業年度の損金の額を控除した金額とする。

2　内国法人の各事業年度の所得の金額の計算上当該事業年度の益金の額に算入すべき金額は、別段の定めがあるものを除き、資産の販売、有償又は無償による資産の譲渡又は役務の提供、無償による資産の譲受けその他の取引で資本等取引以外のものに係る当該事業年度の収益の額とする。

3　内国法人の各事業年度の所得の金額の計算上当該事業年度の損金の額に算入すべき金額は、別段の定めがあるものを除き、次に掲げる額とする。

一　当該事業年度の収益に係る売上原価、完成工事原価その他これらに準ずる原価の額

二　前号に掲げるもののほか、当該事業年度の販売費、一般管理費その他の費用（償却費以外の費用で当該事業年度終了の日までに債務の確定しないものを除く。）の額

三　当該事業年度の損失の額で資本等取引以外の取引に係るもの

4　第2項に規定する当該事業年度の収益の額及び前項各号に掲げる額は、一般に公正妥当と認められる会計処理の基準に従って計算されるものとする。

5　第2項又は第3項に規定する資本等取引とは、法人の資本金等の額の増加又は減少を生ずる取引並びに法人が行う利益又は剰余金の分配（資産の流動化に関する法律第115条第1項（中間配当）に規定する金銭の分配を含む。）及び残余財産の分配又は引渡しをいう。

今回の事例は益金の額ですので、益金の額に関係する条文を抜き出すと、次のようになります。

① 資産の販売
② 有償又は無償による資産の譲渡
③ 有償又は無償による役務の提供
④ 無償による資産の譲受け
⑤ その他の取引
⑥ 資本等取引以外のもの
⑦ 別段の定めがあるものを除く

益金の額に関する「別段の定め」とは

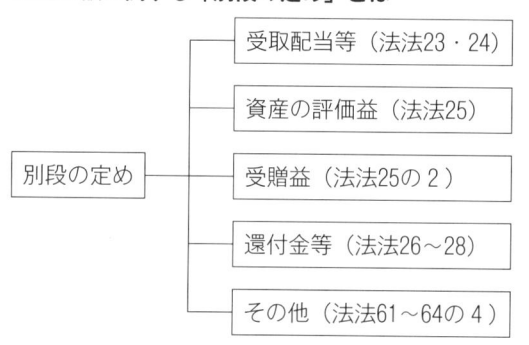

別段の定め
- 受取配当等（法法23・24）
- 資産の評価益（法法25）
- 受贈益（法法25の2）
- 還付金等（法法26～28）
- その他（法法61～64の4）

Phase 2　キーワードで理解しよう

次に、キーワードをつかむことにより理解しやすくなります。

キーワードは、（1）収益の額、（2）収益の計上時期、です。

当該条文には、益金の額に算入すべき金額として、資産の販売、有償又は無償による資産の譲渡又は役務の提供、無償による資産の譲受けその他の取引、と規定されているのみです。

今回の事例を考える場合、金型の販売もしくは有償の譲渡とはどのような取引を指し、販売及び譲渡のタイミング、つまり売上計上のタイミングをいつであると認識するのか、ということを理解する必要があります。

しかし、法律の条文からはそれらを類推することが非常に困難です。そこで、法人税基本通達を参考にして判断することにしましょう。

> **ちょっとひとこと**
>
> **通達の記述は？**
>
> 法律の条文で判断がつかない場合は、通達等を参考にしましょう。
>
> ① 棚卸資産の販売による収益の帰属の時期
>
> 棚卸資産の販売による収益の額は、その引渡しがあった日の属する事業年度の益金の額に算入する（法基通2－1－1）。
>
> ② 棚卸資産の引渡しの日の判定
>
> 2－1－1の場合において、棚卸資産の引渡しの日がいつであるかについては、例えば出荷した日、相手方が検収した日、相手方において使用収益ができることとなった日、検針等により販売数量を確認した日等当該棚卸資産の種類及び性質、その販売に係る契約の内容等に応じその引渡しの日として合理的であると認められる日のうち法人が継続してその収益計上を行うこととしている日によるものとする。この場合において、当該棚卸資産が土地又は土地の上に存する権利であり、その引渡しの日がいつであるかが明らかでないときは、次に掲げる日のうちいずれか早い日にその引渡しがあったものとすることができる（法人税基本通達2－1－2）。(昭55年直法2－8「六」により追加)
>
> （1） 代金の相当部分（おおむね50％以上）を収受するに至った日
> （2） 所有権移転登記の申請（その登記の申請に必要な書類の相手方への交付を含む。）をした日

Phase 3　事例を検討しよう

　一般に、通達の「棚卸資産」には商品や製品も含まれていると解されています。したがって、今回の事例についても、当該通達を参考にして判断することができると考えられます。

　通達では例示として、「相手方が検収した日や相手方において使用収益ができることとなった日に、その譲渡代金を益金の額に算入する日とすることがで

きる」と規定されています。さらに要件として、法人が継続して採用した基準をもって売上計上をしていることを求めています。

つまり、上記通達を参考にすれば、当該事例の前2回の入金については前受金として処理を行い、最終的に4月に相手方の検収が下りた時点で売上計上することができると解することができます。

今回の事例のように法律だけでは判断できない場合については、通達を参考にすることによって、判断するためのより詳細な情報を得ることができます。

◀ 参考 ▶

① 無償譲渡

「正常な対価で取引を行った者との間の負担の公平を維持するために無償取引からも収益が生ずることを擬製した創設的な規定と解される」(宮崎地裁平成5年9月17日判決)。

［考え方］正常の対価による取引　→　取得対価を寄附等

② 低額譲渡

「無償譲渡には時価より低い価額による取引が含まれるものと解するのが相当である」(宮崎地裁平成5年9月17日判決)

［考え方］通常の対価による取引　→　通常の対価と授受した対価との差額を寄附等

③ 無利息貸付

「営利法人が金銭（元本）を無利息の約定で他に貸付けた場合には借主これと対価的意義を有するものを認められる経済的利益の供与を受けているか、あるいは、他に当該営利法人がこれを受けることなく右果実相当額の利益を手離すことを首肯するに足りる何らかの合理的経済目的その他の事情が存する場合でないかぎり、当該貸付がなされる場合にはその当事者間で通常ありうるべき利率による金銭相当額の経済的利益が借主に移転したものとして顕在化したといいうるのであり、右利率による金銭相当額の経済的利益が無償で借主に提供されたものとしてこれが当該法人の収益として認識されることになる」(大阪

高裁昭和53年3月30日判決)。

④　検収基準

　商人間の売買において、買い主は、その売買の目的物を受領したときは、遅滞なく、その物を検査しなければならないとされています（商法526①）。

　買い主は、検査により売買の目的物に瑕疵があること又はその数量に不足があることを発見したときは、ただちに売主に対してその旨の通知を発しなければ、その瑕疵又は数量の不足を理由として契約の解除又は代金減額もしくは損害賠償の請求をすることができないとされています（商法526②）。

2 ── 受取配当等の益金不算入

法律の概要

　法人の各事業年度の所得金額は、その事業年度の益金の額からその事業年度の損金の額を控除して計算することとしていることは今までに述べてきました。そしてさらに一般に公正妥当な会計基準に基づいて計算された利益から別段の定めを加減算することも述べてきました。

　ここでは、別段の定めの1つとして受取配当等の益金不算入制度について見ていきます。

　当該制度は、法人が有する内国法人の株式について配当を受けた際、これを会計上は原則的に営業外収入等によって収益計上しますが、法人税の所得金額の計算では一定額について益金不算入にするものです。

　本来、法人税課税済みの配当可能利益は、最終的には株主である個人に帰属するものであるため、個人に配当が行われた段階で個人に課税されることになります。

　しかし、法人が株主であった場合に当該法人が受けた配当についてまで課税

することになると、最終的な個人に配当がなされるまでに二重に課税されることになり、法人を経由せずに直接配当を受けた個人よりも法人を経由して配当を受けた個人のほうがより重い税を課されることになります。

　これらの二重課税の不公平を排除するために定められた益金の額の別段の定めが、受取配当等の益金不算入制度となります。

> **ちょっとひとこと**
>
> **法人実在説とは？**
> 　法人を株主と独立した存在であると見る考え方で、法人実在説の立場からは、配当に対する所得税と法人税の負担調整に関して法人税は法人独自の負担であり負担調整は不要であるとされる説です。
>
> **法人擬制説とは？**
> 　法人は個人（株主）の集合体であると見る考え方で、配当に対する所得税と法人税の負担調整に関して法人税は所得税の前取りであり、負担調整を行うべきであるとされる説です。税法は法人擬制説を採用しているため、二重課税を防止するために、受取配当益金不算入制度や配当控除制度が制定されています。

具体例から学ぶ

［事例１］益金に算入しなくてよい額とは

　Ａ社、Ｂ社はともに発行済み株式数60株の会社です。

　当社はＡ社株式を取引先から引き受け40株（簿価2,000万円）を、Ｂ社については当社が100％子会社として出資し60株（簿価300万円）を所有しています。

　また、上場会社であるＣ社については当社との取引の関係上取得し、資金的に余裕がある場合にはさらに追加購入し保有株数を増やしております（期末現在簿価700万円、前期末簿価600万円）。

3社ともに昨今業績が良くなったため、当期の事業年度中にそれぞれ利益配当がありました。受取配当金は、法人税法上一定額は益金の額に算入しなくてよいということを聞きましたが、どのように計算すればよいのでしょうか？

　ちなみに、当社は前々期から3社の株式を所有しており、期末現在の当社の総資産は3億5,000万円（前期3億2,000万円）、有利子負債1億（前期1億2,000万円）で支払利息は年間200万円です。

　当期に受けたそれぞれの配当額はA社200万円、B社、C社ともに30万円です。3社の決算期はともに当社と同じ3月で定時株主総会の日はA社、B社は5月、C社については6月となっており、その時点での当社の保有するC社株式の取得価額総額は600万円でした。

<適用条文：法人税法第23条第1項>

Phase 1　原文を読もう

　はじめに、関連する条文をそのまま読んでみましょう。筆者による網かけ部分（かっこ書き）をとばして読むと、わかりやすくなります。

　法人税法第23条　内国法人が次に掲げる金額（第1号に掲げる金額にあっては、外国法人若しくは公益法人等又は人格のない社団等から受けるもの及び適格現物分配に係るものを除く。以下この条において「配当等の額」という。）を受けるときは、その配当等の額（完全子法人株式等及び関係法人株式等のいずれにも該当しない株式等（株式、出資又は受益権をいう。以下この条において同じ。）に係る配当等の額にあっては、当該配当等の額の100分の50に相当する金額）は、その内国法人の各事業年度の所得の金額の計算上、益金の額に算入しない。
　一　剰余金の配当（株式又は出資に係るものに限るものとし、資本剰余金の額の減少に伴うもの及び分割型分割によるものを除く。）若しくは利益の配当（分割型分割によるものを除く。）又は剰余金の分配（出資に係るものに限

第3章　益金の額の計算　145

る。）の額
　二　資産の流動化に関する法律第115条第1項（中間配当）に規定する金銭の分配の額
　三　公社債投資信託以外の証券投資信託の収益の分配の額のうち、内国法人から受ける第1号に掲げる金額から成るものとして政令で定めるところにより計算した金額
2　前項の規定は、内国法人がその受ける配当等の額（第24条第1項（配当等の額とみなす金額）の規定により、その内国法人が受ける配当等の額とみなされる金額を除く。以下この項において同じ。）の元本である株式等をその配当等の額の支払に係る基準日（信託の収益の分配にあっては、その計算の基礎となった期間の末日）以前1月以内に取得し、かつ、当該株式等又は当該株式等と銘柄を同じくする株式等を当該基準日後2月以内に譲渡した場合における当該譲渡した株式等のうち政令で定めるものの配当等の額については、適用しない。
3　第1項の規定は、内国法人がその受ける配当等の額（第24条第1項（第4号に係る部分に限る。）の規定により、その内国法人が受ける配当等の額とみなされる金額に限る。以下この項において同じ。）の元本である株式又は出資で、その配当等の額の生ずる基因となる同号に掲げる事由が生ずることが予定されているものの取得（適格合併又は適格分割型分割による引継ぎを含む。）をした場合におけるその取得をした株式又は出資に係る配当等の額（その予定されていた事由（第61条の2第16項（有価証券の譲渡益又は譲渡損の益金又は損金算入）の規定の適用があるものを除く。）に基因するものとして政令で定めるものに限る。）については、適用しない。
4　第1項の場合において、同項の内国法人が当該事業年度において支払う負債の利子（これに準ずるものとして政令で定めるものを含むものとし、当該内国法人との間に連結完全支配関係がある連結法人に支払うものを除く。）があるときは、同項の規定により当該事業年度の所得の金額の計算上益金の額に算入しない金額は、次に掲げる金額の合計額とする。
　一　その保有する完全子法人株式等につき当該事業年度において受ける配当等の額の合計額

二　その保有する関係法人株式等につき当該事業年度において受ける配当等の額の合計額から当該負債の利子の額のうち当該関係法人株式等に係る部分の金額として政令で定めるところにより計算した金額を控除した金額

三　その保有する完全子法人株式等及び関係法人株式等のいずれにも該当しない株式等につき当該事業年度において受ける配当等の額の合計額から当該負債の利子の額のうち当該株式等に係る部分の金額として政令で定めるところにより計算した金額を控除した金額の100分の50に相当する金額

5　第1項及び前項に規定する完全子法人株式等とは、配当等の額の計算期間を通じて内国法人との間に完全支配関係があつた他の内国法人（公益法人等及び人格のない社団等を除く。）の株式又は出資として政令で定めるものをいう。

6　第1項及び第4項に規定する関係法人株式等とは、内国法人が他の内国法人（公益法人等及び人格のない社団等を除く。）の発行済株式又は出資（当該他の内国法人が有する自己の株式又は出資を除く。）の総数又は総額の100分の25以上に相当する数又は金額の株式又は出資を有する場合として政令で定める場合における当該他の内国法人の株式又は出資（前項に規定する完全子法人株式等を除く。）をいう。

7　第1項の規定は、<u>確定申告書、修正申告書又は更正請求書に益金の額に算入されない配当等の額及びその計算に関する明細を記載した書類の添付がある場合に限り、適用する。</u>この場合において、同項の規定により益金の額に算入されない金額は、当該金額として記載された金額を限度とする。

8　適格合併、適格分割、適格現物出資又は適格現物分配により株式等の移転が行われた場合における第1項及び第2項の規定の適用その他第1項から第6項までの規定の適用に関し必要な事項は、政令で定める。

（注）下線部分（筆者による）は平成23年12月に改正され、平成23年12月2日以後に確定申告書等の提出期限が到来する法人税について適用されます。

Phase 2　キーワードで理解しよう

次に、キーワードをつかむことにより理解しやすくなります。
キーワードは、(1) 配当等の額、(2) 配当等の額の支払いに係る基準日、(3) 負債の利子、(4) 完全子法人株式等及び関係法人株式等、です。

法人税法第23条では、配当等を受け取った場合、一定額について益金の額に算入しないということを規定しています。
その計算を行うにあたって、どのような配当で、どのような関係の法人からの配当なのかを確定する必要があります。その上で、益金不算入にすることができる一定額の計算を行うことになります。
まずは、「どのような配当等の額が益金不算入の対象となるのか？」という1つめのキーワードについて見ていきましょう。

(1) 配当等の額

配当等の額とは、
① 剰余金の配当もしくは利益の配当、剰余金の分配の額
② 「資産の流動化に関する法律」第115条第1項（中間配当）に規定する金銭の分配の額
③ 公社債投資信託以外の証券投資信託の収益の分配の額のうち、内国法人から受ける①に掲げる金額からなるものとして政令で定めるものの額

ということになります。
当該事例は通常の利益配当ですから、①の利益の配当に該当し、益金不算入の対象であることがわかります。
ちなみに冒頭で述べたように、当該益金不算入制度は二重課税の防止という観点から立法されたものであると考えられますので、益金不算入の対象となる配当等の額は配当を行う法人等に対して法人税が課されるものであることが前提です。

ですから、上記①以外の配当等の額についてもその趣旨をもとに考えていけば、該当するものか否かを確認する際の1つの目安となります。

(2) 配当等の額の支払いに係る基準日
　利益の配当は基本的に配当の決議等を会社が行い、その決議日現在の株主に対して行うもので、当該決議日が基準日ということになります。
　市場のある株式は業績等の要素での値動きがないと仮定すると、配当を行う前とあとではその分の価格に差異が出てくることになります。
　ですから法人が基準日前に株式を購入し、配当を受けたあとにすぐに株式を売却した場合についての配当を益金不算入にすると、株式の売却損と配当の益金不算入の両方で法人の所得が低くなり、法人税を回避することができることになってしまいます。
　このような理由から、基準日をまたぐ短期保有の株式に係る配当等の額については、益金不算入の規定を適用しないことになっています。
　その基準は「受ける配当等の額の元本である株式等をその配当等の額の支払に係る基準日以前1月以内に取得し、かつ、当該株式等又は当該株式等と銘柄を同じくする株式等を当該基準日後2月以内に譲渡した場合」に適用しないことになっています。
　上記の事例では、前々期から取得している上に売却はしていないということですから、短期所有株式はないことになり、すべて益金不算入計算の対象となります。
　キーワード（1）と同様、益金不算入の対象となるため配当があった場合には、当該キーワードもチェックする必要があります。

(3) 負債の利子
　キーワード（3）負債の利子は、「負債利子の控除」の計算のことになります。
　主旨としては、負債によって元本たる株式を取得している場合に、その株式

から生じる配当等について益金不算入となり、負債の利子については損金算入ということになると、非課税部門である配当を得るための株式投資の収益に対応する利息という原価費用が、所得計算上は過剰に損金算入となり、課税部門である通常の利益から控除されることになることを防ぐための計算となっています。

具体的な計算は法人税法施行令第22条に規定されていますが、非常に長い条文です。法人税法第23条第4項との対応関係となっており、図解で示すと次のようになります。

法律と施行令の関連

①	完全子法人株式等について配当を受けた場合	法人税法第23条第4項第1号により全額益金不算入
②	関係法人株式等について配当を受けた場合、益金不算入の対象となる金額は、関係法人株式等にかかる配当総額から右欄で計算した金額を控除した金額となります。	法人税法施行令第22条第1項第1号に規定する計算 当期に支払う負債利子の合計額（※1） × 当該事業年度及び当該事業年度の前事業年度終了の時における期末関係法人株式等の帳簿価額の合計額 ÷ 当該事業年度及び当該事業年度の前事業年度の確定した決算に基づく貸借対照表に計上されている総資産の帳簿価額の合計額（※2）
③	完全子法人株式等及び関係法人株式等のいずれにも該当しない株式等（その他株式）について配当を受けた場合、益金不算入の対象となる金額は、その他株式にかかる	法人税法施行令第22条第1項第1号に規定する計算 当期に支払う負債利子の合計額（※1）

配当総額から右欄で計算した金額を控除した金額の100分の50に相当する金額となります。	× 当該事業年度及び当該事業年度の前事業年度終了の時における期末関係法人株式等の帳簿価額の合計額 ÷ 当該事業年度及び当該事業年度の前事業年度の確定した決算に基づく貸借対照表に計上されている総資産の帳簿価額の合計額（※2）

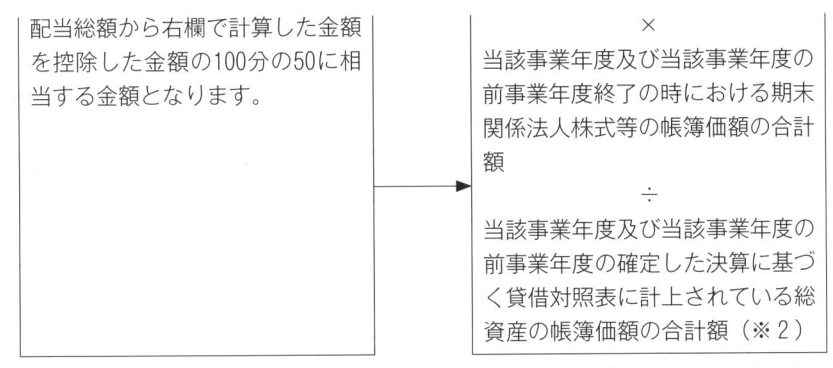

※1　負債の利子に含まれるものは借入金に対する利息はもちろんですが、手形の割引料等その範囲にはさまざまなものが該当します（法基通3－2－1・3－2－3・3－2－4）。計算を行う場合どのようなものが該当するのかを確認する必要があります。

※2　総資産の帳簿価額の合計額については税務上の総資産ではなく、確定した決算に基づく貸借対照表に計上されている金額をいいますが、会計処理の選択により不公平が生じないように法人税法施行令第22条第1項において細かく規定されています。

（4）完全子法人株式等及び関係法人株式等

　上記負債利子の控除計算において出てきたキーワードが「完全子法人株式等及び関係法人株式等」になります。これは、負債利子の計算において3つのカテゴリーごとに計算するため区分する必要がある考え方となります。

　完全子法人等とは平成22年度税制改正において資本に関係する取引等に係る税制改正の一環として、従前の連結法人株式等に係る配当等の全額益金不算入制度を、連結納税を選択していない100％グループ法人にも拡張する形で設けられた措置であり、いわゆるグループ税制の1つの重要な要素となっています。

　詳しい説明は省きますが、結論として資本関係が100％グループとなる法人間での配当については負債利子があった場合についても全額益金不算入となるということになります（前頁①）。

　次に、関係法人株式等とは上記法人税法第23条第6項に規定されているとお

り、配当を受ける法人が配当を行う法人の出資割合を25％以上有する関係の法人の株式をいいます。この場合は、150頁②の計算結果が益金不算入となります。

最後に、上記以外の株式に係るものについては150頁③の計算結果が益金不算入となります。

また、負債利子の計算は上記の当年度の実績により計算する方法と、基準年度によって同様の計算をした場合の負債利子控除割合をもって計算する簡便計算（法令22⑤）のどちらか有利な方法により算定することができることになっております。

Phase ❸ 事例の検討をしよう

事例の場合の受取配当等の益金不算入額は、次のように計算します。

まずは益金不算入の対象となる配当等の額がいくらかを見ますが、キーワード（1）で確認したように、260万円全額が対象となります。

その内訳は、完全子法人株式に係る配当は200万円、関係法人株式等に係る配当は30万円、その他株式についても同じく30万円となります。

次に総資産の帳簿価額ですが、「前期3億2,000万円＋当期3億5,000万円＝6億7,000万円」となります。

　　関係法人株式等の帳簿価額　　前期2,000万円＋当期2,000万円＝4,000万円
　　その他株式の帳簿価額　　　　前期　600万円＋当期　700万円＝1,300万円
　　負債利子の合計額　　　　　　200万円

当事例の以上の数字から計算すると、

① 完全子法人株式に係る益金不算入額は全額の200万円

② 関係法人株式に係る益金不算入額は、

$$30万円 - 200万円 \times \frac{4,000万円}{6億7,000万円} = 180,597円$$

③ その他株式に係る益金不算入額は、

$$（30万円－200万円 \times \frac{1,300万円}{6億7,000万円}） \times \frac{50}{100} = 130,597円$$

となりますので、当該事例での受取配当に係る益金不算入額は「①＋②＋③＝2,311,194円」となります。

（注）今回の事例については当年度実績で計算しています。

第4章 損金の額の計算

1 − 見積費用を未払計上した場合

法律の概要

　法人の各事業年度の所得金額は、その事業年度の益金の額からその事業年度の損金の額を控除して計算することとしています（法法22①）。

　この場合、損金の額については、別段の定めのあるものを除いて、その事業年度の売上原価、販売費、一般管理費その他の費用及び損失の額である（法法22③）と規定されています。

　しかし、その事業年度の売上原価等又は販売費等がどの範囲において認められるものなのか、その判断が難しい状況も多いため、以下で検討しましょう。

具体例から学ぶ

［事例］出金が決算期をまたがった場合

　Ａ社（９月30日決算）の社屋は建築後相当期間が経過し非常に老朽化が進んでいましたが、９月25日に上陸した台風の影響により屋根の一部が損傷しました。

　この損傷により雨漏りが発生する可能性があるため、業者に依頼し修理箇所の確認をしてもらったところ、修繕費として30万円の費用がかかる旨の見積りが作成されました。そこで、９月29日に修理依頼を行いましたが、業者の都合で修理完了が10月５日となりました。

この場合、決算期末に当該修繕費30万円を損金の額に算入することができるのでしょうか？

<適用条文：法人税法第22条>

Phase 1　原文を読もう

はじめに、関連する条文をそのまま読んでみましょう。

法人税法第22条　内国法人の各事業年度の所得の金額は、当該事業年度の益金の額から当該事業年度の損金の額を控除した金額とする。
2　内国法人の各事業年度の所得の金額の計算上当該事業年度の益金の額に算入すべき金額は、別段の定めがあるものを除き、資産の販売、有償又は無償による資産の譲渡又は役務の提供、無償による資産の譲受けその他の取引で資本等取引以外のものに係る当該事業年度の収益の額とする。
3　内国法人の各事業年度の所得の金額の計算上当該事業年度の損金の額に算入すべき金額は、別段の定めがあるものを除き、次に掲げる額とする。
　一　当該事業年度の収益に係る売上原価、完成工事原価その他これらに準ずる原価の額
　二　前号に掲げるもののほか、当該事業年度の販売費、一般管理費その他の費用（償却費以外の費用で当該事業年度終了の日までに債務の確定しないものを除く。）の額
　三　当該事業年度の損失の額で資本等取引以外の取引に係るもの
4　第2項に規定する当該事業年度の収益の額及び前項各号に掲げる額は、一般に公正妥当と認められる会計処理の基準に従って計算されるものとする。
5　第2項又は第3項に規定する資本等取引とは、法人の資本金等の額の増加又は減少を生ずる取引並びに法人が行う利益又は剰余金の分配（資産の流動化に関する法律第115条第1項（中間配当）に規定する金銭の分配を含む。）及び残余財産の分配又は引渡しをいう。

　今回の事例は損金の額ですので、損金の額に関係する条文を抜き出すと、次

のようになります。

① 当該事業年度の収益に係る売上原価、完成工事原価その他これらに準ずる原価の額
② 当該事業年度の販売費、一般管理費その他の費用（償却費以外の費用で当該事業年度終了の日までに債務の確定しないものを除く）の額
③ 当該事業年度の損失の額で資本等取引以外の取引に係るもの
④ 別段の定めをあるものを除く

ちょっとひとこと

資本等取引とは？

　資本等取引とは、法人の資本金等の額の増加又は減少を生ずる取引ならびに法人が行う利益又は剰余金の分配（資産の流動化に関する法律第115条第1項（中間配当）に規定する金銭の分配を含む）及び残余財産の分配又は引渡しをいいます（法法22⑤）。

Phase 2　キーワードで理解しよう

　次に、キーワードをつかむことにより理解しやすくなります。
　キーワードは、（1）原価の額、（2）債務の確定、です。

（1）原価の額

　法人税法第22条第3項第1号において、当該事業年度の損金の額に算入すべき金額は、「当該事業年度の収益に係る売上原価…に準ずる原価の額」と規定されています。
　これは「収益に係る」という表現をとっていることから、費用収益の対応関係について明らかにしたものであると考えられます。
　そのため、まず当該事業年度の収益を確定し、それに対応する売上原価や完成工事原価を損金の額に算入すべきとする考えを示しています。なお、これら

に準ずる原価の額とは、譲渡原価等のことと一般に解されています。

> **ちょっとひとこと**
>
> **売上原価等が確定していない場合は？**
>
> 　売上原価等については、当該事業年度終了の日までに確定していない場合には、期末日の現況によりその金額を適正に見積もるものとされています（法基通2-2-1）。
>
> 　つまり見積計上することを認めるものですが、これは当該費用が売上原価等となるか販売費及び一般管理費となるかを、契約の内容や性質等を勘案して合理的に判断することとなっています。
>
> 　言い換えれば、売上原価等となるものでない場合については見積計上することができず、債務確定基準をもって損金の額に算入されることになります。

（2）債務の確定

　原価の額は、収益との対応関係をもって確定されます。そこで当然に、収益との直接の対応関係が希薄な販売費や一般管理費は、どのような基準をもって当該事業年度の損金の額に算入すべきかが疑問となります。

　そこで法人税法は、第22条第3項第2号のかっこ書きで、「償却費以外の費用で当該事業年度終了の日までに債務の確定しないものを除く」と規定しています。

　つまり、販売費及び一般管理費は個別の収益と対応することが困難であることから、当該事業年度の期間対応を前提として考えられており、その中でも債務の確定していないものを除くこととしているのです。

　つまり販売費及び一般管理費については、債務が確定してはじめて確実な費用となるのであって、引当金や見積費用はここでは認めないこととされているのです。

> **ちょっとひとこと**
>
> **「債務が確定しているもの」とは？**
>
> 　債務の確定は、①当該事業年度終了の日までに当該費用に係る債務が成立していること、②当該事業年度終了の日までに当該債務に基づいて具体的な給付をすべき原因となる事実が発生していること、③当該事業年度終了の日までにその金額を合理的に算定することができるものであることが要件となっています（法基通2-2-12）。
>
> 　つまり、物の引渡しを要する請負契約の場合はその目的物の全部を完成して引渡し、物の引渡しを要しない請負契約の場合にはその約した役務の全部が完了して、かつ金額の見積りが客観的にできうる状況にあるということになります。

Phase 3　事例を検討しよう

　台風による修繕費は売上に対応する売上原価等ではないため、原則として販売費及び一般管理費となります。販売費及び管理費の額について損金の額に算入するには、当期に債務が確定している必要があります。

　今回の事例の場合、事業年度終了の日までに修繕の依頼をしており、金額も合理的に算定することができるものの、具体的な給付をすべき原因となる事実つまり実際の修繕が行われているのが翌事業年度となっていますので、「債務確定要件」を満たしていないことになります。

　したがって、当該費用は未払費用として見積計上したとしても、当期の損金の額に算入することはできないということになります。

◀ 参考 ▶

［裁決例を読む］

○平成14年8月21日裁決（ＴＡＩＮＳ　Ｆ０-２-110）（※）

請求人は、本件各工事のうち本件配管ラック塗装工事及び本件腐食対策工事について請求人の行った検収をもって工事業者の役務の提供は完了し、債務の成立を認識したため、その費用を平成12年3月期の修繕費として未払金に計上した旨主張したので、以下審理する。

A　法人の各事業年度の所得の金額の計算上当該事業年度の損金の額に算入すべき販売費、一般管理費その他の費用の額について、法人税法第22条第3項第2号は、償却費以外の費用で当該事業年度終了の日までに債務の確定しないものを除く旨規定し、債務確定基準を採用している。当該債務が確定するための要件は、債務が成立していること、相手からの給付があったこと、金額が合理的に確定できることの3つであると解される。

　したがって、修繕費の場合には、建物等の修繕を発注し、業者によって修繕が終了し、かつ、金額の見積りが客観的にできる状況にあれば、修繕費として未払金に計上することができることとなる。

B　本件配管ラック塗装工事については、上記1の（3）のロ及び上記イの（ハ）の事実によれば、平成12年4月1日に「□□足場解体、散水ヘッダー廻りカラーバンド及び文字貼り」の作業が行われており、同年3月31日までには当該工事がすべて完了していないことは明らかであり、請求人もこれらの事実を認めている。

　また、請求人は、附帯的作業のわずかな部分が平成12年4月1日にずれ込んだだけである旨主張するが、当該作業は、上記1の（3）のロの（ロ）のとおり、本件配管ラック塗装工事の一部であり、当該作業が終了しない限り、本件配管ラック塗装工事のすべてが完了したことにはならないものである。

C　本件腐食対策工事については、上記1の（3）のハ及び上記イの（ハ）の事実によれば、平成12年4月17日に圧力スイッチ（□□）の交換を行い、翌18日に4台すべての作動テストを行っていることから、本件腐食対策工事は同年3月31日までには当該工事のすべてが完了していないことは明らかである。

D　上記のとおり、本件配管ラック塗装工事及び本件腐食対策工事は、いずれも相手方からの給付があったことという債務確定基準の要件の1つを欠くこ

とになり、平成12年3月期の終了の日までに債務が確定しているものとは認められず、同期の修繕費として未払金に計上することはできない。

※　ＴＡＩＮＳの記号Ｆ０は未公開裁決事例です。

2 ── 所有権移転外リース取引

法律の概要

　所有権移転外リース取引の会計処理は、原則売買とされていましたが、企業の大部分は例外処理である賃貸借を採用していました。

　平成19年3月30日に「リース取引に関する会計基準」が公表され、賃貸借処理を廃止し、通常の売買処理とされました。それを受けて、税務上の取扱いが変更されました。

具体例から学ぶ

[事例] リースに係る所得の金額

　Ａ社（資本金1,000万円、従業員数50名）は4月1日、機械のリース契約を結び、4月15日より使用開始しました。

　リース料総額2,400万円のリース期間は契約日から5年、毎月のリース料は40万円で、第1回目のリース料の支払い日は4月25日です。リース料は賃借料として費用計上しています。

　この契約は、リース期間の中途において解約することができず、リース料総額は見積購入価格の110％程度です。また、リース期間が終了したときに、所有権は移転せず、割安に購入することができません。そして、その機械はＡ社の特別使用のものではないとします。Ａ社は3月決算法

人とします。

<適用条文：法人税法第64条の2＞

Phase 1　原文を読もう

はじめに、条文を読んでみましょう。

（リース取引に係る所得の金額の計算）
法人税法第64条の2　内国法人がリース取引を行った場合には、そのリース取引の目的となる資産（以下この項において「リース資産」という。）の賃貸人から賃借人への引渡しの時に当該リース資産の売買があつたものとして、当該賃貸人又は賃借人である内国法人の各事業年度の所得の金額を計算する。
2　内国法人が譲受人から譲渡人に対する賃貸（リース取引に該当するものに限る。）を条件に資産の売買を行った場合において、当該資産の種類、当該売買及び賃貸に至るまでの事情その他の状況に照らし、これら一連の取引が実質的に金銭の貸借であると認められるときは、当該資産の売買はなかったものとし、かつ、当該譲受人から当該譲渡人に対する金銭の貸付けがあつたものとして、当該譲受人又は譲渡人である内国法人の各事業年度の所得の金額を計算する。
3　前2項に規定するリース取引とは、資産の賃貸借（所有権が移転しない土地の賃貸借その他の政令で定めるものを除く。）で、次に掲げる要件に該当するものをいう。
　一　当該賃貸借に係る契約が、賃貸借期間の中途においてその解除をすることができないものであること又はこれに準ずるものであること。
　二　当該賃貸借に係る賃借人が当該賃貸借に係る資産からもたらされる経済的な利益を実質的に享受することができ、かつ、当該資産の使用に伴って生ずる費用を実質的に負担すべきこととされているものであること。当該資産
4　前項第2号の資産の使用に伴って生ずる費用を実質的に負担すべきこととされているかどうかの判定その他前3項の規定の適用に関し必要な事項は、政令で定める。

第1項では、法人がリース取引を行った場合には、借り手側でリース料を賃借料等で支払いのつど費用処理するのではなく、リース資産を買ったものとして所得金額を計算する旨が規定されています。

　第2項は、セールアンドリースバック取引を行った場合には、資産の売買はなかったものとして、その売買の対象資産の貸し手から借り手に金銭の貸付あったものとして取り扱う旨が規定されています。

　セールアンドリースバックとは、所有する物件を貸し手に売却し、貸し手から当該物件のリースを受ける取引をいいます。取引の対象物件は、新たな設備投資物件の場合のほか、従来から自社で使用している資産の場合もあります。

　第3項は、リース取引の範囲について規定しています。

　第4項では、リース取引を行った場合のその他の必要事項については政令で定めている旨が記載されていますので、法人税法施行令のリース取引に該当するところを確認すべきことがわかります。

法律と施行令の関連

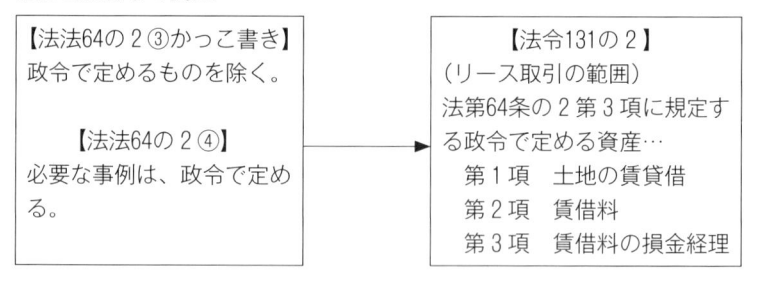

| 【法法64の2③かっこ書き】
政令で定めるものを除く。

【法法64の2④】
必要な事例は、政令で定める。 | → | 【法令131の2】
(リース取引の範囲)
法第64条の2第3項に規定する政令で定める資産…
　第1項　土地の賃貸借
　第2項　賃借料
　第3項　賃借料の損金経理 |

Phase 2　キーワードで理解しよう

　次に、キーワードをつかむことにより理解しやすくなります。

　キーワードは、(1) リース取引、(2) リース資産、です。

(1) リース取引

　リース取引とは、資産の賃貸借で、次の①と②に掲げる要件に該当するもの

をいいます。
① 賃貸借に係る契約が、賃貸借期間の中途においてその解除をすることができないものであること又はこれに準ずるものであること
　　⇒「中途解約不能」
② 賃貸借に係る賃借人が当該賃貸借に係る資産からもたらされる経済的な利益を実質的に享受することができ、かつ、当該資産の使用に伴って生ずる費用を実質的に負担すべきこととされているものであること
　　⇒「フルペイアウト」(法法64の2③)

また、「資産の使用に伴って生ずる費用を実質的に負担すべきこととされているものであること」とは、リース期間において賃借人が支払う賃借料の金額の合計額がその資産の取得のために通常要する価額のおおむね100分の90に相当する金額を超える場合をいうとされています(法令131の2②)。

これを言い換えると、中途解約ができないリース期間において支払うリース料の総額が、見積購入価額のおおむね90％相当額を超えている場合に、フルペイアウトであると判定されます。

$$見積購入価額 \times 90\% \ < \ リース料総額$$

つまり、①中途解約が不能で、かつ、②フルペイアウト要件を満たしているものが、法人税法上のリース取引ということになります。

(2) リース資産

① リース資産

リース資産とは、所有権移転外リース取引に係る賃借人が取得したものとされる減価償却資産をいいます(法令48の2⑤四)。

② 所有権移転外リース取引

リース取引のうち、次のいずれかに該当するもの(これらに準ずるものを含む)以外のものをいいます(法令48の2⑤五)。該当するものは、所有権移転リース取引になります。

イ．リース期間終了の時又はリース期間の中途において、当該リース取引に係る契約において定められている当該リース取引の目的資産が無償又は名目的な対価の額で当該リース取引に係る賃借人に譲渡されるものであること。

ロ．当該リース取引に係る賃借人に対し、リース期間終了の時又はリース期間の中途において目的資産を著しく有利な価額（※）で買い取る権利が与えられているものであること。

　※　有利な価額とされない場合
　　　定率法により計算するものとした場合におけるその購入時の未償却残額に相当する金額（その未償却残額がそのリース資産の取得価額の５％相当額を下回る場合には、その５％相当額）以上の金額とされている場合は、その対価の額が当該権利行使時の公正な市場価額に比し著しく下回るものでないもの（法基通７‐６の２‐２）。

$$\text{購入時の未償却残額} \leqq \text{買取価額}$$
$$(\text{取得価額} \times 5\%)$$

ハ．目的資産の種類、用途、設置の状況等に照らし、当該目的資産がその使用可能期間中当該リース取引に係る賃借人によってのみ使用されると見込まれるものであること、または当該目的資産の識別が困難である（※）と認められるものであること。

　※　識別困難なリース資産
　　　その目的資産の識別が困難であると認められるものかどうかは、賃貸人及び賃借人において、そのリース資産の性質及び使用条件等に適合した合理的な管理方法によりリース資産が特定できるように管理されているかどうかにより判定するものとされている（法基通７‐６の２‐６）

ニ．リース期間が目的資産の第56条（減価償却資産の耐用年数、償却率等）に規定する財務省令で定める耐用年数に比して相当短いもの（※１）（当該リース取引に係る賃借人の法人税の負担を著しく軽減することになると認められるものに限る（※２））であること。

　※１　相当短いもの

相当短いものとは、リース期間がリース資産の耐用年数の100分の70（耐用年数が10年以上のリース資産については、100分の60）に相当する年数（1年未満の端数がある場合には、その端数を切り捨てる）下回る期間であるものとされている。

※2　税負担を著しく軽減することになると認められないものに該当しない場合
　賃借人におけるそのリース資産と同一種類のリース資産に係る既往のリース取引の状況、そのリース資産の性質その他の状況からみて、リース期間の終了後にそのリース資産が賃借人に返還されることが明らかなリース取引については、賃借人の法人税の負担を著しく軽減することになると認められるものには該当しないものとされる（法基通7-6の2-8）。

以上のように、イ．所有権移転条項付リース、ロ．割安購入権付リース、ハ．特別仕様のリース取引、ニ．租税回避目的のリース、のいずれかに該当するもの又はこれらに準ずるものが所有権移転リース取引とされ、それ以外が所有権移転外リース取引ということになります。

そして、所有権移転外リース取引に係る資産がリース資産であるということになります。

ちょっとひとこと

減価償却の方法は？

（1）償却方法

　リース資産の減価償却の方法については、リース期間定額法によるものとされている（法令48の2①六）。

$$\text{リース資産の取得価額} \times \frac{\text{当該事業年度のリース期間の月数}}{\text{リース期間}}$$

　（注）リース資産の取得価額に残価保証額が含まれている場合

　　　　取得価額－残価保証額

（2）所得価額（法基通7-6の2-9）

①　原則

　リース期間中に支払うべきリース料の額の合計額

　　　　リース料総額＋事業供用のための付随費用
　　（注）再リース料の額は原則として含まれません。ただし、あらかじめ再リースすることが明らかな場合には含まれるものされています。
② 例外
　　　リース料総額－利息相当額（合理的に区分することができる場合に適用される）

ちょっとひとこと

賃貸借処理した場合は？

　法人がリース取引を行った場合には、資産を売買をしたものとして取り扱います。その場合、減価償却資産を計上し、減価償却を通じて費用化していきます。
　リース取引において法人がその費用を賃借料として経理している場合は、その費用は償却費として損金経理した金額に該当するのでしょうか？

　リース資産につきその賃借人が賃借料として損金経理をした金額は、償却費として損金経理をした金額に含まれるものとされています（法令131の2③）。したがって、会社計算上リース料を賃借料として損金経理した金額も、償却費として損金経理した金額に含まれるということになります。
　また、法人税申告書別表十六（四）「リース期間定額法による償却額の計算に関する明細書」（以下「明細書」という）が設けられていますが、ここで留意したいのは、会社計算上、賃借料として費用処理したリース料について明細書の添付は必要ないということです。
　それは、法人税法施行令第63条のかっこ書きによって、「（リース取引の範囲）の規定により償却費として損金経理をした金額に含まれるものとされる金額を除く。」とされており、減価償却により償却費として損金経理した金額がある場合には明細書の添付を要するとされていますが、その規定のかっこ書きで明細書の添付を不要としています。

Phase 3 事例を検討しよう

　A社が結んだリース契約は中途解約ができず、フルペイアウトの要件を満たしていますので、法人税法上のリース取引に該当します。

　また、今回のリース取引は、
　イ．所有権移転条項付リース
　ロ．割安購入権付リース
　ハ．特別仕様のリース取引
　ニ．租税回避目的のリース
のいずれにも該当しないということですので、所有権移転外リース取引に該当します。

　つまり、リース資産をリース期間定額法により償却していくことにより費用化していくことになります。

　今回のケースでは、リース料の総額は2,400万円でリース期間開始日は4月1日ですので、当該事業年度のリース期間の月数は12か月ですので、以下の算式により、償却限度額が計算できます。

$$2,400万円 \times \frac{12か月}{60か月} \text{（5年）} = 480万円（償却限度額）$$

　また、A社は40万円×12回＝480万円を賃借料として費用処理しており、償却限度額とも一致します。

　よって、今回のケースのように、リース期間が開始した月から一定額のリース料を毎月支払う場合には、法人税別表等で特段の調整は不要ということになります。

　リース取引をまとめると、以下のようになります。
（1）法人税法上のリース取引：中途解約不能、フルペイアウト
　①　所有権移転リース取引：所有権移転条項付リース、割安購入権付リース、特別仕様のリース取引等

第4章　損金の額の計算　　167

売買処理により、通常の耐用年数による定率法等の減価償却により費用処理
　②　所有権移転外リース取引：所有権移転リース以外のリース取引
　　　売買処理により、リース期間定額法により費用処理
（2）法人税法上のリース取引以外：一般的にオペレーティングリース取引といわれ、中途で解約でき、リース期間に応じて費用を支払っていく取引ですので、支払ったリース料を費用処理していきます。

> **ちょっとひとこと**
>
> **償却費として損金経理した金額に含まれるものは？**
> 　法人税法基本通達7-5-1で、以下のように規定されていますので参考にしてください。
>
> （償却費として損金経理をした金額の意義）
> 7-5-1　法第31条第1項《減価償却資産の償却費の計算及びその償却の方法》に規定する「償却費として損金経理をした金額」には、法人が償却費の科目をもって経理した金額のほか、損金経理をした次に掲げるような金額も含まれるものとする。（昭55年直法2-8「二十三」、平元年直法2-7「三」、平15年課法2-22「七」により改正）
> （1）令第54条第1項《減価償却資産の取得価額》の規定により減価償却資産の取得価額に算入すべき付随費用の額のうち原価外処理をした金額
> （2）減価償却資産について法又は措置法の規定による圧縮限度額を超えてその帳簿価額を減額した場合のその超える部分の金額
> （3）減価償却資産について支出した金額で修繕費として経理した金額のうち令第132条《資本的支出》の規定により損金の額に算入されなかった金額
> （4）無償又は低い価額で取得した減価償却資産につきその取得価額として法人の経理した金額が令第54条第1項の規定による取得価額に満たない場合のその満たない金額
> （5）減価償却資産について計上した除却損又は評価損の金額のうち損金の額

に算入されなかった金額

(注) 評価損の金額には、法人が計上した減損損失の金額も含まれることに留意する。

（6）少額な減価償却資産（おおむね60万円以下）又は耐用年数が3年以下の減価償却資産の取得価額を消耗品費等として損金経理をした場合のその損金経理をした金額

（7）令第54条第1項の規定によりソフトウエアの取得価額に算入すべき金額を研究開発費として損金経理をした場合のその損金経理をした金額

3 ── 資本的支出と修繕費

法律の概要

　資本的支出とは、有形固定資産に対する支出のうち、その資産の使用可能期間を延長させたり、またはその資産の価値を増加させたりするために支出した金額のことをいいます。また、修繕費とは資本的支出には該当せず、単なる維持修繕にとどまるものをいいます。

　修理・改良に支出した費用が、資本的支出か修繕費のどちらに該当するか、税務上の取扱いを確認しましょう。

具体例から学ぶ

［事例］機械装置のオーバーホールとバージョンアップ

　3月決算法人であるA社（資本金1,000万円、従業員数50名）は、平成20年4月より事業の用に供している取得価額2,000万円の金属加工用機械装置を平成23年9月にオーバーホールし、さらに今までと異なる金属も加工できるよう機能を付加するバージョンアップ工事を行いました。

オーバーホールに200万円、バージョンアップ工事に800万円かかりました。

<適用条文：法人税法施行令第132条>

Phase 1　原文を読もう

はじめに、条文を読んでみましょう。

(資本的支出)
法人税法施行令第132条　内国法人が、修理、改良その他いずれの名義をもつてするかを問わず、その有する固定資産について支出する金額で次に掲げる金額に該当するもの（そのいずれにも該当する場合には、いずれか多い金額）は、その内国法人のその支出する日の属する事業年度の所得の金額の計算上、損金の額に算入しない。
　一　当該支出する金額のうち、その支出により、当該資産の取得の時において当該資産につき通常の管理又は修理をするものとした場合に予測される当該資産の使用可能期間を延長させる部分に対応する金額
　二　当該支出する金額のうち、その支出により、当該資産の取得の時において当該資産につき通常の管理又は修理をするものとした場合に予測されるその支出の時における当該資産の価額を増加させる部分に対応する金額

Phase 2　キーワードで理解しよう

次に、キーワードをつかむことにより理解しやすくなります。
キーワードは、（1）資本的支出、（2）修繕費、です。

（1）資本的支出

　法人がその有する固定資産の修理、改良等のために支出した金額のうち当該

固定資産の価値を高め、またはその耐久性を増すこととなると認められる部分に対応する金額が、資本的支出となります（法基通7-8-1）。

具体的には、以下のような費用が資本的支出であるとしています。
① 建物の避難階段の取付等、物理的に付加した部分に係る費用の額
② 用途変更のための模様替え等、改造又は改装に直接要した費用の額
③ 機械の部分品を特に品質又は性能の高いものに取り替えた場合のその取替えに要した費用の額のうち、通常の取替えの場合にその取替えに要すると認められる費用の額を超える部分の金額

しかし、建物の増築、構築物の拡張、延長等は、建物等の取得にあたります（法基通7-8-1）。

また、一の計画に基づき同一の固定資産について行う修理、改良等がその一の修理、改良等のために要した費用の額が20万円に満たない場合、または修理、改良等がおおむね3年以内の期間を周期として行われることが既往の実績その他の事情から見て明らかである場合には、その修理、改良等のために要した費用の額については、修繕費として損金経理をすることができるものとされています（法基通7-8-3）。

(2) 修繕費

法人がその有する固定資産の修理、改良等のために支出した金額のうち当該固定資産の通常の維持管理のため、または毀損した固定資産につきその原状を回復するために要したと認められる部分の金額が、修繕費となります（法基通7-8-2）。

① 建物の移えい又は解体移築をした場合（移えい又は解体移築を予定して取得した建物についてした場合を除く）におけるその移えい又は移築に要した費用の額

ただし、解体移築にあっては、旧資材の70％以上がその性質上再使用できる場合であって、当該旧資材をそのまま利用して従前の建物と同一の規模及び構造の建物を再建築するものに限ります。

② 機械装置の移設に要した費用（解体費を含む）の額

以下の場合は除きます。

集中生産又はより良い立地条件において生産を行う等のため一の事業場の機械装置を他の事業場に移設した場合、またはガスタンク、鍛圧プレス等多額の据付費を要する機械装置を移設した場合には、運賃、据付費等その移設に要した費用の額はその機械装置の取得価額に算入し、当該機械装置の移設直前の帳簿価額のうちに含まれている据付費に相当する金額は、損金の額に算入します。

この場合において、その移設費の額の合計額が当該機械装置の移設直前の帳簿価額の10％に相当する金額以下であるときは、旧据付費に相当する金額を損金の額に算入しないで、当該移設費の額をその移設をした日の属する事業年度の損金の額に算入することができます（法基通7-3-12）。

③ 地盤沈下した土地を沈下前の状態に回復するために行う地盛りに要した費用の額

ただし、次に掲げる場合のその地盛りに要した費用の額を除きます。

イ．土地の取得後ただちに地盛りを行った場合

ロ．土地の利用目的の変更その他土地の効用を著しく増加するための地盛りを行った場合

ハ．地盤沈下により評価損を計上した土地について地盛りを行った場合

④ 建物、機械装置等が地盤沈下により海水等の浸害を受けることとなったために行う床上げ、地上げ又は移設に要した費用の額

ただし、その床上工事等が従来の床面の構造、材質等を改良するものである等、明らかに改良工事であると認められる場合は、その改良部分に対応する金額を除きます。

⑤ 現に使用している土地の水はけを良くする等のために行う砂利、砕石等の敷設に要した費用の額及び砂利道又は砂利路面に砂利、砕石等を補充するために要した費用の額

◀ **参考** ▶

旧法人税基本通達235「修繕費の例示」では、以下のとおり示されています。
① 家屋又は壁の塗替え
② 家屋の床の毀損部分の取替え
③ 家屋の畳の表替え
④ 毀損した瓦の取替え
⑤ 毀損したガラスの取替又は障子、襖の張替え
⑥ ベルトの取替え
⑦ 自動車のタイヤの取替え

ちょっとひとこと

他人が所有しているものに修理等を行った場合は？

　前述の法人税法施行令第132条には、「その有する固定資産について支出」と規定されています。
　それでは、次の①～③の場合は、資本的支出に該当するのでしょうか？
① 法人が建物を賃借し自己の用に供するため造作した場合
　造作に要した金額は、当該造作が建物についてされたときは、当該建物の耐用年数、その造作の種類、用途、使用材質等を勘案して、合理的に見積もった耐用年数により、建物附属設備についてされたときは、建物附属設備の耐用年数により償却するものとされています。
　ただし、当該建物について賃借期間の定めがあるもの（賃借期間の更新のできないものに限られる）で、かつ、有益費の請求又は買取請求をすることができないものについては、当該賃借期間を耐用年数として償却することができるものとされています（耐年通達1-1-3）。
② 使用する他人の減価償却資産につき資本的支出した場合
　支出した資本的支出の金額は、当該減価償却資産の耐用年数により償却するものとされています。この場合、①と同様に取り扱います（耐年通達1-1-4）。

第4章　損金の額の計算　173

［判示事項］

　　当該資産が自己所有であると賃借物ないし無断転借物であると問わず、当該支出は資本的支出となる（京都地裁昭和36年6月3日判決・大阪高裁昭和38年7月18日判決）。

③　使用する他人の減価償却資産につき修繕費を支出した場合

　補修費用が、賃貸借契約書に明示されているかどうかで処理が異なります。

　つまり、賃貸借契約で通常の維持管理費用を借り主が負担することが明らかにされている場合には、修繕費とされます。また、明らかにされていない場合で、賃借人の都合で修理した場合には、修繕費とされます。

<チェックポイント>

① 資本的支出と修繕費の判定

資本的支出と修繕費をまとめると、以下のようになります。

資本的支出と修繕費の区分等の基準（フローチャート）

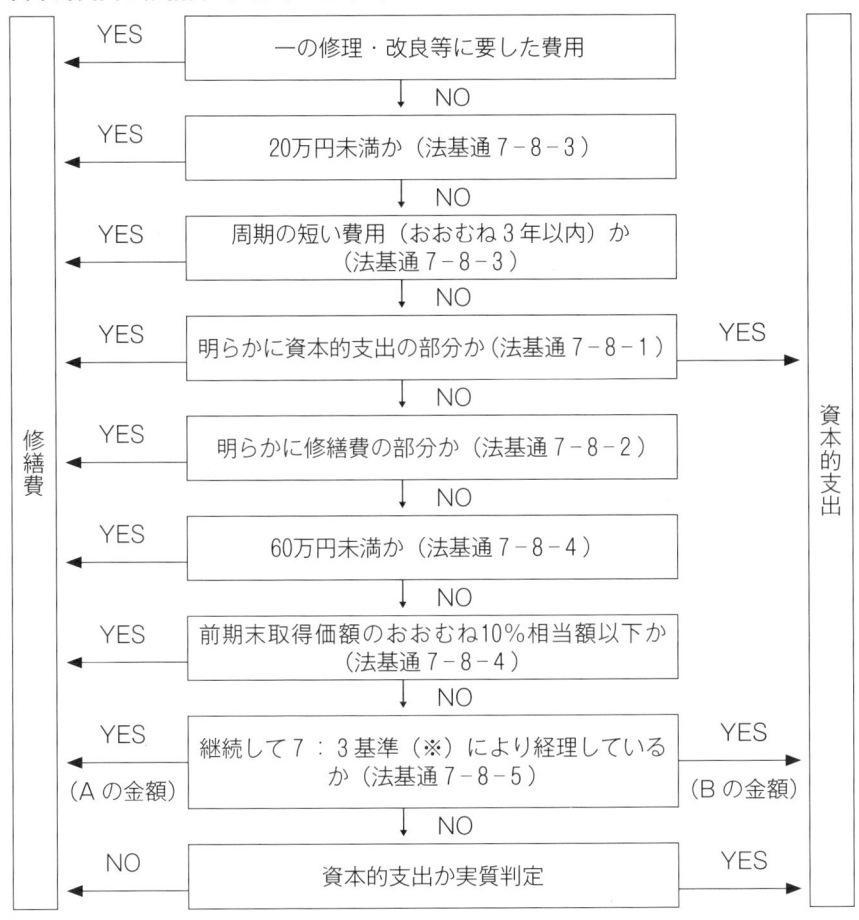

```
                                                              資
修  YES  ┌─────────────────────────┐                          本
繕 ◄──── │ 一の修理・改良等に要した費用 │                          的
費       └─────────────────────────┘                          支
           │ NO                                               出
    YES  ┌─────────────────────────┐
   ◄──── │ 20万円未満か（法基通7-8-3）│
         └─────────────────────────┘
           │ NO
    YES  ┌─────────────────────────┐
   ◄──── │ 周期の短い費用（おおむね3年以内）か │
         │ （法基通7-8-3）              │
         └─────────────────────────┘
           │ NO
    YES  ┌─────────────────────────┐  YES
   ◄──── │ 明らかに資本的支出の部分か（法基通7-8-1）│ ────►
         └─────────────────────────┘
           │ NO
    YES  ┌─────────────────────────┐
   ◄──── │ 明らかに修繕費の部分か（法基通7-8-2）│
         └─────────────────────────┘
           │ NO
    YES  ┌─────────────────────────┐
   ◄──── │ 60万円未満か（法基通7-8-4）│
         └─────────────────────────┘
           │ NO
    YES  ┌─────────────────────────┐
   ◄──── │ 前期末取得価額のおおむね10％相当額以下か │
         │ （法基通7-8-4）              │
         └─────────────────────────┘
           │ NO
    YES  ┌─────────────────────────┐  YES
   ◄──── │ 継続して7：3基準（※）により経理している │ ────►
  （Aの金額）│ か（法基通7-8-5）            │      （Bの金額）
         └─────────────────────────┘
           │ NO
    NO   ┌─────────────────────────┐  YES
   ◄──── │ 資本的支出か実質判定        │ ────►
         └─────────────────────────┘
```

A＝支出金額×30％と前期末取得価額×10％との少ない金額
B＝支出金額－A（※法基通7-8-5）

② 減価償却方法は？
（1）平成19年3月31日以前に資本的支出を行った場合
　減価償却資産に対して平成19年3月31日以前に資本的支出を行った場合には、その資本的支出の金額をその減価償却資産の取得価額に加算し、資本的支出部分も含めた減価償却資産全体その本体の種類、耐用年数及び償却方法に基づいて償却を行うこととなります。
（2）平成19年4月1日以後に資本的支出を行った場合
① 原則的取扱い
　減価償却資産に対して平成19年4月1日以後に資本的支出を行った場合には、その資本的支出は、その資本的支出を行った減価償却資産本体と種類及び耐用年数を同じくする減価償却資産を新たに取得したものとして、本体の種類とその耐用年数に応じて償却を行うこととなります（法令55①）。
② 特例
　イ．平成19年3月31日以前に取得をされた減価償却資産に資本的支出を行った場合
　　平成19年4月1日以後に行った資本的支出が平成19年3月31日以前に取得をされた減価償却資産に対してされたものである場合には、その資本的支出を行った場合において、従来どおり、その資本的支出の金額を減価償却資産本体の取得価額に加算して償却を行う方法も認められます（法令55②）。
　　また、この方法による場合には、平成19年3月31日以前に取得をされたその減価償却資産本体の種類、耐用年数及び償却方法に基づいて、加算を行った資本的支出部分を含めた減価償却資産全体の償却を行うこととなります。
　ロ．平成19年4月1日以後に取得をされた減価償却資産に資本的支出を行った場合
　　資本的支出の対象資産である減価償却資産本体（以下「旧減価償却資産」という）と資本的支出について定率法を採用している場合は、資本的支出をした事業年度の翌事業年度開始の時において、その旧減価償却資産の帳簿価額と資本的支出の帳簿価額との合計額を取得価額とする一の減価償却資産を新

たに取得したものとすることができます（法令55④）。

　この場合、新たに取得したものとされる一の減価償却資産については、資本的支出をした翌事業年度開始の日を取得日として、旧減価償却資産の種類及び耐用年数に基づいて償却を行うこととなります。

ハ．平成19年4月1日以後において同一事業年度内に複数回の資本的支出を行った場合

　同一事業年度内に減価償却資産に対して行った資本的支出が複数回ある場合に、その各資本的支出について定率法を採用し、かつ、上記ロの適用を受けないときは、その資本的支出をした事業年度の翌事業年度開始の時において、その資本的支出のうち種類及び耐用年数を同じくするもののその事業年度開始の時の帳簿価額の合計額を取得価額とする一の減価償却資産を新たに取得したものとすることができます（法令55⑤）。

　この場合、新たに取得したものとされる一の減価償却資産については、翌事業年度開始の日を取得日として、その資本的支出の対象資産である減価償却資産と同じ種類及び耐用年数に基づいて償却を行うこととなります。

●ちょっとひとこと●

税務調査で修繕費と処理していたものが資本的支出とされた場合は？

　修繕費として処理した額が、税務調査で資本的支出とされた場合には修繕費の額が全額損金不算入とされるのか、それとも当該期の償却限度額が損金として算入され、償却限度額を超える部分の額が損金不算入とされるのかという問題があります。

　168頁の法人税基本通達7－5－1（償却費として損金経理をした金額の意義）の（3）を見ると、「減価償却資産について支出した金額で修繕費として経理した金額のうち令第132条《資本的支出》の規定により損金の額に算入されなかった金額が」となっていますので、修繕費として処理した額は、償却費として損金経理した額に含まれまるといことになります。

　したがって、通常の減価償却費の限度額が損金に算入され、償却限度額を

第4章　損金の額の計算　177

超過した額が損金不算入となります。

$$償却超過額（損金不算入）＝修繕費の額－償却限度額$$

　なお、資本的支出について、減価償却する場合には、当初申告要件がないため、新たに取得したものとして償却する方法と旧減価償却資産に資本的支出を含めて計算する方法のいずれかの方法を採用することができます。

Phase 3　事例を検討しよう

　A法人が行ったオーバーホールは、機械の通常の機能を保つためにする維持修繕に係るものであるため、資本的支出には該当せず、200万円は修繕費と処理することになります。

　新たな機能を付加するバージョンアップ工事は、固定資産の価値を高め、より性能が高い機械になるものと考えられるため、800万円は資本的支出に該当します。

　減価償却の原則的な取扱いでは、取得価額2,000万円の機械装置とは別に、平成23年9月に800万円の新たな資産を取得したものとして減価償却を行うことになります。

◀ 参考 ▶

［税制改正を読む］
○資本的支出の取得価額の特例
　平成23年12月改正の主な内容は、次のとおりです。
　①　原則
　　定率法の償却率の改正により、平成24年4月1日以後に資本的支出を行った場合には、その資本的支出により新たに取得したものとされる追加償却資産については、200％定率法（※）により償却を行うこととされました（法令48の2①二ロ）。平成24年3月31日以前に取得をした旧減価償却資産は、250％定率法により償却を行うこととなります。

※ 200％定率法：定率法の償却率について、定額法の償却率を2倍した償却率で償却する方法です。

② 特例

改正前は、定率法を採用している旧減価償却資産に資本的支出（追加償却資産）を行った場合、その資本的支出を行った事業年度の翌事業年度開始の時、その時における旧減価償却資産と追加償却資産の帳簿価額の合計額を取得価額とする一の減価償却資産を新たに取得したものとすることができるとされていました（旧法令55④）。改正により、平成24年3月31日以前に取得をされた旧減価償却資産と平成24年4月1日以後に取得したものとされる追加償却資産については、異なる償却率が適用されるため、平成24年4月1日以後に資本的支出を行った場合には、平成24年3月31日以前に取得をされた減価償却資産については、旧減価償却資産と追加償却資産の帳簿価額の合計額を取得価額とする一の減価償却資産を新たに取得したものとする特例措置の対象から除外されました。

適用される償却率が同じ旧減価償却資産と追加償却資産については、資本的支出を行った事業年度の翌事業年度開始の時において、それぞれの資産の帳簿価額を合算して一の減価償却資産を新たに取得したものとすることができます（法令55④）。

4 ── 役員の給与等

法律の概要

法人税法において、役員に対して支給する給与等については、損金に算入することができるか否かの別段の定めがあります。

これは、使用者と使用人との交渉において適正な額として決定される使用人

給与と違って、役員は自らの給与等の額を直接的に決定することが可能であることから、そのお手盛り的な支給が懸念されるという事情に基づいて設けられたものであるといわれています。

そのような状況の下で役員の給与等については、損金算入するための多くの条件が課されており、判断の難しい項目が多く存在します。

以下、具体例を通しておおまかな考え方を見ていきたいと思います。

具体例から学ぶ①

> **[事例] 役員の範囲〜執行役員は役員か？〜**
>
> 当社は、このたび執行役員の制度を導入することになりました。
>
> 執行役員は取締役会の指名により当社の各業務を執行しますが、この執行役員は、法人税法上の役員に該当するのでしょうか？
>
> なお、当社の執行役員は取締役や監査役を兼務することはなく取締役会や監査役会に出席することもありません。また、当社は同族会社ではありません。
>
> <適用条文：法人税法第2条第15号>

役員の給与等の損金不算入制度を考える場合、まず疑問となるのは「法人税法上の役員の範囲がどこまでなのか？」という点になると思います。

ここでは、その役員の範囲について見ていきたいと思います。

Phase 1　原文を読もう

はじめに、条文を読んでみましょう。

> 法人税法第2条　この法律において、次の各号に掲げる用語の意義は、当該各号に定めるところによる。
> 　十五　役員　法人の取締役、執行役、会計参与、監査役、理事、監事及び清算

>　人並びにこれら以外の者で法人の経営に従事している者のうち政令で定める
> ものをいう。

　法人税法を読むと、文字どおり役員の定義として、まず「法人の取締役、執行役（※）、会計参与、監査役、理事、監事及び清算人」とあります。
　※　ここでいう執行役とは、会社法で規定される「委員会設置会社」に該当する場合に設置が義務づけられている「執行役」であり、会社法上取締役に近い責任が与えられていることから、法人税法上も役員として規定されています。
　　したがって、上記事例の執行役員制度と「執行役」は異なる制度であり、当該「執行役」に該当する場合は、議論の余地なく法人税法上の役員となります。

　事例を見たところ、執行役員は取締役や監査役を兼任しないということですので、ここでいう役員には該当しないということになります。
　しかし、以下の文章で「これら以外の者で法人の経営に従事している者のうち政令で定めるものをいう」と規定されています。
　これだけではよくわかりませんので、該当する政令も読んでみましょう。

> 法人税法施行令第7条　法第2条第15号（役員の意義）に規定する政令で定める者は、次に掲げる者とする。
> 一　法人の使用人（職制上使用人としての地位のみを有する者に限る。次号において同じ。）以外の者でその法人の経営に従事しているもの

Phase 2　キーワードで理解しよう

　次に、キーワードをつかむことにより理解しやすくなります。
　キーワードは、「経営に従事しているもの」です。
　上記Phase 1 でも述べたように、明文化されている役員の範囲、つまり「法人の取締役、執行役、会計参与、監査役、理事、監事及び清算人」に該当した場合には当然に法人税法上の役員となりますが、今回の「執行役員」はここに

第4章　損金の額の計算　181

該当しないことになります。

そこで政令を読むと、「使用人（職制上使用人としての地位のみを有する者に限る。）以外の者でその法人の経営に従事している者」を役員であるとしています。

これは、使用人としての職制上の地位を有している者であっても、その職制上の使用人としての職務にのみ専任しているのではなく、法人の経営に従事している者は法人税法上の「役員」に該当することを明らかにしています。

つまり、今回の事例では「執行役員」がキーワードである「経営に従事しているもの」に該当するか否かが、判断のポイントとなるということがいえます。

Phase 3 事例を検討しよう

今回の事例をもとに考えると、当社の「執行役員」は、取締役会にも出席せず兼務することもないとのことですから、会社の経営方針を決定する議決権等も有していないと解することができます。

この場合、「執行役員」は取締役会からの指名によって日常業務の執行における管理者としての責任を負っているのみですので、「法人の経営に従事しているもの」とはいい難く、法人税法上の「役員」には該当しないものと考えられます。

なお、同族会社の場合には、株式又は出資の割合による所有状況によって支配の有無を形式的に判断します。支配があると認められる所有割合に達した者については、上記の形式等を満たしていても法人税法上の「役員」に該当する場合がありますので、別途持株割合の判定を行った上で、さらに上記のキーワードをもとに判定しなければなりません（法令7二・71①五）。

具体例から学ぶ②

［事例］定期同額給与

当社は（年1回3月決算）、5月25日に開催した定時株主総会後の取締役会において、代表取締役社長のAに対して月額80万円（それ以前は期首から月額50万円支給）の役員報酬を6月から支給する旨の決議を行い

ました。

　その後、会社の業績が当時の予想をはるかに超え好調であることから、12月に開催した取締役会において同月から20万円の増額支給の決議を行ない、可決されました。

　この場合の代表取締役Ａの役員給与は、法人税法上どのように取り扱われるのでしょうか？

　ちなみに当社は、代表取締役Ａが100％株式を所有する同族会社です。

<適用条文：法人税法第34条第１項>

　冒頭で述べたように、法人税法は役員の給与等について別段の定めで損金の額に算入される要件を定めています。

　言い換えれば、ある一定の要件を満たさなかった場合には役員の給与は損金に算入することができない、と解することができます。

Phase 1　原文を読もう

はじめに、条文を読んでみましょう。

法人税法第34条　内国法人がその役員に対して支給する給与（退職給与及び第54条第１項（新株予約権を対価とする費用の帰属事業年度の特例等）に規定する新株予約権によるもの並びにこれら以外のもので使用人としての職務を有する役員に対して支給する当該職務に対するもの並びに第３項の規定の適用があるものを除く。以下この項において同じ。）のうち次に掲げる給与のいずれにも該当しないものの額は、その内国法人の各事業年度の所得の金額の計算上、損金の額に算入しない。

一　その支給時期が１月以下の一定の期間ごとである給与（次号において「定期給与」という。）で当該事業年度の各支給時期における支給額が同額であるものその他これに準ずるものとして政令で定める給与（次号において「定期同額給与」という。）

二　その役員の職務につき所定の時期に確定額を支給する旨の定めに基づ

第４章　損金の額の計算　　183

いて支給する給与（定期同額給与及び利益連動給与（利益に関する指標を基礎として算定される給与をいう。次号において同じ。）を除くものとし、定期給与を支給しない役員に対して支給する給与（同族会社に該当しない内国法人が支給するものに限る。）以外の給与にあっては政令で定めるところにより納税地の所轄税務署長にその定めの内容に関する届出をしている場合における当該給与に限る。）

三 同族会社に該当しない内国法人がその業務執行役員（業務を執行する役員として政令で定めるものをいう。以下この号において同じ。）に対して支給する利益連動給与で次に掲げる要件を満たすもの（他の業務執行役員のすべてに対して次に掲げる要件を満たす利益連動給与を支給する場合に限る。）

　イ　その算定方法が、当該事業年度の利益に関する指標（金融商品取引法第24条第1項（有価証券報告書の提出）に規定する有価証券報告書（（3）において「有価証券報告書」という。）に記載されるものに限る。）を基礎とした客観的なもの（次に掲げる要件を満たすものに限る。）であること。

　　（1）確定額を限度としているものであり、かつ、他の業務執行役員に対して支給する利益連動給与に係る算定方法と同様のものであること。

　　（2）政令で定める日までに、報酬委員会（会社法第404条第3項（委員会の権限等）の報酬委員会をいい、当該内国法人の業務執行役員又は当該業務執行役員と政令で定める特殊の関係のある者がその委員になっているものを除く。）が決定をしていることその他これに準ずる適正な手続として政令で定める手続を経ていること。

　　（3）その内容が、（2）の決定又は手続の終了の日以後遅滞なく、有価証券報告書に記載されていることその他財務省令で定める方法により開示されていること。

　ロ　その他政令で定める要件

「内国法人がその役員に対して支給する給与のうち次に掲げる給与のいずれにも該当しないものの額は、その内国法人の各事業年度の所得の金額の計算上、損金の額に算入しない」と規定されています。

そこで、今回の事例の給与が「次に掲げる給与」に該当するか否かが判断の

決め手となります。次に掲げる給与として規定されている給与とは、一般的に、①定期同額給与、②事前確定届出給与、③利益連動給与、です。

事例の会社は事前に届出等の提出もなく、また同族会社であることから、②③の要件を満たしていません。そこで、①の定期同額給与に該当するか否かについて判定することになります。

法人税法の規定のみでは判定することができないため、該当する政令について見てみましょう。

法人税法施行令第69条　法第34条第1項第1号（役員給与の損金不算入）に規定する政令で定める給与は、次に掲げる給与とする。
一　法第34条第1項第1号に規定する定期給与（以下この条において「定期給与」という。）で、次に掲げる改定（以下この号において「給与改定」という。）がされた場合における当該事業年度開始の日又は給与改定前の最後の支給時期の翌日から給与改定後の最初の支給時期の前日又は当該事業年度終了の日までの間の各支給時期における支給額が同額であるもの
　イ　当該事業年度開始の日の属する会計期間（法第13条第1項（事業年度の意義）に規定する会計期間をいう。以下この条において同じ。）開始の日から3月を経過する日（保険会社（保険業法第2条第2項（定義）に規定する保険会社をいう。次項第1号及び第7項において同じ。）にあっては、当該会計期間開始の日から4月を経過する日。イにおいて「3月経過日等」という。）まで（定期給与の額の改定（継続して毎年所定の時期にされるものに限る。）が3月経過日等後にされることについて特別の事情があると認められる場合にあっては、当該改定の時期）にされた定期給与の額の改定
　ロ　当該事業年度において当該内国法人の役員の職制上の地位の変更、その役員の職務の内容の重大な変更その他これらに類するやむを得ない事情（次項第2号及び第3項第1号において「臨時改定事由」という。）によりされたこれらの役員に係る定期給与の額の改定（イに掲げる改定を除く。）
　ハ　当該事業年度において当該内国法人の経営の状況が著しく悪化したこ

> とその他これに類する理由（第3項第2号において「業績悪化改定事由」という。）によりされた定期給与の額の改定（その定期給与の額を減額した改定に限り、イ及びロに掲げる改定を除く。）
> 二　継続的に供与される経済的な利益のうち、その供与される利益の額が毎月おおむね一定であるもの

上記条文のかっこ書きを省略すると、概要をつかむことができます。

> 法人税法施行令第69条　法第34条第1項第1号に規定する政令で定める給与は、次に掲げる給与とする。
> 一　法第34条第1項第1号に規定する定期給与で、次に掲げる改定がされた場合における当該事業年度開始の日又は給与改定前の最後の支給時期の翌日から給与改定後の最初の支給時期の前日又は当該事業年度終了の日までの間の各支給時期における支給額が同額であるもの
> 　イ　当該事業年度開始の日の属する会計期間開始の日から3月を経過する日までにされた定期給与の額の改定
> 　ロ　当該事業年度において当該内国法人の役員の職制上の地位の変更、その役員の職務の内容の重大な変更その他これらに類するやむを得ない事情によりされたこれらの役員に係る定期給与の額の改定
> 　ハ　当該事業年度において当該内国法人の経営の状況が著しく悪化したことその他これに類する理由によりされた定期給与の額の改定
> 二　継続的に供与される経済的な利益のうち、その供与される利益の額が毎月おおむね一定であるもの

Phase 2　キーワードで理解しよう

次に、キーワードをつかむことにより理解しやすくなります。

定期同額給与を判定するために重要なキーワードは、（1）時期、（2）事情又は理由、です。

つまり、「いつ」「どのような理由」で改定されたかが問題となるということ

です。

Phase 3　事例を検討しよう

　当該政令が予定している改定時期は、イに規定する当該事業年度開始の日の属する会計期間開始の日から3か月を経過する日までにされた改定となっています。

　当該事例においては会計期間開始の日は4月1日、改定が5月ですから、3か月を経過する日までに改定されたことになります。

　その改定がなされた場合に、当該事業年度開始の日、つまり4月1日から給与改定後の最初の支給時期の前日までの各支給時期における支給額、つまり5月支給分までの毎月の支給額は各50万円ですから、定期同額給与に該当し損金算入となります。

　しかし、事例においてはさらに12月に増額改定を行い、同月から増額支給されているとのことですから、当該改定がもう1つのキーワードである「どのような事情又は理由により改定されたか」が問題となります。

　上記政令で規定するロ、ハでは、役員の職制上の地位の変更もしくは職務内容の重大な変更等や経営状態の著しい悪化その他これらに類する理由によるか否かを判定することになっています。

　いずれにしても、今回の事例では、代表取締役Aは業績の好転により職務が多忙になる等の変化があることは想像できても、政令に規定するような事情や理由があったとは思えません。

　そのためロ、ハで規定するようないわゆる「臨時改定事由」に該当するとは思えませんし、当然に3か月を経過する日までにされた改定には該当しないため、当該事業年度中の2回目の増額である12月の増額は定期同額給与とは認められないことになります。

　そうなると、「6月から事業年度終了までの10か月間の給与は、すべて損金不算入となるのか？」という疑問が出てきます。

　これについては、国税庁から平成20年12月に発表された「役員給与に関する

Q&A」によって、2度目の増額改定前の80万円に2度目の改定額の20万円が上乗せされて支給されているものであると見ることができるという理由で、12月から3月までの増額20万円×4か月の計80万円が定期同額給与に該当しないとして、損金不算入の対象となる旨を明らかにしています。

つまり今回の事例では、法人税の申告において役員給与の損金不算入額80万円を申告調整することになります。

> **ちょっとひとこと**
>
> **定期同額給与に該当すればすべて損金に算入される?**
>
> 内国法人がその役員に対して支給する給与のうち定期同額給与に該当しないものの額は、その内国法人の各事業年度の所得の金額の計算上、損金の額に算入しないとされています（法法34①）。この規定をみると、定期同額給与に該当すれば、すべてが損金に算入されるように思われます。
>
> しかし、法人税法第34条第2項で「内国法人がその役員に対して支給する給与（前項又は次項の規定の適用があるものを除く。）の額のうち不相当に高額な部分の金額として政令で定める金額は、その内国法人の各事業年度の所得の金額の計算上、損金の額に算入しない。」と規定されています。
>
> つまり、定期同額給与に該当する場合でも、不相当に高額な部分については、損金の額に算入されないことになります。

具体例から学ぶ③

［事例］事前確定届出給与

当社は、同族会社の3月決算法人です。使用人に対して、7月と12月に通常の給与と別に賞与を支給しています。

当社の使用人であったAは、今年5月の定時総会において常務取締役に昇格しました。Aは使用人である時期に自宅を購入しローンを組んでい

たため、ボーナス払いとして7月と12月に通常の倍額を返済にあてていました。

　役員就任後も同様の資金繰りを望んでいるため、月額報酬の他に6月と12月にも役員報酬を支払うことにいたしました。

　この場合、Aに対する報酬は法人の所得の計算上、損金不算入にしなければならないのでしょうか？

<適用条文：法人税法第34条第1項第2号>

　役員の報酬は、一定の要件を満たすもの以外は基本的に損金算入することができないことは既に学びました。

　以下、上記事例が一定の要件を満たすものか否かを検討していきます。

Phase 1　原文を読もう

はじめに、条文を読んでみましょう。

法人税法第34条　内国法人がその役員に対して支給する給与（退職給与及び第54条第1項（新株予約権を対価とする費用の帰属事業年度の特例等）に規定する新株予約権によるもの並びにこれら以外のもので使用人としての職務を有する役員に対して支給する当該職務に対するもの並びに第3項の規定の適用があるものを除く。以下この項において同じ。）のうち次に掲げる給与のいずれにも該当しないものの額は、その内国法人の各事業年度の所得の金額の計算上、損金の額に算入しない。

一　（省略）

二　その役員の職務につき所定の時期に確定額を支給する旨の定めに基づいて支給する給与（定期同額給与及び利益連動給与（利益に関する指標を基礎として算定される給与をいう。次号において同じ。）を除くものとし、定期給与を支給しない役員に対して支給する給与（同族会社に該当しない内国法人が支給するものに限る。）以外の給与にあっては政令で定めるところにより

> 納税地の所轄税務署長にその定めの内容に関する届出をしている場合における当該給与に限る。)

上記条文のかっこ書きを省略すると、次のようになります。

> 法人税法第34条　内国法人がその役員に対して支給する給与のうち次に掲げる給与のいずれにも該当しないものの額は、その内国法人の各事業年度の所得の金額の計算上、損金の額に算入しない。
> 二　その役員の職務につき所定の時期に確定額を支給する旨の定めに基づいて支給する給与

これだけでは具体的にわかりません。かっこ書きの中身だけを読んでみましょう。

> (定期同額給与及び利益連動給与(利益に関する指標を基礎として算定される給与をいう。次号において同じ。)を除くものとし、定期給与を支給しない役員に対して支給する給与(同族会社に該当しない内国法人が支給するものに限る。)以外の給与にあっては政令で定めるところにより納税地の所轄税務署長にその定めの内容に関する届出をしている場合における当該給与に限る。)

ここでいう「定期給与を支給しない役員」とは、非常勤役員であると考えられています。しかし、その後のかっこ書きで「同族会社に該当しない内国法人が支給するものに限る」と限定されていますので、今回の事例には該当しません。

今回の事例は、定期同額でなく利益連動給与でもありませんので、「政令で定めるところにより納税地の所轄税務署長にその定めの内容に関する届出をしている場合における当該給与」に該当すれば、損金算入される可能性があります。

Phase 2　キーワードで理解しよう

次に、キーワードをつかむことにより理解しやすくなります。
キーワードは、(1) 所定の時期、(2) 財務省令で定める事項を記載、です。キーワードを探すために、政令を読んでみましょう。

法人税法施行令第69条　法第34条第1項第1号（役員給与の損金不算入）に規定する政令で定める給与は、次に掲げる給与とする。
2　法第34条第1項第2号に規定する届出は、第1号に掲げる日（第2号に規定する臨時改定事由が生じた場合における同号の役員の職務についてした同号の定めの内容に関する届出については、次に掲げる日のうちいずれか遅い日。第5項において「届出期限」という。）までに、財務省令で定める事項を記載した書類をもつてしなければならない。
　一　株主総会、社員総会又はこれらに準ずるもの（次項第2号において「株主総会等」という。）の決議により法第34条第1項第2号の役員の職務につき同号の定めをした場合における当該決議をした日（同日がその職務の執行を開始する日後である場合にあっては、当該開始する日）から1月を経過する日（同日が当該事業年度開始の日の属する会計期間開始の日から4月を経過する日（保険会社にあつては、当該会計期間開始の日から5月を経過する日。以下この号において「4月経過日等」という。）後である場合には当該4月経過日等とし、新たに設立した内国法人がその役員のその設立の時に開始する職務につき同項第2号の定めをした場合にはその設立の日以後2月を経過する日とする。）
　二　臨時改定事由（当該臨時改定事由により当該臨時改定事由に係る役員の職務につき法第34条第1項第2号の定めをした場合（当該役員の当該臨時改定事由が生ずる直前の職務につき同号の定めがあつた場合を除く。）における当該臨時改定事由に限る。）が生じた日から1月を経過する日

上記政令も、かっこ書きを省略して読んでみましょう。

第4章　損金の額の計算　191

> 法人税法施行令第69条　役員給与の損金不算入に規定する政令で定める給与は、次に掲げる給与とする。
> 2　法第34条第1項第2号に規定する届出は、第1号に掲げる日までに、財務省令で定める事項を記載した書類をもつてしなければならない。
> 　一　株主総会、社員総会又はこれらに準ずるものの決議により法第34条第1項第2号の役員の職務につき同号の定めをした場合における当該決議をした日から1月を経過する日
> 　二　臨時改定事由が生じた日から1月を経過する日

以上を読むと、キーワードが見えてきます。

Phase 3　事例を検討しよう

まず、今回の事例における「(1) 所定の時期」はいつかということです。

これについては、5月25日の株主総会の決議において常務取締役Aについて7月及び12月の賞与月に報酬額を支払う旨の定めを行ったので、その決議から1か月を経過する日である6月25日までに届出を所轄税務署に届ければよいことになります。

次に、「(2) 財務省令で定める事項」とは何かということになります。

以下、法人税法施行規則を読んでみましょう。

> 法人税法施行規則第22条の3　令第69条第2項（事前確定届出給与の届出）に規定する財務省令で定める事項は、次に掲げる事項とする。
> 　一　法第34条第1項第2号（事前確定届出給与）の給与（同号に規定する定期給与を支給しない役員に対して支給する給与を除く。以下この項において「事前確定届出給与」という。）の支給の対象となる者（第6号において「事前確定届出給与対象者」という。）の氏名及び役職名
> 　二　事前確定届出給与の支給時期及び各支給時期における支給金額
> 　三　令第69条第2項第1号の決議をした日及び当該決議をした機関等

四　事前確定届出給与に係る職務の執行を開始する日（令第69条第2項第2号に規定する臨時改定事由が生じた場合における同号の役員の職務についてした同号の定めの内容に関する届出で同項第1号に掲げる日の翌日から同項第2号に掲げる日までの間にするものについては、当該臨時改定事由の概要及び当該臨時改定事由が生じた日）

　五　事前確定届出給与につき法第34条第1項第1号に規定する定期同額給与による支給としない理由及び当該事前確定届出給与の支給時期を第2号の支給時期とした理由

　六　当該事業年度開始の日の属する法第13条第1項（事業年度の意義）に規定する会計期間において事前確定届出給与対象者に対して事前確定届出給与と事前確定届出給与以外の給与（法第34条第1項に規定する役員に対して支給する給与をいう。以下この号及び次項において同じ。）とを支給する場合における当該事前確定届出給与以外の給与の支給時期及び各支給時期における支給金額

　七　その他参考となるべき事項

ここでも、かっこ書きを省略して見てみましょう。

法人税法施行規則第22条の3　令第69条第2項に規定する財務省令で定める事項は、次に掲げる事項とする。

　一　法第34条第1項第2号（事前確定届出給与）の給与の支給の対象となる者の氏名及び役職名

　二　事前確定届出給与の支給時期及び各支給時期における支給金額

　三　令第69条第2項第1号の決議をした日及び当該決議をした機関等

　四　事前確定届出給与に係る職務の執行を開始する日

　五　事前確定届出給与につき法第34条第1項第1号に規定する定期同額給与による支給としない理由及び当該事前確定届出給与の支給時期を第2号の支給時期とした理由

　六　当該事業年度開始の日の属する法第13条第1項に規定する会計期間におい

て事前確定届出給与対象者に対して事前確定届出給与と事前確定届出給与以外の給与とを支給する場合における当該事前確定届出給与以外の給与の支給時期及び各支給時期における支給金額
　七　その他参考となるべき事項

　つまり、事前に定期同額以外の支払い方法となる報酬の決議がなされていた場合には決議のされた1か月以内に上記の事項を記載した届出書を所轄税務署に提出すれば、損金不算入とならない役員報酬とすることができることになります。

　ですから、今回の事例では6月25日までに必要事項を記載した届出を提出することができればよいことになります。

5　役員退職給与

法律の概要

　法人税法上、役員の給与については定期同額給与等の別段の定めがあり、一定の要件を満たさなければ損金算入することができないことはすでに学びましたが、一定の要件についてある程度具体的に定められています。

　しかし、役員の退職金については個別具体的な規定がなく、どのような役員退職金が損金に算入することができるのか判断が難しい場合があります。

　以下、事例を見ながら判断の基準について見ていきましょう。

具体例から学ぶ

[事例] 会長の退職金の額
　当社は、今年12月で設立50周年となります。会長は会社の創業者であり、現在も社長と同様代表取締役となっています。しかし高齢のため、今年12月に退職することとなり、退職金を7,000万円支給したいと考えております。会長の現在の報酬月額は50万円です。
　この場合、会長の退職金は法人税法上認められるのでしょうか？　当社の資本金は1,000万円で、平均的利益は3,000万円程度です。
<適用条文：法人税法第34条第2項>

Phase 1　原文を読もう

はじめに、条文を読んでみましょう。

法人税法第34条
2　内国法人がその役員に対して支給する給与（前項又は次項の規定の適用があるものを除く。）の額のうち不相当に高額な部分の金額として政令で定める金額は、その内国法人の各事業年度の所得の金額の計算上、損金の額に算入しない。

法律と施行令の関連

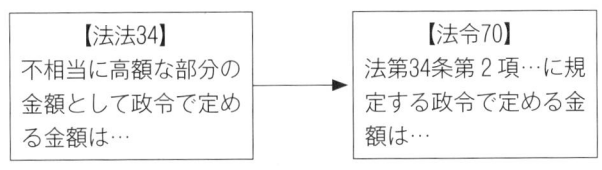

【法法34】	【法令70】
不相当に高額な部分の金額として政令で定める金額は…	法第34条第2項…に規定する政令で定める金額は…

　条文を読むと、不相当に高額な場合はその部分については損金不算入であることがわかるのみです。「政令で定める金額は」としているため、政令を確認

第4章　損金の額の計算

してみましょう。

> 法人税法施行令第70条
> 二　内国法人が各事業年度においてその退職した役員に対して支給した退職給与の額が、当該役員のその内国法人の業務に従事した期間、その退職の事情、その内国法人と同種の事業を営む法人でその事業規模が類似するものの役員に対する退職給与の支給の状況等に照らし、その退職した役員に対する退職給与として相当であると認められる金額を超える場合におけるその超える部分の金額

Phase 2　キーワードで理解しよう

次に、キーワードをつかむことにより理解しやすくなります。

キーワードは、「不相当に高額及び相当であると認められる金額」です。

結論からいうと、役員退職給与には具体的基準というものはなく、その額が一般的に不相当に高額であるかどうかを判断しなければなりません。

つまり政令に定められているとおり、当該役員が業務に従事した期間や退職の事情、類似する規模や業種の他企業の役員退職金の支給状況等から総合的に比較して判断することになります。

それでは、一般的な基準とはどのような計算となるのでしょうか。

このような個別具体的な条文がない場合については、まずは基本通達を参照します。しかし、役員退職金の相当額については該当する通達が存在しません。

その場合は、過去の裁判例等を参考にして、総合的に勘案していかなければなりません。

Phase 3　事例を検討しよう

過去の裁判例等を参考にして、今回の事例を検討しましょう。

裁判所は、役員退職金の相当額の判定にあたり、

①　不相当に高額な役員退職給与を損金不算入としている趣旨
②　役員退職給与の相当額の判定にあたり、最終報酬月額と在任期間と同業種法人の功績倍率を基準とすることの合理性
③　不動産業を営む法人の役員退職給与の相当額

について、5税務署管内の同業種・同規模法人7例（退職役員13人）の退職給与支給例のうち功績倍率の最高のものを基準として判定することについて、合理的であると判断しています（東京地裁昭和55年5月26日判決、最高裁昭和60年9月17日判決）。

　最高裁でも、原審である東京地裁の判決を是認することができるとして課税庁の主張を退けたものです。

　裁判所の判断では、「当該役員の退職時報酬月額×勤続年数×功績倍率」という計算により算出されることが最も一般的な計算方法とされています。その上で、当該法人と同種の事業を営む法人で、その事業規模が類似するものの役員の退職給与の算定の功績倍率に照らして算出すれば、不相当に高額ということにはならないと思われます。

　それでは、「どのぐらいの功績倍率が相当であると認められるか？」ということですが、上記判例では、代表者の功績倍率について「3.0」が最高値として判断することに合理性があるとしています。

　これを今回の事例について見てみると、「退職時報酬月額50万円×勤続年数50年×3.0＝7,500万円」の範囲内となり、とくに過大であるとも考えられません。したがって、過大退職金と判定されることもないと思われます。

　ただし当該判決のとおり、役員の退職金は利益処分としての性格を持つことが多いことを考えれば、お手盛り的な支給とならないために、事前に役員退職金の規定等を具備しなければならないでしょう。

◀ 参考 ▶

［判例を読む］
○東京地裁昭和55年5月26日判決、最高裁昭和60年9月17日判決（ＴＡＩＮＳ　Ｚ

第4章　損金の額の計算　197

113-4599、Z146-5601)

1．被告は原告と同業種、類似規模の法人について得られた功績倍率を基準として退職給与金額の相当性を判断すべき旨主張するのに対し、原告は右方法は適切でない旨主張するので、この点について検討する。法人税法第36条は、法人がその退職した役員に対して支給する退職給与の額のうち損金経理をした金額で不相当に高額な部分の金額として政令で定める金額は所得の金額の計算上損金の額に算入しない旨規定し、これをうけて同法施行令第72条は、右損金の額に算入しない金額は、法人がその退職した役員に対して支給した退職給与の額が、当該役員のその法人の業務に従事した期間、その退職の事情、その法人と同種の事業を営む法人でその事業規模が類似するものの役員に対する退職給与の支給の状況等に照らし、その退職した役員に対する退職給与として相当であると認められる金額を超える場合におけるその超える部分の金額とする旨規定しているが、右各規定の趣旨は、役員に対する退職給与が利益処分たる性格をもつことが多いため、一定の基準以下の部分は必要経費としてその損金算入を認めるが、一定の基準を超える部分は利益処分としてその損金算入を認めないというところにあると解されるところ、成立に争いのない乙第1号証によれば、株式会社政経研究所が昭和47年6月20日現在で全上場会社1,603社及び非上場会社101社を調査したところ、何らかの形で役員退職給与金額の計算の基準を有しているものが682社、そのうち右基準を明示したものが265社あつたが、265社のうち167社が退任時の最終報酬月額を基礎として退職金を算出する方式をとつており、さらに、そのうち154社が最終報酬月額と在任期間の積に一定の数値を乗じて退職給与金額を算出する方式をとつていることが認められるのであるから、退職給与金額の損金算入の可否、すなわちその相当性の判断にあたって原告と同業種、類似規模の法人を抽出し、その功績倍率を基準とすることは、前記法令の規定の趣旨に合致し合理的であるというべきである。
2．原告が不動産の売買及び仲介斡旋等を業としていたことは当事者間に争いがなく、成立に争いのない乙第14号証によれば、原告の本件事業年度末の資本金が500万円であること、被告所部係官が麹町、神田、下谷、京橋及び豊島の各税務署管内において、原告と同業種の不動産業（建売業、土地売買業）を営み、

役員退職の日を含む事業年度末の資本金が5,000万円以下の法人について昭和46年11月から昭和47年12月までの間の役員に対する退職給与の支給状況を調査したところ、役員に対して退職給与の支給があつた法人は調査件数604法人のうち7法人で、支給を受けた役員は13人であつて、その支給状況及び最終報酬月額、勤続年数（6か月以上切上げ）、功績倍率（小数点第2位四捨五入）は別表3記載のとおりであり、功績倍率の平均は1.9、最低は0.9、最高は3.0であることが認められる。右認定の事実によれば、右比較法人の選定基準は不十分のきらいがないではない（事業規模が類似する法人を抽出するには資本金額だけではなく総資産額、売上金額等も選定の基準とするのが望ましい。）が、前掲乙第14号証によれば、抽出された7法人の期末総資産額及び売上金額を原告のそれと比較すると前者は0.6倍（A社）ないし10.8倍（G社）、後者は0.4倍（F社）ないし11.8倍（G社）であつて、ばらつきが大きいものの、これらの金額と功績倍率の大小との間には顕著な相関関係は見出し難いのであり、従って少くとも右比較法人の功績倍率の最高値を基準として退職給与金額の相当性を判断する限りにおいては右選定基準の不十分さの故に右判断の合理性が失われるものではない。そして、抽出された比較法人及び退職役員の数も資料の客観性を担保するに足りるものであるから、<u>右退職役員の功績倍率の最高3.0を基準として原告の退職役員に対する退職給与の相当性を判断することは合理的である</u>というべきである。

※　下線は筆者による。

6 　寄附金

法律の概要

　寄附金とは、当事者の一方が無償で財産を相手方に与える贈与（民法549）に近い取引と考えることができます。

法人税法では「寄附金」として別段の定めがなされ、その寄附金の種類に応じて、一定の計算の上、限度を超過した額については損金不算入にするという制度があります。

> 具体例から学ぶ

> [事例] 関連会社への寄附金
>
> 　当社（1年決算法人、3月決算）は、昨年12月に関連会社Aに対して、200万円で土地を譲渡しました。A社は昨年12月に余剰の当座預金を定期預金にしたため、決済預金を多く有していなかったことから、時価500万円ではありますが、当社の簿価である200万円で譲渡することになりました。
>
> 　現在、売却に対しては決算書上損益に影響させておりません。当期の法人の所得計算に影響させなければならないのでしょうか？
>
> 　当社の資本金額は1,000万円で、上記の影響を加味しなければ所得は2,500万円です。
>
> 　当社は同族会社ですが、関連会社は当社出資60％であり、残りの出資40％は当社同族とは関連のない個人株主が所有しています。ちなみに、関連法人は資本金1,000万円の株式会社です。
>
> 　　　　　　　　　　　　　　　＜適用条文：法人税法第37条第1項＞

Phase 1　原文を読もう

はじめに、条文を読んでみましょう。

> 法人税法第37条　内国法人が各事業年度において支出した寄附金の額（次項の規定の適用を受ける寄附金の額を除く。）の合計額のうち、その内国法人の当該事業年度終了の時の資本金等の額又は当該事業年度の所得の金額を基礎として政令で定めるところにより計算した金額を超える部分の金額は、当該内国法人

の各事業年度の所得の金額の計算上、損金の額に算入しない。
2 　内国法人が各事業年度において当該内国法人との間に完全支配関係（法人による完全支配関係に限る。）がある他の内国法人に対して支出した寄附金の額（第25条の2（受贈益の益金不算入）又は第81条の3第1項（第25条の2に係る部分に限る。）（個別益金額又は個別損金額の益金又は損金算入）の規定を適用しないとした場合に当該他の内国法人の各事業年度の所得の金額又は各連結事業年度の連結所得の金額の計算上益金の額に算入される第25条の2第2項に規定する受贈益の額に対応するものに限る。）は、当該内国法人の各事業年度の所得の金額の計算上、損金の額に算入しない。
3 　第1項の場合において、同項に規定する寄附金の額のうちに次の各号に掲げる寄附金の額があるときは、当該各号に掲げる寄附金の額の合計額は、同項に規定する寄附金の額の合計額に算入しない。
　一 　国又は地方公共団体（港湾法（昭和25年法律第218号）の規定による港務局を含む。）に対する寄附金（その寄附をした者がその寄附によって設けられた設備を専属的に利用することその他特別の利益がその寄附をした者に及ぶと認められるものを除く。）の額
　二 　公益社団法人、公益財団法人その他公益を目的とする事業を行う法人又は団体に対する寄附金（当該法人の設立のためにされる寄附金その他の当該法人の設立前においてされる寄附金で政令で定めるものを含む。）のうち、次に掲げる要件を満たすと認められるものとして政令で定めるところにより財務大臣が指定したものの額
　　イ 　広く一般に募集されること。
　　ロ 　教育又は科学の振興、文化の向上、社会福祉への貢献その他公益の増進に寄与するための支出で緊急を要するものに充てられることが確実であること。
4 　第1項の場合において、同項に規定する寄附金の額のうちに、公共法人、公益法人等（別表第二に掲げる一般社団法人及び一般財団法人を除く。以下この項及び次項において同じ。）その他特別の法律により設立された法人のうち、教育又は科学の振興、文化の向上、社会福祉への貢献その他公益の増進に著しく寄与するものとして政令で定めるものに対する当該法人の主たる目的である

業務に関連する寄附金(前項各号に規定する寄附金に該当するものを除く。)の額があるときは、当該寄附金の額の合計額(当該合計額が当該事業年度終了の時の資本金等の額又は当該事業年度の所得の金額を基礎として政令で定めるところにより計算した金額を超える場合には、当該計算した金額に相当する金額)は、第1項に規定する寄附金の額の合計額に算入しない。ただし、公益法人等が支出した寄附金の額については、この限りでない。

5・6　(省略)

7　前各項に規定する寄附金の額は、寄附金、拠出金、見舞金その他いずれの名義をもつてするかを問わず、内国法人が金銭その他の資産又は経済的な利益の贈与又は無償の供与(広告宣伝及び見本品の費用その他これらに類する費用並びに交際費、接待費及び福利厚生費とされるべきものを除く。次項において同じ。)をした場合における当該金銭の額若しくは金銭以外の資産のその贈与の時における価額又は当該経済的な利益のその供与の時における価額によるものとする。

8　内国法人が資産の譲渡又は経済的な利益の供与をした場合において、その譲渡又は供与の対価の額が当該資産のその譲渡の時における価額又は当該経済的な利益のその供与の時における価額に比して低いときは、当該対価の額と当該価額との差額のうち実質的に贈与又は無償の供与をしたと認められる金額は、前項の寄附金の額に含まれるものとする。

9・10　(省略)

11　財務大臣は、第3項第2号の指定をしたときは、これを告示する。

12　第5項から前項までに定めるもののほか、第1項から第4項までの規定の適用に関し必要な事項は、政令で定める。

かっこ書きを省略すると、次のようになります。

法人税法第37条　内国法人が各事業年度において支出した寄附金の額の合計額のうち、その内国法人の当該事業年度終了の時の資本金等の額又は当該事業年度の所得の金額を基礎として政令で定めるところにより計算した金額を超える部

分の金額は、当該内国法人の各事業年度の所得の金額の計算上、損金の額に算入しない。
2　内国法人が各事業年度において当該内国法人との間に完全支配関係がある他の内国法人に対して支出した寄附金の額は、当該内国法人の各事業年度の所得の金額の計算上、損金の額に算入しない。
3　第1項の場合において、同項に規定する寄附金の額のうちに次の各号に掲げる寄附金の額があるときは、当該各号に掲げる寄附金の額の合計額は、同項に規定する寄附金の額の合計額に算入しない。
　一　国又は地方公共団体に対する寄附金の額
　二　公益社団法人、公益財団法人その他公益を目的とする事業を行う法人又は団体に対する寄附金のうち、次に掲げる要件を満たすと認められるものとして政令で定めるところにより財務大臣が指定したものの額
　　イ　広く一般に募集されること。
　　ロ　教育又は科学の振興、文化の向上、社会福祉への貢献その他公益の増進に寄与するための支出で緊急を要するものに充てられることが確実であること。
4　第1項の場合において、同項に規定する寄附金の額のうちに、公共法人、公益法人等その他特別の法律により設立された法人のうち、教育又は科学の振興、文化の向上、社会福祉への貢献その他公益の増進に著しく寄与するものとして政令で定めるものに対する当該法人の主たる目的である業務に関連する寄附金の額があるときは、当該寄附金の額の合計額は、第1項に規定する寄附金の額の合計額に算入しない。ただし、公益法人等が支出した寄附金の額については、この限りでない。
5・6　（省略）
7　前各項に規定する寄附金の額は、寄附金、拠出金、見舞金その他いずれの名義をもつてするかを問わず、内国法人が金銭その他の資産又は経済的な利益の贈与又は無償の供与をした場合における当該金銭の額若しくは金銭以外の資産のその贈与の時における価額又は当該経済的な利益のその供与の時における価額によるものとする。
8　内国法人が資産の譲渡又は経済的な利益の供与をした場合において、その譲

渡又は供与の対価の額が当該資産のその譲渡の時における価額又は当該経済的な利益のその供与の時における価額に比して低いときは、当該対価の額と当該価額との差額のうち実質的に贈与又は無償の供与をしたと認められる金額は、前項の寄附金の額に含まれるものとする。
9・10　（省略）
11　財務大臣は、第3項第2号の指定をしたときは、これを告示する。
12　第5項から前項までに定めるもののほか、第1項から第4項までの規定の適用に関し必要な事項は、政令で定める。

寄附金の損金算入限度額の計算

【法法37①】	【法令73】
内国法人が…政令で定めるところにより計算した金額…	法第37条第1項に規定する政令で定めるところにより計算した金額は、次の各号に掲げる内国法人の区分に応じ当該各号に定める金額とする。 一　普通法人、協同組合及び人格のない社団等（次号に掲げるものを除く。） 　　次に掲げる金額の合計額の2分の1に相当する金額 　イ　当該事業年度終了の時における資本金等の額（略）を12で除し、これに当該事業年度の月数を乗じて計算した金額の1000分の2.5に相当する金額 　ロ　当該事業年度の所得の金額の100の2.5に相当する金額 二・三　（省略） 2　前項各号に規定する所得の金額は、次に掲げる規定を適用しないで計算した場合における所得の金額とする。… 3　第1項各号に規定する所得の金額は、内国法人が当該事業年度において支出した法第37条第7項…に規定する寄附金の額の全額は損金の額に算入しないものとして計算するものとする。（以下省略）

Phase 2 キーワードで理解しよう

次に、キーワードをつかむことにより理解しやすくなります。
キーワードは、（1）寄附金の額、（2）完全支配関係、です。

（1）寄附金の額

　寄附金の額に該当する場合には、寄附金の種類別に限度計算をして、それを超えた部分については損金不算入となりますし、一定の要件を満たした寄附金については「寄附金の額」の合計額に算入しない、つまり限度額計算を行わなくてよい、ということになります。

　これは、取引があった場合に、その取引が限度計算をしなければならない「寄附金の額」に該当するのかしないのかをまず判定しなければならないことを示しています。

　法人税法第37条第3項において、指定寄附金（国又は地方公共団体に対する寄附金や財務大臣が指定した寄附金）については「寄附金の額」の合計額に算入しない、と規定されていますので、これらの寄附金の場合には限度額計算は必要ありません。

　また、同第4項では、特定の公益法人等に対する寄附の場合についても「寄附金の額」に算入しないことになっています。

　ただし、ここにはかっこ書きがあり（省略前のかっこ内を参照してください）、資本金等の額又は所得の金額を基礎として政令で定めるところにより計算した金額を限度として、「寄附金の額」に算入しなくて良いことになっています。

　ですから、まず取引があった場合は「寄附金の額」に該当するか否かを判定し、その上で、寄附金ではあるけれど「寄附金の額」に算入しなくて良い寄附金かどうかを判定することになります。

寄附金判定の流れ

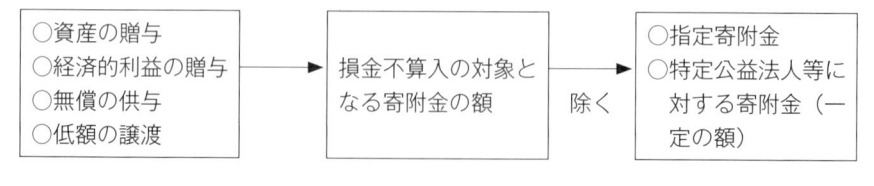

```
○資産の贈与
○経済的利益の贈与    →   損金不算入の対象と   除く   →   ○指定寄附金
○無償の供与              なる寄附金の額                 ○特定公益法人等に
○低額の譲渡                                            対する寄附金（一
                                                       定の額）
```

Phase 3　事例を検討しよう

　今回の事例を考える場合、まず当該取引が寄附金の額に該当するのか否かが問題となります。

　法人税法第37条第8項では、譲渡した価額がその譲渡した時の価額より低い場合には、その差額について実質的に贈与したと認められる金額については寄附金の額に含まれる（低廉譲渡）とされています。

　事例のケースでは、預金を定期にしたという理由のみで時価より安く売却していますので、上記第8項の低廉譲渡に該当することになります。その結果、時価500万円と取引価格である200万円との差額300万円が「寄附金の額」に該当することになります。

　低廉譲渡となりますので、税務上は以下の取引を追加します。

　　　　　　　　寄附金　　300万円／土地譲渡益　　300万円

　そして、当該寄附金が「寄附金の額」に算入しなくてよい寄附金がどうかですが、相手は関連法人であり、国等でもなければ公益法人でもありませんので、通常の限度額計算をすべき「寄附金の額」に該当することがわかります。

（2）完全支配関係

　また「（2）完全支配関係」というキーワードもあります。これは、完全支配関係を有する法人間での寄附金については限度額計算をせずに、全額損金不算入とするという規定になっています。

　これは平成22年度税制改正において、グループ法人単体課税制度を整備する

一環として措置されたもので、100％グループ間で行われた寄附や受贈について、全体として課税関係を生じさせないものとするものです。

　ですから、上記「寄附金の額」に該当するか否かを判定するのと同時に、完全支配関係間での取引か否かも確認する必要があります（今回の事例では「完全支配関係」の定義から外れていますので、適用外となります）。

　今回の事例の場合、関連法人は普通法人ですので、損金不算入の計算は、次のようになります。

（１）寄附金の額

　　　3,000,000円

（２）損金算入限度額

　① $1,000万円 \div 12 \times 12 \times \dfrac{2.5}{1000} = 25,000円$

　② $\{2,500万円 + 300万円（※）\} \times \dfrac{2.5}{100} = 700,000円$

　③ ｛（１）＋（２）｝÷2

　　　（25,000円＋700,000円）÷2＝362,500円

（３）損金不算入額＝（１）－（２）

　　　3,000,000円－362,500円＝2,637,500円

※　当期の所得に寄附金の額である300万円を加算しているのは、当該政令によるものです。寄附金支出前の所得金額をもって限度額計算を行い、その後限度超過額を所得金額に加算することになります。

　ちなみに、法人税法施行令第73条第2項では、別途限度計算を行う際の調整が規定されています。例えば、「税務上の繰越欠損金がある場合には控除前所得とする」というような具合です。

◀参考▶

［税制改正を読む］

○「経済社会の構造の変化に対応した税制の構築を図るための所得税法等の一部を

改正する法律」（平成23年12月2日公布）
1．当初申告要件の廃止及び適用額の見直し
　第3項の規定（201頁）は、確定申告書、修正申告書又は更正請求書に第1項に規定する寄附金の額の合計額に算入されない第3項各号に掲げる寄附金の額及び当該寄附金の明細を記載した書類の添付がある場合に限り、第4項の規定（201頁）は、確定申告書、修正申告書又は更正請求書に第1項に規定する寄附金の額の合計額に算入されない第4項に規定する寄附金の額及び当該寄附金の明細を記載した書類の添付があり、かつ、当該書類に記載された寄附金が同項に規定する寄附金に該当することを証する書類として財務省令で定める書類を保存している場合に限り、適用されます。この場合において、第3項又は第4項の規定により第1項（200頁）に規定する寄附金の額の合計額に算入されない金額は、当該金額として記載された金額を限度とされます（法法37⑨）。

　税務署長は、第4項の規定により第1項に規定する寄附金の額の合計額に算入されないこととなる金額の全部又は一部につき前項に規定する財務省令で定める書類の保存がない場合においても、その書類の保存がなかったことについてやむを得ない事情があると認めるときは、その書類の保存がなかった金額につき第4項の規定を適用することができるものとされました（法法37⑩）。
この改正は、平成23年12月2日以後に確定申告書等の提出期限が到来するものから適用されます。

2．損金算入限度額の見直し
　（1）特定公益増進法人等に対する寄附金の特別損金算入限度額
　　　① 資本等のある法人：

$$\left(資本金等の額 \times \frac{当期の月数}{12} \times 0.375\%\right) + (所得の金額 \times 6.25\%) \times \frac{1}{2}$$

　　　② 資本等のない法人：所得の金額×6.25％
　（2）一般の寄附金の損金算入限度額

法人が支出する一般の寄附金に係る損金算入限度額が縮減されました。
① 資本等のある法人：

$$（資本金等の額 \times \frac{当期の月数}{12} \times 0.25\%）+（所得の金額 \times 2.5\%）\times \frac{1}{4}$$

② 資本等のない法人：所得の金額×1.25％

この改正は、平成24年4月1日以後に開始する事業年度について適用されます。

7　繰越欠損金

法律の概要

　青色申告法人がある事業年度の課税所得がマイナスとなったとき、その事業年度の翌事業年度以降において課税所得が出た場合に、そのマイナス部分を損金として計算し、課税所得から差し引いて法人税額を算出します。

　その繰越欠損金は、前9年以内（平成23年12月改正前は7年以内）に発生したものであれば繰越控除できます。ここでは、その取扱いについて解説していきます。

具体例から学ぶ①

［事例］青色申告法人の欠損金の取扱い

　A社は資本金1,000万円の3月決算法人です。平成15年度から23年度の所得金額の推移は次のようになっています。

　欠損金の取扱いはどのようになるのでしょうか？

　平成15年度：欠損金額　△200万円、平成16年度：所得金額　　100万円
　平成17年度：欠損金額　△400万円、平成18年度：欠損金額　△100万円

> 平成19年度：所得金額　　300万円、平成20年度：所得金額　　100万円
> 平成21年度：欠損金額　△100万円、平成22年度：欠損金額　△300万円
> 平成23年度：所得金額　　500万円
> （注）ここで所得金額とは、便宜上欠損金額を引く前の金額をいうものとします。
>
> <適用条文：法人税法第57条>

Phase 1　原文を読もう

はじめに、条文をそのまま読んでみましょう。

> （青色申告書を提出した事業年度の欠損金の繰越し）
> 旧法人税法第57条　確定申告書を提出する内国法人の各事業年度開始の日前7年以内に開始した事業年度において生じた欠損金額（この項の規定により当該各事業年度前の事業年度の所得の金額の計算上損金の額に算入されたもの及び第80条（欠損金の繰戻しによる還付）の規定により還付を受けるべき金額の計算の基礎となったものを除く。）がある場合には、当該欠損金額に相当する金額は、当該各事業年度の所得の金額の計算上、損金の額に算入する。ただし、当該欠損金額に相当する金額が当該欠損金額につき本文の規定を適用せず、かつ、第62条の5第5項（現物分配による資産の譲渡）の規定を適用しないものとして計算した場合における当該各事業年度の所得の金額（当該欠損金額の生じた事業年度前の事業年度において生じた欠損金額に相当する金額で本文又は第58条第1項（青色申告書を提出しなかつた事業年度の災害による損失金の繰越し）の規定により当該各事業年度の所得の金額の計算上損金の額に算入されるものがある場合には、当該損金の額に算入される金額を控除した金額）を超える場合は、その超える部分の金額については、この限りでない。

　上記条文は、平成23年12月に改正されました。改正後の条文のかっこ書きを省略すると、次のようになります。

> 法人税法第57条　確定申告書を提出する内国法人の各事業年度開始の日前9年以内に開始した事業年度において生じた欠損金額がある場合には、当該欠損金額に相当する金額は、当該各事業年度の所得の金額の計算上、損金の額に算入する。ただし、当該欠損金額に相当する金額が当該欠損金額につき本文の規定を適用せず、かつ、第59条第2項、同条第3項、第62条の5第5項の規定を適用しないものとして計算した場合における当該各事業年度の所得の金額の100分の80に相当する金額を超える場合は、その超える部分の金額については、この限りでない。

Phase 2　キーワードで理解しよう

次に、キーワードをつかむことにより理解しやすくなります。

キーワードは、（1）繰越控除をできる法人、（2）繰越控除される欠損金額、です。

（1）繰越控除をできる法人

欠損金額の生じた事業年度について青色申告書である確定申告書を提出し、かつ、その後において連続して確定申告書を提出している内国法人が適用できます（法法57⑨）。

したがって、欠損金の生じた事業年度で青色申告書である確定申告書を提出していれば、その後の事業年度において白色申告書を提出した場合でも、欠損金の繰越控除を適用することができます。

（2）繰越控除される欠損金額

各事業年度開始の日前9年以内（平成23年12月改正前は7年以内）に開始した事業年度において生じた欠損金額が繰越控除の対象となります。ただし、平成13年4月1日前に開始した各事業年度において生じた欠損金額については5年間の繰越し、平成20年3月31日以前に終了した事業年度において生じた欠

損金額については７年間の繰越ししか認められていません。

また、欠損金の繰戻しによる還付の対象となった欠損金額は対象から除外します（法法57①かっこ書き）。

> **ちょっとひとこと**
>
> **繰越欠損金の損金算入の順序は？**
>
> 当該事業年度に繰り越された欠損金額が２以上の事業年度において生じている場合には、そのうちもっとも古い事業年度において生じた欠損金額から順次損金算入をします（法基通12-1-1）。

Phase 3　事例を検討しよう

平成23年度の確定申告の際の繰越欠損金の額を、順次年度ごとに見ていきましょう。

（１）平成15年度：欠損金額　200万円（※１）

　※１　当期の欠損金額は翌期以降７年間、つまり22年度までの間に控除することができます。

（２）平成16年度：所得金額　100万円（欠損金控除後　零円）

　①　所得金額　100万円

　②　控除未済欠損金額の合計額　200万円

　③　欠損金の当期控除額　100万円

　④　控除未済欠損金額（翌期繰越）　100万円

　　　　平成15年度　　　所得金額　　　控除未済欠損金額
　　　　　200万円　　－　100万円　＝　100万円（※２）

　※２　平成15年度に生じた控除未済欠損金100万円は、22年度までの間に控除することができます。

（３）平成17年度：欠損金額　400万円

|平成15年度|当期欠損金額|翌期繰越欠損金|
100万円（※3）＋　400万円（※3）　＝　500万円

※3　平成15年度に生じた控除未済欠損金100万円は22年度まで、当期の欠損金額400万円は、翌期以降7年間、つまり24年度までの間に控除することができます。

（4）平成18年度：欠損金額　100万円

　　　平成15年度　　　平成17年度　　　当期欠損金額　　翌期繰越欠損金
　　　100万円（※4）＋400万円（※4）＋100万円（※4）＝　600万円

※4　平成15年度に生じた控除未済欠損金100万円は22年度まで、平成17年度に生じた控除未済欠損金400万円は24年度まで、当期の欠損金額100万円は翌期以降7年間、つまり25年度までの間に控除することができます。

（5）平成19年度：所得金額　300万円（欠損金控除後　0円）

①　所得金額　300万円

②　控除未済欠損金額の合計額　600万円

③　欠損金の当期控除額

　　最も古い年度から

　　　平成15年度　　　平成17年度
　　　100万円（※5）＋　200万円（※5）＝　300万円

④　控除未済欠損金額（翌期繰越）　300万円

※5　平成15年度に生じた控除未済欠損金100万円は、当期に全額控除しました。平成17年度に生じた控除未済欠損金400万円から当期に控除した200万円の残額200万円は24年度まで、平成18年度の控除未済欠損金額100万円は25年度までの間に控除することができます。

（6）平成20年度所得金額　100万円（欠損金控除後　0円）

①　所得金額　100万円

②　控除未済欠損金額の合計額　300万円

③　欠損金の当期控除額

　　最も古い年度から

　　　平成17年度：100万円（※6）

④　控除未済欠損金額　200万円

※6　平成17年度に生じた控除未済欠損金200万円から当期に控除した100万円の残額100万円は24年度まで、平成18年度に生じた控除未済欠損金額100万円は25年度

までの間に控除することができます。

（7） 平成21年度欠損金額　100万円

　　　　平成17年度　　　平成18年度　　　当期欠損金額　　翌期繰越欠損金
　　　200万円（※7）＋100万円（※7）＋100万円（※7）＝　300万円

※7　平成17年度に生じた控除未済欠損金100万円は24年度まで、平成18年度に生じた控除未済欠損金100万円は25年度まで、当期の欠損金額100万円は、翌期以降9年間、つまり30年度までの間に控除することができます。

（8） 平成22年度欠損金額　300万円

　　　　平成17年度　　　　平成18年度　　　　平成21年度　　　当期欠損金額
　　　100万円（※8）＋100万円（※8）＋100万円（※8）＋300万円

　　翌期繰越欠損金
　　＝600万円

※8　平成17年度に生じた控除未済欠損金100万円は24年度まで、平成18年度に生じた控除未済欠損金100万円は25年度まで、平成21年度に生じた控除未済欠損金100万円は28年度まで、当期の欠損金額100万円は翌期以降9年間、つまり31年度までの間に控除することができます。

（9） 平成23年度所得金額　500万円（欠損金控除後　0円）

① 所得金額　500万円

② 控除未済欠損金額の合計額　600万円

③ 欠損金の当期控除額

　　最も古い年度から

　　　平成17年度　　　平成18年度　　　平成21年度　　　平成22年度
　　200万円（※9）＋100万円（※9）＋100万円（※9）＋100万円（※9）
　　＝500万円

④ 控除未済欠損金額　100万円

※9　平成17年度・18年度に生じた控除未済欠損金200万円、平成21年度に生じた控除未済欠損金100万円は当期に控除しました。平成22年度に生じた控除未済欠損金300万円のうち100万円は当期に控除し、残額100万円は31年度まで間に控除することができます。

◀参考▶

[税制改正を読む]

○「経済社会の構造の変化に対応した税制の構築を図るための所得税法等の一部を改正する法律」(施行日:平成23年12月2日)

　欠損金の繰越控除制度について、次のとおり見直しを行うこととされました(法法57・58・81の9関係)。

(1) 青色申告書を提出した事業年度の欠損金の繰越控除制度、青色申告書を提出しなかった事業年度の災害による損失金の繰越控除制度及び連結欠損金の繰越控除制度における控除限度額について、次に掲げる法人(以下「中小法人等」という)を除き、その繰越控除をする事業年度のその繰越控除前の所得の金額の100分の80相当額とされます。

　① 普通法人のうち、資本金の額もしくは出資金の額が1億円以下であるもの(資本金の額が5億円以上の法人による完全支配関係がある法人等を除く)又は資本もしくは出資を有しないもの(相互会社を除く)

　② 公益法人等又は協同組合等

　③ 人格のない社団等

　(注) 上記の改正は、平成24年4月1日以後に開始する事業年度の所得に対する法人税について適用されます。

　　　なお、同日前に更生手続開始の決定を受けたこと等の事実が生じた法人の同日以後最初に開始する事業年度から更生計画認可の決定等の日以後7年を経過する日等の属する事業年度までの各事業年度の所得に係る欠損金の繰越控除制度における控除限度額について、その繰越控除をする事業年度のその繰越控除前の所得の金額とする経過措置を講じられます(附則第14条・第22条関係)。

(2) 青色申告書を提出した事業年度の欠損金の繰越期間、青色申告書を提出しなかった事業年度の災害による損失金の繰越期間及び連結欠損金の繰越期間を9年(現行7年)に延長することとされます。これに伴い、その欠損金が生じた事業年度の帳簿書類の保存を適用要件とされます。

　(注) 上記の改正は、平成20年4月1日以後に終了した事業年度において生じた欠損金額について適用されます(附則第14条・第22条関係)。

具体例から学ぶ②

[事例] 解散した場合の期限切れ欠損金

青色申告法人株式会社Ｈ（資本金500万円、３月末決算）は、株主総会の決議により、平成22年11月30日に解散しました。

・解散事業年度の繰越欠損金　5,000円

・清算中の事業年度の貸借対照表

　　資産の部　土地700万円、建物300万円、その他の資産1,000万円
　　　　　　合計2,000万円

　　負債の合計　5,000万円、

　　純資産の部　資本金500万円　繰越利益剰余金　△3,500万円
　　　　　　　　純資産合計△3,000万円

・清算中の事業年度の損益計算書

　　当期純利益　1,000万円

・実態貸借対照表（残余財産がないと見込まれることの証明）

　　資産の部　土地900万円、建物200万円、その他の資産1,000万円
　　　　　　合計2,100万円

　　負債の合計　5,000万円

　　純資産の部　資本金500万円　繰越利益剰余金　△3,500万円
　　　　　　　　資産評価益100万円　純資産合計　△2,900万円

（注）土地・建物は処分価額です。

この場合、期限切れ欠損金の損金算入できるのでしょうか？

<適用条文：法人税法第59条>

Phase 1　原文を読もう

はじめに、条文をそのまま読みましょう。

法人税法第59条

3　内国法人が解散した場合において、残余財産がないと見込まれるときは、その清算中に終了する事業年度（前2項の規定の適用を受ける事業年度を除く。以下この項において「適用年度」という。）前の各事業年度において生じた欠損金額（連結事業年度において生じた第81条の18第1項に規定する個別欠損金額（当該連結事業年度に連結欠損金額が生じた場合には、当該連結欠損金額のうち当該内国法人に帰せられる金額を加算した金額）を含む。）を基礎として政令で定めるところにより計算した金額に相当する金額（当該相当する金額がこの項及び第62条の5第5項の規定を適用しないものとして計算した場合における当該適用年度の所得の金額を超える場合には、その超える部分の金額を控除した金額）は、当該適用年度の所得の金額の計算上、損金の額に算入する。

4　前3項の規定は、確定申告書、<u>修正申告書又は更正請求書</u>にこれらの規定により、損金の額に算入される金額の計算に関する明細を記載した書類及び<u>更正手続開始の決定があつたこと若しくは更正手続開始があつたこと若しくは</u>第2項に規定する政令で定める事実が生じたことを証する書類又は残余財産がないと見込まれることを証明する書類その他の財務省令で定める書類の添付がある場合に限り、適用する。

5　税務署長は、前項に規定する財務省令で定める書類の添付がない確定申告書、<u>修正申告書又は更正請求書</u>の提出があつた場合においても、その記載又は書類の添付がなかつたことについてやむを得ない事情があると認めるときは、第1項から第3項までの規定を適用することができる。

（注）下線部分（筆者による）は平成23年12月に改正され、平成23年12月2日以後に確定申告書等の提出期限が到来する法人税について適用されます。

条文のかっこ書きを省略すると、次のようになります。

法人税法第59条

3　内国法人が解散した場合において、残余財産がないと見込まれるときは、その清算中に終了する事業年度前の各事業年度において生じた欠損金額を基礎と

して政令で定めるところにより計算した金額に相当する金額は、当該適用年度の所得の金額の計算上、損金の額に算入する。

法律と政令の関連

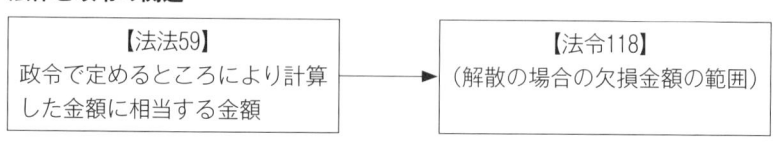

```
【法法59】                          【法令118】
政令で定めるところにより計算    →    （解散の場合の欠損金額の範囲）
した金額に相当する金額
```

次に、政令を見ていきましょう。

法人税法施行令第118条　法第59条第3項（会社更生等による債務免除等があつた場合の欠損金の損金算入）に規定する欠損金額を基礎として政令で定めるところにより計算した金額は、第1号に掲げる金額から第2号に掲げる金額を控除した金額とする。
一　法第59条第3項に規定する適用年度（以下この条において「適用年度」という。）終了の時における前事業年度以前の事業年度から繰り越された欠損金額（同項に規定する個別欠損金額を含む。）の合計額（当該適用年度終了の時における資本金等の額が零以下である場合には、当該欠損金額の合計額から当該資本金等の額を減算した金額）
二　法第57条第1項（青色申告書を提出した事業年度の欠損金の繰越し）又は第58条第1項（青色申告書を提出しなかつた事業年度の災害による損失金の繰越し）の規定により適用年度の所得の金額の計算上損金の額に算入される欠損金額

Phase 2　キーワードで理解しよう

次に、キーワードをつかむことにより理解しやすくなります。
キーワードは、（1）欠損金額、（2）残余財産がないと見込まれるとき、です。

（1）欠損金額

① 平成23年4月1日以後開始する事業年度

解散の場合の欠損金額については、次のイからロを控除した金額です（法令118）。

イ．適用年度終了の時における前事業年度以前の事業年度から繰り越された欠損金額の合計額

（注）当該適用年度終了の時における資本金等の額が零以下である場合当該欠損金額の合計額から当該資本金等の額を減算した金額

ロ．青色申告書を提出した事業年度の欠損金の繰越し（法法57①）又は青色申告書を提出しなかった事業年度の災害による損失金の繰越し（法法58①）の規定により、適用年度の所得の金額の計算上損金の額に算入される欠損金額

なお、実務上は法人税の申告書を作成する場合、別表を使います。別表にあてはめると、次のようになります。

欠損金額の算定方法①

{ 当期の別表五（一）期首現在利益積立金額の差引合計額「31の①」 } − { 当期の別表五（一）差引翌期首現在資本金等の額「36の④」 } = 別表七（一）「2の計」

② 平成23年3月31日以前開始する事業年度

解散の場合の欠損金額については、次のイからロを控除した金額です（旧法令118）。

イ．適用年度終了の時における前事業年度以前の事業年度から繰り越された欠損金額の合計額

ロ．青色申告書を提出した事業年度の欠損金の繰越し（法法57①）又は青色申告書を提出しなかった事業年度の災害による損失金の繰越し（法法58①）の規定により適用年度の所得の金額の計算上損金の額に算入される欠損金額

なお、実務上は法人税の申告書を作成する場合、別表を使います。別表に

あてはめると、次のようになります。

欠損金額の算定方法②

| 当期の別表五（一）期首現在利益積立金額の差引合計額「31の①」 | − | 別表七（一）「2の計」 |

（2）残余財産がないと見込まれるとき

① 残余財産がないと見込まれるかどうかの判定の時期

残余財産がないと見込まれるかどうかの判定は、法人の清算中に終了する各事業年度終了の時の現況によるものとされています（法基通12-3-7）。

② 残余財産がないと見込まれることの意義

解散した法人が当該事業年度終了の時において債務超過の状態にあるときは、「残余財産がないと見込まれるとき」に該当します（法基通12-3-8）。

③ 残余財産がないと見込まれることを説明する書類

「残余財産がないと見込まれることを説明する書類」には、例えば、法人の清算中に終了する各事業年度終了の時の実態貸借対照表（当該法人の有する資産及び負債の価額により作成される貸借対照表をいう）が該当するものとされています（法基通12-3-9）。

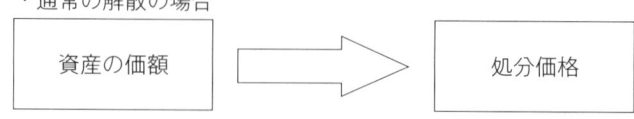

（注）法人が実態貸借対照表を作成する場合における資産の価額は、当該事業年度終了の時における処分価格によりますが、当該法人の解散が事業譲渡等を前提としたもので当該法人の資産が継続して他の法人の事業の用に供される見込みであるときには、「当該資産が使用収益されるものとして当該事業年度終了の時において譲渡される場合に通常付される価額による」ものとされています。

残余財産がない場合の資産の価額

・通常の解散の場合

資産の価額 ⇒ 処分価格

・事業譲渡等が前提の場合

資産の価額 ⇒ 通常付される価額

ちょっとひとこと

残余財産がないことの見込みが変わった場合は？

残余財産がないことの見込みが変わった場合の取扱いについては、当初の見込みと異なった結果になっても、過去において行った期限切れ欠損金額の損金算入に影響を与えないとされています。

Phase 3 事例を検討しよう

この事例では、純資産が△3,000万円であり、実態貸借対照表を見ても、残余財産がないと見込まれると判断することができます。

したがって、残余財産がないと見込まれると判断し、期限切れ欠損金の損金算入することができます。

第5章 法人税の特例（措置法）

1 ────── 交際費等

法律の概要

　法人が支出する交際費は、販売促進等のために支出したものについては、会社計算上はその全額が費用として処理しています。

　税務上は、政策的は側面から企業の冗費の節約を図るという目的で、交際費等の損金不算入の規定が設けられています。とくに資本金が1億円超の法人については交際費等の全額が損金不算入となるため、その交際費等の範囲が問題となります。

具体例から学ぶ

［事例］交際費の判定

　3月決算法人である株式会社A（資本金1,000万円）は、平成24年3月期に交際費等の支出額は500万円でした。なお、その支出額には次のものが含まれています。

- ・飲食等の費用を参加者の数で除した金額が5,000円以下のもの：100万円
- ・広告宣伝用のカレンダー代金：100万円

　この場合、交際費等の損金不算入額はいくらになるのでしょうか？

<適用条文：租税特別措置法第61条の4>

Phase 1　原文を読もう

はじめに、条文をそのまま読みましょう（下線は筆者による）。

（交際費等の損金不算入）
租税特別措置法61条の4　法人が平成18年4月1日から平成26年3月31日までの間に開始する各事業年度において支出する交際費等の額（当該事業年度終了の日における資本金の額又は出資金の額（資本又は出資を有しない法人その他政令で定める法人にあっては、政令で定める金額）が1億円以下である法人（法人税法第2条第9号に規定する普通法人のうち当該事業年度終了の日において同法第66条第6項第2号又は第3号に掲げる法人に該当するものを除く。）については、当該交際費等の額のうち次に掲げる金額の合計額）は、当該事業年度の所得の金額の計算上、損金の額に算入しない。
　一　当該交際費等の額のうち600万円に当該事業年度の月数を乗じてこれを12で除して計算した金額（次号において「定額控除限度額」という。）に達するまでの金額の100分の10に相当する金額
　二　当該交際費等の額が定額控除限度額を超える場合におけるその超える部分の金額
2　前項の月数は、暦に従って計算し、1月に満たない端数を生じたときは、1月とする。
3　第1項に規定する交際費等とは、交際費、接待費、機密費その他の費用で、法人が、その得意先、仕入先その他事業に関係のある者等に対する接待、供応、慰安、贈答その他これらに類する行為（第2号において「接待等」という。）のために支出するもの（次に掲げる費用のいずれかに該当するものを除く。）をいう。
　一　専ら従業員の慰安のために行われる運動会、演芸会、旅行等のために通常要する費用
　二　<u>飲食その他これに類する行為のために要する費用（専ら当該法人の法人税法第2条第15号に規定する役員若しくは従業員又はこれらの親族に対する接待等のために支出するものを除く。）であつて、その支出する金額を基礎と</u>

　　　　して政令で定めるところにより計算した金額が政令で定める金額以下の費用
　　三　前2号に掲げる費用のほか政令で定める費用
4　前項第2号の規定は、財務省令で定める書類を保存している場合に限り、適用する。

上記条文のかっこ書きを省略すると、次のようになります。

租税特別措置法第61条の4　法人が平成18年4月1日から平成26年3月31日までの間に開始する各事業年度において支出する交際費等の額は、当該事業年度の所得の金額の計算上、損金の額に算入しない。
　　一　当該交際費等の額のうち600万円に当該事業年度の月数を乗じてこれを12で除して計算した金額に達するまでの金額の100分の10に相当する金額
　　二　当該交際費等の額が定額控除限度額を超える場合におけるその超える部分の金額
2　前項の月数は、暦に従って計算し、1月に満たない端数を生じたときは、1月とする。
3　第1項に規定する交際費等とは、交際費、接待費、機密費その他の費用で、法人が、その得意先、仕入先その他事業に関係のある者等に対する接待、供応、慰安、贈答その他これらに類する行為のために支出するものをいう。
　　一　専ら従業員の慰安のために行われる運動会、演芸会、旅行等のために通常要する費用
　　二　飲食その他これに類する行為のために要する費用であつて、その支出する金額を基礎として政令で定めるところにより計算した金額が政令で定める金額以下の費用
　　三　前2号に掲げる費用のほか政令で定める費用
4　前項第2号の規定は、財務省令で定める書類を保存している場合に限り、適用する。

法律と施行令の関連

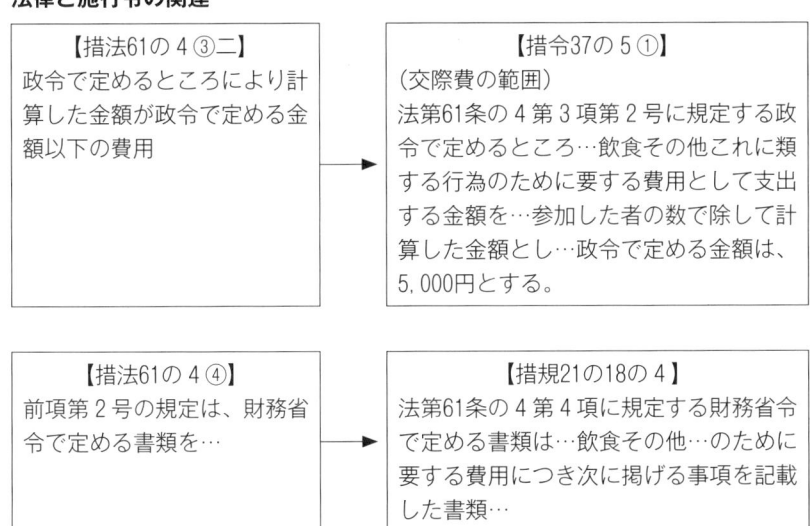

【措法61の4③二】	【措令37の5①】
政令で定めるところにより計算した金額が政令で定める金額以下の費用	（交際費の範囲）法第61条の4第3項第2号に規定する政令で定めるところ…飲食その他これに類する行為のために要する費用として支出する金額を…参加した者の数で除して計算した金額とし…政令で定める金額は、5,000円とする。

【措法61の4④】	【措規21の18の4】
前項第2号の規定は、財務省令で定める書類を…	法第61条の4第4項に規定する財務省令で定める書類は…飲食その他…のために要する費用につき次に掲げる事項を記載した書類…

Phase 2　キーワードで理解する

次に、キーワードをつかむことにより理解しやすくなります。

キーワードは、（1）適用対象者、（2）定額控除限度額、（3）交際費等、です

（1）適用対象者

① まず、法人が支出した交際費等の額は、すべて損金不算入であると規定しています。

② また、資本金の額又は出資金の額が1億円以下である法人が支出した交際費等については、次のイ、ロの合計額が損金不算入と規定しています。

　イ．定額控除限度額に達するまでの金額 $\times \dfrac{10}{100}$

　ロ．定額控除限度額を超える金額

（2）定額控除限度額

600万円に当該事業年度の月数を乗じてこれを12で除して計算した金額をいいます。設立、解散、合併等がない通常の事業年度であれば定額控除限度額は600万円になります。

（3）交際費等

交際費等とは、交際費、接待費、機密費その他の費用で、法人が、その得意先、仕入先その他事業に関係のある者等に対する接待、供応、慰安、贈答その他これらに類する行為のために支出するものをいいます。

しかし、次の①～⑤については交際費等とはなりません。

① もっぱら従業員の慰安のために行われる運動会、演芸会、旅行等のために通常要する費用
② 得意先、仕入先等の事業関係者との飲食等のために支出であって、その支出の合計額をその参加者の数で除して計算した金額が5,000円以下の費用（もっぱら当該法人の役員もしくは従業員又はこれらの親族に対する接待等の支出するものは除きます）
③ カレンダー、手帳、扇子、うちわ、手ぬぐいその他これらに類する物品を贈与するために通常要する費用
④ 会議に関連して、茶菓、弁当その他これらに類する飲食物を供与するために通常要する費用
⑤ 新聞、雑誌等の出版物又は放送番組を編集するために行われる座談会その他記事の収集のために、又は放送のための取材に通常要する費用

> **ちょっとひとこと**
>
> **必要な記載事項は？**
>
> 1人当たり5,000円以下の費用を交際費としない取扱いを受けるためには、次の事項を記載した書類を保存する必要があります（措規21の18の4）。
> ① 飲食等のあった年月日

②　飲食等に参加した得意先、仕入先その他事業に関係のある者等の氏名又は名称及びその関係
③　当該飲食等に参加した者の数
④　費用の金額ならびにその飲食店、料理店等の名称（店舗を有しないことその他の理由により当該名称が明らかでないときは、領収書等に記載された支払先の氏名又は名称）及びその所在地

<チェックポイント>
① **交際費等に含まれる費用の例示（措通61の4（1）-15）**
　イ．会社の何周年記念又は社屋新築記念における宴会費、交通費及び記念品代等の費用
　ロ．下請工場、特約店、代理店等となるため、又はするための運動費等の費用
　ハ．得意先、仕入先等社外の者の慶弔、禍福に際し支出する金品等の費用
　ニ．得意先、仕入先その他事業に関係のある者等を旅行、観劇等に招待する費用
　ホ．製造業者又は卸売業者がその製品又は商品の卸売業者に対し、当該卸売業者が小売業者等を旅行、観劇等に招待する費用の全部又は一部を負担した場合のその負担額
　ヘ．得意先、仕入先等の従業員等に対して取引の謝礼等として支出する金品の費用

② **交際費等に含まれない費用の例示**
　イ．不特定多数の者に対する宣伝的効果を意図するものは広告宣伝費の性質を有するものとし、次のようなものは交際費等に含まれないものとする（措通61の4（1）-9）。
　　（1）製造業者又は卸売業者が、抽選により、一般消費者に対し金品を交付するため又は一般消費者を旅行等に招待するために要する費用
　　（2）製造業者又は卸売業者が、金品引換券付販売に伴い、一般消費者に

対し金品を交付するために要する費用
  (3) 小売業者が商品の購入をした一般消費者に対し景品を交付するために要する
  (4) 得意先等に対する見本品、試用品の供与に通常要する費用
ロ．社内の行事に際して支出される金額等で次のようなものは交際費等に含まれないものとする（措通61の4（1）－10）。
  (1) 創立記念日、国民祝日、新社屋落成式等に際し従業員等におおむね一律に社内において供与される通常の飲食に要する費用
  (2) 従業員等（従業員等であった者を含む）又はその親族等の慶弔、禍福に際し一定の基準に従って支給される金品に要する費用
ハ．従業員等に対して支給する次のようなものは、給与の性質を有するものとして交際費等に含まれないものとする（措通61の4（1）－12）。
  (1) 常時給与される昼食等の費用
  (2) 自社の製品、商品等を原価以下で従業員等に販売した場合の原価に達するまでの費用
  (3) 機密費、接待費、交際費、旅費等の名義で支給したもののうち、その法人の業務のために使用したことが明らかでないもの

交際費等の内容と法令との関連

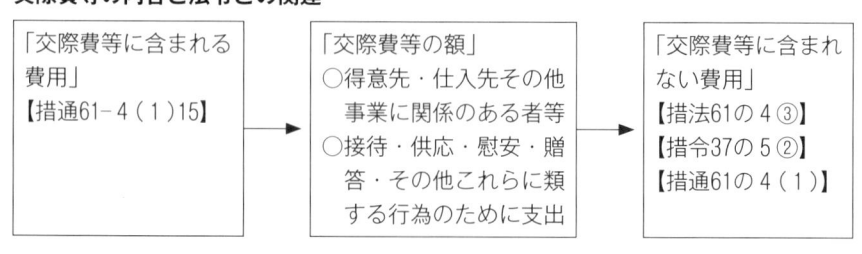

| 「交際費等に含まれる費用」【措通61-4（1）15】 | → | 「交際費等の額」○得意先・仕入先その他事業に関係のある者等 ○接待・供応・慰安・贈答・その他これらに類する行為のために支出 | → | 「交際費等に含まれない費用」【措法61の4③】【措令37の5②】【措通61の4（1）】 |

Phase 3　事例を検討しよう

まず、交際費等の額を計算しましょう。

交際費の支出した額は500万円となっていますが、広告宣伝用のカレンダー

の費用100万円、1人5,000円以下の飲食代金100万円が交際費等の額から除かれますので、交際費等の支出額は300万円ということになります。

次に、損金不算入の計算をしましょう。

① 支出交際費等の額　300万円

② 定額控除額　600万円

　（注）期末資本金等の額1,000万円ですので、1億円以下の法人に該当します。

　$600万円 \times \dfrac{12}{12} = 600万円$

③ 損金算入限度額　①と②のうち少ない金額$\times \dfrac{90}{100}$

　$300万円 \times \dfrac{90}{100} = 270万円$

④ 損金不算入額　①－③

　$300万円 - 270万円 = 30万円$

事例の場合の交際費等の損金不算入額は、30万円ということになります。

◀ 参考 ▶

［判例を読む］

① 清掃業務委託料差額と無償優待入場券の交際費該当性

○（東京地方裁判所平成21年（行ウ）第608号法人税更正処分取消等請求事件）平成22年11月5日判決（棄却）（ＴＡＩＮＳ　Ｚ888-1558）

［事案の概要］

　本件は、遊園施設の運営等の事業を行う会社である原告が、その本社ビルの清掃業務につき、Ｂ社に対して業務委託料として支払った金額とＢ社が丸投げ先に支払った金額との差額並びに事業関係者等に対して交付した原告が運営する遊園施設への入場及びその施設の利用等を無償とする優待入場券の使用に係る費用は、いずれも交際費等に該当するなどとして、課税処分等が行われたのに対し、その取消しを求めた事案である。

［争点］

　争点は、次のとおりである。

① 本件業務委託料差額は、措置法61条の4の交際費等に当たるか。
② 本件業務委託料差額について仮装隠ぺいの事実が認められるか。 ③ 本件優待入場券の使用に係る費用が交際費等に当たるかまたその額はいくらか。

【判示事項】
（1）本件業務委託料差額に相当する金銭については、支出の相手方、支出の目的及び支出に係る行為の形態に照らし、交際費等に当たると認めるのが相当である。
（2）原告はB社に対し、本件清掃業務に係る業務委託契約に基づく業務委託料を支払うように装って、甲に対する利益供与の趣旨で本件業務委託費差額を甲に支払っていたと認められるから、このことは、通則法68条1項所定の隠ぺい又は仮装の行為に該当するというべきである。
（3）原告が本件優待入場券を発行してこれを使用させていたことについては、原告の遂行する事業に関係のある企業及びマスコミ関係者等の特定の者に対し、その歓心を買って関係を良好なものとし原告の事業を円滑に遂行すべく、接待又は供応の趣旨でされたと認めるのが相当であり、これを使用して入場等をした者に対して役務を提供するに当たり原告が支出した上記の費用については、支出の相手方、支出の目的及び支出に係る行為の形態に照らし、措置法61条の4第3項の交際費等に当たると認めるのが相当である。

② 英文添削料と添削収入との差額負担
○東京高等裁判所平成14年（行コ）第242号法人税法更正処分取消請求控訴事件（原判決取消し・全部取消し）（確定）（納税者勝訴）
平成15年9月9日判決【税務訴訟資料　第253号　順号9426】（ＴＡＩＮＳ　Z253-9426）

［事案の概要］
　英文添削業者に対して支払った外注費と、依頼者に請求した料金の差額（負担額）は、控訴人会社が、英文添削を取引先の医師等に提供するために必要な費用

として、医薬品の販売に係る取引関係を円滑に進行する目的で行われたもので交際費に該当するかどうかについて争われた事案

［争点］
① 会社に英文添削を依頼する者には、研修医や大学院生などのほか、医療に携わらない基礎医学の講師や海外からの留学生も含まれており、措置法61条の4に定める「事業に関係のある者」に該当するかどうか
② 会社が英文添削業者に対して支払った外注費と、依頼者に請求した料金の差額（負担額）は、控訴人会社が、英文添削を取引先の医師等に提供するために必要な費用として、医薬品の販売に係る取引関係を円滑に進行する目的で行われたもので交際費に該当するかどうか

［判示事項］
（1）控訴人会社に英文添削を依頼する者には、研修医や大学院生などのほか、医療に携わらない基礎医学の講師や海外からの留学生も含まれており、措置法61条の4に定める「事業に関係のある者」に該当しない旨の控訴人会社の主張が、依頼者の中には大学の医学部やその付属病院の教授、助教授等、控訴人会社の直接の取引先である医療機関の中枢の地位にあり、医薬品の購入や処方権限を有する者も含まれていたことからすれば、全体としてみて、その依頼者である研究者らが、上記「事業に関係のある者」に該当する可能性は否定できない。

（2）控訴人会社が英文添削業者に対して支払った外注費と、依頼者に請求した料金の差額（負担額）は、控訴人会社が、英文添削を取引先の医師等に提供するために必要な費用として、医薬品の販売に係る取引関係を円滑に進行する目的で行われたもので交際費に該当するとの課税庁の主張が、英文添削は、若手の研究者らの研究発表を支援する目的で始まったものであり、その後、差額負担が発生してからも、研究者らが、控訴人会社においてそのような差額を負担していた事実を認識していたとは認め難く、控訴人会社も上記負担の事実を研究者らあるいはその属する医療機関との取引関係の上で、積極的に利用していたとはいえないこと、また、英文添削の依頼者は主として若手の講師や助手であり、控訴人会社の取引との結びつきは強くなく、その態様も学術論文の英文添削費用のごく一部であることなどからすれば、英文添削の差額負担は、その支出の動機、金額、態様、効果等からして、事業関

係者との親睦の度を密にし、取引関係の円滑な進行を図るという接待等の目的でなされたとは認められない。
(3) 交際費等の支出の目的が、接待等を意図するものであることを満たせば措置法に定める交際費に該当するとの課税庁の主張が、同目的が事業関係者等との間の親睦の度を密にして取引関係の円滑な進行を図ることであること、支出の基因となる行為の形態が、接待、供応、慰安、贈答その他これらに類するものであることとし、この接待等に該当する行為とは、一般的に見て、相手方の快楽追求欲、金銭や物品の所有欲などを満足させる行為であるのに対し、控訴人会社が行った英文添削の差額負担によるサービスは、学問上の成果、貢献に対する寄与であり、通常の接待等とは異なり、それ自体が直接相手方の歓心を買えるような性質の行為ではなく、上記のような欲望の充足と明らかに異質の面を持つことが否定できず、接待等の範囲をある程度幅を広げて解釈したとしても、学術奨励といった性格のものまでもそれに含まれると解することはできない。

2 ― 使途秘匿金の支出がある場合の特別税率

法律の概要

　企業が支出の相手先を隠すような支出については、不当な取引につながりやすく、そのことにより適正な取引を阻害することにもなります。
　税制上も支出先を秘匿するような支出を抑制するために、政策的に使途秘匿金に対して追加的な税負担を課する制度が設けられています。
　その使途秘匿金の内容、取扱いについて解説していきます。

具体例から学ぶ

[事例] 使途秘匿金の支出

　A社は、B社に100万円を支出しましたが、相手方を隠すために、帳簿書類には交際費として金銭を支出したことのみを記載しました。その交際費を損金算入せずに計算したところ、法人税額は200万円となりました。

<適用条文：租税特別措置法第62条>

Phase 1　原文を読もう

はじめに、条文をそのまま読んでみましょう。

　租税特別措置法第62条　法人（法人税法第2条第5号に規定する公共法人を除く。以下この項において同じ。）は、その使途秘匿金の支出について法人税を納める義務があるものとし、法人が平成6年4月1日から平成26年3月31日までの間に使途秘匿金の支出をした場合には、当該法人に対して課する各事業年度の所得に対する法人税の額は、同法第66条第1項から第3項まで並びに第143条第1項及び第2項並びに第42条の4第11項（第42条の4の2第7項の規定により読み替えて適用する場合を含む。）、第42条の5第5項、第42条の5の2第5項、第42条の6第5項、第42条の7第7項、第42条の9第4項、第42条の11第5項、第62条の3第1項及び第8項、第63条第1項、第67条の2第1項並びに第68条第1項その他法人税に関する法令の規定にかかわらず、これらの規定により計算した法人税の額に、当該使途秘匿金の支出の額に100分の40の割合を乗じて計算した金額を加算した金額とする。

2　前項に規定する使途秘匿金の支出とは、法人がした金銭の支出（贈与、供与その他これらに類する目的のためにする金銭以外の資産の引渡しを含む。以下この条において同じ。）のうち、相当の理由がなく、その相手方の氏名又は名称及び住所又は所在地並びにその事由（以下この条において「相手方の氏名等」という。）を当該法人の帳簿書類に記載していないもの（資産の譲受けそ

の他の取引の対価の支払としてされたもの（当該支出に係る金銭又は金銭以外の資産が当該取引の対価として相当であると認められるものに限る。）であることが明らかなものを除く。）をいう。

上記条文のかっこ書きを省略すると、次のようになります。

租税特別措置法第62条　法人は、その使途秘匿金の支出について法人税を納める義務があるものとし、法人が平成6年4月1日から平成26年3月31日までの間に使途秘匿金の支出をした場合には、当該法人に対して課する各事業年度の所得に対する法人税の額は、同法第66条第1項から第3項まで並びに第143条第1項及び第2項並びに第42条の4第11項、第42条の5第5項、第42条の5の2第5項、第42条の6第5項、第42条の7第7項、第42条の9第4項、第42条の11第5項、第62条の3第1項及び第8項、第63条第1項、第67条の2第1項並びに第68条第1項その他法人税に関する法令の規定にかかわらず、これらの規定により計算した法人税の額に、当該使途秘匿金の支出の額に100分の40の割合を乗じて計算した金額を加算した金額とする。
2　前項に規定する使途秘匿金の支出とは、法人がした金銭の支出のうち、相当の理由がなく、その相手方の氏名又は名称及び住所又は所在地並びにその事由を当該法人の帳簿書類に記載していないものをいう。

Phase 2　キーワードで理解しよう

次に、キーワードをつかむことにより理解しやすくなります。
キーワードは、（1）使途秘匿金の支出、（2）相当の理由がなく、です。

（1）使途秘匿金の支出

使途秘匿金の支出とは、法人が支出した金銭のうち、相手方の①氏名・住所②その支出の事由をその支出した法人の帳簿書類に記載していないものをいいます。

＜チェックポイント＞
① **記載をしていないことに相当の理由がある場合**
　税務署長は、法人がした金銭の支出のうちにその相手方の氏名等を当該法人の帳簿書類に記載していないものがある場合においても、その記載をしていないことが相手方の氏名等を秘匿するためでないと認めるときは、その金銭の支出を使途秘匿金の支出に含めないことができる（措法62の3）。

② **帳簿書類の記載の判定時期は**
　事業年度終了の日の現況で判断します。ただし、法定申告期限の日において、帳簿に記載されている場合には、事業年度終了の日に記載があったものとみなします（措法62⑤、措令38①②）。

③ **使途秘匿金を損金経理した場合は**
　法人が交際費、機密費、接待費等の名義をもって支出した金銭でその費途が明らかでないものは、損金の額に算入されません（法基通9-7-20）。

④ **公益法人等又は人格のない社団等における適用範囲**
　公益法人等又は人格のない社団等の収益事業以外の事業に係る金銭の支出は、適用しません（措法62④）。

⑤ **金銭以外の資産を引き渡した場合**
　使途秘匿金の支出の額は、その引渡しの時の価額によるものとされています。

（2）相当の理由がなく

　「相当の理由がなく」という文言については法令上明らかにされていないので、その解釈が問題となります。
　この点について争った事案では、裁判例により、次のような判断が示されています。
　「使途秘匿金の支出とは、金銭の支出のうち、相当の理由がなく、その相手方の氏名等が帳簿書類に記載されていないものとされているところ、「相当の理由」があるかどうかは法令上明らかにされていないので、租税特別措置法第62条の趣旨及び社会通念に照らして判断することになる。ところで、措置法第

62条の趣旨は、企業が相手先を秘匿するような支出は、違法ないし不当な支出につながりやすく、それがひいては公正な取引を阻害することにもなるので、そのような支出を極力抑制することにあると解される。そうすると、例えば、支出の時期、金額の多寡等からみて相当の支出であると認められる金品の贈答については、公正な取引を阻害することにつながるものではなく、相手方の住所・氏名まで一々帳簿書類に記載しないのが通例であると認められるから、その相手方の氏名等が帳簿書類に記載されていないことに「相当の理由」があるものと解される。」(平成15年6月19日裁決 (裁決事例集 No.65・436頁))

Phase 3 事例を検討しよう

　A社は、支出の相手先を隠匿するために帳簿書類に相手先を記載していないため、100万円は使途秘匿金として取り扱われます。

　また、チェックポイント③にあるように、費途も不明であるため、損金にも算入されませんが具体例では、A社は損金算入せずに計算していますので特別税率の加算分を計算することになります。

- 100万円×40％＝40万円（使途秘匿金の特別税額）
- 200万円＋40万円＝240万円

　特別税率を加算した納めるべき法人税額は、240万円となります。

◀ 参考 ▶

［判例を読む］
○請求人がしたビール券の引渡しは、相手方の氏名等を帳簿書類に記載していないことに相当の理由があるから、使途秘匿金の支出には当たらないとした事例（平成15年6月19日裁決要旨（裁決事例集 No.65・436頁））

　原処分庁は、請求人が本件ビール券を贈答したとする相手方の氏名等が、相当の理由がなく、請求人の帳簿書類に記載されていないので、本件ビール券

の引渡しは、使途秘匿金の支出に該当する旨主張する。

しかしながら、[１]本件ビール券は、購入先を通じて通常の中元又は歳暮時期に配送されたと認められること、[２]本件ビール券の配送先は、請求人が当審判所に提出した購入先保管の最も古い配送申込票の写し及び請求人保管の最新の配送申込票の控に記載されたビール券の送付先がいずれも請求人の取引先の関係者であることから、請求人の取引先の関係者であったと推認されること及び[３]本件ビール券は、配送先１件当たりの配送枚数からみて、中元又は歳暮用品として金額的に相当であると認められることに照らしてみれば、本件ビール券の配送先については、これを帳簿書類に記載しないのが通例であると認められる。

したがって、請求人が本件ビール券の引渡しの相手方の氏名等を帳簿書類に記載していないことに相当の理由があるから、その引渡しは使途秘匿金の支出には当たらないというべきである。

ちょっとひとこと

使途秘匿金課税とは？

使途秘匿金課税は、平成６年度税法改正で、ゼネコン汚職を契機として裏金によるヤミ献金の防止策として、設けられたものです。

平成６年度の税制改正に関する答申では、「やむを得ず税制上の措置を講ずるような場合においても単に支出先が不明であるというだけでいたずらに対象を拡大することのないように配意する必要がある」としています。

また、平成６年度改正前の法人税基本通達９-２-10（９）では、「役員等に対して機密費、接待費、交際費、旅費等の名義で支給したもののうち、その費途が不明なもの又は法人の業務のために使用したことが明らかでないもの」とされていましたが、使途秘匿金の支出に対する課税制度が設けられたため、「その費途が不明なもの」という文言が削除されました。

3 中小企業者等が機械等を取得した場合の特別償却又は法人税額の特別控除

法律の概要

中小企業者等が新品の機械及び装置などを取得して、国内にある製造業、建設業などの指定事業の用に供した場合に、その指定事業の用に供した日を含む事業年度において、通常の減価償却に加えて特別償却を行える制度です。

または、税額控除で法人税額を引き下げることができます。

具体例から学ぶ

[事例] 製造設備を購入し、特別償却を選択した場合

A社は3月決算会社で、従業員500人、資本金2,000万円のゴム製品製造メーカーです。同社は平成24年3月1日、ゴム製品の製造設備を1,000万円で購入し、事業の用に供しました。

A社の株主は社長とその親族のみです。

<適用条文：旧租税特別措置法第42条の6＞

Phase 1 原文を読もう

はじめに、条文をそのまま読んでみましょう。

（中小企業者等が機械等を取得した場合の特別償却又は法人税額の特別控除）
旧租税特別措置法第42条の6　第42条の4第6項に規定する中小企業者又は農業協同組合等で、青色申告書を提出するもの（以下この条において「中小企業者等」という。）が、平成10年6月1日から平成24年3月31日までの期間（次項において「指定期間」という。）内に、その製作の後事業の用に供されたことのない次に掲げる減価償却資産（第1号又は第2号に掲げる減価償却資産にあっては、政令で定める規模のものに限る。以下この条において「特定機械装

置等」という。）を取得し、又は特定機械装置等を製作して、これを国内にある当該中小企業者等の営む製造業、建設業その他政令で定める事業の用（第4号に規定する事業を営む法人で政令で定めるもの以外の法人の貸付けの用を除く。以下この条において「指定事業の用」という。）に供した場合には、その指定事業の用に供した日を含む事業年度（解散（合併による解散を除く。）の日を含む事業年度及び清算中の各事業年度を除く。以下この条において「供用年度」という。）の当該特定機械装置等の償却限度額は、法人税法第31条第1項又は第2項の規定にかかわらず、当該特定機械装置等の普通償却限度額と特別償却限度額（当該特定機械装置等の取得価額（第4号に掲げる減価償却資産にあっては、当該取得価額に政令で定める割合を乗じて計算した金額。次項において「基準取得価額」という。）の100分の30に相当する金額をいう。）との合計額とする。
一　機械及び装置並びに器具及び備品（器具及び備品については、事務処理の能率化等に資するものとして財務省令で定めるものに限る。）
二　ソフトウエア（政令で定めるものに限る。）
三　車両及び運搬具（貨物の運送の用に供される自動車で輸送の効率化等に資するものとして財務省令で定めるものに限る。）
四　政令で定める海上運送業の用に供される船舶

上記条文のかっこ書きを省略すると、次のようになります。

旧租税特別措置法第42条の6　第42条の4第6項に規定する中小企業者又は農業協同組合等で、青色申告書を提出するものが、平成10年6月1日から平成24年3月31日までの期間内に、その製作の後事業の用に供されたことのない次に掲げる減価償却資産を取得し、又は特定機械装置等を製作して、これを国内にある当該中小企業者等の営む製造業、建設業その他政令で定める事業の用に供した場合には、その指定事業の用に供した日を含む事業年度の当該特定機械装置等の償却限度額は、法人税法第31条第1項又は第2項の規定にかかわらず、当該特定機械装置等の普通償却限度額と特別償却限度額との合計額とする。
一　機械及び装置並びに器具及び備品（器具及び備品については、事務処理

第5章　法人税の特例（措置法）　239

の能率化等に資するものとして財務省令で定めるものに限る。)
　二　ソフトウエア（政令で定めるものに限る。）
　三　車両及び運搬具（貨物の運送の用に供される自動車で輸送の効率化等に資するものとして財務省令で定めるものに限る。）
　四　政令で定める海上運送業の用に供される船舶

Phase 2　キーワードで理解する

次に、キーワードをつかむことにより理解しやすくなります。

キーワードは、（1）適用対象者、（2）指定期間、（3）適用対象資産、（4）指定事業、です。

（1）適用対象者

　特別控除の対象になる中小企業者は、次の①の中小企業者のうち資本金の額又は出資金額が3,000万円以下の法人、又は②の農業協同組合等です。

①　中小企業者とは、資本金の額もしくは出資の額が1億円以下の法人のうち次のイ、ロに掲げる法人以外の法人、又は資本もしくは出資を有しない法人のうち常時使用する従業員（※）の数が1,000人以下の法人をいいます。

　イ．その発行済株式又は出資の総数又は総額の2分の1以上が同一の大規模法人（資本金の額若しくは出資金の額が1億円を超える法人又は資本若しくは出資を有しない法人のうち常時使用する従業員の数が1,000人を超える法人をいい、中小企業投資育成株式会社を除く。次号において同じ）の所有に属している法人

　ロ．前号に掲げるもののほか、その発行済株式又は出資の総数又は総額の3分の1以上が大規模法人の所有に属している法人

②　農業協同組合等

　農業協同組合、農業協同組合連合会、中小企業等協同組合、出資組合であ

る商工組合及び商工組合連合会、内航海運組合、内航海運組合連合会、出資組合である生活衛生同業組合、漁業協同組合、漁業協同組合連合会、水産加工業協同組合、水産加工業協同組合連合会、森林組合ならびに森林組合連合会をいいます。

※2　常時使用する従業員とは

　　常用であると日々雇い入れるものであるとを問わず、事務所又は事業所に常時就労している職員、工員等（役員を除く）の総数によって判定します。

　　この場合において、法人が酒造最盛期、野菜缶詰・瓶詰製造最盛期等に数か月程度の期間その労務に従事する者を使用するときは、当該従事する者の数を「常時使用する従業員の数」に含めるものとします（措通42の4（2）-3）。

なお、法人が中小企業者に該当する法人であるかどうかは、当該事業年度終了の時の現況によって判定します（措通42の4（2）-1）。

(2) 指定期間

　適用を受けることができる期間は、平成10年6月1日から平成26年3月31日までをいいます。

(3) 対象資産

　対象資産は、製作の後事業の用に供されたことのない特定機械装置等とされています。特定機械装置等は、租税特別措置法第42条の6第1項の第1号から第4号に規定され、細部については政令・財務省令に委任しています。

　ただし、所有権移転外リース取引により取得した特定機械装置等については、特別償却の適用はされません（措法42の6⑥）。

① 機械及び装置並びに器具及び備品（第1号）

　機械及び装置並びに器具及び備品については、次の図のようになります。

法律と政令との関連

○政令で定める規模のもの（本文かっこ書き） ○機械及び装置	【措令27の6③】 1台又は1基の取得価額が160万円以上のもの

○政令で定める規模のもの（本文かっこ書き） ○器具及び備品（器具及び備品については、事務処理の能率化等に資するものとして財務省令で定めるものに限る）	【旧措規20の2の3①】 器具備品のうち ①　電子計算機 ②　インターネットに接続されたデジタル複合機

【措令27の6③】 ①　1台又は1基の取得価額120万円以上のもの ②　1台又は1基の取得価額120万円以上の器具備品に準ずるもので財務省令で定めるもの	【旧措規20の2の3⑤】 　同種類のものを取得した場合、その取得価額の合計額が120万円以上の場合（少額の減価償却資産の取得価額の必要経費算入、一括償却資産の必要経費算入の規定の適用を受けるものは除く）

> **ちょっとひとこと**
>
> **医療機械は機械装置？**
>
> 　医療機械は器具備品とされているため、機械装置に該当しません。したがって、医療機械を取得し、事業の用に供しても適用できません。

②　ソフトウェア（第2号）

　ソフトウェアについては、次の図のようになります。

法律と政令との関連

| 政令で定める規模のもの（本文かっこ書き）
○政令で定めるものに限る（２号かっこ書き） | → | 【措令27の6③】
① 取得価額70万円以上のもの
② 取得価額70万円以上のソフトウェアに準ずるもので財務省令で定めるもの |

| 【措令27の6①】
電子計算機に対する指令であって一の結果を得ることができるように組み合わされたもの | → | 【旧措規20の2の3⑥】
取得価額の合計額が70万円以上のもの（少額の減価償却資産の取得価額の必要経費算入、一括償却資産の必要経費算入の規定の適用を受けるものは除く） |

| 財務省令で定める書類を含む | → | 【旧措規20の2の3②】
システム仕様書その他の書類 |

| ① 複写して販売するための原本
② その他財務省令で定めるものを除く | → | 【旧措規20の2の3③】
研究開発用のもの又は次のもの
　サーバー用のオペレーティングシステム、サーバー用の仮想化ソフトウエア、データベース管理ソフトウェア、連携ソフトウェア、不正アクセス防御ソフトエア |

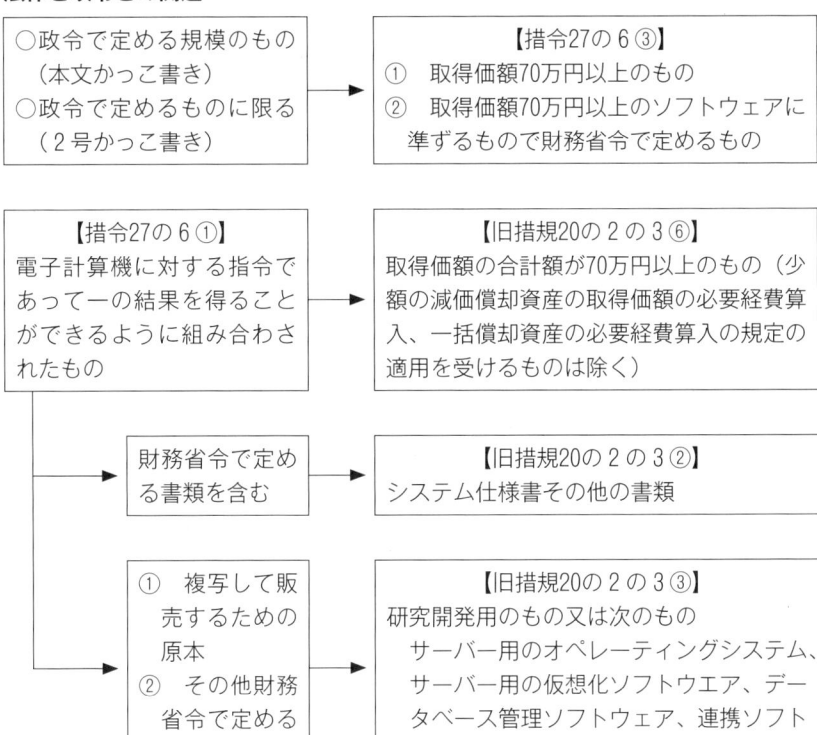

③ 車両及び運搬具（第3号）

車両及び運搬具については、次の図のようになります。

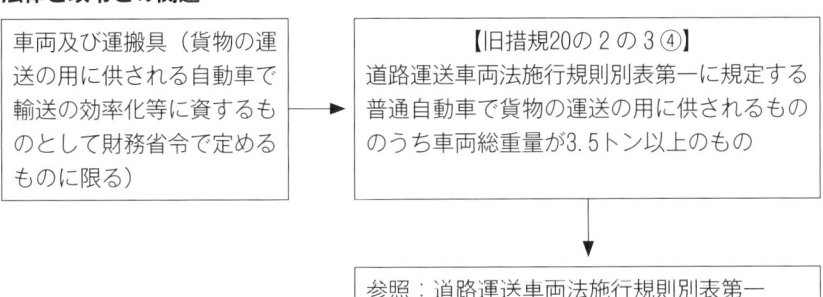

法律と政令との関連

| 車両及び運搬具（貨物の運送の用に供される自動車で輸送の効率化等に資するものとして財務省令で定めるものに限る） | → | 【旧措規20の2の3④】
道路運送車両法施行規則別表第一に規定する普通自動車で貨物の運送の用に供されるもののうち車両総重量が3.5トン以上のもの |

↓

参照：道路運送車両法施行規則別表第一

④ 船舶（第4号）

船舶については、次の図のようになります。

法律と政令との関連

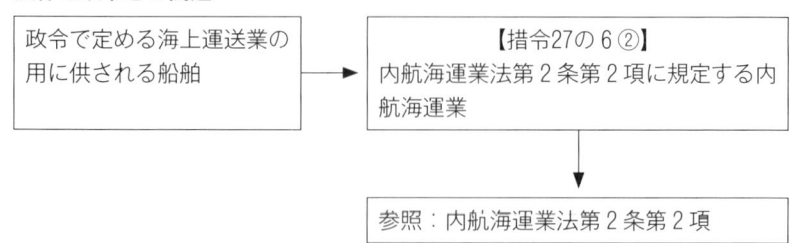

```
┌─────────────────────┐      ┌─────────────────────┐
│ 政令で定める海上運送業の │ ──→ │ 【措令27の6②】      │
│ 用に供される船舶        │      │ 内航海運業法第2条第2項に規定する内 │
│                     │      │ 航海運業              │
└─────────────────────┘      └─────────────────────┘
                                         │
                                         ↓
                              ┌─────────────────────┐
                              │ 参照：内航海運業法第2条第2項 │
                              └─────────────────────┘
```

（4）指定事業

指定事業については、「中小企業等の営む製造業、建設業その他政令で定める事業の用」とされています。法（措法）→政令（措令）→財務省令（措規）の順に、該当する事業を見ていくことになります。

法令と政省令との関係

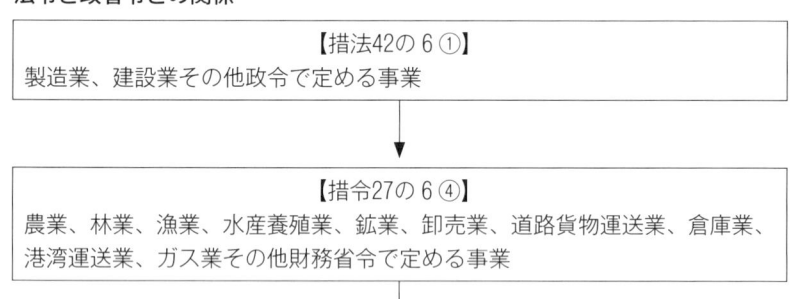

┌──┐
│ 【措法42の6①】   │
│ 製造業、建設業その他政令で定める事業   │
└──┘
                    ↓
┌──┐
│ 【措令27の6④】   │
│ 農業、林業、漁業、水産養殖業、鉱業、卸売業、道路貨物運送業、倉庫業、│
│ 港湾運送業、ガス業その他財務省令で定める事業   │
└──┘
                    ↓
┌──┐
│ 【旧措規20の2の3⑦】   │
│ 小売業、料理店業その他の飲食店業（料亭、バー、キャバレー、ナイトクラ│
│ ブその他これらに類する事業を除く。）、一般旅客自動車運送業、海洋運輸業│
│ 及び沿海運輸業、内航船舶貸渡業、旅行業、こん包業、郵便業、通信業、損│
│ 害保険代理業、サービス業（物品賃貸業及び娯楽業（映画業を除く。）を除│
│ く）   │
└──┘

製造業、建設業、農業、林業、漁業、水産養殖業、鉱業、卸売業、道路貨物

運送業、倉庫業、港湾運送業、ガス業、小売業、料理店業その他の飲食店業（料亭、バー、キャバレー、ナイトクラブその他これらに類する事業（※）を除く）、一般旅客自動車運送業、海洋運輸業及び沿海運輸業、内航船舶貸渡業、旅行業、こん包業、郵便業、通信業、損害保険代理業、サービス業（物品賃貸業及び娯楽業（映画業を除く）を除く）となります。

※　その他これらに類する事業
　　租税特別措置法関係通達42の6-6では、料亭、バー、キャバレー、ナイトクラブに類する事業には、例えば、「大衆酒場及びビヤホールのように一般大衆が日常利用する飲食店は含まれないものとする。」とされています。

なお、指定事業の判断については、おおむね日本標準産業分類（総務省）の分類を基準として判定されます（措通42の6-5）。

また、数種の事業を行っている法人の場合、指定事業が主たる事業に該当する必要はありません（措通42の6-4）。

Phase 3　事例を検討しよう

A社は、資本金が1億円以下であり、従業員数も1,000人以下、また大規模法人に支配されていないため、中小企業者に該当します。

また、ゴム製品製造メーカーということで製造業に該当し指定事業を営む法人となります。平成24年3月1日に取得し、事業の用に供していますので、特別償却の対象となります。

特別償却を選択した場合、特別償却額は「1,000万円×30％＝300万円」となります。

◀ 参考 ▶
[税制改正を読む]
　適用期限が2年延長され、平成26年3月31日までとなりました。対象資産の範囲に「製品の品質管理の向上に資する工具器具及び備品」、具体的には測定

工具及び検査工具、試験又は測定機器が追加されました。
　また、「ソフトウェア」の内容や複数台の取得価額の合計額で判定されていましたが、「デジタル複合機」について、1台120万円以上に変更されました（措規5の8・20の3・22の25）。
　なお、この改正は平成24年4月1日以降取得等したものから適用されます。
　また、旧租税特別措置法施行規則第20条の2の3は平成24年4月1日以降、租税特別措置法施行規則第20条の3とされます。

第3編
相続税・贈与税

第1章 相続税の基本事項

法律の概要

　相続税法は、相続税及び贈与税について、納税義務者、課税財産の範囲、税額の計算の方法、申告、納付及び還付の手続きならびにその納税義務の適正な履行を確保するため必要な事項を定められています（相法1）。

　「その納税義務の適正な履行を確保するため必要な事項」とは、具体的には、更正、決定、調書の提出、質問検査権、身分を示す証票の携帯、罰則などをいいます。

　法体系は、次頁のとおりです。このように、相続税法は、「1税法2税目」つまり、相続税、贈与税について規定されています。また、贈与税は、一般的に相続税を補完する目的があるといわれています。

相続税の仕組み

（1）相続税の仕組み

　相続税は、相続や遺贈によって取得した財産及び相続時精算課税の適用を受けて贈与により取得した財産の合計額（債務等の金額を控除し、相続開始前3年以内の贈与財産の価額を加算する）が基礎控除額を超える場合に、その超える部分の額に対して課税されます。

相続税の法体系

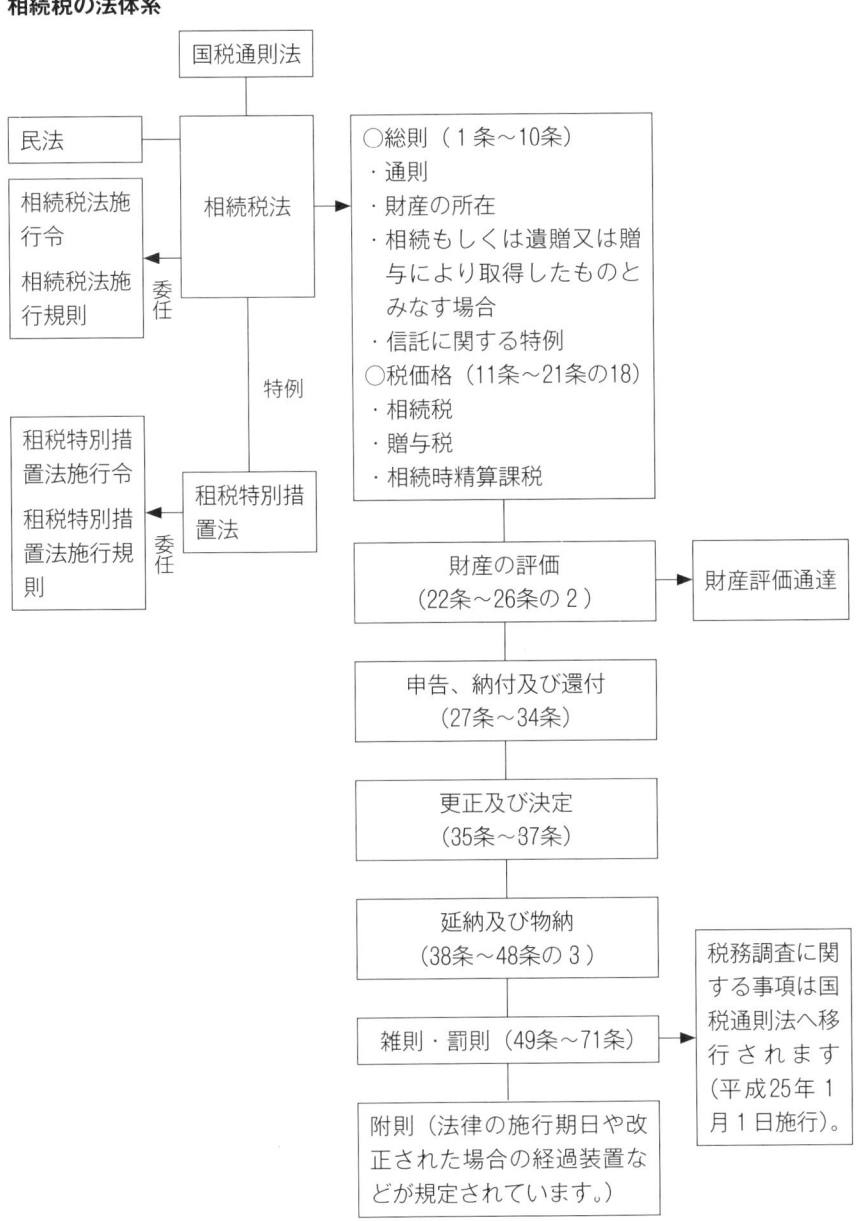

```
                    ┌─────────────┐
                    │ 国税通則法   │
                    └──────┬──────┘
                           │
┌──────────┐               │              ┌─────────────────────────┐
│   民法   │───┐           ▼              │ ○総則（1条～10条）      │
└──────────┘   │      ┌─────────┐         │ ・通則                  │
               └─────▶│         │────────▶│ ・財産の所在            │
┌──────────┐          │ 相続税法│         │ ・相続もしくは遺贈又は贈│
│相続税法施│          │         │         │  与により取得したものと │
│行令      │◀─────────│         │         │  みなす場合             │
│相続税法施│  委任    │         │         │ ・信託に関する特例      │
│行規則    │          └─────────┘         │ ○税価格（11条～21条の18）│
└──────────┘               │              │ ・相続税                │
                         特例             │ ・贈与税                │
                           │              │ ・相続時精算課税        │
┌──────────┐               ▼              └─────────────────────────┘
│租税特別措│          ┌─────────┐
│置法施行令│          │租税特別 │
│租税特別措│◀─────────│措置法   │
│置法施行規│  委任    │         │
│則        │          └─────────┘
└──────────┘
                           │
                           ▼
                    ┌─────────────┐         ┌─────────────┐
                    │ 財産の評価  │────────▶│財産評価通達 │
                    │(22条～26条の2)│       └─────────────┘
                    └──────┬──────┘
                           ▼
                    ┌─────────────┐
                    │申告、納付及び還付│
                    │ (27条～34条) │
                    └──────┬──────┘
                           ▼
                    ┌─────────────┐
                    │ 更正及び決定│
                    │ (35条～37条)│
                    └──────┬──────┘
                           ▼
                    ┌─────────────┐
                    │ 延納及び物納│
                    │(38条～48条の3)│
                    └──────┬──────┘
                           ▼                ┌──────────────┐
                    ┌─────────────┐         │税務調査に関 │
                    │雑則・罰則(49条～71条)│▶│する事項は国 │
                    └──────┬──────┘         │税通則法へ移 │
                           ▼                │行されます   │
                    ┌─────────────────────┐ │（平成25年1  │
                    │附則（法律の施行期日や改│ │月1日施行）。│
                    │正された場合の経過装置な│ └──────────────┘
                    │どが規定されています。）│
                    └─────────────────────┘
```

> **ちょっとひとこと**
>
> **相続もしくは遺贈により取得したものとみなされるものは？**
>
> 　相続又は遺贈により取得したものとみなされるものは、保険金（相法3①一）、退職手当金（同3①二）、生命保険金に関する権利（同3①三）、定期金に関する権利（同3①四）、保証期間附定期金に関する権利（同3①五）、契約に基づかない定期金に関する権利（同3①六）、特別縁故者が財産を取得した場合（同4）、低額譲受（同7）、債務免除等（同8）、その他の利益の享受（同9）、信託に関する権利（同9の2）があります。

> **ちょっとひとこと**
>
> **財産の所在は？**
>
> 　財産の所在については、例えば、不動産の場合は不動産の所在、金融機関に対する預貯金の場合はその預貯金を受入れした営業所または事業所の所在のように、その財産の種類ごとに規定されています（相法10）。

（2）正味の遺産額

　正味の遺産額から基礎控除額を差し引いた残額を課税遺産総額といい、相続税の総額を計算するもととなります。正味の遺産額は、遺産総額に相続時精算課税の適用を受ける贈与財産を加えた額から、控除することのできる非課税財産や債務等を差し引いた額（遺産額という）に相続開始前3年以内の贈与財産を加えた額をいいます。

　正味の遺産額が基礎控除額を超える場合には相続税がかかりますので、相続税の申告と納税が必要となります。

・遺産総額：被相続人が亡くなった時点で所有する、すべての正負財産をいいます。

> 遺産額　　＝（遺産総額＋相続時精算課税の適用を受ける贈与財産）
> 　　　　　　　－（非課税財産＋葬儀費用等＋債務）
> 正味の遺産額＝遺産額＋相続開始前3年以内の贈与財産
> 課税遺産総額＝正味の遺産額－基礎控除額

（3）遺産にかかる基礎控除

　遺産に係る基礎控除額とは、相続税の総額を計算する場合、課税価格の合計額から控除する額であり、相続税の課税最低限度額のことをいいます。つまり、課税価格の合計額が、この遺産に係る基礎控除額を超えなければ、相続税は課税されません。

　遺産に係る基礎控除額の計算式は、以下となります。

> 遺産に係る基礎控除額＝5,000万円＋1,000万円×法定相続人の数

　法定相続人とは、民法上の相続人をいいますが、相続の放棄をした者があっても相続の放棄をしなかったものとした場合の相続人をいいます。

　被相続人に養子がいる場合、基礎控除額を計算するうえで法定相続人に含めることができる養子の数は制限を受けます（相法15②）。

　被相続人に実子がいる場合には、養子を1人だけ法定相続人の数に含めることができ、被相続人に実子がいない場合には、養子を2人だけ法定相続人の数に含めることができます。

　ただし、相続税の負担を不当に減少させる結果となると認められる養子は除かれます（相法63）。

●ちょっとひとこと

養子・特別養子縁組とは？

　養子とは、養子縁組によって養親の嫡出子となった者をいいます。養子は、縁組の日から養親の嫡出子たる身分を取得しますので、養子が未成年者であ

る場合には、実親の親権を離れ、養親の親権に服することになります。また、養子と養親及びその血族との間の相続及び扶養の関係においても、実子と同様になります。

特別養子縁組の制度は、若年未成年者の子の健全な養育を目的として昭和63年に創設されました。特別養子縁組をするには家庭裁判所の審判を受ける必要があり、養子となる子の年齢は原則として6歳未満に限られています。特別養子縁組が成立すると法律上実親との関係は終了し、戸籍上も実親の名前は記載されません。また、実親に対する相続権もありません。

養子が実子とみなされる場合は？

次の場合をいいます。
① 民法上の特別養子縁組による養子
② 配偶者の実子で被相続人の養子
③ 被相続人の配偶者の特別養子縁組による養子で被相続人の養子
④ 実子もしくは養子又はその直系卑属が相続開始前に死亡し、又は相続権を失ったため相続人となった者の直系卑属

相続税の申告と納付

相続税の納税義務のある者は、相続の開始のあったことを知った日の翌日から10か月以内に相続税の課税価格、相続税額等必要な事項を記載した相続税の申告書を納税地の所轄税務署長に提出しなければならないとしています（相法27）。

申告書を提出した者は、申告書の提出期限までに、相続税を国に納付しなければなりません（相法33）。

（1）申告書を提出すべき者

遺産の総額（特例計算適用前の課税価格の合計額）が、基礎控除額を超える場合、配偶者の税額軽減の規定の適用がないものとして相続税額の計算をしたと

きに、納付すべき税額が算出される相続人等は、相続税の申告書を提出しなければなりません（相法27①、相基通27－1）。

また、同一の被相続人から相続等により財産を取得した者のうち、相続税の申告書を提出しなければならない者が2名以上いる場合に、これらの者は相続税の申告書を共同で提出することができます（相法27⑤、相令7）。

（2）申告書の提出期限

相続税の申告書を提出しなければならない者は、その相続開始のあったことを知った日の翌日から10か月以内に、相続税の申告書を提出しなければなりません（相法27①）。

特殊な場合を除き、一般的に相続開始のあったことを知った日は、被相続人が死亡した日をいいます。

> **ちょっとひとこと**
>
> **相続開始があったことを知った日の特殊な例とは？**
>
> 特殊な例として、失踪宣告にかかわる場合、認知に関する裁判にかかわる場合、胎児や幼児にかかわる場合等があります。ご注意ください（相基通27－4）。
>
> **12月29日、30日、31日が申告期限になる場合は？**
>
> 翌年の1月4日が申告期限になります。1月4日が土曜日なら1月6日（月）が申告期限となります。要するに申告期限が土日祝日にあたる場合は、明けの平日が申告期限になるということです（通則令2②）。

（3）連帯納付義務

同一の被相続人から相続又は遺贈により財産を取得したすべての者は、その相続又は遺贈により取得した財産に係る相続税について、当該相続又は遺贈により受けた利益の価額に相当する金額を限度として、互いに連帯納付の責めに

任ずるものとされています（相法34）。

> **ちょっとひとこと**
>
> **連帯の納付義務が解除される場合は？**
> 　相続税の連帯納付義務について、次の場合には連帯納付義務を解除されます。
> ① 申告期限等から5年を経過した場合（ただし、申告期限等から5年を経過した時点で連帯納付義務の履行を求めているものについては、その後も継続して履行を求めることができることとされます）
> ② 納税義務者が延納又は納税猶予の適用を受けた場合
> 　（注）平成24年4月1日以後に申告期限等が到来する相続税について適用されます。ただし、同日において滞納となっている相続税についても、同様の扱いとされます。

（4）延納制度・物納制度

相続税には、延納・物納制度が設けられています。

① 延納制度

　税務署長は、納付すべき相続税額が10万円を超え、かつ、納税義務者について納期限までに、または納付すべき日に金銭で納付することを困難とする事由がある場合においては、納税義務者の申請により、その納付を困難とする金額として政令で定める額を限度として、許可をすることができるものとされています（相法38）。

② 物納制度

　税務署長は、納税義務者について納付すべき相続税額を延納によっても金銭で納付することを困難とする事由がある場合においては、納税義務者の申請により、その納付を困難とする金額として政令で定める額を限度として、物納の許可をすることができるものとされています（相法41）。

条文の内容

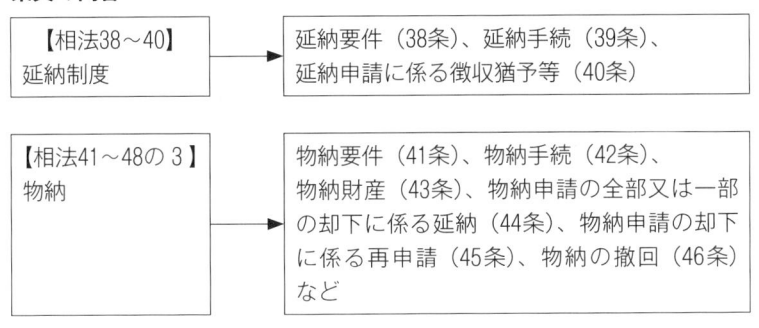

```
【相法38～40】       延納要件（38条）、延納手続（39条）、
延納制度     →      延納申請に係る徴収猶予等（40条）
```

```
【相法41～48の3】    物納要件（41条）、物納手続（42条）、
物納        →      物納財産（43条）、物納申請の全部又は一部
                   の却下に係る延納（44条）、物納申請の却下
                   に係る再申請（45条）、物納の撤回（46条）
                   など
```

（5）納税猶予

相続税には、納税猶予制度が設けられています。

① 上場株式等についての相続税の納税猶予

経営承継相続人等が、相続等により、経済産業大臣の認定を受ける非上場会社の株式等を先代経営者である被相続人から取得し、その会社を経営していく場合には、その経営承継相続人等が納付すべき相続税のうち、その非上場株式等（一定の部分に限る）に係る課税価格の80％に対応する相続税の納税が猶予されます（措法70の2）。

この猶予された税額は、経営承継相続人等が死亡した場合などは納付が免除されます。なお、免除されるときまでに特例の適用を受けた非上場株式等を譲渡するなど一定の場合には、猶予されている税額の全部又は一部を利子税と併せて納付する必要があります。

なお、この特例は、平成20年10月1日以降に相続等により取得した非上場会社の株式等について適用されます。

② 農地等相続の場合の納税猶予の特例

農業を営んでいた被相続人又は特定貸付けを行っていた被相続人から相続人が一定の農地等を相続し、農業を営む場合又は特定貸付けを行う場合には、農地等の価格のうち農業投資価格による価格を超える部分に対応する相続税額については、その相続した農地等について相続人が農業を営んでいる又は

特定貸付けを行っている限り、その納税が猶予される制度です（措法70の6）。
　この納税が猶予される相続税額は、
　イ．特例の適用を受けた相続人が死亡した場合
　ロ．特例の適用を受けた相続人が、この特例の適用を受けている農地等の全部を贈与税の納税猶予が適用される生前一括贈与をした場合
　ハ．特例の適用を受けた相続人が相続税の申告期限から農業を20年間継続した場合（市街化区域内農地等に対応する農地等納税猶予税額の部分に限る）
には、その納税が免除されます。
　当該特例は、農業の継続が困難となる事態を回避し、生産手段としての農地を確保するとともに、均分相続による農地の細分化の防止と農業後継者の育成を税制面から助成するために設けられている制度です。
③　山林についての相続税の納税猶予制度の創設（平成24年改正）
　林業経営相続人が相続等により、特定森林計画が定められている区域内に存する山林（立木又は土地をいう）について当該特定森林経営計画に従って施業を行ってきた被相続人からその山林を一括して取得した場合において、その林業経営相続人が納付すべき相続税額のうち、当該相続等により取得した山林で一定の要件を満たすもの（特例山林という）に係る課税価格の80％に対応する相続税額については、その林業経営相続人の死亡の日までその納税を猶予するとされました（措法70の6の4）。
　この改正は、平成24年4月1日以後に相続又は遺贈に係る相続税について適用されます（改正附則41）。

第2章 民法の基礎知識（相続人、法定相続分）

```
法律の概要
```

民法では、相続人の範囲とその法定相続分を定めています。

```
具体例から学ぶ
```

［事例1］相続人が兄弟姉妹だけの場合

　先日、叔父（私の父の弟）が亡くなりました。

　叔父には子がなく、内縁の女性と長年暮らしておりました。私の祖父祖母（叔父にとって父母）はすでに亡くなっております。叔父には兄（私の父）と妹が2人おりますが、私の父はすでに亡くなっており、妹2人は健在です。私は弟と妹の3人兄弟です。叔父は事業を手広くしていましたので、相当な財産を有していたと思われます。

　亡くなった叔父の相続人とその法定相続分は、どうなるのでしょうか？
　　　　＜適用条文：民法第887条・第889条・第890条・第900条・第907条＞

［事例2］被相続人の先妻との間に子があり、その子がすでに亡くなっている場合

　私の父が先日亡くなったのですが、遺言はありませんでした。

　相続人は私の母である配偶者と私と妹の3人だと思っていましたが、父の戸籍には、母と結婚する前に婚姻歴があり、子（嫡出子）甲が1人存在しています。母も私たち兄弟も会ったこともなく、その存在すら忘れていました。調査すると、その方はすでに亡くなっており、子供が2人存在し

ています。

　この場合、法定相続人は誰で、その法定相続分はどうなりますか？

　　　　　　＜適用条文：民法第887条・第889条・第890条・第900条・第907条＞

[事例3] 認知した非嫡出子と認知していない非嫡出子が存在する場合

　実業家である父（72歳）が秘書のマンションで急逝しました。

　相続人は私の母（68歳）である配偶者と娘の私（45歳）、ラウンジ経営をさせている父の内縁の女性（44歳）に産ませた子（22歳：認知済み）の3人であるとは思いますが、別に2年ほど前に父の秘書（24歳）に産ませた子（認知せず）が存在します。

　法定相続分はどのようになるのでしょうか？

　　　　　　＜適用条文：民法第887条・第889条・第890条・第900条・第907条＞

[事例4] 異父兄弟がいる場合

　父（甲）の死亡をきっかけに、涙ながらに母（乙）が私と妹に打ち明かしてくれたことがあります。

　父の遺産の2分の1を母が相続するのですが、母には父と結婚する前に内縁の夫がいたそうで、実の娘（丙）が1人存在し、その内縁の夫が無理やり引き取り別れた事実があると言っています。将来、母が亡くなった場合、戸籍上の子ではないが、実際に母がお腹を痛めて産んだ子も母の相続人となるのでしょうか？　なるとしたら相続分はどうなりますか？

　また、近い将来、母が亡くなった場合、母が婚姻前に産んだその方（丙）を母の遺産分割協議から外すことはできますか？

　　　　　　＜適用条文：民法第887条・第889条・第890条・第900条・第907条＞

Phase 1　原文を読もう

はじめに、相続人の範囲の条文を読んでみましょう。

(子及びその代襲者等の相続権)

民法第887条　被相続人の子は、相続人となる。

2　被相続人の子が、相続の開始以前に死亡したとき、又は第891条の規定に該当し、若しくは廃除によって、その相続権を失ったときは、その者の子がこれを代襲して相続人となる。ただし、被相続人の直系卑属でない者は、この限りでない。

3　前項の規定は、代襲者が、相続の開始以前に死亡し、又は第891条の規定に該当し、若しくは廃除によって、その代襲相続権を失った場合について準用する。

(直系尊属及び兄弟姉妹の相続権)

第889条　次に掲げる者は、第887条の規定により相続人となるべき者がない場合には、次に掲げる順序の順位に従って相続人となる。

一　被相続人の直系尊属。ただし、親等の異なる者の間では、その近い者を先にする。

二　被相続人の兄弟姉妹

2　第887条第2項の規定は、前項第2号の場合について準用する。

(配偶者の相続権)

第890条　被相続人の配偶者は、常に相続人となる。この場合において、第887条又は前条の規定により相続人となるべき者があるときは、その者と同順位とする。

相続権をめぐる民法の条文

相続権を失ったとき	→	○第892条（推定相続人の廃除） ○第893条（遺言による推定相続人の廃除） ○第891条（相続人の欠格事由）に規定される者

次に、相続分の条文を読んでみましょう。

(法定相続分)
民法第900条　同順位の相続人が数人あるときは、その相続分は、次の各号の定めるところによる。
一　子及び配偶者が相続人であるときは、子の相続分及び配偶者の相続分は、各2分の1とする。
二　配偶者及び直系尊属が相続人であるときは、配偶者の相続分は、3分の2とし、直系尊属の相続分は、3分の1とする。
三　配偶者及び兄弟姉妹が相続人であるときは、配偶者の相続分は、4分の3とし、兄弟姉妹の相続分は、4分の1とする。
四　子、直系尊属又は兄弟姉妹が数人あるときは、各自の相続分は、相等しいものとする。ただし、嫡出でない子の相続分は、嫡出である子の相続分の2分の1とし、父母の一方のみを同じくする兄弟姉妹の相続分は、父母の双方を同じくする兄弟姉妹の相続分の2分の1とする。

(遺産の分割の協議又は審判等)
第907条　共同相続人は、次条の規定により被相続人が遺言で禁じた場合を除きいつでも、その協議で、遺産の分割をすることができる。
2　遺産の分割について、共同相続人間に協議が調わないとき、又は協議をすることができないときは、各共同相続人は、その分割を家庭裁判所に請求することができる。
3　前項の場合において特別の事由があるときは、家庭裁判所は、期間を定めて、遺産の全部又は一部について、その分割を禁ずることができる。

Phase 2　キーワードで理解しよう

次に、キーワードをつかむことにより理解しやすくなります。
キーワードは、(1)相続人の範囲、(2)相続放棄、(3)法定相続分、(4)遺産分割、です。

（1）相続人の範囲

　被相続人の配偶者は常に相続人となり（民890）、配偶者以外は順位どおりに配偶者と同じく相続人になります。

　第1順位は、被相続人の子です。その子が死亡している場合には、その子の直系卑属（子や孫等）が相続人になります。子も孫もいる場合には、被相続人に近い世代の子を優先します。

　第2順位は、被相続人の直系尊属（父母や祖父母等）です。父母も祖父母もいる場合には、被相続人に近い世代の父母を優先します。第2順位の人は、第一順位のいない場合に相続人になります。

　第3順位は、被相続人の兄弟姉妹です。その兄弟姉妹が既に死亡している場合は、その兄弟姉妹の子（死亡している場合は孫）が相続人となります。第3順位の人は、第1順位の相続人も第2順位の相続人もいない場合に相続人になります。

ちょっとひとこと

代襲相続人とは？

　代襲相続とは、相続人がすでに死亡している場合に、その相続分を本来の相続人に代わってその子供等が相続できる制度です。当該相続人が生きていれば、または重大な過失を犯さなければ、将来は自分の財産になるのであろうから、その財産を次の世代に受け継げるようにという配慮から代襲相続が認められています。

　代襲相続人の相続分は、もともとの相続人の相続分と同じです。亡くなった相続人の配偶者や、親などの直系尊属が代襲相続することはできず、相続人の子や孫に対してだけ認められた制度です。

内縁関係とは？

　内縁とは、正式の届け（入籍）をしていない結婚いわゆる事実婚をいいます。したがって、内縁関係の人は、相続人ではありません。

相続人がいない場合とは？

相続人のあることが明らかでないときは、相続財産は法人とされます（民951）。相続財産は特別縁故者に相続財産の分与（民858の3）、処分されなかった相続財産は国庫に帰属するものとされています（民959）。

（2）相続の放棄

相続を放棄した人は、はじめから相続人でなかったものとされます。

「相続を放棄した人」とは、（自己のために）相続の開始があったことを知った時から3か月以内に家庭裁判所に相続の放棄の申述をした人のことをいいます（民915・938）。

相続の放棄の申述をしないで、事実上、相続により財産を取得しなかった人はこれに該当しません。

●ちょっとひとこと●

相続放棄をしなかった場合とは？

相続の開始があったことを知った時から3か月以内に放棄しなければ、単純もしくは限定の承認したことになります（民915）。
○単純承認：無限に被相続人の権利義務を承継します（民920）。
○限定承認：相続によって得た財産の限度においてのみ被相続人の債務及び遺贈の弁済すべきことを留保して、相続の承認することができます。共同相続人の全員が共同してのみすることができます（民922）。

（3）法定相続分

① 配偶者と子が相続人である場合は、配偶者が2分の1、子（2人以上の場合は全員で）が2分の1となります。例えば、子が3人の場合には1人に付き6分の1ということになります。

② 配偶者と直系尊属が相続人である場合は、配偶者が3分の2、直系尊属（2人以上の場合は全員で）が3分の1となります。
③ 配偶者と兄弟姉妹が相続人である場合は、配偶者が4分の3、兄弟姉妹（2人以上の場合は全員で）が4分の1となります。
（注）嫡出子でない子の相続分は嫡出子である子の相続分2分の1、父母の一方のみが同じくする兄弟姉妹の相続分は父母の双方を同じくする兄弟姉妹の相続分の2分の1です。

> **ちょっとひとこと**
>
> **嫡出である子（嫡出子）と嫡出でない子（非嫡出子）とは？**
> （1）嫡出子
> 　嫡出子とは法律上の婚姻関係にある男女の間に生まれた子供をいい、以下①～⑥に該当する子をいいます。
> 　① 婚姻中に妊娠した子
> 　② 婚姻後201日目以後に生まれた子
> 　③ 父親の死亡後又は離婚後300日以内に生まれた子
> 　④ 未婚時に出生し父親に認知された子で、後に父母が婚姻したとき
> 　⑤ 未婚時に出生した後に父母が婚姻し、父親が認知した子
> 　⑥ 養子縁組をした子
> （2）非嫡出子
> 　非嫡出子とは法律上の婚姻関係にない男女の間に生まれた子供で、上記の嫡出子に当てはまらない子をいいます。非嫡出子は、父母が認知することにより親子関係が生まれます。しかし、母子関係は認知などしなくても、分娩によって当然に発生します。この場合、子は母の戸籍に入り、母と同じ姓を名乗り、母の親権で保護され、母の遺産を相続することになります。
> 　父に認知されていない、いわゆる私生児は、父の遺産を相続することができません。しかし、父が自身の住所地か本籍の役場、又は子の本籍の役場に認知届をすることによって、父子関係を持つことができます。認知をされても、家庭裁判所の許可を得ない限り母の戸籍に入ったままですが、父が認知

した事実は父子いずれの戸籍にも記載がされます。

非嫡出子は認知をされることによって親子となるため、当然に相続権が発生します。

※ 平成16年10月以前は、非嫡出子の戸籍上の父母との続柄欄には、単に「男」「女」とだけ記載されていましたが、差別的であるとの理由から、平成16年11月以降は、出生の順に「長男（長女）」、「二男（二女）」等と記載されることになりました。既に戸籍に記載されている場合は、申出により、記載の変更履歴を残さないよう戸籍の再製がされます。

◀ 参考 ▶

［非嫡出子と母の間の母子関係］

・要認知説：民法第779条によると、非嫡出子と母の間の母子関係にも認知が必要とする説です。

・当然発生説：現在の通説・判例では、通常、自然血縁上の母子関係は懐胎・分娩という事実から明確とすることができ、認知という特別の法手段を待つ必要はないとされます（最判昭和37年4月27日）。

通常、母子関係については分娩によって当然に発生することから、子は母の認知にかかわりなく母子関係の存在について確認の訴えを提起できます（最判昭和49年3月29日）。

（4）遺産分割協議

通常、相続開始後に、被相続人の遺産を、どのように分けるかを相続人全員で話し合いますが、これを遺産分割協議といい、その結果を文章にし、相続人全員の署名押印（実印）したものを遺産分割協議書といいます。

民法上の法定相続分は、相続人の間で遺産分割の協議がまとまらなかった場合の遺産の取り分であり、法定相続分どおりに遺産の分割をしなければならないということではありません。

遺産分割協議は全員一致でなければ、成立しません。もちろん、多数決で決

めることもできません。法定相続人の１人でも意思の合致がなければ、成立しないということです。

また、相続人たる地位に疑問のある者（婚姻外の子など）を無視して分割協議をしても、後日その者が相続人であることが確定すると無効になります。

未成年者がいる場合、未成年者には法律行為能力がないので、法定代理人（普通は親です）が代わって法律行為をします。代理人には原則、親権者がなります。しかし、相続の場合、親権者も相続人であることがあります。そんなときには、家庭裁判所に特別代理人を選任してもらう必要があります。

被後見人が相続人である場合には、後見人が代わって相続手続きをします。

> **ちょっとひとこと**
>
> **民法の相続分に関連する規定は？**
>
> 相続分に関連する規定は、法定相続分（民900）、代襲相続人の相続分（同901）、遺言による相続分の指定（同902）、特別受益（同903・904）、寄与分（同904の２）、相続分の取戻権（同905）、遺言（同960〜1027）、遺留分（同1028〜1044）があります。

Phase 3　事例を検討しよう

（1）事例１：相続人が兄弟姉妹だけの場合

法定相続人は、兄と妹２人ですが、兄はすでに亡くなっていますので、兄の子３人が代襲相続人となります。

法定相続分は本来、兄３分の１、妹３分の１、妹３分の１ですが、兄は亡くなっていますので、代襲相続人が兄の分を均等に取得することになります。

代襲相続人各人の法定相続分

> ３分の１×３分の１＝９分の１

（2）事例2：被相続人の先妻との間に子があり、その子がすでに亡くなっている場合

　法定相続人は、配偶者、私、妹、そして先妻との間の子甲ですが、甲はすでに亡くなっているので、甲の子2人が代襲相続人となります。

代襲相続人各人の法定相続分

- 配偶者　　　：2分の1、
- 私・妹　　　：各人　2分の1×3分の1＝6分の1
- 甲の子2人：各人　2分の1×3分の1×2分の1＝12分の1

（3）事例3：認知した非嫡出子と認知していない非嫡出子が存在する場合

　法定相続人は、配偶者と娘、認知した22歳の子の3人となります。秘書に産ませた2歳の子は認知していないので、相続権はありません。

法定相続分

- 配偶者　：2分の1（6分の3）
- 嫡出子　：2分の1×3分の2＝6分の2
- 非嫡出子：6分の1
  （注）子の相続分は全体の2分の1で、認知した非嫡出子は嫡出子の半分ですから、子の相続分を嫡出子2と認知した非嫡出子1の割合で按分します。

（4）事例4：異父姉妹がいる場合

　母（乙）の過去に引き裂かれた実の娘（丙）には、今回亡くなった父（甲）の相続権は当然にありませんが、母（乙）が亡くなった場合には非嫡出子として相続権は発生します。その場合の相続権は嫡出子の半分です。

法定相続分

- 私・妹：各人　5分の2
- 丙　　：5分の1

　母（乙）が亡くなった場合、遺産分割協議から（丙）を外すことはできま

かとの質問ですが、相続人たる地位に疑問のある者（婚姻外の子など）を無視して分割協議をしても、後日その者が相続人であることが確定すると無効になります。

したがって、（丙）の場合は、母（乙）の非嫡出子ですが実子ですから、遺産分割協議には参加してもらう必要があります。

第3章 納税義務者と課税財産

1 相続税の納税義務者と課税財産の範囲

法律の概要

　相続税の納税義務について、居住無制限納税義務者、非居住無制限納税義務者、制限納税義務者、特定納税義務者に区分されています。

　また、相続税に関する課税物件については、居住無制限納税義務者又は非居住無制限納税義務者の場合は、その財産の所在を問わず、相続又は遺贈によって取得した財産の全部が課税の対象とし、制限納税義務者の場合には、この法律の施行地にある財産を相続又は遺贈によって取得した場合にその財産について課税されることとされています。

　特定納税義務者の場合には、被相続人が特定贈与者であるときのその被相続人からの贈与により取得した相続時精算課税の適用を受ける財産について課税されることになります。

具体例から学ぶ

［事例］海外留学者の住所の判定

　平成22年8月に父が死亡しました。相続人は母、私及び弟の3人です。

　私の弟は平成20年9月からアメリカの大学院に留学中であり、弟の生活費や教育費は、父が日本から送金していました。

　父の相続財産の中にはビバリーヒルズとタイのプーケットに別荘があり、

これを弟が相続する予定です。弟のように海外に住所を有する者については、海外にある相続財産は課税されますか？

<適用条文：相続税法第1条の3・第2条>

Phase 1　原文を読もう

はじめに、条文をそのまま読んでみましょう。

(相続税の納税義務者)
相続税法第1条の3　次の各号のいずれかに掲げる者は、この法律により、相続税を納める義務がある。
一　相続又は遺贈（贈与をした者の死亡により効力を生ずる贈与を含む。以下同じ。）により財産を取得した個人で当該財産を取得したときにおいてこの法律を施行地に住所を有するもの
二　相続又は遺贈により財産を取得した日本国籍を有する個人で当該財産を取得した時においてこの法律の施行地に住所を有しないもの（当該個人又は当該相続若しくは遺贈に係る被相続人（遺贈をした者を含む。以下同じ。）が当該相続又は遺贈に係る相続の開始前5年以内のいずれかの時においてこの法律の施行地に住所を有していたことがある場合に限る。）
三　相続又は遺贈によりこの法律の施行地にある財産を取得した個人で当該財産を取得した時においてこの法律の施行地に住所を有しないもの（前号に掲げる者を除く。）
四　贈与（贈与をした者の死亡により効力を生ずる贈与を除く。以下同じ。）により第21条の9第3項の規定の適用を受ける財産を取得した個人（前3号に掲げる者を除く。）

(相続税の課税財産の範囲)
第2条　第1条の3第1号又は第2号の規定に該当する者については、その者が相続又は遺贈により取得した財産の全部に対し、相続税を課する。
2　第1条の3第3号の規定に該当する者については、その者が相続又は遺贈に

第3章　納税義務者と課税財産　269

> より取得した財産でこの法律の施行地にあるものに対し、相続税を課する。

関連条文の規定

・住所について

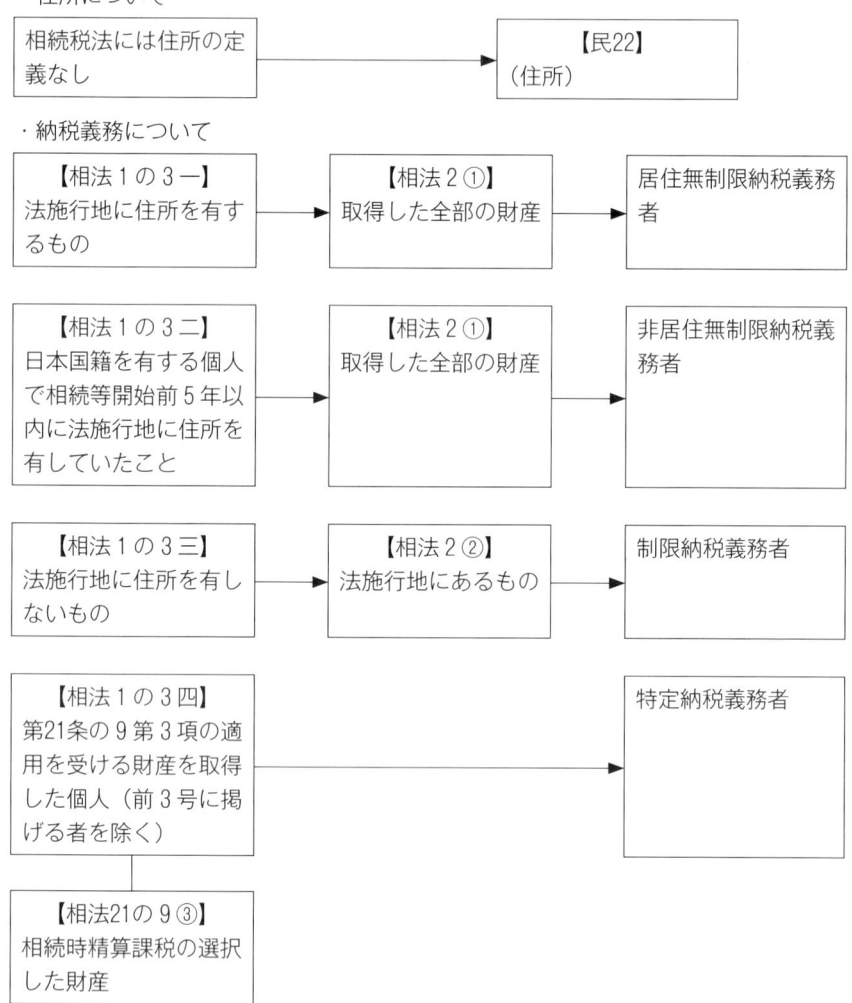

| 相続税法には住所の定義なし | → | 【民22】（住所） |

・納税義務について

| 【相法1の3一】法施行地に住所を有するもの | → | 【相法2①】取得した全部の財産 | → | 居住無制限納税義務者 |

| 【相法1の3二】日本国籍を有する個人で相続等開始前5年以内に法施行地に住所を有していたこと | → | 【相法2①】取得した全部の財産 | → | 非居住無制限納税義務者 |

| 【相法1の3三】法施行地に住所を有しないもの | → | 【相法2②】法施行地にあるもの | → | 制限納税義務者 |

| 【相法1の3四】第21条の9第3項の適用を受ける財産を取得した個人（前3号に掲げる者を除く） | → | | | 特定納税義務者 |

| 【相法21の9③】相続時精算課税の選択した財産 |

　事例のポイントは、海外留学者の住所の判定です。条文の関係部分を抜き出して簡潔にしましょう。

> 相続税法第1条の3
> 二　相続により財産を取得した日本国籍を有する個人で当該財産を取得した時においてこの法律の施行地に住所を有しないもの（当該個人が相続の開始前5年以内のいずれかの時においてこの法律の施行地に住所を有していた事がある場合に限る。）
> 第2条　第1条の3第1号又は第2号の規定に該当する者については、その者が相続又は遺贈により取得した財産の全部に対し、相続税を課する。

Phase 2　キーワードで理解しよう

次に、キーワードをつかむことにより理解しやすくなります。

キーワードは、（1）住所を有するもの、（2）相続開始前5年以内、（3）納税義務者と課税財産の範囲、です。

（1）住所

民法において、各人の生活の本拠をもって住所とする旨が定められています（民22）。

相続税法基本通達では、「住所とは、各人の生活の本拠をいうのであるが、その生活の本拠であるかどうかは、客観的事実によって判定するものとする。この場合において、同一人について同時に法施行地に2箇所以上の住所はないものとする。」としています（相基通1の3・1の4共−5）。

住所は、居住無制限納税義務者、非居住無制限納税義務者と制限納税義務者との区分上重要であるだけでなく、一方においては、相続税の納税地の問題としても重要な意味をもっています。

居住無制限納税義務者の場合は、相続、遺贈によって財産を取得した者（納税義務者）の住所が問題となるのであって、被相続人、遺贈者等の住所には関係がありません。

> **ちょっとひとこと**
>
> **納税地は？**
>
> 　居住無制限納税義務者及び特定納税義務者は、この法施行地にある住所をもってその納税地とすること（相法62①）を原則としています。ただし、被相続人の死亡の時における住所が法施行地にある場合においては、相続税の申告書を提出するときの納税地は、この規定にかかわらず、当分の間は、被相続人の死亡の時における住所地としています（昭和25年法律第73号附則第3条）。

(2) 相続の開始前5年以内

　非居住無制限納税義務とは、日本国籍を有する個人で、本法施行地に住所を有しないが、相続開始前5年以内にその者もしくはその被相続人が本法施行地に住所を有していたことがある場合のその者の納税義務をいいます。

> **ちょっとひとこと**
>
> **日本国籍と外国籍とを併有する個人は？**
>
> 　日本国籍を有する個人は、その判定において日本国籍と外国籍とを併有する重国籍者も含まれます（相基通1の3・1の4共-7）。

(3) 納税義務者と課税範囲

納税義務者と課税範囲については、次のようになります。
① 　居住無制限納税義務者

　相続又は遺贈により財産を取得した個人で、その財産を取得した時において日本国内に住所を有するものをいいます。

　課税財産の範囲は、国内財産、国外財産及び相続時精算課税適用財産です。
② 　非居住無制限納税義務者

　相続又は遺贈により財産を取得した日本国籍を有する個人で、その財産を

取得した時において日本国内に住所を有していないもの（その個人又はその相続若しくは遺贈に係る被相続人（遺贈をした人を含む）が、その相続又は遺贈に係る相続の開始前5年以内のいずれかの時において日本国内に住所を有していたことがある場合に限る）をいいます。

　課税財産の範囲は、国内財産、国外財産及び相続時精算課税適用財産です。

③　制限納税義務者

　相続又は遺贈により日本国内にある財産を取得した個人で、その財産を取得した時において日本国内に住所を有していないもの（非居住無制限納税義務者に該当する人を除く）をいいます。

　課税財産の範囲は、国内財産及び相続時精算課税適用財産です。

④　特定納税義務者

　贈与により相続時精算課税の適用を受ける財産を取得した個人（上記の無制限納税義務者及び制限納税義務者に該当する人を除く）をいいます。

　課税財産の範囲は、相続時精算課税適用財産です。

Phase 3　事例を検討しよう

　以上の確認事項から、あなたの弟さんは日本国籍を有する個人で日本に住所があって、相続開始前5年以内に留学先のアメリカに居住を移しているだけですから非居住無制限納税義務者となります。

　したがって、相続した財産の全部が相続税の課税財産となりますので、相続した財産の所在が海外（アメリカやタイにある別荘）であっても課税の対象となります。

2 ── 相続税の非課税財産

> 法律の概要

　相続税の課税財産は、相続又は遺贈により取得した財産（相続又は遺贈により取得したとみなされる財産を含みます）を指しますが、このうち性質上、社会政策的に、及び人間感情的に課税の対象とすることが適当でないと考えられるものがあります。

　本条は、そのような財産について、相続税の課税価格の計算に算入しない旨を定めたものです。これらの財産を相続税の非課税財産といいます。

> 具体例から学ぶ

［事例1］非課税財産の種類、換金性のある仏具等

　相続税の非課税財産とは、どのようなものをいうのでしょうか？　また、非課税の範囲についても教えてください。

　父の財産には、仏壇の中に純金2kgでつくった仏像や1kgの御鈴があり、また、神棚にはプラチナ1kgの神鏡が祭られています。仏壇も神棚も家族全員で日常礼拝しています。これらの仏具神具は課税されるのでしょうか？

　なお、相続時の相場は純金1g/4,000円、プラチナ1g/3,900円です。

<適用条文：相続税法第12条>

［事例2］教育用財産

　先日亡くなった父は、幼稚園の園長をしておりました。長男である私が引き継ぎ、園長をすることになります。

　幼稚園の敷地と園舎、教育用財産をすべて私が相続するのですが、非課

税財産となるのでしょうか。

<適用条文：相続税法第12条>

[事例3] 死亡保険金、死亡退職金

私の父が勤務中に亡くなりました。

生命保険金の受取人が母（父の配偶者）になっているもの5,000万円と、受取人が私になっているもの3,000万円とで合計8,000万円が入ってきました。法定相続人は母と私、弟（相続を放棄）と養女が2人の5人です。この生命保険金も課税財産となるのでしょうか？

また、死亡退職金を6,000万円、母が受け取りましたが、課税財産となるのでしょうか？

<適用条文：相続税法第12条>

Phase 1 原文を読もう

関係する条文のかっこ書きを除くとともに、要約及び簡略化すると次のとおりです。

(相続税の非課税財産)

相続税法第12条　次に掲げる財産の価額は、相続税の課税価格に算入しない。

　一　皇室経済法、皇嗣が受けた物
　二　墓所、霊びよう、祭具等
　三　公益を目的とする事業の用に供することが確実なもの
　四　地方公共団体が障害のある者に支給される給付金を受ける権利
　五　保険金
　　イ　被相続人のすべての相続人が取得した保険金の合計額が500万円に相続人の数を乗じて算出した金額「保険金の非課税限度額」以下である場合　当該相続人の取得した保険金の金額
　　ロ　保険金の合計額が当該保険金の非課税限度額を超える場合　当該保険金

第3章　納税義務者と課税財産　275

の非課税限度額に当該合計額のうちに当該相続人の取得した保険金の合計額の占める割合を乗じて算出した金額
　六　相続人の取得した第3条第1項第2号に掲げる給与「退職手当金等」については、イ又はロに掲げる場合の区分に応じ、イ又はロに定める金額に相当する部分
　　イ　第3条第1項第2号の被相続人のすべての相続人が取得した退職手当金等の合計額が500万円に当該被相続人の第15条第2項に規定する相続人の数を乗じて算出した金額「退職手当金等の非課税限度額」以下である場合　当該相続人の取得した退職手当金等の金額
　　ロ　イに規定する合計額が当該退職手当金等の非課税限度額を超える場合　当該退職手当金等の非課税限度額に当該合計額のうちに当該相続人の取得した退職手当金等の合計額の占める割合を乗じて算出した金額
2　前項第3号に掲げる財産を取得した者がその財産を取得した日から2年を経過した日において、なお当該財産を当該公益を目的とする事業の用に供していない場合においては、当該財産の価額は、課税価格に算入する。

引用条文の確認

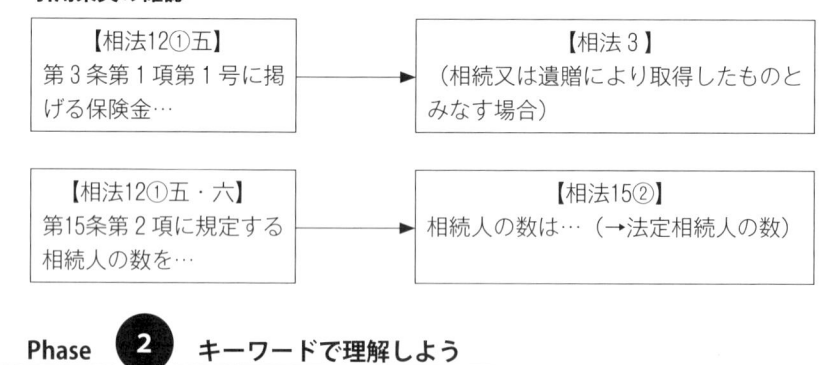

| 【相法12①五】
第3条第1項第1号に掲げる保険金… | → | 【相法3】
（相続又は遺贈により取得したものとみなす場合） |

| 【相法12①五・六】
第15条第2項に規定する相続人の数を… | → | 【相法15②】
相続人の数は…（→法定相続人の数） |

Phase 2　キーワードで理解しよう

次に、キーワードを探すことにより理解しやすくなります。

キーワードは、(1)墓所、霊びょう及び祭具、(2)公益を目的とする事業の用に供することが確実なもの、(3)保険金の非課税限度額、(4)退職手当金等の非課税限度額、です。

(1) 墓所、霊びょう及び祭具

墓所、霊びょう及び祭具等は、民法でも一般の財産とは区分されており、祖先崇拝の慣行を尊重するため、祖先の祭祀を主催する人が承継すべきものとされています。

非課税の対象となるものとしては、墓所、霊びょう、墓地、墓石、墓所や霊びょうに準ずるもの、庭内小神社、神棚、神体、神具、仏壇、位牌、仏像等があります（相基通12-1・12-2）。

> **ちょっとひとこと**
>
> **毎日の礼拝に欠かせない金の仏像とは？**
>
> 商品や骨とう品、投資目的で所有する金の仏像（たとえ毎日の礼拝に欠かせないものであっても）などは、換金性が高いので非課税の対象にはなりません（相基通12-2）。

(2) 公益を目的とする事業の用に供することが確実なもの

公益を目的とする事業とは、社会福祉、更正保護、学校、宗教、慈善、学術等の事業のことをいいます。

公益の用に供することが確実なものとは、その財産について、相続開始時において公益の事業の用に供することに関し具体的な計画があり、かつ、その公益事業の用に供される状況にあるものをいいます（相基通12-3）。

しかし、その財産を取得した者が、その財産を相続等で取得した日から2年を経過した日において、なお公益事業の用に供していない場合には、その財産の価額は、相続時にさかのぼり、その者の相続税の課税価格の計算の基礎に算入されます（相法12②）。

> **ちょっとひとこと**
>
> **幼稚園等教育用財産の非課税の要件は？**
> ① 事業経営者との家事充当金及び給与が限度額を超えていないこと
> ② 教育用財産の届出が所轄の税務署長に提出されていること
> ③ 幼稚園事業とその他の事業との区分経理がされており、継続して青色申告をしていること、重加算税賦課の過去がないこと

（3）保険金の非課税限度額

　相続により取得したものとみなされた保険金の合計額のうち、一定の金額にあたる部分については、相続税がかからないことになっています。

　被相続人のすべての相続人が受け取った保険金の合計額が死亡保険金の非課税限度額以下である場合には、その相続人の取得した死亡保険金の全額が非課税となります。

　被相続人のすべての相続人が取得した死亡保険金の合計額が死亡保険金の非課税限度額を超える場合には、その超える部分の金額は相続税の課税価格の計算の基礎に算入されます。

　死亡保険金の非課税限度額は、次に示す算式によって計算した金額です。

$$\text{死亡保険金の非課税限度額} = 500\text{万円} \times \text{法定相続人の数}$$

　また、保険金を受け取った者の非課税金額の計算式は、次に示すものです。

$$\text{各人の非課税金額} = \begin{pmatrix} \text{死亡保険金の非課税限度額} \\ (500\text{万円} \times \text{法定相続人の数}) \end{pmatrix} \times \frac{\text{その相続人の取得した死亡保険金の合計額}}{\text{すべての相続人が取得した死亡保険金の合計額}}$$

　法定相続人の数ですが、被相続人に養子がある場合、法定相続人の数に含める養子については制限があり、実子がいる場合には養子のうち1人までを、実子がいない場合には養子のうち2人までを法定相続人に含めます。

また、相続を放棄した者があっても、その放棄がなかったものとした場合の相続人の数をいいます。放棄した者も数に入れるということですが、非課税金額はありません。

（4）退職手当等の非課税限度額

被相続人に支給されるべきであった退職手当金を相続人が受け取った場合も、その相続人が相続によって取得した財産とみなされますが、一定金額までの部分については相続税がかかりません。

この一定金額を非課税限度額といいますが、その計算式や各人の非課税金額の計算式は死亡保険金の場合と同じです。

Phase 3　事例を検討しよう

（1）事例1：非課税財産の種類、換金性のある仏具等

非課税財産は、非課税とする理由から相続税の課税の対象とすることが適当でないと考えられています。

まず、その財産の性質や国民的見地又は国民感情から非課税財産とされるものは、

① 皇室経済法の規定によって皇位とともに皇嗣が受けた物
② 墓地、霊びょう、仏壇、仏具など

があります。

次に、公共性の見地から非課税とされるものには、公共事業を行う者が相続や遺贈によって取得した財産で、その公共事業の用に供することが確実なもの（公共事業用財産）があります。

そして、社会政策的見地からは、

① 心身障害者制度に基づく給付金の受給権
② 相続人が受け取った生命保険金のうち、一定の金額（非課税限度額）
③ 相続人が受け取った退職手当金のうち、一定の金額（非課税限度額）

があります。

租税特別措置法70条で規定されるものとして、
① 相続財産などを申告期限までに国などに寄附をした場合における寄附財産
② 相続財産である金銭を申告期限までに特定公益信託に支出した場合におけるその金銭

があります。

以上のように、非課税財産は法によって決められています。

事例の仏壇や神棚自体は非課税ですが、金の仏像と御鈴、プラチナの神鏡は仏具や神具には違いありませんが、（たとえ毎日の礼拝に必要としても、かなりの価値があるでしょうから）換金しようと思えばいつでもできる物と考えられますので、相続財産として課税財産に含める（非課税とならない）のが妥当です。

したがって、仏像800万円（2 kg×4,000円／g）、御鈴400万円（1 kg×4,000円／g）、神鏡390万円（1 kg×3,900円／g）が課税財産とされます。

（2）事例2：教育用財産

幼稚園等の教育用財産を相続により取得した場合は、前述の幼稚園等の教育用財産の非課税要件を満たしていれば、その取得した財産は相続税がかかりません。

ただし、2年以内に公益の用に供することが条件となります。

（3）事例3：死亡保険金、死亡退職金

死亡保険金も死亡退職金も、非課税限度額を超える部分の金額は相続税の課税対象となります。

非課税限度額と各人の課税対象価格を計算しましょう。

法定相続人は母と私、弟（相続放棄）、と養女Aと養女Bの5人です。非課税限度額を計算する場合、相続放棄した者があっても法定相続人の数に含め、実子がある場合の養子については1人だけ数に含める（養女AかBかを問わず）

ことになっています。

したがって、計算上の法定相続人の数は4人となります。

1. 死亡保険金
   ① 非課税限度額
      500万円×法定相続人の数→500万円×4人＝2,000万円
   ② 母の取得した死亡保険金の課税対象価格
      イ．母の非課税金額
         非課税金額を受け取った保険金で按分しましょう。
         $$2,000万円 \times \frac{5,000万円}{8,000万円} = 1,250万円$$
      ロ．課税対象価格
         5,000万円－1,250万円＝3,750万円
   ③ 私の取得した死亡保険金の課税対象価格
      イ．私の非課税金額
         $$2,000万円 \times \frac{3,000万円}{8,000万円} = 750万円$$
      ロ．課税対象価格
         3,000万円－750万円＝2,250万円

2. 死亡退職金
   ① 非課税限度額
      500万円×法定相続人の数→500万円×4人＝2,000万円
   ② 母の取得した死亡退職金の課税対象価格
      6,000万円－2,000万円＝4,000万円

3 相続・遺贈により取得したものとみなす場合

法律の概要

相続又は遺贈によって取得した財産は、当然に相続税の課税対象になりますが、法律的に相続又は遺贈により取得した財産とはいい難いものもあり、そのような理由でこれを相続税の対象から除外するのは、相続税の負担の不均衡や脱税を許すことにもつながりかねません。

そこで、相続税法は、相続又は遺贈による取得財産と同じとして扱うべきものについて、相続又は遺贈により取得したものとみなし（いわゆる「みなし相続財産」）、相続税の課税財産とすることにより租税回避を防ぎ、課税の公平性を保っています。

具体例から学ぶ

[事例] みなし相続財産

父が亡くなり、息子である私は生命保険金を受け取りました。この保険金は相続財産として、相続税の課税対象になるのでしょうか？

また、生命保険金以外に死亡退職金や年金払いの生命保険金、それと父が掛け金を全額負担し、私を契約者とする定期金給付契約、そして父の配偶者である私の母が受け取ることとなる国家公務員共済組合からの遺族年金があります。これらの取扱いはどうなるのでしょうか？

<適用条文：相続税法第3条>

Phase 1　原文を読もう

はじめに、条文をそのまま読んでみましょう。

相続税法第3条　次の各号のいずれかに該当する場合においては、当該各号に掲げる者が、当該各号に掲げる財産を相続又は遺贈により取得したものとみなす。この場合において、その者が相続人（相続を放棄した者及び相続権を失った者を含まない。第15条、第16条、第19条の2第1項、第19条の3第1項、第19条の4第1項及び第63条の場合並びに「第15条第2項に規定する相続人の数」という場合を除き、以下同じ。）であるときは当該財産を相続により取得したものとみなし、その者が相続人以外の者であるときは当該財産を遺贈により取得したものとみなす。

一　被相続人の死亡により相続人その他の者が生命保険契約（保険業法（平成7年法律第105号）第2条第3項（定義）に規定する生命保険会社と締結した保険契約（これに類する共済に係る契約を含む。以下同じ。）その他の政令で定める契約をいう。以下同じ。）の保険金（共済金を含む。以下同じ。）又は損害保険契約（同条第4項に規定する損害保険会社と締結した保険契約その他の政令で定める契約をいう。以下同じ。）の保険金（偶然な事故に基因する死亡に伴い支払われるものに限る。）を取得した場合においては、当該保険金受取人（共済金受取人を含む。以下同じ。）について、当該保険金（次号に掲げる給与及び第5号又は第6号に掲げる権利に該当するものを除く。）のうち被相続人が負担した保険料（共済掛金を含む。以下同じ。）の金額の当該契約に係る保険料で被相続人の死亡の時までに払い込まれたものの全額に対する割合に相当する部分

二　被相続人の死亡により相続人その他の者が当該被相続人に支給されるべきであつた退職手当金、功労金その他これらに準ずる給与（政令で定める給付を含む。）で被相続人の死亡後3年以内に支給が確定したものの支給を受けた場合においては、当該給与の支給を受けた者について、当該給与

三　相続開始の時において、まだ保険事故（共済事故を含む。以下同じ。）が発生していない生命保険契約（一定期間内に保険事故が発生しなかつた場合において返還金その他これに準ずるものの支払がない生命保険契約を除く。）で被相続人が保険料の全部又は一部を負担し、かつ、被相続人以外の者が当該生命保険契約の契約者であるものがある場合においては、当該生命保険契約の契約者について、当該契約に関する権利のうち被相続人が負担した保険

料の金額の当該契約に係る保険料で当該相続開始の時までに払い込まれたものの全額に対する割合に相当する部分
四　相続開始の時において、まだ定期金給付事由が発生していない定期金給付契約（生命保険契約を除く。）で被相続人が掛金又は保険料の全部又は一部を負担し、かつ、被相続人以外の者が当該定期金給付契約の契約者であるものがある場合においては、当該定期金給付契約の契約者について、当該契約に関する権利のうち被相続人が負担した掛金又は保険料の金額の当該契約に係る掛金又は保険料で当該相続開始の時までに払い込まれたものの全額に対する割合に相当する部分
五　定期金給付契約で定期金受取人に対しその生存中又は一定期間にわたり定期金を給付し、かつ、その者が死亡したときはその死亡後遺族その他の者に対して定期金又は一時金を給付するものに基づいて定期金受取人たる被相続人の死亡後相続人その他の者が定期金受取人又は一時金受取人となった場合においては、当該定期金受取人又は一時金受取人となった者について、当該定期金給付契約に関する権利のうち被相続人が負担した掛金又は保険料の金額の当該契約に係る掛金又は保険料で当該相続開始の時までに払い込まれたものの全額に対する割合に相当する部分
六　被相続人の死亡により相続人その他の者が定期金（これに係る一時金を含む。）に関する権利で契約に基づくもの以外のもの（恩給法（大正12年法律第48号）の規定による扶助料に関する権利を除く。）を取得した場合においては、当該定期金に関する権利を取得した者について、当該定期金に関する権利（第2号に掲げる給与に該当するものを除く。）
2　前項第1号又は第3号から第5号までの規定の適用については、被相続人の被相続人が負担した保険料又は掛金は、被相続人が負担した保険料又は掛金とみなす。ただし、同項第3号又は第4号の規定により当該各号に掲げる者が当該被相続人の被相続人から当該各号に掲げる財産を相続又は遺贈により取得したものとみなされた場合においては、当該被相続人の被相続人が負担した保険料又は掛金については、この限りでない。
3　第1項第3号又は第4号の規定の適用については、被相続人の遺言により払い込まれた保険料又は掛金は、被相続人が負担した保険料又は掛金とみなす。

事例のポイントを理解するため、条文のかっこ書きのうち、関係する部分をまとめてみます。

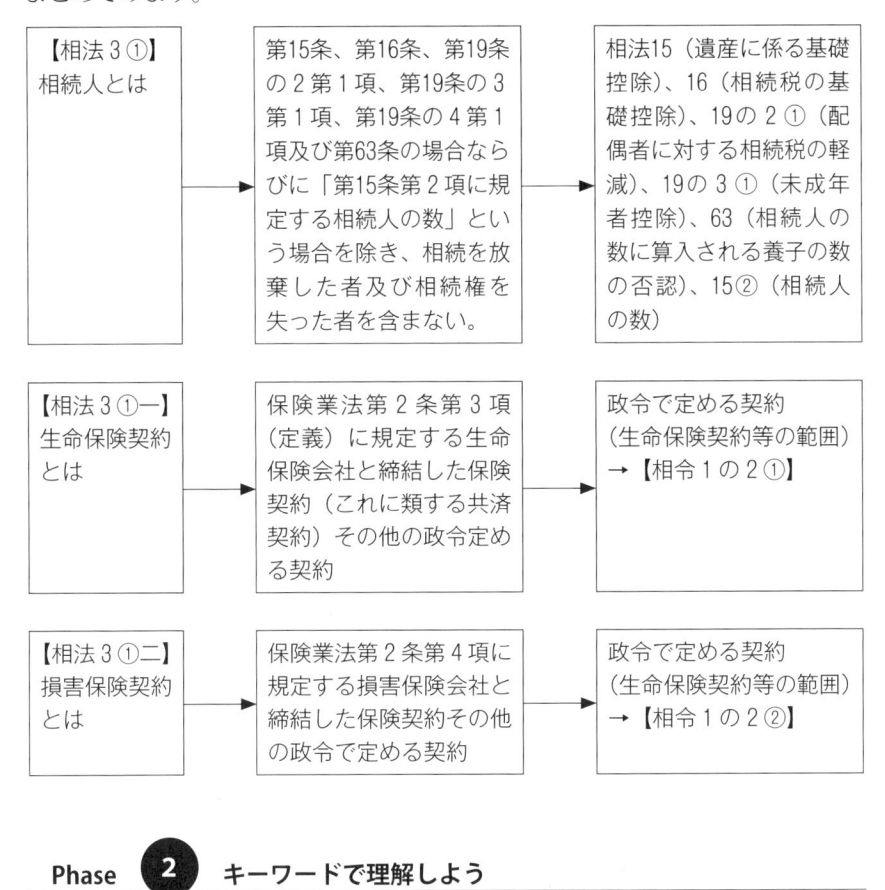

【相法３①】相続人とは	第15条、第16条、第19条の２第１項、第19条の３第１項、第19条の４第１項及び第63条の場合ならびに「第15条第２項に規定する相続人の数」という場合を除き、相続を放棄した者及び相続権を失った者を含まない。	相法15（遺産に係る基礎控除）、16（相続税の基礎控除）、19の２①（配偶者に対する相続税の軽減）、19の３①（未成年者控除）、63（相続人の数に算入される養子の数の否認）、15②（相続人の数）
【相法３①一】生命保険契約とは	保険業法第２条第３項（定義）に規定する生命保険会社と締結した保険契約（これに類する共済契約）その他の政令定める契約	政令で定める契約（生命保険契約等の範囲）→【相令１の２①】
【相法３①二】損害保険契約とは	保険業法第２条第４項に規定する損害保険会社と締結した保険契約その他の政令で定める契約	政令で定める契約（生命保険契約等の範囲）→【相令１の２②】

Phase 2　キーワードで理解しよう

次に、キーワードをつかむことにより理解しやすくなります。

キーワードは、（１）生命保険金等、（２）退職手当金、（３）生命保険契約に関する権利、（４）定期金給付契約に関する権利、（５）保証期間付定期金に関する権利、（６）契約に基づかない定期金に関する権利、です。

（1） 生命保険金等

　生命保険金とは、生命保険契約に基づく給付原因の発生により保険会社から支払われる金銭をいいます。死亡保険金は、その給付原因が死亡により発生したものをいいます。

　給付原因が被保険者の死亡であり、かつ、被保険者が保険料（一部又は全部）の負担者である場合は、保険金受取人が相続等により保険金（被保険者が負担した部分）を取得したものとみなされ、非課税限度額を超える部分に相続税が課されることになります。

> **ちょっとひとこと**
>
> **保険料の一部を被保険者（被相続人）が負担した場合は？**
>
> 　保険料の一部を被保険者が負担した場合は、その負担分に相当する死亡保険金が相続財産とみなされます。
>
> $$\text{相続財産とみなされる死亡保険金の価額} = \text{死亡保険金} \times \frac{\text{被相続人が負担した保険料の額}}{\text{払込保険料の総額}}$$
>
> **死亡保険金のうち、被相続人が保険料を負担していない部分がある場合は？**
>
> 　被相続人が保険料を負担していない場合は、受け取った死亡保険金はみなし相続財産とされません。
>
> 　保険金受取人が保険料を負担していた場合は、保険金受取人の一時所得として、受取人以外（被相続人以外）の者が負担していた場合には、受取人以外の者から受取人に対する贈与となります。

（2） 退職手当金

　退職手当金とは退職に際し、役員、従業員その他の職員が雇用主から受ける一時金をいいます。

　被相続人の死亡が原因で退職手当金（功労金やその他これに準ずる給与も含みます）が相続人に支払われた場合は、死亡退職金（死亡後3年以内に確定したも

の）として相続財産とみなされ、非課税限度額を超える部分に相続税が課されることになります。

> **ちょっとひとこと**
>
> **退職手当金等で死亡後3年以内に支給が確定しないものは？**
>
> 死亡後3年以内に確定しないものは、相続財産とはなりません。
> したがって、支給額が確定した時の受取人の一時所得となります（所基通34-2・9-17）。

（3） 生命保険契約に関する権利

これは、相続開始時において、まだ保険事故が発生していない生命保険契約でその保険料の全部または一部を被相続人が負担しており、かつ、被相続人以外の者がその契約者である場合の生命保険契約に関する権利のうち、被相続人が負担した金額に相当する部分が生命保険契約に関する権利として、相続等により取得したものとみなして相続税が課されることになります。

> **ちょっとひとこと**
>
> **源泉徴収される所得税の額がある場合は？**
>
> 生命保険契約に関する権利の評価は時価により（相法22）、相続開始時において解約するとした場合に支払われる解約返戻金の額（前納保険料の金額、剰余金の分配額等を含む）をもって評価額とします。なお、源泉徴収される所得税の額がある場合は、評価額から差し引きます。

（4） 定期金給付契約に関する権利

相続開始時において、まだ定期金の給付自由が発生していない定期金給付契約（生命保険契約を除く）で、被相続人が掛金又は保険料の全部又は一部を負担し、かつ、被相続人以外の者がその契約者である場合、その定期金の権利のうち、被相続人が負担した全額に相当する金額を、契約者である相続人が取得

したものとみなして相続税が課されることになります。

> **ちょっとひとこと**
>
> **定期金給付契約に関する権利の価額は？**
>
> 定期金給付契約に関する権利の価額は、掛金又は保険料の振込開始のときから相続開始時までの経過期間に応じて、その期間に払い込まれた掛金又は保険料の合計金額に90％～120％の割合を乗じて算出します（相法25）。
>
> また、定期金に関する権利のうち、みなし相続財産となる金額は、次の算式によります。
>
> 定期金給付契約に関する権利の価額 × 被相続人が負担した掛金額 / 相続開始時までの払込掛金総額

(5) 保証期間付定期金に関する権利

定期金給付契約（生命保険契約を含む）で定期金受取人の生存中定期金を給付し、かつ、一定期間内にその受取人が死亡した場合で、その死亡後も引き続いてその相続人等に対して定期金又は一時金を給付するものに関する権利のうち、被相続人が負担した掛金又は保険料の額に相当する部分は、継続定期金（一時金）受取人が相続により取得したものとみなして相続税が課されることになります。

> **ちょっとひとこと**
>
> **被相続人から取得したものとみなされる金額は？**
>
> 定期金給付契約に関する権利のうち、被相続人から取得したものとみなされる金額は、次の算式によります。
>
> 保証期間付定期金給付契約に関する権利の価額 × 被相続人が負担した掛金額 / 相続の開始の時までの払込掛金総額

（6） 契約に基づかない定期金に関する権利

　被相続人の死亡によって受ける定期金（定期金に係る一時金を含む）に関する権利で、契約に基づかないもの（恩給法の規定による扶助料に関する権利を除く）に関する権利は、定期金に関する権利を継続して受け取る者が相続等により取得したものとみなして相続税が課されることになります。

> **ちょっとひとこと**
>
> **遺族年金の取扱いは？**
>
> 　契約に基づかない定期金に関する権利のうち、遺族年金については、相続税は課税されません。
> 　実際に相続税がかかるのは、退職年金契約に基づき継続受取人に支払われる退職年金の受給権に限られています。
>
> **退職手当金が定期金で支給された場合は？**
>
> 　退職手当金が定期金で支給された場合、契約に基づかない定期金に関する権利ではなく、退職手当金として相続税が課税されます。

Phase 3　事例を検討しよう

　以上説明したように、相続税法第3条では、①生命保険金等、②退職手当金、③生命保険契約に関する権利、④定期金給付契約に関する権利、⑤保証期間付定期金に関する権利、⑥契約に基づかない定期金に関する権利の6種類をみなし相続財産として規定しています。

　息子が受取人である父の死亡保険金は①のことをいい、死亡退職金は②、年金払いの生命保険は⑤に該当し、みなし相続財産として相続税の課税対象となります。

　事例の場合、配偶者が受け取ることとなる遺族年金は、⑥契約に基づかない定期金に関する権利ですが、国家公務員共済組合法に非課税規定が設けられて

いますので、みなし相続財産とはならず相続税は課税されません。

◀ 参考 ▶

［関係法令を読む］

(公課の禁止)
国家公務員共済組合法第50条　租税その他の公課は、組合の給付として支給を受ける金品を標準として、課することができない。ただし、退職共済年金及び休業手当金については、この限りではない。

第4章 債務控除

法律の概要

　相続税の課税価格は、相続又は遺贈により取得した財産の価額から、被相続人の一定の債務及び被相続人に係る葬式費用の金額を控除し、被相続人から相続開始前3年間に贈与により取得した財産の価額を加算して計算されます。本条は、当該債務及び葬式費用の控除の制度（債務控除制度）について規定しています。

　債務控除の対象となるものは、被相続人の債務と葬式費用のうち財産取得者（相続人及び包括遺贈者に限ります）が現実に負担する部分に限られます。

具体例から学ぶ

[事例1] 債務等

　亡くなった父には財産はあるのですが、銀行借入残、保証債務や連帯債務などの債務もあります。これらの債務は相続財産から差し引けますか？

<適用条文：相続税法第13条・第14条>

[事例2] 葬儀費用

　葬儀費用は、相続財産から差し引けると聞いたのですが、どのような費用をいうのでしょうか？　死亡に伴って支払った費用すべてでしょうか？

　なお、葬儀の際、お寺さんには読経代以外に、被相続人の院号代や永代供養代も支払いました。

<適用条文：相続税法第13条・第14条>

Phase 1 原文を読もう

はじめに、条文をそのまま読んでみましょう。

相続税法第13条　相続又は遺贈（包括遺贈及び被相続人からの相続人に対する遺贈に限る。以下この条において同じ。）により財産を取得した者が第1条の3第1号又は第2号の規定に該当する者である場合においては、当該相続又は遺贈により取得した財産については、課税価格に算入すべき価額は、当該財産の価額から次に掲げるものの金額のうちその者の負担に属する部分の金額を控除した金額による。
一　被相続人の債務で相続開始の際現に存するもの（公租公課を含む。）
二　被相続人に係る葬式費用
2　相続又は遺贈により財産を取得した者が第1条の3第3号の規定に該当する者である場合においては、当該相続又は遺贈により取得した財産でこの法律の施行地にあるものについては、課税価格に算入すべき価額は、当該財産の価額から被相続人の債務で次に掲げるものの金額のうちその者の負担に属する部分の金額を控除した金額による。
一　その財産に係る公租公課
二　その財産を目的とする留置権、特別の先取特権、質権又は抵当権で担保される債務
三　前2号に掲げる債務を除くほか、その財産の取得、維持又は管理のために生じた債務
四　その財産に関する贈与の義務
五　前各号に掲げる債務を除くほか、被相続人が死亡の際この法律の施行地に営業所又は事業所を有していた場合においては、当該営業所又は事業所に係る営業上又は事業上の債務
3　前条第1項第2号又は第3号に掲げる財産の取得、維持又は管理のために生じた債務の金額は、前2項の規定による控除金額に算入しない。ただし、同条第2項の規定により同号に掲げる財産の価額を課税価格に算入した場合においては、この限りでない。

> 第14条　前条の規定によりその金額を控除すべき債務は、確実と認められるものに限る。
> 2　前条の規定によりその金額を控除すべき公租公課の金額は、被相続人の死亡の際債務の確定しているものの金額のほか、被相続人に係る所得税、相続税、贈与税、地価税、再評価税、登録免許税、自動車重量税、消費税、酒税、たばこ税、揮発油税、地方揮発油税、石油ガス税、航空機燃料税、石油石炭税及び印紙税その他の公租公課の額で政令で定めるものを含むものとする。

条文を読むと、債務控除の対象者とその金額について、以下のとおり定めています。

・対象者

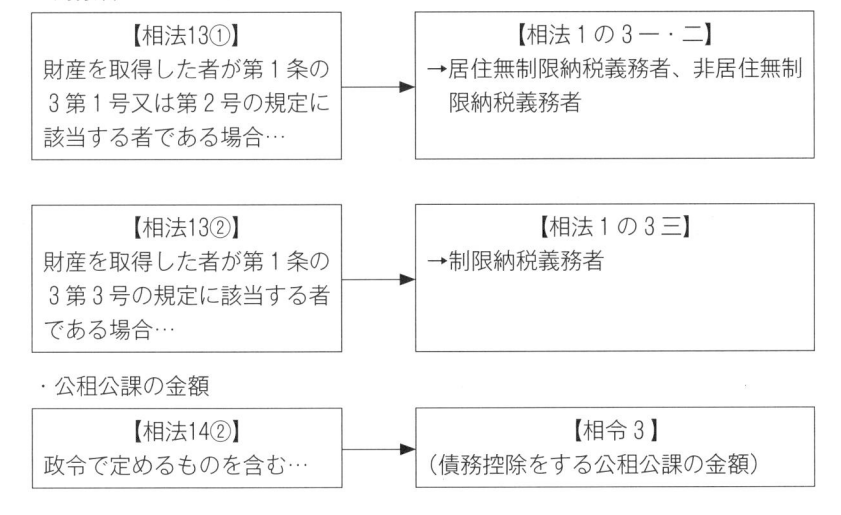

【相法13①】財産を取得した者が第1条の3第1号又は第2号の規定に該当する者である場合…	→	【相法1の3一・二】→居住無制限納税義務者、非居住無制限納税義務者
【相法13②】財産を取得した者が第1条の3第3号の規定に該当する者である場合…	→	【相法1の3三】→制限納税義務者

・公租公課の金額

【相法14②】政令で定めるものを含む…	→	【相令3】（債務控除をする公租公課の金額）

Phase 2　キーワードで理解しよう

次に、この条文のキーワードを探すことにより理解しやすくなります。
キーワードは、（1）相続開始の際現に存する債務、（2）被相続人に係る葬式費用、です。

（1）相続開始の際現に存するもの

① 現に存する確実な債務

　相続財産の価額から控除される債務は、相続開始時に現実にあるもので、確実なものに限られています（相法14①）。

　民法第885条に規定する相続財産の中から支弁する（＝金銭を支払う）相続財産に関する費用は、相続開始後に発生するもの（遺産分割協議や不動産登記に関する費用、家賃や光熱費等）であり、相続開始時には被相続人の債務としてあるものではないので、債務控除はできません（相基通13－2）。

② 公租公課

　控除すべき公租公課については、被相続人の死亡の際に債務の確定しているものの金額のほか、被相続人に係るもので被相続人の死亡後相続人等が納付し、又は徴収されることになった所得税（準確によるもの）等があります。

　ただし、このような公租公課を納付することを相続人等が失念した場合等に係る加算税等は債務控除できません（相法14②、相令3）。

③ 保証債務及び連帯債務

　保証債務は原則として、控除できません。しかし、主たる債務者が弁済不能状態のため、保証債務者がその債務の履行をしなければならない場合で、かつ、主たる債務者に求償して返還を受ける見込みがない場合には、主たる債務者が弁済不能の部分の金額について、保証債務として控除できます。

　連帯債務について、連帯債務者のうち債務控除を受けようとする者の負担すべき金額が明らかとなっている場合には、その負担額を控除することができます。また、連帯債務者のうち弁済不能状態にある者があり、かつ、求償して弁済を受ける見込みがなく、その弁済不能者の負担部分を負担しなければならないと認められる部分の金額も控除できます。

> **ちょっとひとこと**
>
> **控除対象とならない債務は？**
>
> 　被相続人の債務であっても、相続税の非課税財産の取得、維持又は管理のための債務は控除対象となりません（相法13③）。
>
> 　例えば、被相続人が購入し未払いのまま死亡した場合の墓地、墓石等の債務や幼稚園に係る教育用財産（公益事業用財産）を取得した場合のそれに係る債務等は、もともと非課税財産なので債務控除の対象とはなりません。

（2）被相続人に係る葬儀費用

　相続税の課税価格の計算上、被相続人に係る葬儀費用は財産の価額から控除されます。

　控除できる葬儀費用の範囲は、社会通念上のいわゆる葬儀に要する費用であり、一般的には葬式（仮葬、本葬）、葬送、埋葬、火葬、納骨等に要した費用をいいます。

　通常、葬式に際し、葬儀社や寺の導師等に支払った費用、精進あげ等の飲食費用が主たる費用ですが、死体の捜索や遺骨の運搬費用、死亡診断書なども費用として含まれます。

> **ちょっとひとこと**
>
> **葬式費用に該当しないものは？**
>
> 　次のものは、葬儀費用となりません（相基通13-5）。
> ① 　香典返戻費用
> ② 　墓地の永代使用料や墓石の買入費、院号代
> ③ 　初七日や満中陰法会に要する費用
> ④ 　医学上又は裁判上の特別に要した費用

Phase 3 事例を検討しよう

(1) 事例1：債務等

相続財産から控除できる債務は、相続開始の際現に存するもので確実なものですから、銀行の借入残は控除できます。銀行借入でも住宅ローンの場合は、その残高と団体死亡保険金で相殺されたものは、プラスマイナスゼロですから、ないものと考え債務控除の対象とはしません。

保証債務ですが、原則として、控除できません。しかし、主たる債務者が弁済不能状態のため、保証債務者がその債務の履行をしなければならない場合で、かつ、主たる債務者に求償して返還を受ける見込みがない場合には、主たる債務者が弁済不能の部分の金額について、保証債務として控除できます。

連帯債務は、連帯債務者のうち債務控除を受けようとする者の負担すべき金額が明らかとなっている場合には、その負担額を控除することができます。また、連帯債務者のうち弁済不能状態にある者があり、かつ、求償して弁済を受ける見込みがなく、その弁済不能者の負担部分を負担しなければならないと認められる部分の金額も控除できます。

(2) 事例2：葬儀費用

控除できる葬儀費用の範囲は、社会通念上のいわゆる葬儀に要する費用であり、一般的には葬式（仮葬、本葬）、葬送、埋葬、火葬、納骨等に要した費用をいいます。通常、葬式に際し、葬儀社や寺の導師等に支払った費用、精進あげ等の飲食費用が主たる費用ですが、死体の捜索や遺骨の運搬費用、死亡診断書なども費用として含まれます。

ただし、被相続人の院号代や永代供養代は葬儀に要する費用には含められません。

第5章 相続税額

1 相続税の総額、相続税の課税価格

> **法律の概要**

　相続税は、被相続人から相続等により財産を取得した者の課税価格の合計額から、遺産に係る基礎控除額を控除した金額を被相続人の法定相続人の相続分に応じた金額に区分し、それぞれの金額に対し相続税の税率を算出した金額を合計して相続税の総額を計算し、その総額を相続等により取得した者の課税価格によって按分した金額により課税されます（相法11）。

　相続等により、財産を取得した者それぞれの相続税額の基礎となる課税価格の計算に関する規定です（相法11の2）。

> **具体例から学ぶ**

［事例］相続税の総額

　相続税の総額とは、どのような額をいうのでしょうか？　また、相続税の各人の課税価格についても教えてください。

<適用条文：相続税法第11条・第11条の2>

Phase 1　原文を読もう

はじめに、条文をそのまま読んでみましょう。

> 相続税法第11条　相続税は、この節及び第三節に定めるところにより、相続又は遺贈により財産を取得した者の被相続人からこれらの事由により財産を取得したすべての者に係る相続税の総額（以下この節及び第三節において「相続税の総額」という。）を計算し、当該相続税の総額を基礎としてそれぞれこれらの事由により財産を取得した者に係る相続税額として計算した金額により、課する。
>
> 第11条の2　相続又は遺贈により財産を取得した者が第1条の3第1号又は第2号の規定に該当する者である場合においては、その者については、当該相続又は遺贈により取得した財産の価額の合計額をもって、相続税の課税価格とする。
>
> 2　相続又は遺贈により財産を取得した者が第1条の3第3号の規定に該当する者である場合においては、その者については、当該相続又は遺贈により取得した財産でこの法律の施行地にあるものの価額の合計額をもって、相続税の課税価格とする。

相続税の対象者と課税価格

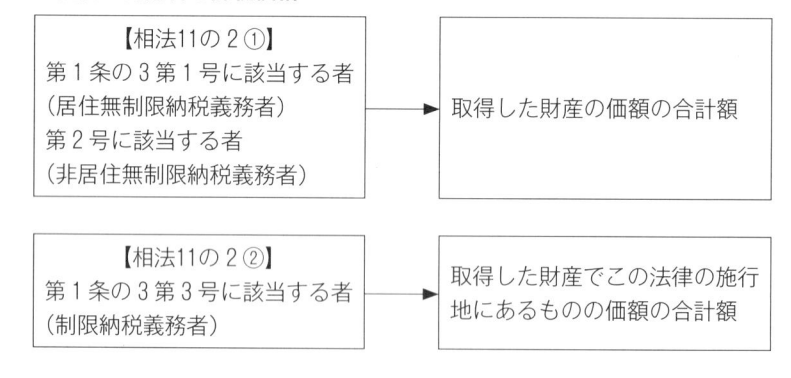

【相法11の2①】
第1条の3第1号に該当する者
（居住無制限納税義務者）
第2号に該当する者
（非居住無制限納税義務者）
→ 取得した財産の価額の合計額

【相法11の2②】
第1条の3第3号に該当する者
（制限納税義務者）
→ 取得した財産でこの法律の施行地にあるものの価額の合計額

Phase 2　キーワードで理解しよう

次に、キーワードをつかむことにより理解しやすくなります。

キーワードは、（1）相続税の総額、（2）相続税の課税価格、です。

（1）相続税の総額

相続税の総額とは、被相続人の死亡によりその相続人等が相続等により取得した財産に課される相続税額の合計額のことをいいます。

相続税法では、相続等により遺産を取得した者が取得財産価額に応じて相続税額を負担するという遺産取得課税方式が採用されていますが、同一相続により遺産を取得したすべての者に係る算出税額の合計額は、遺産総額と法定相続人の人数に応じ常に一定の税額となるように定められています。

相続税の総額は言い換えると、各相続人等の取得分に応じて相続税の総額を按分計算した各相続税額の合計額、法定相続人が法定相続分に応じて取得したものとした場合の各人の相続税額の合計額となります。

（2）相続税の課税価格

相続税の課税価格は、相続等により財産を取得した者の相続税計算の基礎となる金額であり、財産を取得した者ごとに、その相続等によって取得した財産の価格をもとにして計算することになっています。

その財産取得者が無制限納税義務者に該当するか、または制限納税義務者に該当するかによって、課税価格の計算の基礎に取り込む財産の範囲は異なります（相法2・11の2）。

相続税の課税財産は、原則的には本来の相続等で取得した財産（本来の相続財産）をいいますが、相続税法の規定により相続等により取得したものとみなされる財産（みなし相続財産）もあります。

> **ちょっとひとこと**
>
> **各人の課税価格は？**
>
> 各人の課税価格は、「本来の相続財産の価額＋みなし相続財産の価額－非課税財産の価額＋相続時精算課税適用財産の価額－債務及び葬儀費用の価額＋被相続人からの3年以内の贈与財産の価額」となります。

Phase 3　事例を検討しよう

　相続税の総額は、同一の相続により遺産を取得したすべての者に係る課税価格の合計額から、その遺産に係る基礎控除額を控除した金額を、法定相続人が法定相続分に応じて取得したものとした場合における各取得金額につき、相続税法に定める一定の税率を乗じて算出した金額の合計額をいいます。

　各相続人等の相続税額は、この相続税の総額を各相続人等の取得財産の価額が総遺産額に占める割合に応じて按分して計算します。

　各人の課税価格は、相続等により取得した財産に、相続等により取得したとみなされる財産や相続時精算課税適用財産、被相続人からの3年以内の贈与財産を加え、非課税財産と債務等を差し引いた価額のことをいいます。

2　配偶者に対する相続税額の軽減

法律の概要

　この規定の根拠は2点あります。

　1つは、配偶者が相続するということは、子が相続する場合に比して、将来的に相続の開始が早く相続税の課税の可能性が高いということです。

　もう1つは、長年一緒に生活してきたわけですから、配偶者という座に対する配慮及び遺産の維持形成に貢献してきたという考慮から、この規定が設けられています。

具体例から学ぶ

［事例1］　課税価格の合計額が1億6,000万円未満

　父が亡くなりました。相続する際に、父の配偶者である私の母が法定相

続分を取得すれば、母には相続税がかからないと聞きました。

　遺産総額（課税価格の合計額）は１億5,000万円なのですが、母が２分の１を取得すれば、私が取得する分には相続税が課されます。相続財産は父の自宅土地建物と私の家が建っている父名義の土地、父と私が営んでいる寿司屋の店舗とその土地、現金預金が200万円程度で、保険金もほとんどありません。

　母が法定相続分を取得する以外に１億6,000万円以下の取得なら相続税が課されないとも聞きましたが、余裕がないので、今回の申告で納税がないようにすることはできますか？

<適用条文：相続税法第19条の２＞

[事例２] 法定相続人が被相続人の配偶者と兄弟の場合

　私の妹の夫甲が亡くなりました。妹夫婦には子がなく、被相続人の法定相続人は甲の配偶者である私の妹と甲の兄弟２人です。

　遺産総額（課税価格の合計額）は２億4,000万円ですが、配偶者の税額軽減が適用される取得額はいくらでしょうか？

<適用条文：相続税法第19条の２＞

[事例３] 税務調査で指摘された配偶者名義の預金等

　私の父が亡くなり、10か月以内に相続税の申告を済ませました。相続人は、父の配偶者である母と私（息子）の２人だけです。遺産総額（課税価格の合計額）は8,000万円程度であったので、母が２分の１、私が２分の１相続し、私の取得分に対し相続税が課されたので、速やかに納税をしました。

　遺産分割協議書には「後日、新たに判明した被相続人の財産は配偶者が取得するものとする」と記述し、母と私の署名押印しています。これは、記載漏れの財産があった場合には、配偶者が取得することによって、配偶者の税額軽減の範囲内であれば課税されないとのアドバイスを受けたから

第５章　相続税額　301

です。

　先日、税務調査があり、母個人の名義の預金と有価証券で合計5,000万円（父が死亡する以前から存在）あるので、「これは被相続人の財産ではないですか？」と、調査官から指摘を受けました。

　母は、名義が自分であり、自分で預金と有価証券を管理していたので「あくまでも自分の財産である」と主張しています。実際には、母は専業主婦で株式や預金の運用については何ら知識がなく、父にいわれたとおりに父の財産を母が管理していただけなんです。

　これらの新たに判明した財産は、父の財産として母が取得することにすれば、配偶者税額軽減の範囲内で収まることになるでしょうか？

<適用条文：相続税法第19条の2＞

Phase 1　原文を読もう

はじめに、条文をそのまま読んでみましょう。

(配偶者に対する相続税額の軽減)

相続税法第19条の2　被相続人の配偶者が当該被相続人からの相続又は遺贈により財産を取得した場合には、当該配偶者については、第1号に掲げる金額から第2号に掲げる金額を控除した残額があるときは、当該残額をもってその納付すべき相続税額とし、第1号に掲げる金額が第2号に掲げる金額以下であるときは、その納付すべき相続税額は、ないものとする。

一　当該配偶者につき第15条から第17条まで及び前条の規定により算出した金額

二　当該相続又は遺贈により財産を取得した全ての者に係る相続税の総額に、次に掲げる金額のうちいずれか少ない金額が当該相続又は遺贈により財産を取得した全ての者に係る相続税の課税価格の合計額のうちに占める割合を乗じて算出した金額

　　イ　当該相続又は遺贈により財産を取得した全ての者に係る相続税の課税価格の合計額に民法第900条（法定相続分）の規定による当該配偶者

の相続分（相続の放棄があつた場合には、その放棄がなかつたものとした場合における相続分）を乗じて算出した金額（当該被相続人の相続人（相続の放棄があつた場合には、その放棄がなかつたものとした場合における相続人）が当該配偶者のみである場合には、当該合計額）に相当する金額（当該金額が１億6,000万円に満たない場合には、１億6,000万円）
　　ロ　当該相続又は遺贈により財産を取得した配偶者に係る相続税の課税価格に相当する金額
２　前項の相続又は遺贈に係る第27条の規定による申告書の提出期限（以下この項において「申告期限」という。）までに、当該相続又は遺贈により取得した財産の全部又は一部が共同相続人又は包括受遺者によってまだ分割されていない場合における前項の規定の適用については、その分割されていない財産は、同項第２号ロの課税価格の計算の基礎とされる財産に含まれないものとする。ただし、その分割されていない財産が申告期限から３年以内（当該期間が経過するまでの間に当該財産が分割されなかつたことにつき、当該相続又は遺贈に関し訴えの提起がされたことその他の政令で定めるやむを得ない事情がある場合において、政令で定めるところにより納税地の所轄税務署長の承認を受けたときは、当該財産の分割ができることとなつた日として政令で定める日の翌日から４月以内）に分割された場合には、その分割された財産については、この限りでない。
３　第１項の規定は、第27条の規定による申告書（当該申告書に係る期限後申告書及びこれらの申告書に係る修正申告書を含む。第５項において同じ。）又は国税通則法第23条第３項（更正の請求）に規定する更正請求書に、第１項の規定の適用を受ける旨及び同項各号に掲げる金額の計算に関する明細の記載をした書類その他の財務省令で定める書類の添付がある場合に限り、適用する。
４　（省略）
５　第１項の相続又は遺贈により財産を取得した者が、隠蔽仮装行為に基づき、第27条の規定による申告書を提出しており、又はこれを提出していなかつた場合において、当該相続又は遺贈に係る相続税についての調査があつたことにより当該相続税について更正又は決定があるべきことを予知して期限後申告書又は修正申告書を提出するときは、当該期限後申告書又は修正申告書に係る相続

税額に係る同項の規定の適用については、同項第2号中「相続税の総額」とあるのは「相続税の総額で当該相続に係る被相続人の配偶者が行つた第6項に規定する隠蔽仮装行為による事実に基づく金額に相当する金額を当該財産を取得した全ての者に係る相続税の課税価格に含まないものとして計算したもの」と、「課税価格の合計額のうち」とあるのは「課税価格の合計額から当該相当する金額を控除した残額のうち」と、同号イ中「課税価格の合計額」とあるのは「課税価格の合計額から第6項に規定する隠蔽仮装行為による事実に基づく金額に相当する金額（当該配偶者に係る相続税の課税価格に算入すべきものに限る。）を控除した残額」と、同号ロ中「課税価格」とあるのは「課税価格から第6項に規定する隠蔽仮装行為による事実に基づく金額に相当する金額（当該配偶者に係る相続税の課税価格に算入すべきものに限る。）を控除した残額」とする。

6　前項の「隠ぺい仮装行為」とは、相続又は遺贈により財産を取得した者が行う行為で当該財産を取得した者に係る相続税の課税価格の計算の基礎となるべき事実の全部又は一部を隠ぺいし、又は仮装することをいう。

（注）下線部分（筆者による）は、平成23年12月に改正され、平成23年12月2日以後に申告書の提出期限が到来する相続税から適用されます。

税額軽減が適用される要件

【相法19の2②】 （財産の分割確定） 申告期限までに分割されていない財産は、課税価格の基礎とされる財産に含まれない。	申告期限までに財産を分割していないと、配偶者の税額軽減が適用できません。
【相法19の2②ただし書き】 その分割されていない財産が申告期限から3年以内…に分割された場合には、その分割された財産については、この限りでない。	3年以内に分割が確定すれば、配偶者の税額軽減が適用できます。

【相法19の2②ただし書きのかっこ書き】（下線は筆者による） （当該期間が経過するまでの間に当該財産が分割されなかつたことにつき、当該相続又は遺贈に関し訴えの提起がされたこと<u>その他の政令で定めるやむを得ない事情がある場合</u>において、<u>政令で定めるところにより納税地の所轄税務署長の承認を受けたとき</u>は、当該財産の分割ができることとなった日として<u>政令で定める日の翌日から4月以内</u>）に分割された場合には、その分割された財産については、この限りでない。	次の事由に該当すれば、3年を経過しても分割が確定すれば、配偶者の税額軽減が適用できます。 ○「その他の政令で定めるやむをない事情がある場合」、「政令で定める日」→【相令4の2①】 ① 訴えの提起がされている場合 　→判決の確定など訴訟の完結の日 ② 和解・調停・審判の申し立て 　→和解・調停の成立など事件の終了の日 ③ 分割の禁止や相続の承認・放棄の期間の伸長 　→分割禁止期間・伸長期間が経過した日 ④ 税務署長においてやむを得ない事情があると認める場合 　→その事情の消滅の日 ○「政令で定めるところにより納税地の所轄税務署長の承認を受け」 　→【相令4の2②】 申告期限後3年を経過する日の翌日から2月を経過する日までに財務省令（相規1の6①②）で定める申請書を当該税務署長に提出しなければならない。
【相法19の2③】 （申告書提出時） その他財務省令で定める書類の添付がある場合に限り、適用する。	「その他財務省令で」 　→【相規1の6③】 ○分割している場合： 　遺言書の写し、遺産分割協議書の写し、印鑑証明書 ○未分割の場合：分割見込書

Phase 2　キーワードで理解しよう

次に、キーワードをつかむことにより理解しやすくなります。

キーワードは、（１）配偶者の相続分と１億6,000万円に満たない金額、（２）隠ぺい仮装行為、です。

（１）配偶者の相続分と１億6,000万円に満たない金額

配偶者の法定相続分は、子と配偶者が相続人の場合２分の１、配偶者と直系尊属が相続人の場合３分の２、配偶者と兄弟姉妹が相続人の場合４分の３となっていますが、あくまでも法定相続分であり、相続分は法定相続分以上であっても以下であっても、遺産分割協議で決めれば問題はないわけです。

ただし、法定相続分以上の相続をしますと納税額が発生することがあるので、配偶者の相続分は法定相続分かそれ以下にすることが多いようです。

相続税法では、被相続人の配偶者がその被相続人から相続等により財産を取得した場合には、その配偶者に対する相続税額を軽減する制度を設けています。

それは、配偶者が相続した遺産価額（課税価格）が、課税価格の合計額に配偶者の法定相続分を乗じて計算した金額に相当する金額（１億6,000万円に満たない場合には１億6,000万円）以下であるときは、原則として相続税は課税されず、それ以上である場合には相応の税額を軽減するというものです。

配偶者の税額軽減額は、次の算式によって計算します。

配偶者の税額軽減額 ＝ A × $\dfrac{C}{B}$

A：相続税の総額
B：課税価格の合計額
C：Bのうち配偶者の法定相続分相当額（１億6,000万円未満の場合は１億6,000万円）と配偶者の実際取得額とのうち、いずれか少ないほうの金額

（2）隠ぺい仮装行為

隠ぺい仮装とは、偽り不正の行為の一態様をいいます。

課税標準の計算の基礎となるべき事実の全部又は一部を隠匿し、また行為を施して虚偽の事実を付加し、税務調査を妨げて租税をほ脱する（＝まぬがれる）行為をいいます。

相続税の申告においては、被相続人名義の預金口座の一部を故意に財産に含めなかったり、被相続人が亡くなる直近に解約した預金で現金として残っているもの、実質被相続人所有の動産、不動産、家族又は他人名義の預金や保険金、有価証券、現金貸付金等を隠して、申告しなかったりすることをいいます。

> **ちょっとひとこと**
>
> **隠ぺい仮装が発覚した場合は？**
>
> 隠ぺい仮装が発覚した場合、修正申告書等を作成する際には、当該隠ぺい仮装行為に基づく金額は、配偶者の税額軽減の計算に考慮されることはありません。
>
> 計算式は次のようになります。
>
> $$配偶者の税額軽減額 = D \times \frac{FとGのうち、いずれか少ない金額}{E}$$
>
> D：配偶者が行った隠ぺい仮装行為に基づく金額を課税価格に含めないで計算した相続税の総額
> E：課税価格の合計額から配偶者が行った隠ぺい仮装行為に基づく金額を控除した金額
> F：次の算式で計算した金額と1億6,000万円といずれか高い金額
> 　（課税価格の合計額－配偶者の実際の取得価額のうち隠ぺい仮装に基づく金額）×配偶者の法定相続分
> G：配偶者の実際の取得価額－配偶者の実際の取得価額のうち隠ぺい仮装行為に基づく金額

Phase 3　事例を検討しよう

（1）事例1：課税価格の合計額が1億6,000万円未満

　課税価格の合計額が1億5,000万円ですから、被相続人の配偶者が法定相続分2分の1を取得すると、その取得分に対する相続税額は配偶者の税額軽減により、納税額はありません。ただし、質問者であるあなたは2分の1を取得することになり、あなたに対する相続税額は発生しますので、納税しなければなりません。

　また今回、相続税の納税がないようにするには、被相続人の配偶者が1億6,000万円に満たない額である1億5,000万円を全額取得すれば、相続税は発生しません。

（2）事例2：法定相続人が被相続人の配偶者と兄弟の場合

　この場合、配偶者の法定相続分は4分の3で、課税価格の合計額2億4,000万円×4分の3は1億8,000万円となり、1億6,000円を2,000万円超えてしまいます。

　例えば、法定相続分で遺産分割したら、相続税額の総額は6,300万円（配偶者5,500万円＋兄400万円＋弟400万円）となります。

　配偶者の税額軽減額を計算してみましょう。

【配偶者の税額軽減額】

$$63,000,000円 \times \frac{160,000,000円}{240,000,000円} = 42,000,000円$$

【配偶者納税額】

　　配偶者の相続税額　　軽減額　　　　納税額
　　55,000,000円 － 42,000,000円 ＝ 13,000,000円

（3）事例3：税務調査で指摘された配偶者名義の預金等

　明らかに被相続人の財産であることを知っていて隠ぺい仮装した場合には、

たとえ配偶者が法定相続分（または1億6,000万円）の範囲内で取得することになっても、修正申告する際の配偶者の税額軽減計算には、隠ぺい仮装した財産は考慮されません。

したがって、税務調査で指摘された隠ぺい仮装財産に対する相続税を配偶者は、納税しなければなりません。

3 未成年者控除、障害者控除、相次相続控除、在外財産に対する相続税額の控除

法律の概要

未成年者控除は、財産を相続した未成年者について、その子が自立し得るまでに必要とする養育費の負担軽減のために相続税の課税上の措置として規定されました。

障害者控除は、心身の障害者を扶養していたであろう被相続人が死亡した場合の相続税については、特別の配慮と障害者福祉の増進に資するため設けられました。

相次相続控除は、ある相続から次の相続までの期間が短い場合には、同一の財産について複数回相続税の課税を受けることとなり、当該期間が長かった者と短かった者とでは相続税の負担に大きな差異が生じるため、その相違についての調整が図られた規定です。

在外財産に対する相続税額の控除は、相続等により財産を取得した者が、日本国外にある財産につき、当該所在地国（外国）の相続税が課されたときは、国際間の二重課税を調整する目的で、その税額をその者の相続税額（国内）から控除する規定です。

具体例から学ぶ

[事例1] 未成年者控除、障害者控除

　私の父が亡くなりました。
　法定相続人は私（長男26歳）、妹（長女24歳）、弟（二男21歳10か月）、末っ子（三男15歳5か月）で、年齢は相続開始時のものです。父の配偶者である私たちの母はすでに亡くなっています。遺産は法定相続分で分割しました。相続税額は各人同額で350万円です。
　末っ子は未成年者なのですが、納付すべき相続税額の負担軽減はいくらあるのでしょうか？
　また、二男は特別障害者で、障害者に対する税額控除もあると聞きましたが、いくら控除されるのでしょうか？

　　　　　　　　　　　＜適用条文：相続税法第19条の3・第19条の4＞

[事例2] 控除しきれない金額

　事例1の場合で、障害者控除の額が二男の相続税額を超えてしまいます。この場合、控除しきれない金額は、別の相続人の相続税額から控除できるのでしょうか？

　　　　　　　　　　　＜適用条文：相続税法第19条の3・第19条の4＞

[事例3] 相似相続控除

　私の父が急死しました。
　3年前に父は祖父の相続をしており、取得財産（純資産価額1億7,000万円）に対して相応の相続税2,600万円を納めました。父の財産（純資産価額の合計額2億円）はほとんどが祖父から受け継いだもので占められており、相続人は私だけです。父が相続したときと同じだけの相続税を納めるとしたら、納税原資を借り入れるか、延納又は相続財産の売却を考えなくてはなりません。

何か軽減措置はないのでしょうか？

<適用条文：相続税法第第20条＞

[事例４] 在外財産に対する相続税額の控除

　父の遺産には海外の別荘が含まれており、その別荘を子である私が相続しました。この別荘の取得分（邦貨換算価額2,000万円）に対し、別荘のある国の相続税（邦貨換算価額100万円）が私に課税されたため、納税しました。

　日本においての相続税の申告はこれからするのですが、この海外の別荘も課税財産の１つとして含めた上で申告しなければならないと聞きました。

　両方の国で課税されることになれば、二重課税になりませんか？

　私の取得財産の価額のうち課税価格計算の基礎に算入された部分の金額は１億円で、各種税額控除後の相続税額は1,000万円です。

<適用条文：相続税法第20条の２＞

Phase 1　原文を読もう

はじめに、条文をそのまま読んでみましょう。

(未成年者控除)
相続税法第19条の３　相続又は遺贈により財産を取得した者（第１条の３第３号の規定に該当する者を除く。）が当該相続又は遺贈に係る被相続人の民法第五編第二章（相続人）の規定による相続人（相続の放棄があつた場合には、その放棄がなかつたものとした場合における相続人）に該当し、かつ、20歳未満の者である場合においては、その者については、第15条から前条までの規定により算出した金額から６万円にその者が20歳に達するまでの年数（当該年数が１年未満であるとき又はこれに１年未満の端数があるときは、これを１年とする。）を乗じて算出した金額を控除した金額をもつて、その納付すべき相続税額とする。

2　前項の規定により控除を受けることができる金額がその控除を受ける者について第15条から前条までの規定により算出した金額を超える場合においては、その超える部分の金額は、政令で定めるところにより、その控除を受ける者の扶養義務者が同項の被相続人から相続又は遺贈により取得した財産の価額について第15条から前条までの規定により算出した金額から控除し、その控除後の金額をもって、当該扶養義務者の納付すべき相続税額とする。
3　第１項の規定に該当する者がその者又はその扶養義務者について既に前２項の規定による控除を受けたことがある者である場合においては、その者又はその扶養義務者がこれらの規定による控除を受けることができる金額は、既に控除を受けた金額の合計額が第１項の規定による控除を受けることができる金額（２回以上これらの規定による控除を受けた場合には、最初に相続又は遺贈により財産を取得した際に同項の規定による控除を受けることができる金額）に満たなかった場合におけるその満たなかった部分の金額の範囲内に限る。

（障害者控除）

第19条の４　相続又は遺贈により財産を取得した者（第１条の３第２号又は第３号の規定に該当する者を除く。）が当該相続又は遺贈に係る被相続人の前条第１項に規定する相続人に該当し、かつ、障害者である場合には、その者については、第15条から前条までの規定により算出した金額から６万円（その者が特別障害者である場合には、12万円）にその者が85歳に達するまでの年数（当該年数が１年未満であるとき又はこれに１年未満の端数があるときは、これを１年とする。）を乗じて算出した金額を控除した金額をもって、その納付すべき相続税額とする。
2　前項に規定する障害者とは、精神上の障害により事理を弁識する能力を欠く常況にある者、失明者その他の精神又は身体に障害がある者で政令で定めるものをいい、同項に規定する特別障害者とは、同項の障害者のうち精神又は身体に重度の障害がある者で政令で定めるものをいう。
3　前条第２項及び第３項の規定は、第１項の規定を適用する場合について準用する。この場合において、同条第２項中「前条」とあるのは、「第19条の３」と読み替えるものとする。

（相次相続控除）

第20条　相続（被相続人からの相続人に対する遺贈を含む。以下この条において同じ。）により財産を取得した場合において、当該相続（以下この条において「第二次相続」という。）に係る被相続人が第二次相続の開始前10年以内に開始した相続（以下この条において「第一次相続」という。）により財産（当該第一次相続に係る被相続人からの贈与により取得した第21条の9第3項の規定の適用を受けた財産を含む。）を取得したことがあるときは、当該被相続人から相続により財産を取得した者については、第15条から前条までの規定により算出した金額から、当該被相続人が第一次相続により取得した財産（当該第一次相続に係る被相続人からの贈与により取得した第21条の9第3項の規定の適用を受けた財産を含む。）につき課せられた相続税額（延滞税、利子税、過少申告加算税、無申告加算税及び重加算税に相当する相続税額を除く。第1号において同じ。）に相当する金額に次の各号に掲げる割合を順次乗じて算出した金額を控除した金額をもつて、その納付すべき相続税額とする。

一　第二次相続に係る被相続人から相続又は遺贈（被相続人からの相続人に対する遺贈を除く。次号において同じ。）により財産を取得したすべての者がこれらの事由により取得した財産の価額（相続税の課税価格に算入される部分に限る。）の合計額の当該被相続人が第一次相続により取得した財産（当該第一次相続に係る被相続人からの贈与により取得した第21条の9第3項の規定の適用を受けた財産を含む。）の価額（相続税の課税価格計算の基礎に算入された部分に限る。）から当該財産に係る相続税額を控除した金額に対する割合（当該割合が100分の100を超える場合には、100分の100の割合）

二　第二次相続に係る被相続人から相続により取得した財産の価額（相続税の課税価格に算入される部分に限る。）の第二次相続に係る被相続人から相続又は遺贈により財産を取得したすべての者がこれらの事由により取得した財産の価額（相続税の課税価格に算入される部分に限る。）の合計額に対する割合

三　第一次相続開始の時から第二次相続開始の時までの期間に相当する年数を10年から控除した年数（当該年数が1年未満であるとき又はこれに1年

未満の端数があるときは、これを１年とする。）の10年に対する割合
（在外財産に対する相続税額の控除）
第20条の２　相続又は遺贈（第21条の２第４項に規定する贈与を含む。以下この条において同じ。）によりこの法律の施行地外にある財産を取得した場合において、当該財産についてその地の法令により相続税に相当する税が課せられたときは、当該財産を取得した者については、第15条から前条までの規定により算出した金額からその課せられた税額に相当する金額を控除した金額をもつて、その納付すべき相続税額とする。ただし、その控除すべき金額が、その者についてこれらの規定により算出した金額に当該財産の価額が当該相続又は遺贈により取得した財産の価額のうち課税価格計算の基礎に算入された部分のうちに占める割合を乗じて算出した金額を超える場合においては、その超える部分の金額については、当該控除をしない。

控除の対象となる要件

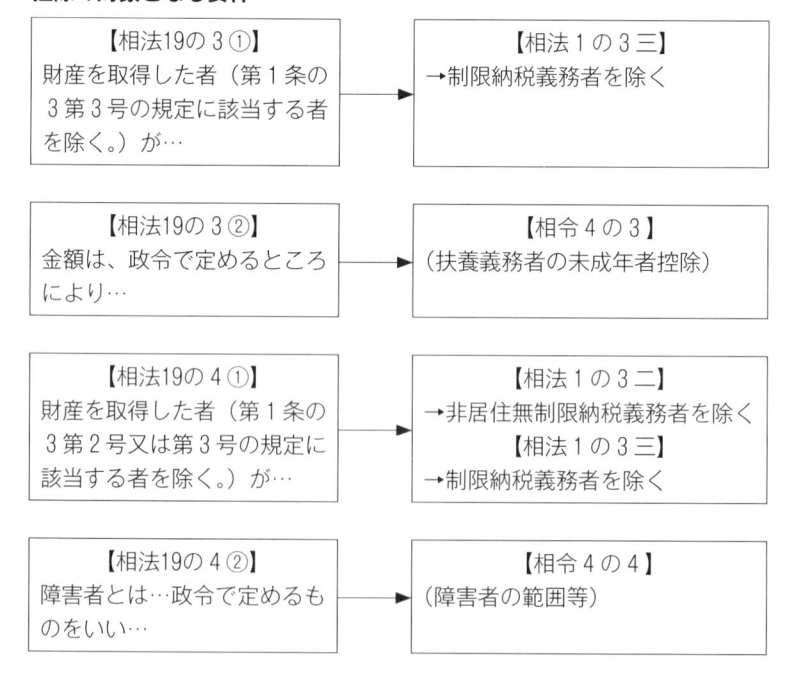

【相法19の３①】 財産を取得した者（第１条の３第３号の規定に該当する者を除く。）が…	→	【相法１の３三】 →制限納税義務者を除く
【相法19の３②】 金額は、政令で定めるところにより…	→	【相令４の３】 （扶養義務者の未成年者控除）
【相法19の４①】 財産を取得した者（第１条の３第２号又は第３号の規定に該当する者を除く。）が…	→	【相法１の３二】 →非居住無制限納税義務者を除く 【相法１の３三】 →制限納税義務者を除く
【相法19の４②】 障害者とは…政令で定めるものをいい…	→	【相令４の４】 （障害者の範囲等）

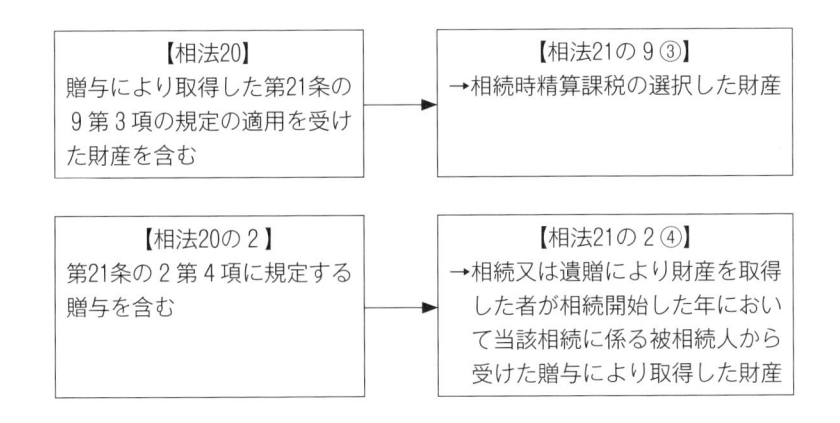

【相法20】 贈与により取得した第21条の9第3項の規定の適用を受けた財産を含む	→	【相法21の9③】 →相続時精算課税の選択した財産
【相法20の2】 第21条の2第4項に規定する贈与を含む	→	【相法21の2④】 →相続又は遺贈により財産を取得した者が相続開始した年において当該相続に係る被相続人から受けた贈与により取得した財産

Phase 2　キーワードで理解しよう

次に、キーワードをつかむことにより理解しやすくなります。

キーワードは、(1) 未成年者控除、(2) 障害者控除、(3) 相似相続控除、(4) この法律の施行地外の財産を取得、です。

(1) 未成年者控除

相続等により財産を取得した者のうちに未成年者がいる場合、その未成年者の納付すべき相続税額は、その未成年者の年齢に応じて、算出税額から一定額が控除されます。

適用対象者は、居住無制限納税義務者及び非居住無制限納税義務者であり、20歳未満の被相続人の法定相続人であることが条件です。

未成年者控除額の計算式は、以下のとおりです。

> (20歳－相続開始時の年齢) × 6万円＝未成年者控除額
> 　(注) 1年未満は1年とします。
> 　　　[例] 20歳－13歳9か月＝6年3か月→7年

未成年者控除額が、その未成年者の相続税額より多いため、その未成年者の相続税額から控除しきれない場合、その控除しきれない部分の金額は、その未

成年者の扶養義務者で、同一の被相続人から相続等により財産を取得した者（共同相続人）の相続税から控除できます（相法19の3②）。

> **ちょっとひとこと**
>
> **相続に係る被相続人がアメリカ合衆国の国籍を有していた場合は？**
>
> 　制限納税義務者であっても、その相続に係る被相続人がアメリカ合衆国の国籍を有していた場合、またはアメリカ合衆国に住所を有していたときは、その未成年者は日米租税条約第4条の規定により、未成年者控除の適用が受けることができます。
>
> 　また、未成年者控除は、その未成年者が相続を放棄した場合でも、遺贈により財産を取得しているときはその適用を受けることができます（相基通19の3-1）。
>
> **婚姻による成年とみなされる者の未成年者控除は？**
>
> 　未成年者控除の規定は、民法第753条（婚姻による成年擬制）による成年とみなされる者についても適用されます（相基通19の3-1）。

（2）障害者控除

　相続等により財産を取得した者のうちに障害者がある場合には、その者が障害者ゆえに通常の者よりも生活費等が必要であろうことから、その者の相続税額から一定額を控除することになっています。

　適用対象者は、居住無制限納税義務者であり、85歳未満の障害者で被相続人の法定相続人であることが条件です。

　障害者控除には、一般障害者控除と特別障害者控除があり、以下の計算式となります。

> （85歳－相続開始時の年齢）×6万円＝一般障害者の控除額
> （85歳－相続開始時の年齢）×12万円＝特別障害者の控除額
> （注）1年未満は1年とします。
> ［例］85歳－45歳7か月＝39年5か月→40年

　障害者控除額が障害者の相続税額を超える場合、その超える部分の金額（控除不足額）は、その者の扶養義務者で共同相続人の相続税額から控除できます（相法19の4③）。

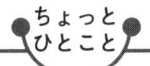

> **ちょっとひとこと**
>
> **相続に係る被相続人がアメリカ合衆国の国籍を有していた場合は？**
> 　制限納税義務者であっても、その相続に係る被相続人がアメリカ合衆国の国籍を有していた場合、またはアメリカ合衆国に住所を有していたときは、その障害者は日米租税条約第4条の規定により、障害者控除の適用を受けることができます。

（3）相次相続控除

　相続の開始があってから次の相続開始までは、通常、相当の期間があり相続税の負担も特に問題となりませんが、短期間に相続の開始が続いた場合は、相続税の負担が過重となってしまいます。

　このため、相続税法では相次相続控除の規定を置き、相続税負担の調整を図っています。これは、10年以内に2回以上の相続があった場合には、前の相続で課税された相続税額のうち、1年につき10％の割合で逓減したあとの金額を、あとの相続に係る相続税額から控除するという規定です。

　この相次相続控除は、2次相続の開始前10年以内に開始した1次相続により、2次相続の被相続人が財産を取得し相続税が課税された事実がある場合、2次相続の被相続人の相続人のみに適用されます。

　相次控除額の計算式は、以下のとおりです。

$$A \times \frac{C}{B-A} \times \frac{D}{C} \times \frac{10-E}{10} = 相次相続控除額$$

(注) $\frac{C}{B-A}$ が $\frac{100}{100}$ を超える場合は $\frac{100}{100}$ とする。

- A：2次相続に係る被相続人が第1次相続により取得した財産につき課せられた相続税（延滞税、利子税及び各種加算税除く）
- B：2次相続に係る被相続人が1次相続により取得した財産の価額（債務控除後の金額）
- C：2次相続により相続人及び受贈者の全員が取得した財産の価額（債務控除後の金額）の合計額（贈与により取得した財産の価額は含まない）
- D：2次相続によりその相続人が相続により取得した財産の価額（債務控除後の金額）
- E：1次相続開始時から2次相続開始時までの期間に相当する年数（1年未満切り捨て）

ちょっとひとこと

相続の放棄をした者及び相続権を失った者は適用できる？

この制度の適用対象者は、相続人に限られていますので、相続の放棄をした者及び相続権を失った者が遺贈により財産を取得しても、相次相続控除の適用はありません（相基通20-1）。

（4）この法律の施行地外の財産を取得

相続等により法施行地外にある財産を取得した場合、その財産につき、所在地国の法令により相続税に相当する税が課せられたときは、その国外財産について、わが国とその財産の所在地国で二重に課税されることとなります。

そこで、この二重課税を防ぐために、在外財産に対する相続税額の控除制度があり、一般に外国税額控除と呼んでいます。

この外国税額控除は、国外財産に対し、その所在地国の相続税に相当する税が課せられた場合、その財産を取得した者については、わが国における算出相続税額から一定額が控除されるというものです（相法20の2）。

外国税額控除を適用するには、法施行地外にある財産を相続等（相法20の2④の贈与含む）により取得し、その取得財産につき、所在地国の相続税に相当する税が課せられたことが要件となります。
　外国税額控除の計算式は、次のようになっています。

外国税額控除額＝

各種税額控除をしたあとのわが国の相続税額

$$\times \frac{相続等により取得した法施行地外の財産の価額}{\begin{array}{c}相続等により取得した財産のうち\\課税価格計算の基礎に算入された部分の金額\end{array}}$$

（注）相基通20の2－2
　　・法施行地外の財産の価額は、当該財産に係る債務を控除したあとの金額です。
　　・課税価格計算の基礎に算入された部分の金額は、債務控除後の金額です。

ちょっとひとこと

控除すべき金額が算出した金額を超える場合は？

　相続税額から控除する外国税額は、外国で課された相続税に相当する税額ですが、控除すべき金額が計算式によって算出した金額を超える場合、その超える部分の金額は控除されません（相法20の2ただし書き）。

外国税額控除に係る税額の邦貨換算時期とレートは？

　外国税額控除に係る税額の邦貨換算時期とレートですが、原則としてその地の法令により納付すべき日の電信売買相場によります。
　ただし、送金が著しく遅延して行われる場合を除き、国内から送金する日の電信売買相場によることもできます（相基通20の2－1）。

第5章　相続税額

Phase 3 事例を検討しよう

(1) 事例1：未成年者控除、障害者控除

末っ子の三男は15歳5か月ですので、未成年者控除の適用があります。

未成年者控除額は、

- 20歳－15歳5か月＝4年7か月→5年
- 6万円×5年＝30万円

となります。

弟（二男 21歳10か月）の特別障害者控除額は、

- 85歳－21歳10か月＝63年2か月→64年
- 12万円×64年＝768万円

となります。

(2) 事例2：控除しきれない金額

事例1で二男の障害者控除額は768万円になりますが、二男の相続税額は350万円なので、障害者控除額が障害者の相続税額を超えることとなり、その超える部分の金額（控除不足額）418万円は、その者の扶養義務者で共同相続人の相続税額から控除することになります。

この場合、控除を受けることのできる扶養義務者が2人以上あるときは、扶養義務者全員の協議により特定の1人から控除するか、各人ごとに配分するか、または各人ごとの相続税額の比により按分するかを決めることができます。

(3) 事例3：相次相続控除

相続人が相続等により財産を取得した場合に、その相続（2次相続）の被相続人が死亡前10年以内に開始した相続（1次相続）によって財産を取得したことがある場合には、2次相続の相続人の納付すべき相続税額は、通常に計算した相続税に相当する金額から計算式により算出した金額を控除することができます。これを相似相続控除といいます。

事例の場合には、2次相続開始が1次相続開始から3年しか経っていませんし、1次相続で2次相続の被相続人は相続税を納めていますので、2次相続の相続人に相似相続控除の適用があります。

相次相続控除額の合計額は、
$$2,600万円 \times \frac{2億円}{1億7,000万円-2,600万円} \left[\begin{array}{l}この割合が1\\を超える場合\\は1とします\end{array}\right] \times \frac{10年-3年}{10年}$$
$$=1,820万円$$

となります。

（4）事例4：在外財産に対する相続税額の控除

国外にある財産を相続等により取得した場合で、その取得財産も我が国における相続税を計算する上での課税遺産の総額に含めて相続税額を算出しますが、その財産の所在地国の法令により相続税に相当する税が課せられたときは、その財産につき国内と国外で二重に課税されることになるので、国際間の二重課税を防止するために、在外財産に対する相続税の控除が設けられています。これを一般に外国税額控除と呼んでいます。

事例の場合は、別荘所在国の相続税が課税され納税をしていますので、わが国における相続税の計算の際には外国税額控除を適用することができます。

控除額の計算式は、次のとおりです。

$$各種税額控除後の相続税額1,000万円 \times \frac{外国財産の価額2,000万円}{課税価格計算の基礎に算入された部分の金額1億円}$$
$$=外国税額控除額200万円（実際に納めた外国税額100万円といずれか少ないほうの金額）$$

したがって、控除する金額は、実際に納めた外国税額の100万円ということになります。

4 ── 相続税額の加算

> 法律の概要

　被相続人の1親等の血族（その代襲相続人を含む）又は配偶者以外の者及び被相続人の直系卑属で相続人の養子となっている者（代襲相続人を除く）に係る相続税額は、相続税法第17条の規定による算出相続税額の金額に、その100分の20に相当する金額を加算した金額です。

　相続税の2割加算の制度は、相続又は遺贈により財産を取得した者が被相続人との血族関係が遠い者である場合、またはまったく血族関係のない者である場合には、その財産の取得について偶然性が強く、また、被相続人が子を越して孫に直接遺産を遺贈することにより相続税の課税を1回免れることになるために設けられたものといわれています。

> 具体例から学ぶ

［事例］ 税額の2割加算

　以下①～⑥の者が相続又は遺贈により財産を取得した場合、相続税法に規定されている税額の2割加算は適用されますか？

① 被相続人の養子（被相続人の孫でない場合）
② 被相続人の養子（被相続人の孫である場合）
③ 代襲相続人である孫
④ 相続を放棄した被相続人の子
⑤ 被相続人の兄弟姉妹
⑥ 正式に相続を放棄した代襲相続人である孫

<適用条文：相続税法第18条>

Phase 1　原文を読もう

はじめに、条文をそのまま読んでみましょう。

（相続税額の加算）

相続税法第18条　相続又は遺贈により財産を取得した者が当該相続又は遺贈に係る被相続人の一親等の血族（当該被相続人の直系卑属が相続開始以前に死亡し、又は相続権を失ったため、代襲して相続人となった当該被相続人の直系卑属を含む。）及び配偶者以外の者である場合においては、その者に係る相続税額は、前条の規定にかかわらず、同条の規定により算出した金額にその100分の20に相当する金額を加算した金額とする。

2　前項の一親等の血族には、同項の被相続人の直系卑属が当該被相続人の養子となっている場合を含まないものとする。ただし、当該被相続人の直系卑属が相続開始以前に死亡し、又は相続権を失ったため、代襲して相続人となっている場合は、この限りでない。

加算されるかどうかは、被相続人の一親等の血族かどうかの判定が必要です。条文を簡潔にしてみます。

第18条　財産を取得した者が被相続人の一親等の血族及び配偶者以外の者である場合においては、その者に係る相続税額は、第17条の各相続人等の相続税額にその100分の20の金額を加算した金額とする。

この条文では、「原則、被相続人の子と配偶者以外の者は2割加算します」ということを規定していますが、例外も第1項のかっこ書きと第2項ただし書きで規定しています。

さらに、条文を抜き出してみます。

第5章　相続税額

> 第18条
> ・かっこ書き
> 「当該被相続人の直系卑属が相続開始以前に死亡し、又は相続権を失ったため、」
> 「代襲相続人となった当該被相続人の直系卑属を含む。」
> ・第2項ただし書き
> 「被相続人の養子（孫）で被相続人の直系卑属（子）が相続開始前以前に死亡し、又は相続権を失ったため、代襲して相続人となっている場合は、この限りではない。」

抜粋したかっこ書きは、代襲相続人となった孫のことを指しています。また、第2項ただし書きは、被相続人の養子となっていた被相続人の孫が、代襲相続人となる場合をいいます。

Phase 2　キーワードで理解しよう

次に、キーワードをつかむことにより理解しやすくなります。
キーワードは、（1）一親等の血族及び配偶者以外の者、（2）代襲相続人、です。

（1）一親等の血族及び配偶者以外の者

被相続人の一親等の血族及び配偶者は、相続税法第17条の規定により算出した相続税額に2割加算はされません。それ以外の者とは、相続人になり得る被相続人の孫や兄弟姉妹、遺贈により財産を取得した者をいいます。

被相続人の一親等の血族には、被相続人の直系卑属で当該被相続人の養子となっている者（いわゆる孫養子）は含めることはできません。

（2）代襲相続人

代襲相続人とは、被相続人の子が相続開始前に死亡し、廃除され、または相

続欠格者となったため代襲して相続人となった直系卑属（孫）をいいます。

　いわゆる孫養子でも、当該被相続人の直系卑属が相続開始以前に死亡しまたは相続権を失ったため当該孫養子が代襲相続人となっている場合は、一親等の血族から除かれる者ではありません（相法18②）。

Phase 3　事例を検討しよう

①　被相続人の養子（被相続人の孫でない場合）

　被相続人の養子は、一親等の法定血族であり、税額の加算はありません。

②　被相続人の養子（被相続人の孫である場合）

　被相続人の養子（孫）は一親等の血族ではありますが、第18条第2項の直系卑属になりますので、2割加算をしなければなりません。

③　代襲相続人である孫

　孫は二親等の血族ですが、代襲相続人であるため、第18条1項かっこ書きにより2割加算はありません。

④　相続を放棄した被相続人の子

　たとえ相続を放棄して遺贈による財産の取得をしていても、子は一親等の血族ですから2割加算はありません。

⑤　被相続人の兄弟姉妹

　兄弟姉妹は二親等の血族であり、相続又は遺贈により財産を取得した場合には、2割加算をしなければなりません。

⑥　正式に相続放棄した代襲相続人である孫

　相続を放棄したことにより代襲相続人とはならず、一親等の血族に含めて扱われることはありません。したがって、遺贈により財産を取得した場合には、二親等の血族として2割加算しなければなりません。

第6章 小規模宅地等についての相続税の課税価格の計算の特例

法律の概要

　いわゆる「小規模宅地の特例制度」は、相続した居住用財産について一定の要件を満たす場合、相続税の課税価格から一定額を減額できる仕組みです。

　個人が相続又は遺贈によって財産を取得した場合、その財産のうち相続の開始の直前において、被相続人又は被相続人と生計を一にしていた被相続人の親族の事業の用又は居住の用に供されていた宅地等で一定の建物又は建築物の敷地の用に供されているもの（特例対象宅地等）があるときは、その個人が取得をした特例対象宅地等又はその一部でこの特例の適用を受けるものとして選択をしたものについては、限度面積要件を満たす場合に限り、相続税の課税価格に算入すべき価額は、その宅地等の相続税法第22条に定める時価に一定の割合を乗じて計算した金額によるとされています。

　この特例の立法趣旨は、被相続人等の居住の用もしくは事業の用に供されていた宅地等は、相続人等の生活基盤維持のため不可欠なものであり、居住の継続や事業の継続ということ、また、その処分に相当の制約があることを配慮して設けられた軽減措置であるといわれています。

具体例から学ぶ

［事例］小規模宅地の相続

　平成23年12月に父が死亡しました。相続人は母、兄、及び私の3人です。
○被相続人関係
　・父は生前に同族会社（100％父が株式を保有）を経営しており、父が所

有する宅地（100㎡）に当該同族会社の工場が建っており、事業の用
　　に供されています（無償返還の届出が提出されている）。
・父は居住用財産（土地120㎡及び建物）を所有しており、生前母と同居
　していました。
・その他土地を200㎡有していましたが、5年前に相続対策のために賃
　貸マンションを建て、賃貸しています。
○相続人関係
・母は父と同居しており、引き続き父が保有していた居住用財産に居住
　する予定です。
・兄は父とは別生計で家族と暮らしていますが、居住用財産を保有して
　いません。5年前から父の事業を引き継ぎ、経営しています。また、
　当該同族会社の株式全額を遺産分割により取得する予定です。
・私は会社員で別生計、一軒家を保有し家族と暮らしています。
　この場合、課税財産から減額できる金額が最大となる小規模宅地等の特
例の適用方法を教えてください。なお、便宜上宅地の単価はすべて10万
円/㎡であるものとします。
　　　　　　　　　　　＜適用条文：租税特別措置法第69条の4＞

Phase 1　原文を読もう

はじめに、条文をそのまま読んでみましょう。

> 租税特別措置法第69条の4　個人が相続又は遺贈により取得した財産のうちに、
> 　当該相続の開始の直前において、当該相続若しくは遺贈に係る被相続人又は当
> 　該被相続人と生計を一にしていた当該被相続人の親族（第3項において「被相
> 　続人等」という。）の事業（事業に準ずるものとして政令で定めるものを含む。
> 　同項において同じ。）の用又は居住の用に供されていた宅地等（土地又は土地
> 　の上に存する権利をいう。同項及び次条第5項において同じ。）で財務省令で
> 　定める建物又は構築物の敷地の用に供されているもので政令で定めるもの（特

定事業用宅地等、特定居住用宅地等、特定同族会社事業用宅地等及び貸付事業用宅地等に限る。以下この条において「特例対象宅地等」という。）がある場合には、当該相続又は遺贈により財産を取得した者に係るすべての特例対象宅地等のうち、当該個人が取得をした特例対象宅地等又はその一部でこの項の規定の適用を受けるものとして政令で定めるところにより選択をしたもの（以下この項及び次項において「選択特例対象宅地等」という。）については、限度面積要件を満たす場合の当該選択特例対象宅地等（以下この項において「小規模宅地等」という。）に限り、相続税法第11条の2に規定する相続税の課税価格に算入すべき価額は、当該小規模宅地等の価額に次の各号に掲げる小規模宅地等の区分に応じ当該各号に定める割合を乗じて計算した金額とする。

一 特定事業用宅地等である小規模宅地等、特定居住用宅地等である小規模宅地等及び特定同族会社事業用宅地等である小規模宅地等　100分の20
二 貸付事業用宅地等である小規模宅地等　100分の50
（以下省略）

法律と政令の関連

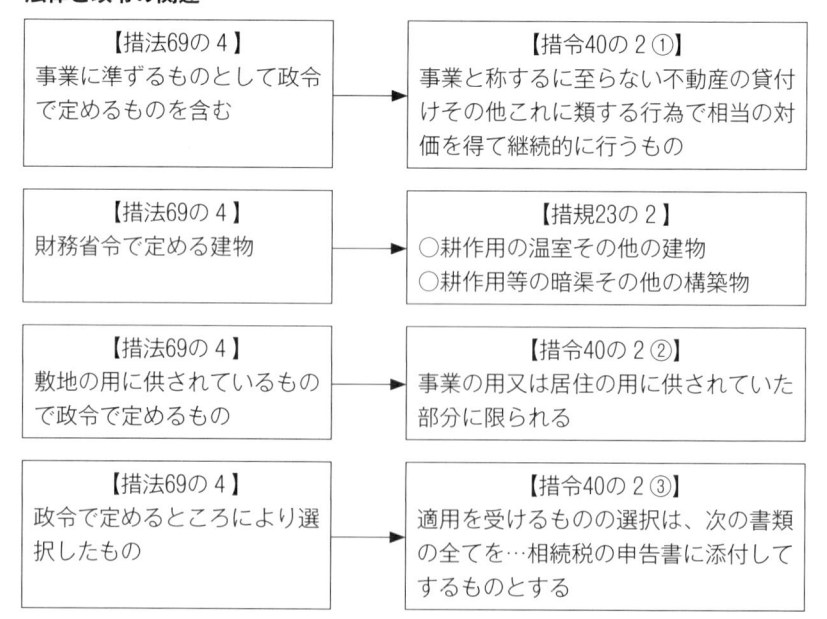

【措法69の4】	【措令40の2①】
事業に準ずるものとして政令で定めるものを含む	→ 事業と称するに至らない不動産の貸付けその他これに類する行為で相当の対価を得て継続的に行うもの

【措法69の4】	【措規23の2】
財務省令で定める建物	→ ○耕作用の温室その他の建物 ○耕作用等の暗渠その他の構築物

【措法69の4】	【措令40の2②】
敷地の用に供されているもので政令で定めるもの	→ 事業の用又は居住の用に供されていた部分に限られる

【措法69の4】	【措令40の2③】
政令で定めるところにより選択したもの	→ 適用を受けるものの選択は、次の書類の全てを…相続税の申告書に添付してするものとする

Phase 2　キーワードで理解しよう

次に、キーワードをつかむことにより理解しやすくなります。

キーワードは、(1) 特例対象宅地等、(2) 限度面積要件、(3) 相続税の課税価格に算入すべき価格、です。

(1) 特例対象宅地等

適用対象は「特定事業用宅地等」「特定居住用宅地等」「特定同族会社事業用宅地等」及び「貸付事業用宅地等」に限られ、これらを特例対象宅地等といい適用対象を規定しています（措法69の4③）。

① 特定事業用宅地等

特定事業用宅地等とは、被相続人等の事業（不動産貸付業その他政令（措令40の2④）で定めるものを除く）の用に供されていた宅地等で、次のイ、ロに掲げる要件のいずれかを満たす被相続人の親族が相続又は遺贈により取得したもの（政令（措令40の2⑤）で定める部分に限る）をいいます（措法69の4③一）。

イ．当該親族が相続開始時から申告期限までの間に当該宅地等の上で営まれていた被相続人の事業を引き継ぎ、申告期限まで引き続き当該宅地等を有し、かつ、当該事業を営んでいること

ロ．当該被相続人の親族が当該被相続人と生計を一にしていた者であって、相続開始時から申告期限まで引き続き当該宅地等を自己の事業の用に供していること

> **ちょっとひとこと**
>
> **生計を一とは？**
>
> 「生計を一」については、小規模宅地等の特例の中には定義づけがされていません。実務上は、所得税基本通達2-47に基づいて判断します（96頁参照）。

第6章　小規模宅地等についての相続税の課税価格の計算の特例　　329

② 特定居住用宅地等

　特定居住用宅地等とは、被相続人等の居住の用に供されていた宅地等（当該宅地等が2以上ある場合には政令（措令40の2⑥）で定める宅地等、つまり主として居住の用に供していた一の宅地等に限る）で、被相続人の配偶者又は次のイ～ハに掲げる要件のいずれかを満たす当該被相続人の親族が相続又は遺贈により取得したもの（政令（措令40の2⑦）で定める部分に限る）をいいます（措法69の4③二）。

　　イ．当該親族が相続開始の直前において当該宅地等の上に存する当該被相続人の居住の用に供されていた家屋に居住していた者であって、相続開始時から申告期限まで引き続き当該宅地等を有し、かつ、当該家屋に居住していること

　　ロ．当該親族（当該被相続人の居住の用に供されていた宅地等を取得した者に限る）が相続開始前3年以内に相続税法の施行地内にあるその者又はその者の配偶者の所有する家屋（当該相続開始の直前において当該被相続人の居住の用に供されていた家屋を除く）に居住したことがない者であり、かつ、相続開始時から申告期限まで引き続き当該宅地等を有していること（当該被相続人の配偶者又は相続開始の直前においてイに規定する家屋に居住していた親族で政令（措令40の2⑧）で定める者がいない場合に限る）

　　ハ．当該親族が当該被相続人と生計を一にしていた者であって、相続開始時から申告期限まで引き続き当該宅地等を有し、かつ、相続開始前から申告期限まで引き続き当該宅地等を自己の居住の用に供していること

③ 特定同族会社事業用宅地等

　特定同族会社事業用宅地等とは、相続開始の直前に被相続人及び当該被相続人の親族その他当該被相続人と政令（措令40の2⑨）で定める特別の関係がある者が有する株式の総数又は出資の総額が当該株式または出資に係る法人の発行済株式の総数又は出資の総額の10分の5を超える法人の事業の用に供されていた宅地等で、当該宅地等を相続又は遺贈により取得した当該被相続人の親族が相続開始時から申告期限まで引き続き有し、かつ、申告期限まで引き続き当

該法人の事業の用に供されているものをいいます（措法69の4③三）。

④　貸付事業用宅地等

　貸付事業用宅地等とは、被相続人等の事業（不動産貸付業その他政令で定めるものに限ります。以下「貸付事業」という）の用に供されていた宅地等で、次のイ、ロに掲げる要件のいずれかを満たす当該被相続人の親族が相続又は遺贈により取得したもの（特定同族会社事業用宅地等を除き、政令（措令40の2⑫→措令40の2⑤）で定める部分に限る）をいいます（措法69の4③四）。

　　イ．当該親族が、相続開始時から申告期限までの間に当該宅地等に係る被相続人の貸付事業を引き継ぎ、申告期限まで引き続き当該宅地等を有し、かつ、当該貸付事業の用に供していること
　　ロ．当該被相続人の親族が当該被相続人と生計を一にしていた者であって、相続開始時から申告期限まで引き続き当該宅地等を有し、かつ、相続開始前から申告期限まで引き続き当該宅地等を自己の貸付事業の用に供していること

> **ちょっとひとこと**
>
> **青空駐車場は含まれる？**
>
> 　貸付事業用宅地等には駐車場等が含まれますが、建物又は構築物の敷地の用に供されていること（措法69の4①）が要件とされています。
> 　したがって、いわゆる青空駐車場は含まれません。

（2）限度面積要件（措法69の4②）

　小規模宅地等の適用対象限度面積は、選択特例対象宅地等の次の区分に応じ、それぞれ以下①～④に定める面積となります。

　　①　選択特例対象宅地等のすべてが特定事業用等宅地等（特定事業用宅地等又は特定同族会社事業用宅地等）である場合には、選択特例対象宅地等の面積の合計が400㎡以下であること

② 選択特例対象宅地等のすべてが特定居住用宅地等である場合には、選択特例対象宅地等の面積の合計が240㎡以下であること
③ 選択特例対象宅地等のすべてが貸付事業用宅地等である場合には、選択特例対象宅地等の面積の合計が200㎡以下であること
④ 選択特例対象宅地等のすべてが特定事業用宅地等、特定居住用宅地等または貸付事業用宅地等である場合
　　次のイ～ハに掲げる面積の合計が400㎡以下であること
　イ．選択特例対象宅地等である特定事業用宅地等の合計
　ロ．選択特例対象宅地等である特定居住用宅地等の面積の合計に3分の5を乗じて得た面積
　ハ．選択特例対象宅地等である貸付事業用宅地等の面積の合計に2を乗じて得た面積

適用対象限度面積の計算式

$$ア + イ \times \frac{3}{5} + ウ \times 2 \leqq 400㎡$$

（3）相続税の課税価格に算入すべき価格（措法69の4①）

　小規模宅地等の課税価格に算入される価額は、その宅地等の次に掲げる区分に応じ、それらの価額からそれぞれに掲げる割合を乗じて計算した金額を控除した金額となります。
① 特定事業用宅地等である小規模宅地等、特定居住用宅地等である小規模宅地等及び特定同族会社事業用宅地等である小規模宅地等…80％
② 貸付事業用宅地等である小規模宅地等…50％

小規模宅地等の課税価格に算入される価額の区分

		減額割合	減額面積
事業用	特定事業用等宅地等	80%	400㎡
	貸付事業用宅地等	50%	200㎡
居住用	特定居住用宅地等	80%	240㎡

Phase 3　事例を検討しよう

（1）特例対象宅地等の判定

① 特定同族会社事業用宅地等

　同族会社の事業の用に供されている土地については、兄が役員に就任し事業を継続しており、かつ遺産分割により兄が取得した場合には特定同族会社事業用宅地等に該当します（措法69の4③三）。

② 特定居住用宅地等

　父と母が居住していた宅地については、配偶者である母が遺産分割により取得する場合には、特定居住用宅地等に該当することとなり、それ以外の法定相続人が取得した場合には、いずれの条件も満たさないため特例対象宅地等とはなりません（措法69の4③二）。

③ 貸付事業用宅地等

　賃貸の用に供していた宅地等については、貸付事業用宅地等として特例対象宅地等に該当します（措法69の4③四）。

（2）適用対象限度面積選択

　小規模宅地等の適用対象限度面積は、上記のとおり選択特例対象宅地等の区分に応じて異なります。

　限度面積の大きい宅地等から順次選択することで相続財産から減額される金額が最大となるため、特定同族会社事業用宅地等及び特定居住用宅地等について特例を適用し、残存面積について貸付事業用宅地等に特例を適用します。

$$\text{特定同族会社事業用宅地等}100㎡＋\text{特定居住用宅地等}120㎡×\frac{3}{5}$$
$$＋\text{貸付事業用宅地等}50㎡×2 \leqq 400㎡$$

（3） 減額できる金額

課税財産から減額できる金額は、以下①～③のとおりです。

① 特定同族会社事業用宅地等：100㎡×100,000円×80％＝8,000,000円
② 特定居住用宅地等：120㎡×100,000円×80％　＝9,600,000円
③ 貸付事業用宅地等：50㎡×100,000×50％　　＝2,500,000円
　　　　　　　　　　　　　　　　　　　　　合計　20,100,000円

（4） 留意事項

小規模宅地等の特例制度の適用に際しては、原則として、遺産分割協議等による分割が行われており、相続税の申告書の提出を期限内に行うことが前提となります（措法69の4④⑥等）。

また、条文上「この項の規定の適用を受けるものとして政令で定めるところにより選択をしたもの」となっていますので、どの宅地等から適用するかは納税者が判断することになります。

第7章 贈与税

1 ── 贈与税の基本事項

法律の概要

　贈与税は、相続税の補完税という性格を有しています。そのため、納税義務者（受贈者）及び贈与者が、原則として個人の場合に課税されます。

　贈与税の課税方法には、「暦年課税制度」と「相続時精算課税制度」があります。

　相続税法のうち、贈与税関係の主なものを抜き出すと次頁のとおりです。

贈与税に関する法体系

区分	主な条文	課税の特例
総則	贈与税の納税義務者（相法1の4）、贈与税の課税財産の範囲（同2の2）、贈与により取得したものとみなす場合（同5～9の2）、財産の所在（同10）	
課税価格 税率及び控除	贈与税の課税（相法21）、贈与税の課税価格（同21の2）、贈与税の非課税財産（同21の3）、特別障害者に対する贈与税の非課税（同21の4）、贈与税の基礎控除（同21の5）、贈与税の配偶者控除（同21の6）、贈与税の税率（同21の7）、在外財産に対する贈与税額の控除（同21の8）	【課税の特例】 ○住宅取得資金の贈与の特例（措法70の2） ○基礎控除の特例（措法70の2の2）
財産評価	評価の原則（相法22）、地上権～定期金に関する評価（同23～25）	財産評価通達
申告、納付、還付 更正及び決定 延納、その他	贈与税の申告（相法28）、期限後申告の特則（同30②）、修正申告の特則（同31④）、更正の請求の特則（同32）、納付（同33）、連帯納付義務（同34）、更正及び決定の特則（同35）、更正、決定等の期間制限の特則（同36）、延納関係（同38～40）、納税地（同62）、人格のない社団等に対する課税（同66）	【課税の特例】 ○農地等の贈与の特例（措法70の4） ○非上場株式等贈与の特例（措法70の7）
相続時精算課税	相続時精算課税に係る贈与税の課税価格（相法21の10）、適用除外（同21の11）、相続時精算課税に係る贈与税の特別控除（同21の12）、相続時精算課税に係る贈与税の税率（同21の13）、相続時精算課税に係る相続税額（同21の14）	【課税の特例】 ○住宅取得等資金の贈与の特例（措法70の3）

<贈与税の納税義務者と課税の財産の範囲>

　贈与税の納税義務について、居住無制限納税義務者、非居住無制限納税義務者、制限納税義務者に区分されています。

　また、贈与税に関する課税物件については、居住無制限納税義務者又は非居住無制限納税義務者の場合は、その財産の所在を問わず、贈与によって取得した財産の全部が課税の対象とし、制限納税義務者の場合には、この法律の施行地にある財産を贈与によって取得した場合にその財産について課税されることとされています（相法1の4）。

納税義務者と課税財産

【相法1の4一】法施行地に住所を有するもの	【相法2の2①】取得した全部の財産	居住無制限納税義務者
【相法1の4二】日本国籍を有する個人で相続等開始前5年以内に法施行地に住所を有していたこと	【相法2の2①】取得した全部の財産	非居住無制限納税義務者
【相法1の4三】法施行地に住所を有しないもの	【相法2の2②】法施行地にあるもの	制限納税義務者
【相法21の9】相続時精算課税の選択した者	選択した財産	

●ちょっとひとこと

贈与税の課税の対象は？

　贈与税の課税の対象は、実際に取得した財産や贈与により取得したものとみなされるものです。

　贈与により取得したものとみなされるものには、保険金（相法5）、定期金（同6）、低額譲受（同7）、債務免除等（同8）、その他の利益の享受（同

9)、信託に関する権利（同9の2）があります。

＜相続時精算課税制度＞

　贈与時に贈与により取得した財産に対して、受贈者の選択により、低い税率で贈与税を納め、相続時にその贈与により取得した財産の価額と相続等により取得した財産の価額とを合計した価額を課税価格として計算した相続税額から、すでに納付した贈与税に相当する金額を控除した額をもって、その納付すべき相続税額とする課税を「相続時精算課税」といいます。

　相続時精算課税は、平成15年1月1日以後に相続等又は贈与により取得した財産に係る相続税又は贈与税について適用されます。

（1）要件

　贈与により財産を取得した者がその贈与した者（特定贈与者）の推定相続人で、かつ、その贈与した者が、同日において65歳以上の者である場合に適用を受けることができます。

> **ちょっとひとこと**
>
> **推定相続人の年齢は？**
> 　その贈与した者の直系卑属つまり子供で、贈与を受けた年の1月1日において、20歳以上であるものに限られます（相法21①かっこ書き）。
>
> **その年の中途に養子になったときは？**
> 　その年の中途において養子となったことにより推定相続人なったときには、推定相続人となった以後に贈与により取得した財産については適用を受けることができます（相法21の9④）。

　相続時精算課税制度の適用を受けようとする者は、贈与税の申告書等一定の書類を申告期限内に納税地の所轄税務署に提出しなければなりません（相法21

の9②)。

（2）適用除外

相続時精算課税適用者が特定贈与者から贈与により取得した財産については、贈与税の基礎控除（相法21の5）・贈与税の配偶者控除（相法21の6）、贈与税の税率（相法21の7）は適用されません（相法21の11）。

（3）贈与税の特別控除と税率

① 特別控除

特定贈与者ごとの贈与税の課税価格から、次のイ、ロのいずれか低い金額が控除されます。

イ．2,500万円

（注）すでに相続時清算課税の適用を受けて控除した金額がある場合には、その金額の合計額を控除した金額

ロ．特定贈与者ごとの贈与税の課税価格

② 税率

贈与税の税率は20％です。

＜贈与税の申告と納付＞

財産を取得した者は、次の①～③のいずれかに該当するときは、その年の翌年の2月1日から3月15日までに申告書を納税地の所轄税務署に提出しなければなりません（相法28）。

① 取得した財産の合計額が基礎控除（110万円）を超えるとき
② 在外財産に対する贈与税額の控除をしても贈与税額があるとき
③ 相続時精算課税の適用を受けるものがあるとき

贈与税の納付期限は、申告書の提出期限ですので、3月15日ということになります。

（注）申告期限の取扱いについては、253頁「ちょっとひとこと」を参照してください。

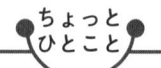

> **ちょっとひとこと**
>
> **財産を取得した者が贈与税を納めないときは？**
> 　財産を贈与した者は、その贈与した財産の価格に応じた贈与税について、贈与した価格を限度して連帯して納付しなければなりません（相法34④）。

2 ── 贈与税の非課税財産

法律の概要

　贈与によって取得した財産及び贈与によって取得したものとみなされる財産に対して、贈与税が課税されます。

　しかし、贈与によって取得した財産であっても、その性質又は贈与の目的からみて贈与税を課税することが適当でないものがあります。それらのものを列挙し、贈与税の非課税財産を規定しています。

具体例から学ぶ

> **[事例] 扶養義務者からの生活費、教育費の贈与**
> 　私はこの春、念願が叶い東京の某有名私立大学の医学部に入学することができました。ほかの下宿よりはちょっと家賃がかかるのですが、代官山のオシャレなマンションの一室を借りて、医学生1年目の生活を満喫しています。
> 　入学の際、入学金や授業料、教育充実費等に1,000万円が必要だったのですが、資産家の祖母が「かわいい孫のため」といって、大学に直接振り込んでくれました。2年目以降も、直接に授業料を振り込むといってくれています。
> 　また、私の父は公務員なので、代官山のマンション賃借料と食費等の生

活費を私に仕送りするには厳しいため、祖母が賃借料20万円と生活費30万円の計50万円を私の銀行口座へ毎月振り込んでくれています。私にとって、生活費30万円は東京で生活するにはギリギリの金額です。

それと、上京する際に祖母は困ったときに使いなさいといって、500万円の現金をくれましたので、銀行で定期預金にして持っています。

また、祖母は「医学部入学のお祝いだから、あなたの好きな車を買ってあげる」といってくれたので、私は600万円のBMWを購入してもらいました。

これらの祖母から受けた教育費や生活費等には、贈与税がかかるのでしょうか？

<適用条文：相続税法第21条の3＞

Phase 1 原文を読もう

はじめに、条文をそのまま読んでみましょう。

(贈与税の非課税財産)
相続税法第21条の3　次に掲げる財産の価額は、贈与税の課税価格に算入しない。
一　法人からの贈与により取得した財産
二　扶養義務者相互間において生活費又は教育費に充てるためにした贈与により取得した財産のうち通常必要と認められるもの
三　宗教、慈善、学術その他公益を目的とする事業を行う者で政令で定めるものが贈与により取得した財産で当該公益を目的とする事業の用に供することが確実なもの
四　所得税法（昭和40年法律第33号）第78条第3項（寄附金控除）に規定する特定公益信託（以下この号において「特定公益信託」という。）で学術に関する顕著な貢献を表彰するものとして、若しくは顕著な価値がある学術に関する研究を奨励するものとして財務大臣の指定するものから交付される金品で財務大臣の指定するもの又は学生若しくは生徒に対する学資の支給を行うことを目的とする特定公益信託から交付される金品

五　条例の規定により地方公共団体が精神又は身体に障害のある者に関して実施する共済制度で政令で定めるものに基づいて支給される給付金を受ける権利
　　六　公職選挙法（昭和25年法律第100号）の適用を受ける選挙における公職の候補者が選挙運動に関し贈与により取得した金銭、物品その他の財産上の利益で同法第189条（選挙運動に関する収入及び支出の報告書の提出）の規定による報告がなされたもの
２　第12条第２項の規定は、前項第３号に掲げる財産について準用する。

事例の適用部分を抜き出します。

第21条の３　次に掲げる財産の価額は、贈与税の課税価格に算入しない。
　　二　扶養義務者相互間において生活費又は教育費に充てるためにした贈与により取得した財産のうち通常必要と認められるもの

Phase 2　キーワードで理解しよう

次に、キーワードをつかむことにより理解しやすくなります。
キーワードは、（１）贈与税の課税価格に算入しない、（２）扶養義務者、です。

（１）贈与税の課税価格に算入しない
① 法人からの贈与により取得した財産
　贈与税は、相続税の補完税という性格上、その納税義務者（受贈者）・贈与者は、原則として個人に限られています（相法１の４）。
　法人については、相続が発生しないので、相続税による補完が出来ないことになります。そこで、法人から贈与により取得した財産については、贈与税を非課税とし（相法21の３①一）、所得税（一時所得）が課税されます（所基通34−1（5））。

また、贈与者である法人側では、贈与した価額は寄附金として扱い、損金不算入の適用を受けるとことになります。
② 扶養義務者から生活費や教育費として贈与を受けた財産
　扶養義務者相互間における生活費または教育費の贈与で、通常必要と認められるものについては贈与税が課税されません（相法21の3①二）。
　日常生活に必要な費用として、扶養義務に基づき贈与されたものにまで課税するのは適当でないからです。
③ 公益事業用財産
　宗教、ボランティア、学術その他公益を目的とする事業を行うもので一定の要件に該当するものが贈与により取得した財産で、その公益を目的とする事業の用に供されることが確実なものは、民間の公益事業の保護育成を図る目的から、贈与税は課税されません（相法21の3①三、相令4の5・同2）。
④ ①～③以外のもの
　イ．一定の特定公益信託から交付を受ける金品（相法21の3①四）
　ロ．心身障害者共済制度に基づく給付金の受給権（相法21の3①五、相令2の2）
　ハ．公職選挙の候補者が贈与により取得した財産（相法21の3①六）
　ニ．特別障害者扶養信託契約に基づく信託受益権（相法21の4）
　ホ．社交上必要と認められる香典等（相基通21の3－9）
　ヘ．相続開始の年に被相続人から贈与された財産（相法21の2④・19）

（2）扶養義務者

　親族間で互いに生活の扶助をする義務のある者をいい、配偶者、直系血族、兄弟姉妹ならびに三親等内の親族で家庭裁判所の審判を受けて扶養義務者となった者がこれにあたります。これらの者のほか、3親等内の親族で生計を一にする者も含めて「扶養義務者」といいます（相法1の2一、相基通1の2－1）。
　このような扶養義務者相互間の扶養義務の履行に伴う金銭の授受等については、税法上においても考慮されています。すなわち、扶養義務者相互間で扶養

義務の履行のために給付される金品や、生活費又は教育費にあてるために通常必要と認められるものについては、所得税や贈与税は課税されません。

関連条文

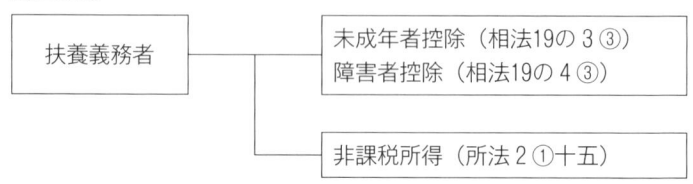

```
扶養義務者 ─┬─ 未成年者控除（相法19の3③）
            │   障害者控除（相法19の4③）
            │
            └─ 非課税所得（所法2①十五）
```

> **ちょっとひとこと**
>
> **生活費又は教育費で通常必要と認められるものは？**
>
> 　生活費は教育費として非課税とされるのは、生活費又は教育費として必要なつど、直接これらの用にあてるために贈与によって取得した財産に限られます。
>
> 　したがって、生活費又は教育費として取得した金銭等を預貯金したり、株式や家屋の購入代金にした場合は、当該金額は通常必要と認められるもの以外のものとして取り扱われ、贈与税が課税されることになります（相基通21の3-5）。
>
> **通常必要と認められるものとは？**
>
> 　被扶養者の需要と扶養者の資力、その他一切の事情を勘案して、社会通念上適当と認められる範囲の財産をいいます（相基通21の3-6）。

Phase 3　事例を検討しよう

　事例の贈与については、祖母と孫（医学生）は直系血族ですから、扶養義務者相互間の扶養義務によるものということになります。

　当該贈与が「生活費又は教育費として必要なつど、直接これらの用にあてる

ため」のものなのか、「社会通念上適当」とされるものかについて確認し、非課税財産に該当するかどうかを判断する必要があります。

① 入学金等の1,000万円

　祖母が直接に大学へ振り込んでいますから、必要な教育費にあたり、贈与税はかかりません。2年目以降の授業料もそのつど振り込むのであれば、非課税となるでしょう。

② マンションの賃借料20万円と生活費30万円

　生活費または教育費として非課税とされるのは、生活費または教育費として必要な都度、直接これらの用にあてるために贈与によって取得した財産に限られます。

　したがって、毎月必要な額だけ振り込んでいることが明らかであれば、必要な生活費として、贈与税の非課税財産と考えることができます。

③ 定期預金にした500万円

　必要な生活費とは認められず、贈与税の課税対象となります。

④ 600万円のＢＭＷ

　贈与した財産が車の場合、車が生活に必要なものか、それともレジャー用等で生活に不必要なものと考えるかによって判断は分かれるものと思われます。

　どうしても学校に通う等生活に必要なものとする場合には、直接これらの用にあてるための600万円であれば、非課税財産にあたると考えられますが、学生にとって車が生活必需品か、社会通念上適当かを証明することは一般的に難しいと思われます。

ちょっとひとこと

買ってもらった車を売却した場合は？

　生活に必要なものと考える場合には、購入時や使用時には贈与税の課税関係は生じないものと考えられます。

しかし、車を売却した場合には、現金化することが可能となります。その売却代金は、当然所有者に帰属しますので、車は贈与により取得した財産として考えることもできます。その場合、受け取った現金については、贈与税の課税関係が生じるものと思われます。

3 贈与税の配偶者控除

・法律の概要

贈与税は、相続税の補完税としての性格をもっていますが、夫婦間の贈与については、同一世代間の贈与であること、贈与の認識が希薄であること、夫の死亡後の妻の生活保障等を考慮して、婚姻期間が20年以上である配偶者から居住用不動産又は居住用不動産を取得するための金銭の贈与に限り、それらの財産に係る贈与税の課税価格から2,000万円を配偶者控除額として控除することができます。

具体例から学ぶ

［事例］婚姻期間が20年以上

私は69歳で、社員80名ほどの中小企業の社長をしております。妻は56歳で、小料理屋の女将をしております。今から33年前の昭和55年4月に結婚し、現在、夫婦仲は円満です。

2人の間には長男32歳、長女28歳の2人の子供がいます。2人とも結婚しており、長男夫婦は私たち夫婦と同居しており、長女夫婦は私の家から2駅離れたところでマンションの一室を借りて住んでいます。

私の跡継ぎである長男は、私の会社で営業部長をしており、長女の夫（35歳）には経理部長をさせています。また、長女は妻の小料理屋を手伝っ

ています。

　なぜ妻が小料理屋の女将をやっているかですが、実は私たち夫婦は、結婚して10年目の平成2年3月に私が彼女をつくったことが原因で離婚をしており、私が長男を、妻が長女を引き取り、妻は生活のために小料理屋を始めたというわけです。離婚が原因となった彼女とは、3年ほどしか続きませんでした。

　その後は、離婚したことを悔やみ、別れた妻に長年再婚を求めていたところ、ようやく離婚後13年後の平成15年4月に妻も再婚に応じてくれ、現在（平成24年5月）に至っています。

　先日、妻がこの近辺で自分の新居を建てたいと言い出したので、今の家は長男夫婦がずっと住むことになるだろうし、将来、妻が長女夫婦と同居することも考え、一生私の面倒をみることを約束して、妻の申し出を了承しました。近くに私名義の土地100坪があるので、そこに5,000万円の建物を建てるつもりでいます。

　今年中に、妻に2,000万円を贈与し、残りの3,000万円のうち500万円が妻の自己資金、2,500万円は長女夫婦が住宅ローンを組んで購入すればいいと考えています。

　贈与税の配偶者控除を利用することは可能でしょうか？

<適用条文：相続税法第21条の6>

Phase 1　原文を読もう

はじめに、条文をそのまま読んでみましょう。

（贈与税の配偶者控除）
相続税法第21条の6　その年において贈与によりその者との婚姻期間が20年以上である配偶者から専ら居住の用に供する土地若しくは土地の上に存する権利若しくは家屋でこの法律の施行地にあるもの（以下この条において「居住用不動産」という。）又は金銭を取得した者（その年の前年以前のいずれかの年にお

いて贈与により当該配偶者から取得した財産に係る贈与税につきこの条の規定の適用を受けた者を除く。）が、当該取得の日の属する年の翌年3月15日までに当該居住用不動産をその者の居住の用に供し、かつ、その後引き続き居住の用に供する見込みである場合又は同日までに当該金銭をもつて居住用不動産を取得して、これをその者の居住の用に供し、かつ、その後引き続き居住の用に供する見込みである場合においては、その年分の贈与税については、課税価格から2,000万円（当該贈与により取得した居住用不動産の価額に相当する金額と当該贈与により取得した金銭のうち居住用不動産の取得に充てられた部分の金額との合計額が2,000万円に満たない場合には、当該合計額）を控除する。

2 <u>前項の規定は、第28条第1項に規定する申告書（当該申告書に係る期限後申告書及びこれらの申告書に係る修正申告書を含む。）又は国税通則法第23条第3項（更正の請求）に規定する更正請求書に、前項の規定により控除を受ける金額その他その控除に関する事項及びその控除を受けようとする年の前年以前の各年分の贈与税につき同項の規定の適用を受けていない旨を記載した書類その他の財務省令で定める書類の添付がある場合に限り、適用する。</u>

3 <u>税務署長は、前項の財務省令で定める書類の添付がない同項の申告書又は更正請求書の提出があつた場合においても、その添付がなかつたことについてやむを得ない事情があると認めるときは、当該書類の提出があつた場合に限り、第1項の規定を適用することができる。</u>

4 前2項に定めるもののほか、贈与をした者が第1項に規定する婚姻期間が20年以上である配偶者に該当するか否かの判定その他同項の規定の適用に関し必要な事項は、政令で定める。

(注) 下線部分（筆者による）は、平成23年12月に改正され、平成23年12月2日以後に申告書の提出期限が到来する相続税から適用されます。

Phase 2 キーワードで理解しよう

次に、キーワードをつかむことにより理解しやすくなります。

キーワードは、（1）婚姻期間が20年以上、（2）居住用不動産、です。

（1）婚姻期間が20年以上

婚姻期間が20年以上であるかどうかは、婚姻の届出（民739①）のあった日から贈与の日までの期間により計算します。したがって、入籍されていない期間、例えば結婚前の同棲期間や内縁関係の期間、結婚式を挙げていても入籍するまでの期間は婚姻期間に含まれません（相法21の6②、相令4の6）。

また、婚姻期間に1年未満の端数がある場合は、その端数を切り捨てます。例えば、婚姻期間が19年11か月である場合は、婚姻期間19年と考え配偶者控除の適用がありません（相基通21の6-7）。

> **ちょっとひとこと**
>
> **同一人と再婚した場合は？**
>
> 　婚姻期間は、結婚（入籍）してから引き続き婚姻関係にあることを条件にしていません。たとえ途中で離婚していても、同一の配偶者と再婚した場合には、最初の婚姻期間と再婚後の婚姻期間の合計が20年以上であれば、配偶者控除の適用要件を満たすことになります。
>
> **対象者は1人だけ？**
>
> 　「当該配偶者」となっていますので、現在の配偶者との婚姻期間が20年以上であれば、適用を受けることができます。

（2）居住用不動産

贈与税の配偶者控除を受けることができる居住用不動産は、国内にある専ら居住の用に供する土地もしくは借地権又は家屋に限られていますが、店舗兼住宅で専ら居住の用に供している部分と居住用以外に供されている部分とがある場合には、その居住用部分も居住用不動産として取り扱うことができます（相基通21の6-1）。

また、この配偶者控除の限度額は2,000万円で、居住用不動産の贈与の場合は、当該時価評価の2,000万円までが控除額ですから、超える部分がある場合

は贈与税の課税対象となります。

居住用不動産を取得するために現金を贈与された場合は、現金2,000万円が控除され、2,000万円を越える金額がある場合は、超える部分が贈与税の対象となります。

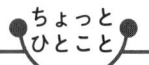

> **ちょっとひとこと**
>
> **贈与を受けた不動産に居住しなければならない？**
>
> 　贈与税の配偶者控除の適用を受けるには、居住用不動産の贈与を受けた年の翌年3月15日までに受贈者の居住の用に供し、または居住用不動産を取得するための金銭の贈与を受けた年の翌年3月15日までに居住用財産の取得にあて、居住の用に供しなければならず、いずれの贈与の場合も、その後も引き続き居住の用に供する見込みでなければなりません。

関連条文等

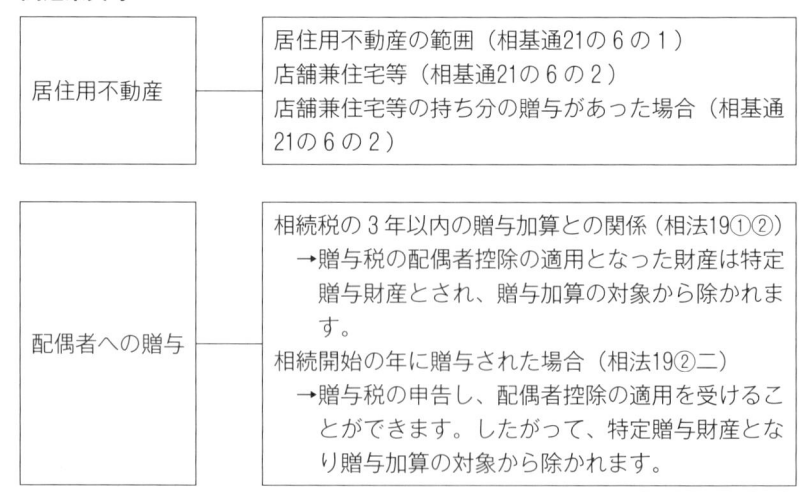

居住用不動産	居住用不動産の範囲（相基通21の6の1） 店舗兼住宅等（相基通21の6の2） 店舗兼住宅等の持ち分の贈与があった場合（相基通21の6の2）
配偶者への贈与	相続税の3年以内の贈与加算との関係（相法19①②） →贈与税の配偶者控除の適用となった財産は特定贈与財産とされ、贈与加算の対象から除かれます。 相続開始の年に贈与された場合（相法19②二） →贈与税の申告し、配偶者控除の適用を受けることができます。したがって、特定贈与財産となり贈与加算の対象から除かれます。

Phase 3 事例を検討しよう

　まず、婚姻期間が20年以上になるかどうかの判定をしてみましょう。

　婚姻期間については、結婚してから現在まで引き続き婚姻関係があることを前提としていませんから、同一配偶者と再婚したとしても、当該期間が合計で20年以上であれば適用を受けることができます。

　一度目の結婚は昭和55年4月からバブル絶頂期の平成2年3月までですから、ちょうど10年0か月、再婚が平成15年4月から現在の平成24年5月ですから9年1か月となります。両方の年数を足すと19年1か月ですから、婚姻期間は19年であり、現時点においては贈与税の配偶者控除を適用することはできません。

　平成25年4月以降であれば、婚姻期間が20年以上となりますので、贈与税の配偶者控除の適用を受けることができます。

　ただし、平成25年で適用を受けるには新居が完成し、平成26年3月15日までに奥様が居住の用に供していなければならないことに留意する必要があります。

第4編 消費税

第1章 消費税の基本事項

　消費税法は、消費税について、課税の対象、納税義務者、税額の計算の方法、申告、納付及び還付の手続きならびにその納税義務の適正な履行を確保するため必要な事項が定められています（消法１）。

　消費税の法体系は次のとおりです。

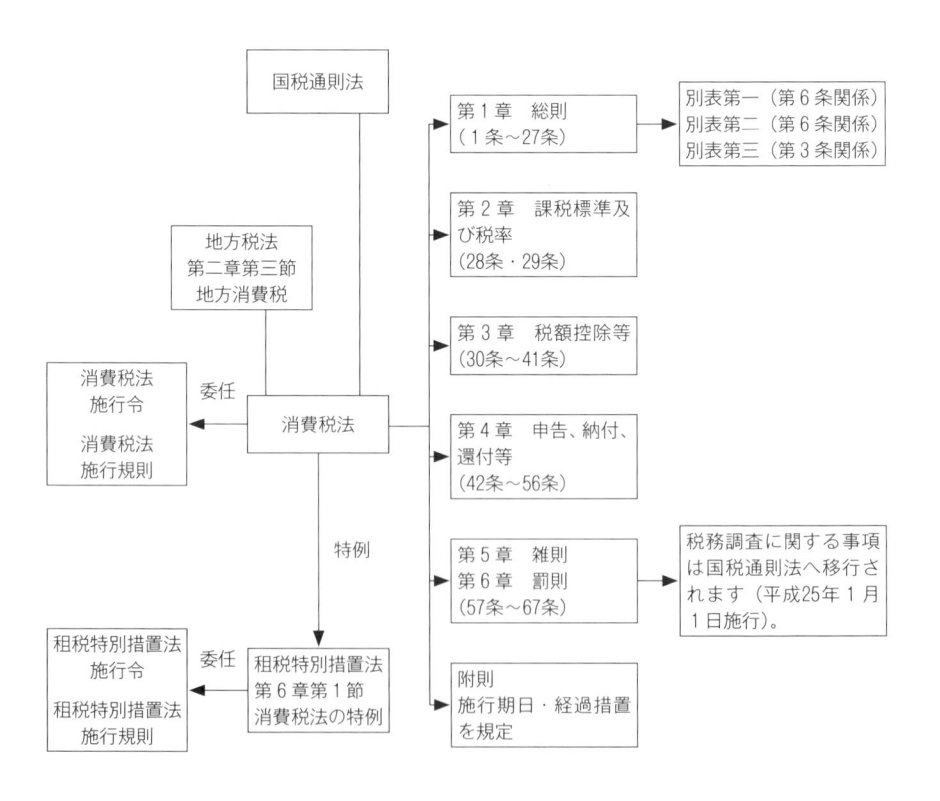

```
国税通則法
                ┌─ 第1章　総則 ──────→ 別表第一（第6条関係）
                │   （1条～27条）       別表第二（第6条関係）
                │                       別表第三（第3条関係）
                │
                ├─ 第2章　課税標準及
地方税法        │   び税率
第二章第三節    │   （28条・29条）
地方消費税      │
                ├─ 第3章　税額控除等
消費税法    委任│   （30条～41条）
施行令    ←──消費税法
消費税法        │   第4章　申告、納付、
施行規則        ├─  還付等
                │   （42条～56条）
                │
            特例│   第5章　雑則        税務調査に関する事項
                │   第6章　罰則   ──→ は国税通則法へ移行さ
                ├─  （57条～67条）     れます（平成25年１月
租税特別措置法  │                       １日施行）。
施行令    委任  │
          ←──租税特別措置法         附則
租税特別措置法  第6章第1節         └─ 施行期日・経過措置
施行規則        消費税の特例            を規定
```

354　● 第4編　消費税

第2章 課税の対象・納税義務者

法律の概要

消費税法は、次の2つの取引を課税の対象として規定しています（消法4）。

1．国内取引（第1項）

　国内において事業者が行う資産の譲渡等

2．輸入取引（第2項）

　外国貨物の輸入

一般に、これら課税の対象とされる取引を「課税対象取引」、これら以外の課税対象とされない取引を「不課税取引」と呼び区別します。

さらに課税対象取引は、「課税取引」「非課税取引」「免税取引」に分類されます。

そして、これらの課税対象取引（非課税取引を除く）を行った者に消費税を

課税対象取引及び不課税取引の区分

取引内容	納税義務の有無	
国外取引	不課税	
国内取引	不課税	
	課税対象	課税
		非課税
		免税
輸入取引	課税対象	課税
		非課税

課税対象判定のプロセス

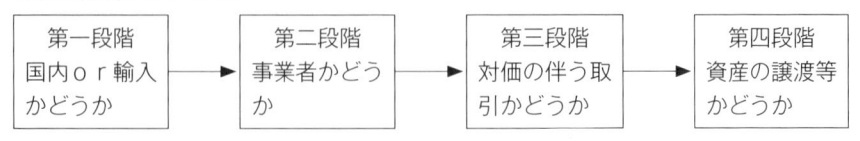

| 第一段階
国内ｏｒ輸入
かどうか | → | 第二段階
事業者かどうか | → | 第三段階
対価の伴う取引かどうか | → | 第四段階
資産の譲渡等かどうか |

納める義務を課しています（消法５）。

　（注）　所得税や法人税のように、納税者と納税義務者が一致する税を「直接税」と呼ぶのに対し、消費税は、納税者（消費者）と納税義務者（事業者・輸入者）が一致していないため「間接税」と呼ばれます。

具体例から学ぶ①

■課税対象の判定―第一段階「国内取引か輸入取引か？」

> **［事例］海外に所有する絵画を売却した**
> 　Ａ社は、海外に所有する絵画を、大阪のＴ美術館に売却した。この取引は課税の対象となるのでしょうか？
> 　　　　　　　　　　＜適用条文：消費税法第４条第１項～第３項＞

消費税の課税対象を特定する第一段階として、不課税である国外取引なのか、課税対象となり得る国内取引なのか、課税対象である輸入取引なのかを判定する必要があります。

ここでは、国内取引と国外取引の区分（内外判定）及び輸入判定を行います。

Phase 1　原文を読もう

はじめに、条文をそのまま読んでみましょう。

> （課税の対象）
> 消費税法第４条　国内において事業者が行った資産の譲渡等には、この法律に

より、消費税を課する。
2　保税地域から引き取られる外国貨物には、この法律により、消費税を課する。
3　資産の譲渡等が国内において行われたかどうかの判定は、次の各号に掲げる場合の区分に応じ当該各号に定める場所が国内にあるかどうかにより行うものとする。
　一　資産の譲渡又は貸付けである場合　当該譲渡又は貸付けが行われる時において当該資産が所在していた場所（当該資産が船舶、航空機、鉱業権、特許権、著作権、国債証券、株券その他の政令で定めるものである場合には、政令で定める場所）
　二　役務の提供である場合　当該役務の提供が行われた場所（当該役務の提供が運輸、通信その他国内及び国内以外の地域にわたって行われるものである場合その他の政令で定めるものである場合には、政令で定める場所）
4・5　（省略）
6　前3項に定めるもののほか、課税の対象の細目に関し必要な事項は、政令で定める。

用語の見方

用語 → 【消法2】定義規定 → 関連条文

Phase 2　キーワードで理解しよう

次に、キーワードをつかむことにより理解しやすくなります。
キーワードは、（1）国内、（2）資産の譲渡、（3）保税地域からの引き取り、（4）外国貨物、です。

（1）国内

国内とは、消費税法の施行地をいいます（消法2①一）。すなわち日本国内のことです。

（2）資産の譲渡

資産の譲渡とは、資産につきその同一性を保持しつつ、他人に移転させることをいいます。また、資産の交換は資産の譲渡に該当します（消基通5－2－1）。

（3）保税地域からの引き取り

保税地域とは、指定保税地域、保税蔵置場、保税工場、保税展示場及び総合保税地域の5種をいいます（消法2①二、関税法29）。一般的に税関と呼んでいる場所です。

輸入とは、外国から本邦に到着した貨物又は輸出の許可を受けた貨物を本邦に引き取ることをいいます（関税法2①一）。

（4）外国貨物

外国貨物とは、輸出の許可を受けた貨物及び外国から本邦に到着した貨物で輸入が許可される前のものをいいます（消法2①十、関税法2①三）。

Phase 3　事例を検討しよう

事例の場合、A社は、絵画をT美術館に売却していますので、資産の譲渡に該当します。譲渡の時に絵画が日本国内になければ、A社の行った絵画の売却は国外取引であり不課税となります。

また、T美術館は、絵画を大阪で展示するために国内に持ち込みますので、輸入取引となります。輸入される外国貨物である絵画は、課税の対象となります。

具体例から学ぶ②

■課税対象の判定―第二段階「事業者かどうか？」

[事例] 会社員が行った不動産の貸付け
　会社員が行う不動産の貸付けは、課税の対象となるのでしょうか？
　　　　　　　　　　　　　　　　　＜適用条文：消費税法第4条第1項＞

　国内取引において、消費税の課税対象を特定する第二段階として、事業者が事業として行う取引か否かを判定する必要があり、事業者が事業として行う取引でないものは課税の対象となりません。

Phase 1　原文を読もう

はじめに、条文をそのまま読んでみましょう。

(課税の対象)
消費税法第4条　国内において事業者が行った資産の譲渡等には、この法律により、消費税を課する。

用語の見方

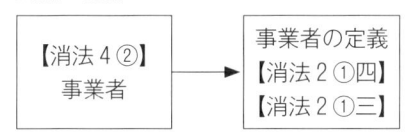

| 【消法4②】事業者 | → | 事業者の定義【消法2①四】【消法2①三】 |

Phase 2　キーワードで理解しよう

次に、キーワードをつかむことにより理解しやすくなります。
　キーワードは、(1) 事業者が事業として、(2) 資産の譲渡等、です。

（1）事業者が事業として

事業者とは、個人事業者及び法人をいい、個人事業者とは、事業を行う個人をいいます（消法2①三・四）。

事業とは、対価を得て、同種の行為を反復、継続、独立して行うことをいいます（消基通5-1-1）。

なお、給与所得者として、個人が雇用契約又はこれに準ずる契約に基づき他の者に従属し、かつ、当該他の者の計算により行われる事業に役務を提供する場合は、事業に該当しません（消基通1-1-1、消法2①十二）。

（2）資産の譲渡等

資産の譲渡等とは、事業として対価を得て行われる資産の譲渡及び貸付けならびに役務の提供（代物弁済、負担付き贈与、現物出資等の類似行為を含みます）をいいます（消法2①八、消令2）。

「資産の譲渡等」に関する規定

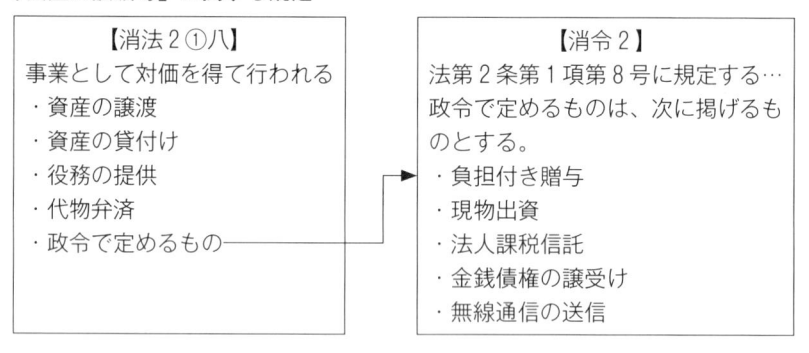

【消法2①八】	【消令2】
事業として対価を得て行われる ・資産の譲渡 ・資産の貸付け ・役務の提供 ・代物弁済 ・政令で定めるもの	法第2条第1項第8号に規定する…政令で定めるものは、次に掲げるものとする。 ・負担付き贈与 ・現物出資 ・法人課税信託 ・金銭債権の譲受け ・無線通信の送信

Phase 3 事例を検討しよう

事例の場合、不動産の賃貸を反復、継続、独立して行うことは「事業」に該当しますので、会社員であっても、消費税法では事業を行う個人「事業者」に該当します。

不動産の賃貸は、対価を得て行われる資産の貸付けですので、資産の譲渡等

に該当します。

したがって、事業者が事業として行った不動産の賃貸ということになりますので、課税対象となります。

> **ちょっとひとこと**
>
> **個人事業者がマイカーを売却した場合は？**
> 生活用資産の売却は、反復、継続した「事業として」の行為に該当しないので、個人事業者の行為であっても不課税となります（消基通5-1-8）。
> **輸入取引の場合は？**
> 輸入取引については、事業として行われるものでなくても課税の対象となります（消基通5-6-2）。

具体例から学ぶ③

■課税対象の判定―第三段階「対価の伴う取引か？」

> **[事例] 試供品の配布**
> B百貨店が、化粧品の販売促進のために行った試供品の配布は、課税の対象となるのでしょうか？
> <適用条文：消費税法第4条第1項・第2条第1項第8号>

国内取引において、消費税の課税対象を特定する第三段階として、対価の伴う取引か否かを判定する必要があります。対価の伴わない無償の取引は、課税の対象となりせん。

Phase 1 原文を読もう

はじめに、条文をそのまま読んでみましょう。

(定義)

消費税法第2条　この法律において、次の各号に掲げる用語の意義は、当該各号に定めるところによる。

　一～三　(省略)

　四　事業者　個人事業者及び法人をいう。

　六・七　(省略)

　八　資産の譲渡等　事業として対価を得て行われる資産の譲渡及び貸付け並びに役務の提供(代物弁済による資産の譲渡その他対価を得て行われる資産の譲渡若しくは貸付け又は役務の提供に類する行為として政令で定めるものを含む。)をいう。

(以下省略)

(課税の対象)

第4条　国内において事業者が行った資産の譲渡等には、この法律により、消費税を課する。

Phase 2　キーワードで理解しよう

次に、キーワードをつかむことにより理解しやすくなります。

キーワードは、(1)法人、(2)対価を得て、です。

(1) 法人

法人はすべて「事業者」に該当し(消法2①四)、法人の行為はすべて事業として行うものとなります(消令2③、消基通5-1-1)。

(2) 対価を得て

「対価を得て」とは、取引の提供に対して反対給付を受けることをいいます(消基通5-1-2)。

交換や代物弁済、負担付き贈与、現物出資などのように金銭の支払を伴わない資産の引渡しでも、何らかの反対給付があるものは、対価を得て行われる取引になります（消令2）。

しかし、単なる贈与や寄附金、補助金、損害賠償金などは、対価を得て行われる取引に当たりませんので、原則として課税の対象になりません。

Phase ❸ 事例を検討しよう

B百貨店が販促のために行った試供品の無償提供は「対価を得て」行うものではないので、不課税となります。

ちょっとひとこと

みなし譲渡とは？

無償不課税の例外として、課税の公平のため、次の2つの行為は無償取引であるにもかかわらず、事業として対価を得て行われた資産の譲渡とみなされ、課税対象となります（消法4④）。

① 個人事業者が棚卸資産又は棚卸資産以外の資産で事業の用に供していたものを家事のために消費し、又は使用した場合における当該消費又は使用

② 法人が資産をその役員に対して贈与した場合における当該贈与

この規定は、資産の譲渡のみが対象となっており、貸付けや役務の提供が無償で行われた場合は、原則どおり不課税となります（消基通5-4-5）。

輸入取引の場合は？

輸入取引については、対価が無償の場合であっても課税の対象となります（消基通5-6-2）。

みなし輸入は？

保税地域において、外国貨物が消費又は使用された場合には、その消費又

は使用をした者が、その消費又は使用の時に、当該外国貨物をその保税地域から引き取るものとみなされます。

ただし、当該外国貨物が課税貨物の原料又は材料として消費され、又は使用された場合などは、この限りではありません（消法4⑤、消令7）。

譲渡と取り扱わない譲渡は？

譲渡担保の方法により資産を譲渡した場合において、所基通33-2《譲渡担保に係る資産の移転》又は法基通2-1-18《固定資産を譲渡担保に供した場合》の適用を受ける場合は、消費税においてもその資産の譲渡がなかったものとして取り扱い、不課税となります（消基通5-2-11）。

具体例から学ぶ④

■課税対象の判定—第四段階（資産の譲渡等か？）

> **［事例］株式の配当**
>
> 　C社は、D社の株式を保有しています。今期のD社は業績が好調であったため、1株につき100円の配当をしました。
> 　C社が受けたこの配当は、資産の譲渡等として課税の対象となるのでしょうか？
>
> <適用条文：消費税法第2条第1項第8号>

国内取引において、消費税の課税対象を特定する最終段階である第四段階として、その取引が資産の譲渡及び貸付けならびに役務の提供に該当するか否かを判定する必要があります。該当しない取引は、課税の対象となりません。

Phase 1　原文を読もう

はじめに、条文をそのまま読んでみましょう。

> （定義）
> 消費税法第2条　この法律において、次の各号に掲げる用語の意義は、当該各号に定めるところによる。
> 　一～七　（省略）
> 　八　資産の譲渡等　事業として対価を得て行われる資産の譲渡及び貸付け並びに役務の提供（代物弁済による資産の譲渡その他対価を得て行われる資産の譲渡若しくは貸付け又は役務の提供に類する行為として政令で定めるものを含む。）をいう。
> （以下省略）

Phase ❷　キーワードで理解する

次に、この条文のキーワードを探すことにより理解しやすくなります。

キーワードは、（1）資産の譲渡、（2）資産の貸付け、（3）役務の提供の各々の意義、です。

（1）資産の譲渡の意義

資産とは、取引の対象となる一切の資産をいい、棚卸資産又は固定資産のような有形資産のほか、権利その他の無形資産が含まれます（消基通5－1－3）。

資産の譲渡とは、資産につきその同一性を保持しつつ、他人に移転させることをいいます。また、資産の交換は資産の譲渡に該当します（消基通5－2－1）。

資産の譲渡に類する行為とは、次に掲げるものをいいます（消令2①）。

① 負担付き贈与による資産の譲渡
② 金銭以外の資産の出資
③ 法人税法に規定する法人課税信託の委託者が、その有する資産（金銭以外の資産に限る）の信託をした場合における当該資産の移転及び受益者がその信託財産に属する資産を有するものとみなされる信託が法人課税信託に該当することとなった場合につき、法人税法の規定により出資があった

ものとみなされるもの（金銭以外の資産につき出資があったものとみなされるものに限る）
④　貸付金その他の金銭債権の譲受けその他の承継（包括承継を除く）

（2）資産の貸付けの意義

　資産の貸付けとは、資産に係る権利の設定その他他の者に資産を使用させる一切の行為をいいます（消法2②）。

　資産に係る権利の設定とは、例えば、土地に係る地上権もしくは地役権、特許権等の工業所有権に係る実施権もしくは使用権又は著作物に係る出版権の設定をいいます（消基通5-4-1）。

　資産を使用させる一切の行為とは、例えば、次のものをいいます（消基通5-4-2）。

①　工業所有権等の使用、提供又は伝授
②　著作物の複製、上演、放送、展示、上映、翻訳、編曲、脚色、映画化その他著作物を利用させる行為
③　工業所有権等の目的になっていないが、生産その他業務に関し繰り返し使用し得るまでに形成された創作（独自の考案、方式、秘けつ、秘伝、知識及び意匠等）の使用、提供又は伝授

（3）役務の提供の意義

　役務の提供とは、例えば、土木工事、修繕、運送、保管、印刷、広告、仲介、興行、宿泊、飲食、技術援助、情報の提供、便益、出演、著述その他のサービスを提供することをいい、弁護士、公認会計士、税理士、作家、スポーツ選手、映画監督、棋士等によるその専門的知識、技能等に基づく役務の提供もこれに含まれます（消基通5-5-1）。

　役務の提供に類する行為とは、不特定かつ多数の者によって直接受信されることを目的とする無線通信の送信で、法律により受信者がその締結を行わなければならないこととされている契約に基づき受信料を徴収して行われるものを

いいます（消令2①）。

Phase 3 事例を検討しよう

剰余金の配当は、株主又は出資者たる地位に基づき、出資に対する配当又は分配として受けるものであり、資産の譲渡及び貸付けならびに役務の提供のいずれにも該当しないので、不課税となります（消基通5-2-8）。

> **ちょっとひとこと**
>
> **資産の譲渡等に該当しないものは？**
> 消費税法基本通達に、次のものが例示されています。
> ・保険金、共済金等（消基通5-2-4）、損害賠償金（消基通5-2-5）
> ・建物賃貸借契約の解除等に伴う立退料（消基通5-2-7）
> ・資産の廃棄、盗難、滅失（消基通5-2-13）
> ・寄附金、祝金、見舞金等（消基通5-2-14）
> ・補助金、奨励金、助成金等（消基通5-2-15）
> ・借家保証金、敷金（消基通5-4-3）

具体例から学ぶ⑤

■非課税となる取引

> **［事例］土地の貸付け**
> Ｅ株式会社は、所有する空き地を、Ｆ建設に対し、臨時資材置き場として賃貸をしました。賃貸期間は1週間です。
> Ｅ株式会社の行った土地の貸付けは、消費税が課税されるのでしょうか？
>
> <適用条文：消費税法第6条、別表第一・別表第二>

国内取引において、前述までの判定において課税の対象とされた取引であっ

ても、消費税が課税されない取引があります。消費税が課税されない取引を、非課税取引と呼びます。

非課税取引は、「消費という概念になじまないことから消費税を課税しないこととされている取引」と「社会政策上の配慮から消費税を課税しないこととされている取引」に分類されます。

輸入取引においても、同じ理由で非課税とされているものがあります。

Phase 1 原文を読もう

はじめに、条文をそのまま読んでみましょう。

（非課税）
消費税法第6条　国内において行われる資産の譲渡等のうち、別表第一に掲げるものには、消費税を課さない。
2　保税地域から引き取られる外国貨物のうち、別表第二に掲げるものには、消費税を課さない。

上記条文のいう別表について、この設問では必要のないかっこ書きを省略し、かつ分類を設けて、読みやすくします。

＜消費税法別表第一＞
○消費という概念になじまないことから非課税とされている取引
　一　土地の譲渡及び貸付け（一時的に使用させる場合その他の政令で定める場合を除く。）
　二　有価証券その他これに類するものとして政令で定めるもの及び支払手段その他これに類するものとして政令で定めるもの（別表第二において「有価証券等」という。）の譲渡
　三　利子を対価とする貸付金その他の政令で定める資産の貸付け、信用の保証としての役務の提供、合同運用信託、公社債投資信託又は公社債等運用投資

信託に係る信託報酬を対価とする役務の提供及び保険料を対価とする役務の提供その他これらに類するものとして政令で定めるもの
　四　次に掲げる資産の譲渡
　　イ　郵便事業株式会社が行う郵便切手その他郵便に関する料金を表す証票（以下この号及び別表第二において「郵便切手類」という。）の譲渡及び承認販売所における郵便切手類又は印紙の売渡し場所若しくは自動車検査登録印紙の売渡し場所における印紙若しくは自動車検査登録印紙（別表第二において「印紙」と総称する。）の譲渡
　　ロ　地方公共団体又は売りさばき人が行う証紙（別表第二において同じ。）の譲渡
　　ハ　物品切手その他これに類するものとして政令で定めるもの（別表第二において「物品切手等」という。）の譲渡
　五　次に掲げる役務の提供
　　イ　国、地方公共団体、別表第三に掲げる法人その他法令に基づき国若しくは地方公共団体の委託若しくは指定を受けた者が、法令に基づき行う次に掲げる事務に係る役務の提供で、その手数料、特許料、申立料その他の料金の徴収が法令に基づくもの
　　　（1）登記、登録、特許、免許、許可、認可、承認、認定、確認及び指定
　　　（2）検査、検定、試験、審査、証明及び講習
　　　（3）公文書の交付、更新、訂正、閲覧及び謄写
　　　（4）裁判その他の紛争の処理
　　ロ　イに掲げる役務の提供に類するものとして政令で定めるもの
　　ハ　執行官又は公証人の手数料を対価とする役務の提供
　　ニ　外国為替業務に係る役務の提供

○政策上の配慮から非課税とされている取引
　六　次に掲げる療養若しくは医療又はこれらに類するものとしての資産の譲渡等
　　イ　健康保険法、国民健康保険法、船員保険法、国家公務員共済組合法、地方公務員等共済組合法又は私立学校教職員共済法の規定に基づく療養の給付及び入院時食事療養費、入院時生活療養費、保険外併用療養費、療養費、

家族療養費又は特別療養費の支給に係る療養並びに訪問看護療養費又は家族訪問看護療養費の支給に係る指定訪問看護
　ロ　高齢者の医療の確保に関する法律の規定に基づく療養の給付及び入院時食事療養費、入院時生活療養費、保険外併用療養費、療養費又は特別療養費の支給に係る療養並びに訪問看護療養費の支給に係る指定訪問看護
　ハ　精神保健及び精神障害者福祉に関する法律の規定に基づく医療、生活保護法の規定に基づく医療扶助のための医療の給付及び医療扶助のための金銭給付に係る医療、原子爆弾被爆者に対する援護に関する法律の規定に基づく医療の給付及び医療費又は一般疾病医療費の支給に係る医療並びに障害者自立支援法の規定に基づく自立支援医療費、療養介護医療費又は基準該当療養介護医療費の支給に係る医療
　ニ　公害健康被害の補償等に関する法律の規定に基づく療養の給付及び療養費の支給に係る療養
　ホ　労働者災害補償保険法の規定に基づく療養の給付及び療養の費用の支給に係る療養並びに同法の規定による社会復帰促進等事業として行われる医療の措置及び医療に要する費用の支給に係る医療
　ヘ　自動車損害賠償保障法の規定による損害賠償額の支払を受けるべき被害者に対する当該支払に係る療養
　ト　イからヘまでに掲げる療養又は医療に類するものとして政令で定めるもの
七　次に掲げる資産の譲渡等
　イ　介護保険法の規定に基づく居宅介護サービス費の支給に係る居宅サービス、施設介護サービス費の支給に係る施設サービスその他これらに類するものとして政令で定めるもの
　ロ　社会福祉法に規定する社会福祉事業及び更生保護事業法に規定する更生保護事業として行われる資産の譲渡等
　ハ　ロに掲げる資産の譲渡等に類するものとして政令で定めるもの
八　医師、助産師その他医療に関する施設の開設者による助産に係る資産の譲渡等
九　埋葬に係る埋葬料又は火葬に係る火葬料を対価とする役務の提供

十　身体障害者の使用に供するための特殊な性状、構造又は機能を有する物品として政令で定めるもの（別表第二において「身体障害者用物品」という。）の譲渡、貸付けその他の政令で定める資産の譲渡等

十一　次に掲げる教育に関する役務の提供（授業料、入学金、施設設備費その他の政令で定める料金を対価として行われる部分に限る。）

　　イ　学校を設置する者が当該学校における教育として行う役務の提供
　　ロ　専修学校を設置する者が当該専修学校の高等課程、専門課程又は一般課程における教育として行う役務の提供
　　ハ　各種学校を設置する者が当該各種学校における教育として行う役務の提供
　　ニ　イからハまでに掲げる教育に関する役務の提供に類するものとして政令で定めるもの

十二　教科用図書（別表第二において「教科用図書」という。）の譲渡

十三　住宅の貸付け（当該貸付けに係る契約において人の居住の用に供することが明らかにされているものに限るものとし、一時的に使用させる場合その他の政令で定める場合を除く。）

＜消費税法別表第二＞
○消費という概念になじまないことから非課税とされている取引
　一　有価証券等
　二　郵便切手類
　三　印紙
　四　証紙
　五　物品切手等
○政策上の配慮から非課税とされている取引
　六　身体障害者用物品
　七　教科用図書

Phase 2　キーワードで理解しよう

　課税対象取引が、消費税法別表第一又は別表第二に該当する取引であるならば非課税取引であり、消費税法第6条により消費税は課税されません。
　設問の取引が非課税か否かを判断するためのキーワードは、(1)土地の貸付け、(2)賃貸期間、です。

(1) 土地の貸付け
　土地の貸付けは、別表第一第1号で非課税とされています。

(2) 賃貸期間
　土地の貸付けであっても、一時的に使用させる場合もしくは貸付けに係る期間が1か月に満たない場合には、非課税から除かれます（消法別表1①、消令8）。

「非課税から除かれる期間」に関する規定

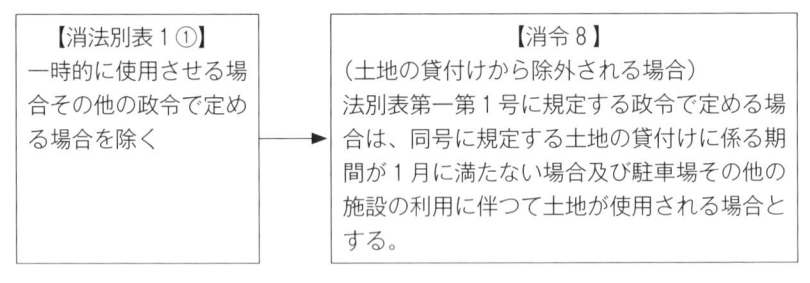

【消法別表1①】	【消令8】
一時的に使用させる場合その他の政令で定める場合を除く	（土地の貸付けから除外される場合）法別表第一第1号に規定する政令で定める場合は、同号に規定する土地の貸付けに係る期間が1月に満たない場合及び駐車場その他の施設の利用に伴つて土地が使用される場合とする。

Phase 3　事例を検討しよう

　E株式会社の行った土地の貸付けは、賃貸期間が1週間であるため、非課税取引には該当せず、消費税が課税されます。

具体例から学ぶ⑥

■免税となる取引

> [事例] 自動車の輸出
> 　自動車販売業を営むＧ社は、国内においてスポーツカー10台を仕入れ、米国法人に対して輸出販売した。Ｇ社の行った自動車の輸出について、消費税の取扱いはどうなるのでしょうか？
> 　Ｇ社は消費税の課税事業者（本編第3章1参照）であり、このスポーツカーは身体障害者用のものではありません。
>
> <適用条文：消費税法第7条>

　国内取引における課税対象取引であって、かつ非課税とされない取引であっても、消費税が免除される取引があります。消費税が免除される取引を、免税取引と呼びます。

　消費税は、国内における消費に対して負担を求めるものであり、海外の消費者にまで自国の消費税の負担を求めないという国際的な考え方（消費地課税主義又は仕向地課税主義）に基づき、免税とされる取引が規定されています。

免税取引となる場合

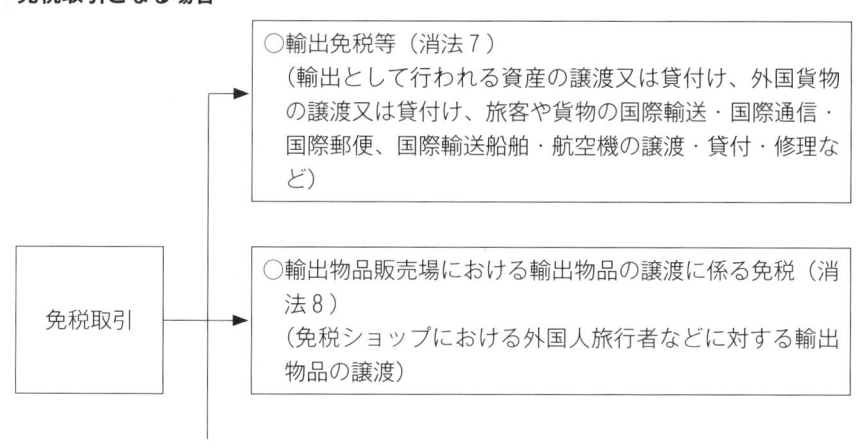

免税取引
→ ○輸出免税等（消法7）
（輸出として行われる資産の譲渡又は貸付け、外国貨物の譲渡又は貸付け、旅客や貨物の国際輸送・国際通信・国際郵便、国際輸送船舶・航空機の譲渡・貸付・修理など）

→ ○輸出物品販売場における輸出物品の譲渡に係る免税（消法8）
（免税ショップにおける外国人旅行者などに対する輸出物品の譲渡）

> ○消費税法以外の法律による免税（措法85・86・86の2、所得臨特法7ほか）
> （外航船等に積み込む物品の譲渡等、外国公館等に対する課税資産の譲渡等、海軍販売所等に対する物品の譲渡、合衆国軍隊に対する資産の譲渡等など）

Phase 1 原文を読もう

はじめに、条文をそのまま読んでみましょう。

（輸出免税等）
消費税法第7条　事業者（第9条第1項本文の規定により消費税を納める義務が免除される事業者を除く。）が国内において行う課税資産の譲渡等のうち、次に掲げるものに該当するものについては、消費税を免除する。
　一　本邦からの輸出として行われる資産の譲渡又は貸付け
　二　外国貨物の譲渡又は貸付け（前号に掲げる資産の譲渡又は貸付けに該当するもの及び輸入品に対する内国消費税の徴収等に関する法律（昭和30年法律第37号）第8条第1項第3号（公売又は売却等の場合における内国消費税の徴収）に掲げる場合に該当することとなった外国貨物の譲渡を除く。）
　三　国内及び国内以外の地域にわたって行われる旅客若しくは貨物の輸送又は通信
　四　専ら前号に規定する輸送の用に供される船舶又は航空機の譲渡若しくは貸付け又は修理で政令で定めるもの
　五　前各号に掲げる資産の譲渡等に類するものとして政令で定めるもの
2　前項の規定は、その課税資産の譲渡等が同項各号に掲げる資産の譲渡等に該当するものであることにつき、財務省令で定めるところにより証明がされたものでない場合には、適用しない。

Phase 2　キーワードで理解しよう

次に、キーワードをつかむことにより理解しやすくなります。
キーワードは、(1) 輸出、(2) 証明、です。

(1) 輸出

輸出とは、内国貨物を外国に向けて送り出すことをいいます（消基通7-2-1、関税法2①二）。

(2) 証明

免税の適用を受けるためには、輸出業者の名称・所在地、輸出年月日、輸出品名・数量・価額、仕向地などが記載された輸出証明等といわれる税関長の輸出許可書等を事務所等に保存し、輸出免税の対象となる取引であったことを証明する必要があります（消規5、消基通7-2-23）。

Phase 3　事例を検討しよう

G社の輸出したスポーツカーは、消費税法別表第1に規定する非課税取引には該当しませんので、課税資産の譲渡等（消法2①九）となる典型的な輸出取引です。
輸出証明等を保存することにより、消費税は免除されます。

> **ちょっとひとこと**
>
> **不課税、非課税、免税の違いは？**
>
> 　ここまで、取引について不課税と課税対象に分類し、さらに課税対象は課税、非課税、免税に分類されることを説明してきました。要するに、課税、非課税、免税、不課税の4つに分類しました。
> 　課税取引を除く3つの取引（非課税、免税、不課税）は、いずれも消費税

がかからない取引で共通していますが、仕入税額控除の計算において明確に区別する必要があります。

仕入税額控除の詳細は後章に委ね、ここでは概念的な説明をします。

納める消費税の額を計算する仕組みとして、売上に上乗せして受け取った消費税から、仕入れに上乗せされて支払った消費税を差し引きした残りを申告納税することとされています（前段階税額控除方式）。

この売上に係る消費税から仕入れに係る消費税を差し引くことを「仕入税額控除」といいます。

① 課税売上割合

仕入税額控除の計算において、課税売上割合というものがあります。1年間の仕入れに係る消費税の総額うち、その年の課税売上割合に応じた額のみを仕入税額控除の対象として差し引くことができるのですが、課税売上割合とは、その金額を求めるための割合で、総売上を分母とし課税売上を分子とした割合です。

課税売上は課税されているので分母・分子に当然算入され、非課税売上は課税されていないので分母にのみ算入されます。

免税売上は課税されていないが分母・分子の両方に算入されます。不課税売上は消費税の範疇の外なので、分母・分子ともに算入されません（消法30⑥、消令48、消法28①・2⑧⑨）。

$$課税売上割合 = \frac{課税資産の譲渡等の対価の額（課税売上高＋免税売上）}{資産の譲渡等の対価の額（分子＋非課税売上）}$$

② 個別対応

非課税、免税、不課税ともに売上に係る消費税はありませんが、これらの売上に直接対応する仕入れに係る消費税は支払っている場合があります。

非課税の売上に直接対応するものは仕入税額控除ができないものとし、免税の売上に直接対応するものは仕入税額控除ができるものとされています。これは、消費地課税主義からくる違いと考えてよいでしょう。

例えば、教科書の販売という非課税の売上について、その教科書には印刷代等の仕入れに係る消費税がかかっています。非課税の教科書の最終消

費地は国内なので、非課税となる前段階までの消費税は課税してよいこととなり、仕入税額控除を認めません。

また、自動車の輸出という免税の売上については、その自動車には仕入代金等の仕入れに係る消費税がかかっています。輸出品の最終消費地は国外なので、輸出価格に消費税を転嫁しないために仕入税額控除を認め、中間段階で課税されていた消費税を無しにします。

さらに、海外不動産の売却という不課税の売上についても、その仲介をした国内の不動産業者に支払う仲介手数料には消費税がかかります。最終消費地は国外であり輸出と同様なので、不課税売上であるが仕入税額控除が認められています（消基通11-2-13）。

同様に、車椅子の輸出等の非課税の売上や、海外の支店で使用又は売却するために資産を輸出した場合の不課税輸出も、最終消費地は国外であるため、非課税売上又は不課税取引であるが仕入税額控除が認められています（消法31、消基通11-7-1）。

逆に、金銭出資を受けるという不課税取引のために株券を発行した場合、証券会社へ支払う引受手数料等の仕入れに係る消費税は、不課税売上に直接対応するものであり、課税売上にも非課税売上にも直接に対応するものではありません。

しかし、最終消費地が国内にあり消費税が課税されていないという点では非課税売上と類似し、仕入税額控除を認め難い部分もあることから、課税売上とその他の売上に共通して対応する仕入れと取り扱うこととし、課税売上割合に応じた部分のみが仕入税額控除の対象とされます（消基通11-2-16）。

公益法人等の受ける寄附金等の不課税売上（特定収入）に直接対応する仕入れに係る消費税についても、一定の場合には仕入税額控除が認められません（消法60④、消基通16-2-3）。

第3章 納税義務

1 — 納税義務の免除と免除の特例

法律の概要

　消費税法は第5条において、非課税取引を除く課税対象取引を行った者を納税義務者と定め、消費税を納める義務を課しています。

　課税された消費税は、すべて国に納められるべきものですが、一定期間における消費税を集計する事務は大変膨大となります。そこで、国内取引において、小規模な事業者については、その事務負担に配慮して、納税の義務を免除することとしています（消法9①）。

　納税義務が免除される事業者を「免税事業者」、免除されない事業者を「課税事業者」といいます（輸入取引については、外国貨物を引き取る時までに消費税を納めますので、納税事務もそのつど完了するため、納税義務の免除についての規定はありません）。

　しかし、免税事業者が相続や合併により課税事業者の事業を承継して小規模とはいえない事業者となった場合や、課税事業者が合併や分割により新設した法人に事業を承継した場合などについては、納税義務の免除の特例として免税事業者でなくなることとしています（消法11〜12の2）。

具体例から学ぶ①

■相続があった場合の納税義務の免除

> [事例] 貸ビル業の引継ぎ
> 　文具店を営むFは、3月31日に他界した父の営む貸ビル業を引き継ぐこととなりました。Fと父の各期間の課税売上高は、次のとおりです。
> ・F：前々年　400万円、前年　300万円、当年1,400万円
> ・父：前々年1,100万円、前年1,200万円、当年　500万円
> Fの納税義務については、今後どうなるのでしょうか？
> 　　　　　　　　　　　　　　　＜適用条文：消費税法第9条・第10条＞

小規模な事業者は、納税義務が免除されます。そこで、何をもって小規模とするのか、また、一定規模を超える事業を承継した場合はどう取り扱うのかが問題となります。

Phase 1　原文を読もう

はじめに、条文をそのまま読んでみましょう。

(小規模事業者に係る納税義務の免除)
消費税法第9条　事業者のうち、その課税期間に係る基準期間における課税売上高が1,000万円以下である者については、第5条第1項の規定にかかわらず、その課税期間中に国内において行った課税資産の譲渡等につき、消費税を納める義務を免除する。ただし、この法律に別段の定めがある場合は、この限りでない。
2　前項に規定する基準期間における課税売上高とは、次の各号に掲げる事業者の区分に応じ当該各号に定める金額をいう。
一　個人事業者及び基準期間が1年である法人　基準期間中に国内において行った課税資産の譲渡等の対価の額（第28条第1項に規定する対価の額をい

う。以下この項及び第11条第4項において同じ。）の合計額から、イに掲げる金額からロに掲げる金額を控除した金額の合計額（以下この項及び第11条第4項において「売上げに係る税抜対価の返還等の金額の合計額」という。）を控除した残額
 イ 基準期間中に行った第38条第1項に規定する売上げに係る対価の返還等の金額
 ロ 基準期間中に行った第38条第1項に規定する売上げに係る対価の返還等の金額に係る消費税額に100分の125を乗じて算出した金額
 二 基準期間が1年でない法人　基準期間中に国内において行った課税資産の譲渡等の対価の額の合計額から当該基準期間における売上げに係る税抜対価の返還等の金額の合計額を控除した残額を当該法人の当該基準期間に含まれる事業年度の月数の合計数で除し、これに12を乗じて計算した金額
3　前項第2号の月数は、暦に従って計算し、1月に満たない端数を生じたときは、これを1月とする。

（相続があつた場合の納税義務の免除の特例）
第10条　その年において相続があつた場合において、その年の基準期間における課税売上高が1,000万円以下である相続人（前条第4項の規定による届出書の提出により消費税を納める義務が免除されない相続人を除く。以下この項及び次項において同じ。）が、当該基準期間における課税売上高が1,000万円を超える被相続人の事業を承継したときは、当該相続人の当該相続のあつた日の翌日からその年12月31日までの間における課税資産の譲渡等については、同条第1項本文の規定は、適用しない。
2　その年の前年又は前々年において相続により被相続人の事業を承継した相続人のその年の基準期間における課税売上高が1,000万円以下である場合において、当該相続人の当該基準期間における課税売上高と当該相続に係る被相続人の当該基準期間における課税売上高との合計額が1,000万円を超えるときは、当該相続人のその年における課税資産の譲渡等については、前条第1項本文の規定は、適用しない。

Phase 2　キーワードで理解しよう

次に、キーワードをつかむことにより理解しやすくなります。
キーワードは、（1）課税期間、（2）基準期間、（3）基準期間における課税売上高、です。

（1）課税期間

課税期間とは、申告納税すべき消費税を計算する際の計算期間をいいます。
原則として、個人事業者は暦年、法人は事業年度です（消法19）。

（2）基準期間

基準期間とは、個人事業者については課税期間の前々年をいい、法人については課税期間の前々事業年度（当該前々事業年度が1年未満である法人については、その事業年度開始の日の2年前の日の前日から同日以後1年を経過する日までの間に開始した各事業年度を合わせた期間）をいいます（消法2①十四）。

（3）基準期間における課税売上高

基準期間における課税売上高とは、基準期間中に国内において行った課税資産の譲渡等の対価の合計額から、基準期間中の売上げに係る税抜対価の返還等の金額の合計額を控除した残額をいいます（消法9②）。

課税資産の譲渡等の対価の額は、対価として収受し、または収受すべき一切の金銭又は金銭以外の物もしくは権利その他経済的な利益の額（消費税及び地方消費税を含まない）をいいます（消法28①）。

消費税法は、基準期間である前々年の課税売上高が1,000万円以下である事業者を小規模であると定義し、納税義務を免除することとしています。

> **ちょっとひとこと**
>
> **基準期間がない場合（新設法人）は？**
>
> 　新たに設立された法人については、前々事業年度は存在しないので基準期間がありません。したがって、設立第1期目及び第2期目の課税期間は、原則として免税事業者となります。
>
> 　しかし、その事業年度開始の日における資本金の額又は出資の金額が1,000万円以上である法人については小規模ではないとして、納税義務を免除しないこととしています（消法12の2）。

> **ちょっとひとこと**
>
> **基準期間によらない場合（特定期間）は？**
>
> 　平成23年度の税法改正で、免税事業者の要件の見直しが行われました。
> 前事業年度の上半期（特定期間）の課税売上高が1,000万円を超えるときは、その課税期間について納税義務の免税の適用は受けられないこととなります。
>
> 　なお、中間決算等の事務負担の増大を考慮して、課税売上高に代えて給与の合計額で判定しても良いこととされています（改正法9の2）。
>
> 　平成25年1月1日以後開始する課税期間から適用となります（改正法附則22）。

Phase 3　事例を検討しよう

＜Fの各課税期間の納税義務＞

① 課税期間が当年の場合

　当年の基準期間である前々年のFの課税売上高は「400万円≦1,000万円」であり、原則は免税事業者となります（消法9①）。

　しかし、被相続人である父の前々年の課税売上高は「1,100万円＞1,000万円」であることから、相続開始日（3月31日）の翌日である4月1日から12

月31日の期間は課税事業者となります（消法10①）。

② 課税期間が翌年の場合

翌年の基準期間である前年の課税売上高の合計は「Ｆ300万円＋父1,200万円＝1,500万円＞1,000万円」となり、翌年は課税事業者となります（消法10②）。

③ 課税期間が翌々年の場合

翌々年の基準期間である当年のＦの課税売上高が「1,400万円＞1,000万円」のため、父の当年の課税売上高500万円を合算せずとも、翌々年は原則通り課税事業者となります（消法9①・10②）。

ちょっとひとこと

相続財産が未分割の場合は？

遺産が分割されるまでの間は、相続財産は相続人全員の共有となるので（民898共同相続）、事業についても各相続人が共同して承継したものと考え、各相続人の納税義務の免除の特例を適用するにあたっての被相続人の課税売上高は、法定相続分（民900～903）に応じた金額とすることとされています（消基通1-5-5）。

設問のＦに弟がおり、父の相続人が２人だった場合、遺産が分割されるまでの間は、Ｆの各課税期間の納税義務は次のとおりとなります。

① 課税期間が当年の場合

被相続人である父の前々年の課税売上高は「1,100万円×Ｆの法定相続分$\frac{1}{2}$＝550万円≦1,000万円」となり、相続開始日（３月31日）の翌日である４月１日から12月31日の期間においても免税事業者となります。

② 課税期間が翌年の場合

翌年の基準期間である前年の課税売上高の合計は「Ｆ300万円＋父600万円（1,200万円×Ｆの法定相続分$\frac{1}{2}$）＝900万円≦1,000万円」となり、翌年も免税事業者となります（消法10②）。

相続財産が分割された場合は？

遺産が分割されると、分割の効力は相続開始の時にさかのぼって生じます

第３章 納税義務 383

(民909)。

　翌年においてＦと弟との間で、父の貸ビル業に関する財産についてはＦがすべて相続するものとした分割協議が整いました。

　この場合、遺産分割の遡及的効力により、本来の相続財産ではない「消費税法でいうところの事業」についても相続開始の時にさかのぼって承継したことになるのでしょうか？

　明確な法令や通達はありませんが、次のように取り扱って差し支えないと考えられます。

① 賃料収入

　最高裁判所は平成17年9月8日第一小法廷「預託金返還請求事件」平成16（受）1222において、次のように判断しました。

　「相続開始から遺産分割までの間に共同相続に係る不動産から生ずる金銭債権たる賃料債権は、各共同相続人がその相続分に応じて分割単独債権として確定的に取得し、その帰属は、後にされた遺産分割の影響を受けない」

　貸ビルの賃料収入は、相続開始後遺産分割前については$\frac{1}{2}$ずつがＦと弟の課税売上となり、分割後については全額がＦの課税売上となります。

② 基準期間の課税売上高

　消費税は課税期間開始の時には納税義務の有無を確定させておく必要があります。免税事業者として自らの付加価値に対する消費税を売値に転嫁せず事業を営んでいたところ、あとからさかのぼって課税事業者に変更されても、転嫁していなかった消費税を今さらもらい直すことなどできないからです。

　父の基準期間の課税売上高は、納税義務の判定を覆さないためにも、分割日の属する課税期間開始の日の前日の現況により判断すべきであって、課税期間開始後はさかのぼって全額Ｆに帰属させるものと取り扱うべきではありません。

　したがって、消費税法基本通達1-5-5により法定相続分により計算し、Ｆの当年及び翌年は免税事業者となります。

具体例から学ぶ②

■課税事業者の選択

[事例] 消費税の還付手続き

　Gは、脱サラをしてスポーツ用品のネットショップを開業しました。開業当初の売上はほとんど見込んでおらず、コンピュータやソフトウェアの設備投資や広告宣伝費が売上を大きく上回るものと覚悟しています。

　開業年の基準期間の課税売上高はなく免税事業者に該当しますが、課税事業者となることによって、仕入れに係る消費税の還付を受けることができると聞きました。

　どのような手続きが必要でしょうか？

<適用条文：消費税法第9条>

　課税事業者は、売上に係る消費税から仕入れに係る消費税を差し引いた残額を申告し納税します（消法45）。

　また、売上に係る消費税より仕入れに係る消費税が多い場合は、申告し還付を受けることができます（消法46）。

　しかし、免税事業者は申告・納税の義務が免除されていますので、還付を受けることもできません（消法46）。

　そこで、届出をすることにより、課税事業者となることができる旨の規定が設けられています。

Phase 1 原文を読もう

はじめに、条文をそのまま読んでみましょう。

(小規模事業者に係る納税義務の免除)
消費税法第9条　事業者のうち、その課税期間に係る基準期間における課税売上

高が1,000万円以下である者については、第5条第1項の規定にかかわらず、その課税期間中に国内において行った課税資産の譲渡等につき、消費税を納める義務を免除する。ただし、この法律に別段の定めがある場合は、この限りでない。

2・3　（省略）

4　第1項本文の規定により消費税を納める義務が免除されることとなる事業者が、その基準期間における課税売上高（同項に規定する基準期間における課税売上高をいう。第11条第4項、第12条第3項及び第15条を除き、以下この章において同じ。）が1,000万円以下である課税期間につき、第1項本文の規定の適用を受けない旨を記載した届出書をその納税地を所轄する税務署長に提出した場合には、当該提出をした事業者が当該提出をした日の属する課税期間の翌課税期間（当該提出をした日の属する課税期間が事業を開始した日の属する課税期間その他の政令で定める課税期間である場合には、当該課税期間）以後の課税期間（その基準期間における課税売上高が1,000万円を超える課税期間を除く。）中に国内において行う課税資産の譲渡等については、同項本文の規定は、適用しない。

5　前項の規定による届出書を提出した事業者は、同項の規定の適用を受けることをやめようとするとき又は事業を廃止したときは、その旨を記載した届出書をその納税地を所轄する税務署長に提出しなければならない。

6　前項の場合において、第4項の規定による届出書を提出した事業者は、事業を廃止した場合を除き、同項に規定する翌課税期間の初日から2年を経過する日の属する課税期間の初日以後でなければ、同項の規定の適用を受けることをやめようとする旨を記載した届出書を提出することができない。

Phase 2　キーワードで理解しよう

次に、キーワードをつかむことにより理解しやすくなります。

キーワードは、（1）届出、（2）届出の効力、です。

（1）届出

免税事業者が課税事業者となるためには、納税地の所轄税務署長対して「課税事業者選択届出書」を提出しなければなりません（消法9④、消令20の2①、消規11①）。

（2）届出の効力

「課税事業者選択届出書」を提出した日の属する課税期間の翌課税期間以後の課税期間について課税事業者となります（消法9④）。提出した日が開業年度の場合については、翌年からではなく開業年度から課税事業者となることができます（消法9④、消令20一）。

「課税事業者選択届出書」の効力は、「課税事業者選択不適用届出書」を提出するまで続きます。「課税事業者選択不適用届出書」を提出した日の属する課税期間の翌課税期間以後は免税事業者に戻ることができます（消法9⑤⑧、消令20の2②、消規11②）。

ただし、課税事業者を選択してから2年間は「課税事業者選択不適用届出書」の提出をすることができません（消法9⑥）。

Phase 3 　事例を検討しよう

Gは、開業年度の末日までに「課税事業者選択届出書」を提出することにより、開業年度から課税事業者となることができ、設備投資や広告宣伝費等の仕入に係る消費税の還付を受けるための申告をすることができます。

開業2年目の末日までに「課税事業者選択不適用届出書」を提出することにより、3年目から免税事業者に戻ることができます。

ちょっとひとこと

調整対象固定資産を取得した場合は？

過度の節税手法が横行しているという会計検査院の指摘により、平成22年

第3章　納税義務　387

度の税法改正で、課税事業者の選択制度の見直しが行われました。

従来の消費税法は、下記のように規定されていました。

A．多額の設備投資を行う等の場合、免税事業者においても、課税事業者を選択することにより、仕入れに係る消費税の還付を受けることができる。

B．非課税売上にのみに要する設備投資等の課税仕入は、仕入税額控除の対象とできないが、課税売上割合が95％以上の場合は全額控除できる（消法30①②）。

C．3年後に課税売上割合が著しく減少した場合、いったん全額控除された消費税は、再び納付の対象とし、Bで控除しすぎた不都合を調整する（消法33）。

課税事業者を選択し、住宅用賃貸マンションを建築し完成させます。同時に自動販売機を設置し、ジュースの販売による微々たる課税売上を発生さます。反面、マンションの賃貸開始を翌年からとすることで、非課税売上は発生させません。

当年の課税売上割合は意図的に100％となり、マンション建築に係る消費税額は全額還付を受けることができます。

3年後は賃貸を開始していますので、課税売上割合が著しく減少しますが、「課税事業者選択不適用届出書」の提出により、免税事業者に戻れば、還付を受けた消費税は再び納付の対象とされることがなくなります。

そこで、改正により、調整対象固定資産を取得した場合、3年間は「課税事業者選択不適用届出書」を提出できないこととし、Cの調整から逃れられないようにしました（消法9⑦・12の2②）。

調整対象固定資産とは、建物、構築物、機械及び装置、船舶、航空機、車両及び運搬具、工具、器具及び備品、鉱業権その他の資産で、100万円以上のものをいいます（消法2①十六、消令5）。

2 課税期間

> 法律の概要

　課税期間とは、申告納税すべき消費税を計算する際の計算期間をいいます。原則として1年とし、個人事業者は暦年、法人は事業年度とされています（消法19①一・二）。

　輸出専門業者などは、ほぼ毎回還付申告になると思われます。課税期間を3か月や1か月に短縮し、還付を受ける申告のサイクルを短くすることが認められています（消法19①三〜四の二）。

　課税事業者の選択など、消費税の各種の特例を受けるには、原則としてその年あるいは事業年度が始まる前に、届出書の提出をしなければなりませんが、課税期間を短縮することにより、年あるいは事業年度の中途から特例の適用が受けることが可能となります。

消費税の課税期間

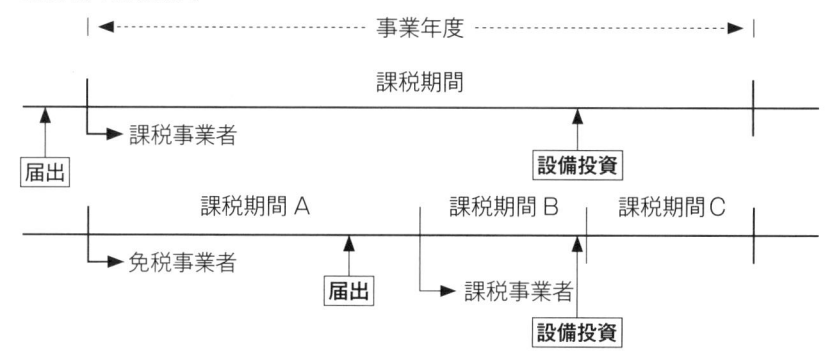

```
          |←―――――――― 事業年度 ――――――――→|
          |―――――――――― 課税期間 ――――――――|
        ↑ →課税事業者                ↑
       届出                         設備投資
          |― 課税期間A ―|― 課税期間B ―|― 課税期間C ―|
        → 免税事業者      ↑      → 課税事業者
                        届出              ↑
                                       設備投資
```

> 具体例から学ぶ

> [事例] 年の中途で開業した場合
> 　個人事業者Hは、一昨年の9月に開業し、課税売上高は800万円でした。開業3年目の今年、Hは免税事業者であると考えてよいのでしょうか？
> 　　　　　　＜適用条文：消費税法第19条・第2条第1項第14号・第9条第2項＞

　基準期間が1年未満の場合、その期間の課税売上高を1年分相当額に割り戻して納税義務を判断する必要があるのかどうか？　という問題です。

Phase 1　原文を読もう

はじめに、条文をそのまま読んでみましょう。

（課税期間）
消費税法第19条　この法律において「課税期間」とは、次の各号に掲げる事業者の区分に応じ当該各号に定める期間とする。
　一　個人事業者（第3号又は第3号の2に掲げる個人事業者を除く。）　1月1日から12月31日までの期間
　二　法人（第4号又は第4号の2に掲げる法人を除く。）　事業年度

（定義）
第2条　この法律において、次の各号に掲げる用語の意義は、当該各号に定めるところによる。
　一～十三　（省略）
　十四　基準期間　個人事業者についてはその年の前々年をいい、法人についてはその事業年度の前々事業年度（当該前々事業年度が1年未満である法人については、その事業年度開始の日の2年前の日の前日から同日以後1年を経過する日までの間に開始した各事業年度を合わせた期間）をいう。

(以下省略)

(小規模事業者に係る納税義務の免除)
第9条
2 前項に規定する基準期間における課税売上高とは、次の各号に掲げる事業者の区分に応じ当該各号に定める金額をいう。
　一 個人事業者及び基準期間が1年である法人　基準期間中に国内において行った課税資産の譲渡等の対価の額（第28条第1項に規定する対価の額をいう。以下この項及び第11条第4項において同じ。）の合計額から、イに掲げる金額からロに掲げる金額を控除した金額の合計額（以下この項及び第11条第4項において「売上げに係る税抜対価の返還等の金額の合計額」という。）を控除した残額
　　イ　基準期間中に行った第38条第1項に規定する売上げに係る対価の返還等の金額
　　ロ　基準期間中に行った第38条第1項に規定する売上げに係る対価の返還等の金額に係る消費税額に100分の125を乗じて算出した金額
　二 基準期間が1年でない法人　基準期間中に国内において行った課税資産の譲渡等の対価の額の合計額から当該基準期間における売上げに係る税抜対価の返還等の金額の合計額を控除した残額を当該法人の当該基準期間に含まれる事業年度の月数の合計数で除し、これに12を乗じて計算した金額
3 前項第2号の月数は、暦に従って計算し、1月に満たない端数を生じたときは、これを1月とする。

Phase 2　キーワードで理解しよう

次に、キーワードをつかむことにより理解しやすくなります。

キーワードは、（1）個人事業者、（2）法人、（3）基準期間の月数、です。

（1）個人事業者

個人事業者の課税期間は暦年（消法19一）、基準期間は前々年です（消法2①十四）。

（2）法人

法人の課税期間は事業年度（消法19二）、基準期間は前々事業年度です（消法2①十四）。

前々事業年度が1年未満である場合は、その事業年度開始の日の2年前の日の前日から同日以後1年を経過する日までの間に開始した各事業年度を合わせた期間が基準期間となります（消法2①十四かっこ書き）。

（3）基準期間の月数

法人の場合は、1年未満の事業年度が存在し得るので、基準期間が1年でない場合には、その期間の課税売上高の12か月分相当額をもって基準期間の課税売上高とします（消法9②二）。

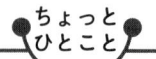

> **ちょっとひとこと**
>
> **課税期間を短縮している場合の基準期間は？**
>
> 課税期間を短縮している場合でも、基準期間は前々年あるいは前々事業年度となります。
>
> | ← 前々年 → | ← 前 年 → | ← その年 → |
> |---|---|---|
> | 短縮 \| 短縮 \| 短縮 \| 短縮 | 短縮 \| 短縮 \| 短縮 \| 短縮 | 短縮 \| 短縮 \| 短縮 \| 短縮 |
> | ← abcd の基準期間 → | | a　b　c　d |

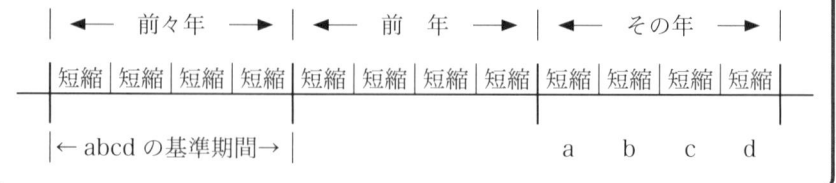

Phase 3　事例を検討しよう

＜Hの各課税期間の納税義務＞

　年の中途の9月に開業し、営業期間が1年未満の4か月であったとしても、Hは個人事業者であるため、その課税期間及び基準期間は暦年となります。

　したがって、法人の基準期間における課税売上高のように「800万円÷4か月×12か月＝2,400万円＞1,000万円」として判定するのではなく、「800万円≦1,000万円」で判定するため、開業3年目の今年、Hは免税事業者となります。

第4章 課税標準

> 法律の概要

　課税標準とは、税金の計算をする上において税額決定の基礎となる数値であり、消費税においては、その課税標準額に100分の4の税率を乗じて算定することとなります。

> 具体例から学ぶ

[事例] 課税標準額の算定
　次の場合、消費税の課税標準額はいくらになるでしょうか？
① 通常の販売価額100,000円の商品Aを当社の取締役に40,000円で売却した場合
② 個人事業者が通常の販売価額80,000円（仕入価額60,000円）の商品Bを家事のために消費した場合
　　　　　　　　　　　　　＜適用条文：消費税法第28条第1項・第2項・第4項＞

Phase 1　原文を読もう

　はじめに、条文をそのまま読んでみましょう。筆者による網かけ部分（かっこ書き）をとばして読むと、わかりやすくなります。

（課税標準）
消費税法第28条　課税資産の譲渡等に係る消費税の課税標準は、課税資産の譲渡

等の対価の額（対価として収受し、又は収受すべき一切の金銭又は金銭以外の物若しくは権利その他経済的な利益の額とし、課税資産の譲渡等につき課されるべき消費税額及び当該消費税額を課税標準として課されるべき地方消費税額に相当する額を含まないものとする。以下この項及び次項において同じ。）とする。ただし、法人が資産を第4条第4項第2号に規定する役員に譲渡した場合において、その対価の額が当該譲渡の時における当該資産の価額に比し著しく低いときは、その価額に相当する金額をその対価の額とみなす。
2　第4条第4項各号に掲げる行為に該当するものについては、次の各号に掲げる行為の区分に応じ当該各号に定める金額をその対価の額とみなす。
　一　第4条第4項第1号に掲げる消費又は使用　当該消費又は使用の時における当該消費し、又は使用した資産の価額に相当する金額
　二　第4条第4項第2号に掲げる贈与　当該贈与の時における当該贈与をした資産の価額に相当する金額
3　（省略）
4　第2項に定めるもののほか、第1項又は前項に規定する課税標準の額の計算の細目に関し必要な事項は、政令で定める。

引用条文と政令との関連を見てみましょう。

【消法28②】
第4条第4項各号に掲げる行為に該当するものについては…その対価の額とみなす。

【消法4④一・二】
（課税の対象）
次に掲げる行為は、事業として対価を得て行われた資産の譲渡とみなす。
一　個人事業者が棚卸資産又は棚卸資産以外の資産で事業の用に供していたものを家事のために消費し、又は使用した場合における当該消費又は使用
二　法人が資産をその役員（法人税法第2条第15号（定義）に規定する役員をいう。）に対して贈与した場合における当該贈与

【法法2十五】
（役員）
法人の取締役、執行役、会計参与、監査役、理事、監事及び清算人並びにこれら以外の者で法人の経営に従事している者のうち政令で定めるものをいう。
　→【法令7】（役員の範囲）
　　法第2条第15号に規定する政令で定める者は…

【消法28④】
必要な事項は、政令で定める。

【消令45】
（課税資産の譲渡等に係る消費税の課税標準の額）
法28条第1項に規定する金銭以外の物又は…

Phase 2　キーワードで理解しよう

次に、キーワードをつかむことにより理解しやすくなります。
キーワードは、（1）対価の額、（2）みなす、です。

（1）対価の額

「課税資産の譲渡等の対価の額」とは、課税資産の譲渡等に係る対価について、対価として収受し、または収受すべき一切の金銭又は金銭以外の物もしくは権利その他の経済的利益の額をいい、消費税額等を含みません。

この場合の「収受すべき」とは、別に定めるものを除き、その課税資産の譲渡等を行った場合のその課税資産等の価額をいうのではなく、その譲渡等に係る当事者間で授受することとした対価の額をいいます。

つまり、その譲渡等に係る当事者間で合意した対価の額で良いことになりますが、役員に対する場合にはこの限りではありません。

「対価の額」の定めは

譲渡等の対価の額　→　【消基通10－1－1】（譲渡等の対価の額）

（2）みなす

税法においては「みなす」という規定が多くあります。

ここでは課税の公平性を図るために、役員や個人事業者の譲渡等の対価の額について「みなす」規定を設けています。

① 法人の役員

役員に対するその譲渡の対価が「資産の価額に比し著しく低いとき」とは、法人のその役員に対する資産の譲渡金額が、当該譲渡の時における資産の価額に相当する金額のおおむね50％に相当する金額に満たない場合をいいます。

なお、その譲渡に係る資産が棚卸資産である場合において、その資産の譲渡金額が、次のイ、ロの要件のいずれをも満たすときは、「資産の価額に比し著しく低いとき」に該当しないものとして取り扱います。

イ．当該資産の課税仕入れの金額以上であること

ロ．通常他に販売する価額のおおむね50％に相当する金額以上であること

ただし、法人が資産を役員に対し著しく低い価額により譲渡した場合においても、当該資産の譲渡が、役員及び使用人の全部につき一律に又は勤続年

数等に応ずる合理的な基準により普遍的に定められた値引率に基づいて行われた場合は、この規定の適用はありません。

つまり、ただし書きに規定されている場合を除き資産の価額に相当する金額のおおむね50％に満たない金額で譲渡した場合はその価額に相当する金額を消費税の課税標準とみなす、ということになります。

② 個人事業者

個人事業者が事業用資産を家事のために消費又は使用した場合においても、消費又は使用の時における資産の価額に相当する金額を課税標準とみなすこととなっています。

ただし、次のイ及びロに掲げる金額以上の金額を対価の額として記載した確定申告書を提出したときは、その金額が課税資産の譲渡の対価の額と認められます。

　イ．当該棚卸資産の課税仕入れの金額
　ロ．通常他に販売する価額のおおむね50％に相当する金額

みなし規定の判定

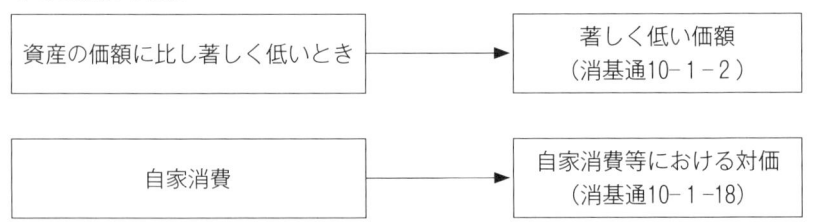

資産の価額に比し著しく低いとき	→	著しく低い価額（消基通10-1-2）
自家消費	→	自家消費等における対価（消基通10-1-18）

ちょっとひとこと

「みなす」と「推定する」の違いは？

「みなす」は、取決めや反証などがあっても、法律で定めたものが認定されます。

「推定する」は、取決めや反証などがあれば、法律で定めたものが覆ります。

Phase 3　事例を検討しよう

　事例の①の場合には、役員に対し通常の販売価格100,000円のおおむね50％に満たない価額の40,000円で譲渡していますので、通常の販売価格の100,000円が課税標準額となります。

　また、事例の②の場合には、通常の販売価格の80,000円が課税標準額となりますが、仕入価額の60,000円と、通常の販売価額の50％相当額の50,000円のうち高い金額の60,000円を対価の額として確定申告書に記載している場合には、60,000円を課税標準額として認められることとなります。

第5章 税額控除

1 —仕入れに係る消費税額の控除

法律の概要

　消費税額は、課税資産の譲渡等に係る課税標準額に対する消費税額から、課税仕入または保税地域から引き取る貨物に課された又は課されるべき消費税額を控除して計算することとなっています。

　ただし、課税期間における課税売上割合に応じて、控除できる消費税額が定められています。

具体例から学ぶ

> [事例] 仕入税額控除の対象は
> 　先日当社の商品保管倉庫が火災にあい、倉庫及び保管していた商品がすべて焼失しました。火災保険に入っていたので保険金を受け取りました。その保険金に加え、その倉庫に隣接していた土地の売却代金とで倉庫を新設しました。
> 　この場合の仕入税額控除はどうなるのでしょうか？
> 　　　　　　　　　　　　　　　＜適用条文：消費税法第30条＞

Phase 1 原文を読もう

はじめに、条文をそのまま読んでみましょう。筆者による網かけ部分（かっこ書き）をとばして読むと、わかりやすくなります。

（仕入れに係る消費税額の控除）
消費税法第30条　事業者（第９条第１項本文の規定により消費税を納める義務が免除される事業者を除く。）が、国内において行う課税仕入れ又は保税地域から引き取る課税貨物については、次の各号に掲げる場合の区分に応じ当該各号に定める日の属する課税期間の第45条第１項第２号に掲げる課税標準額に対する消費税額（以下この章において「課税標準額に対する消費税額」という。）から、当該課税期間中に国内において行った課税仕入れに係る消費税額（当該課税仕入れに係る支払対価の額に105分の４を乗じて算出した金額をいう。以下この章において同じ。）及び当該課税期間における保税地域からの引取りに係る課税貨物（他の法律又は条約の規定により消費税が免除されるものを除く。以下この章において同じ。）につき課された又は課されるべき消費税額（附帯税の額に相当する額を除く。次項において同じ。）の合計額を控除する。

一　国内において課税仕入れを行った場合　当該課税仕入れを行った日
二　保税地域から引き取る課税貨物につき第47条第１項の規定による申告書（同条第３項の場合を除く。）又は同条第２項の規定による申告書を提出した場合　当該申告に係る課税貨物（第６項において「一般申告課税貨物」という。）を引き取った日
三　保税地域から引き取る課税貨物につき特例申告書を提出した場合（当該特例申告書に記載すべき第47条第１項第１号又は第２号に掲げる金額につき決定（国税通則法第25条（決定）の規定による決定をいう。以下この号において同じ。）があつた場合を含む。以下同じ。）当該特例申告書を提出した日又は当該申告に係る決定（以下「特例申告に関する決定」という。）の通知を受けた日

2　前項の場合において、同項に規定する課税期間における課税売上割合が100分の95に満たないときは、同項の規定により控除する課税仕入れに係る消費税

額及び同項に規定する保税地域からの引取りに係る課税貨物につき課された又は課されるべき消費税額（以下この章において「課税仕入れ等の税額」という。）の合計額は、同項の規定にかかわらず、次の各号に掲げる場合の区分に応じ当該各号に定める方法により計算した金額とする。
一　当該課税期間中に国内において行った課税仕入れ及び当該課税期間における前項に規定する保税地域からの引取りに係る課税貨物につき、課税資産の譲渡等にのみ要するもの、課税資産の譲渡等以外の資産の譲渡等（以下この号において「その他の資産の譲渡等」という。）にのみ要するもの及び課税資産の譲渡等とその他の資産の譲渡等に共通して要するものにその区分が明らかにされている場合　イに掲げる金額にロに掲げる金額を加算する方法
　　イ　課税資産の譲渡等にのみ要する課税仕入れ及び課税貨物に係る課税仕入れ等の税額の合計額
　　ロ　課税資産の譲渡等とその他の資産の譲渡等に共通して要する課税仕入れ及び課税貨物に係る課税仕入れ等の税額の合計額に課税売上割合を乗じて計算した金額
二　前号に掲げる場合以外の場合　当該課税期間における課税仕入れ等の税額の合計額に課税売上割合を乗じて計算する方法
3　前項第1号に掲げる場合において、同号ロに掲げる金額の計算の基礎となる同号ロに規定する課税売上割合に準ずる割合（当該割合が当該事業者の営む事業の種類の異なること又は当該事業に係る販売費、一般管理費その他の費用の種類の異なるごとに区分して算出したものである場合には、当該区分して算出したそれぞれの割合。以下この項において同じ。）で次に掲げる要件のすべてに該当するものがあるときは、当該事業者の第2号に規定する承認を受けた日の属する課税期間以後の課税期間については、前項第1号の規定にかかわらず、同号ロに掲げる金額は、当該課税売上割合に代えて、当該割合を用いて計算した金額とする。ただし、当該割合を用いて計算することをやめようとする旨を記載した届出書を提出した日の属する課税期間以後の課税期間については、この限りでない。
一　当該割合が当該事業者の営む事業の種類又は当該事業に係る販売費、一般管理費その他の費用の種類に応じ合理的に算定されるものであること。
二　当該割合を用いて前項第1号ロに掲げる金額を計算することにつき、その

> 納税地を所轄する税務署長の承認を受けたものであること。
> 4 第2項第1号に掲げる場合に該当する事業者は、同項の規定にかかわらず、当該課税期間中に国内において行った課税仕入れ及び当該課税期間における第1項に規定する保税地域からの引取りに係る課税貨物につき、同号に定める方法に代え、第2項第2号に定める方法により第1項の規定により控除される課税仕入れ等の税額の合計額を計算することができる。
> 5 第2項又は前項の場合において、第2項第2号に定める方法により計算することとした事業者は、当該方法により計算することとした課税期間の初日から同日以後2年を経過する日までの間に開始する各課税期間において当該方法を継続して適用した後の課税期間でなければ、同項第1号に定める方法により計算することは、できないものとする。
> (以下省略)

Phase 2 キーワードで理解しよう

次に、キーワードをつかむことにより理解しやすくなります。

キーワードは、(1) 課税仕入れ、(2) 課税売上割合、です。

(1) 課税仕入れ

課税仕入れを行った日とは、課税仕入れに該当することとされる資産の譲受けもしくは借受けをした日又は役務の提供を受けた日をいいます。

原則として、所得税法又は法人税法に規定する資産の取得の時期または費用の計上時期と同じです(消基通11-3-1)。

課税仕入れを行った日とは

課税仕入れの内容	課税仕入れを行った日
割賦購入資産等	その資産の引渡しを受けた日。リース取引において賃借人が支払うべきリース料の額をその支払うべき日の属する課税期間の賃借料等として経理している場合も同様です(消基通11-3-2)。(※)

第5章 税額控除

減価償却資産	その資産の引渡しを受けた日です（消基通11−3−3）。
未成工事支出金	原則はその課税仕入れ等をした日ですが、その未成工事支出金として経理した課税仕入れ等についてその目的物の引渡しをした日の属する課税期間における課税仕入れ等としている場合は、継続適用を条件として認められます（消基通11−3−5）。
建設仮勘定	原則はその課税仕入れ等をした日ですが、その目的物の完成した日の属する課税期間における課税仕入れとしている場合は認められます（消基通11−3−6）。
短期前払費用	前払費用のうち所基通37−30の2又は法基通2−2−14（短期前払費用）の取扱いの適用を受けている場合は、その前払費用に係る課税仕入れはその支出した日の属する課税期間において行ったものと認められます（消基通11−3−8）。

※　上記のうち所有権移転外リース取引について事業者（賃借人）が賃貸借処理している場合で、そのリース料について支払うべき日の属する課税期間における課税仕入れ等として消費税の申告をしている場合は、これによって差し支えないものとされています。

　課税仕入れの範囲として、他の者から資産を譲り受け、もしくは借り受け、又は役務の提供を受けることが課税仕入れに該当するかどうかは、資産の譲受け等のために支出した金銭の源泉を問いません。
　したがって、保険金、補助金、損害賠償金等を資産の譲受け等にあてた場合であっても、その資産の譲受け等が課税仕入れに該当するときは、仕入税額控除の対象となります（消基通11−2−10）。
　また、課税仕入れ等に係る資産が事故等により滅失し、もしくは亡失した場合又は盗難にあった場合などのように、結果的に資産の譲渡等を行うことができなくなった場合であっても、その課税仕入れ等について仕入税額控除の対象となります（消基通11−2−11）。

（2）課税売上割合

　課税売上割合とは、国内における資産の譲渡等の対価の額の合計額のうち、国内における課税資産の譲渡等の対価の額の合計額の占める割合をいいます。

消費税額は、課税資産の譲渡等に係る課税標準額に対する消費税額から、課税仕入れまたは保税地域から引き取る貨物に課された又は課されるべき消費税額を控除して計算することとなっています。

ただし、その課税期間における課税売上割合が100分の95に満たないときは、課税仕入れ等に係る税額の全額を控除することはできず、次に定める方法により計算した金額を控除することとなっています。

控除金額の算定方式

個別対応方式 （消法30②）	控除対象仕入税額割合	＝	課税資産の譲渡等にのみ要する課税仕入れ等の税額の合計額	＋	課税資産・非課税資産共通に要する課税仕入れ等の税額の合計額	×	課税売上
一括比例配分方式 （消法30③）	控除対象仕入税額	＝	課税仕入れ等の税額の合計額	×	課税売上割合		

このうち、個別対応方式は課税仕入れ等について、①課税資産の譲渡等にのみ要するもの、②課税資産の譲渡等以外の資産の譲渡等にのみ要するもの、③課税資産の譲渡等とその他の資産の譲渡等に共通して要するものに明確に区分されている場合にのみ適用があります。

また、この場合において所轄税務署長の承認を受けているときは、本来の課税売上割合に代えて、合理的な基準により算定された割合を適用することができます。

> **ちょっとひとこと**
>
> **課税売上割合は端数処理するの？**
>
> 課税売上割合については、原則として、端数処理は行われませんが、事業者がその生じた端数を切り捨てているときは、これを認められます（消基通

第5章 税額控除

11-5-7）。

課税売上割合に準ずる割合は？

使用人の数又は従事日数の割合、消費又は使用する資産の価額、使用数量、使用面積の割合その他課税資産の譲渡等とその他の資産の譲渡等に共通して要するものの性質に応ずる合理的な基準により算出した割合をいいます（消基通11-5-7）。

課税売上割合に準ずる割合の適用範囲は？

課税売上割合に準ずる割合の適用に当たっては、その事業者が行う事業の全部について同一の割合を適用する必要はなく、例えば、次の方法によることもできます。

ただし、この場合には、適用すべき課税売上割合に準ずる割合のすべてについて税務署長の承認を受けなければならないものとされています（消基通11-5-8）。

① 当該事業者の営む事業の種類の異なるごとにそれぞれ異なる課税売上割合に準ずる割合を適用する方法
② 当該事業者の事業に係る販売費、一般管理費その他の費用の種類の異なるごとにそれぞれ異なる課税売上割合に準ずる割合を適用する方法
③ 当該事業者の事業に係る事業場の単位ごとにそれぞれ異なる課税売上割合に準ずる割合を適用する方法

さらに、本事例のようにたまたま土地の譲渡があった場合には、次の①又は②のいずれか低い割合により、課税売上割合に準ずる割合の承認申請ができます。

① その土地の譲渡があった課税期間の前3年間に含まれる課税期間の通算課税売上割合
② その土地の譲渡があった課税期間の直前の課税期間の課税売上割合

また、一括比例配分方式を選択した事業者は、その方法により計算すること

とした課税期間の初日から2年を経過する日までの間に開始する各課税期間においてその方法を継続して適用したあとでなければ、個別対応方式により計算することはできません。

　課税売上割合に準ずる割合の適用は、個別対応方式により仕入税額控除の計算を行っている事業者に限り適用ができること、一括比例配分方式により仕入税額控除の計算を行っている事業者は2年間その方法を継続して適用しなければならないこと、を慎重に検討して、仕入税額控除の方式を適用することが必要です。

Phase 3　事例を検討しよう

　まず商品についてですが、事故等により滅失し結果的に譲渡等ができなくなった場合でも仕入税額控除の対象となります。また、新設した倉庫についてもその資金の調達の源泉が保険金であっても、土地の譲渡によるものであっても、それには関係なくその資産の引き渡しを受けた日に仕入税額控除の対象となります。

　ただし、消費税の課税対象外である保険金は課税売上割合を計算する場合に関係ありませんが、非課税取引である土地の譲渡については資産の譲渡の対価の額に含まれますので、それにより課税売上割合が95％に満たなくなる場合（平成24年4月1日以後開始課税期間にあっては課税売上高が5億円を超える場合を含む）には、全額を仕入税額控除することはできません。

ちょっとひとこと

全額仕入税額控除のできる課税期間は？

　一括比例配分方式を適用した課税期間の翌課税期間における課税売上割合が95％以上となり、全額仕入税額控除ができることとなった場合でも、一括比例配分方式を継続適用したこととなります。

　また、消費税法の改正により平成24年4月1日以後に開始する課税期間か

らはその課税期間の課税売上高が5億円（その課税期間が1年に満たない場合には年換算）を超える事業者には課税売上割合が95％以上であっても全額仕入税額控除は適用できないこととなりました。

例えば、
　　X事業年度　　　：課税売上高6億円　課税売上割合95％
　　X＋1事業年度：課税売上高5億円　課税売上割合95％
　　X＋2事業年度：課税売上高6億円　課税売上割合95％

であったときに、X事業年度は課税売上高が5億円を超えているため全額仕入税額控除ができませんので一括比例配分方式を選択したとします。

この場合でも、X＋1事業年度は課税売上高が5億円を超えていませんので全額仕入税額控除ができることとなります。

しかし、このX＋1事業年度も一括比例配分方式を継続適用したこととなりますので、X＋2事業年度では一括比例配分方式と個別対応方式の選択適用ができることとなります（消基通11-2-21）。

2　調整対象固定資産

法律の概要

固定資産等は長期にわたって使用される資産であり、その固定資産等を取得した課税期間とその後の課税期間において、課税売上割合が著しく変動した場合や使用形態を変更した場合に、仕入税額控除税額を調整するためのものです。

具体例から学ぶ

[事例] 建物を取得した場合

当社は、年1回決算法人で消費税の課税事業者です。X課税期間に2,100万円（消費税等込み）の建物を取得し、そのまま継続して保有してい

ます。

　各課税期間の課税売上割合はＸ課税期間70％、Ｘ＋１課税期間は70％、Ｘ＋２課税期間は90％でしたが、Ｘ＋１課税期間は簡易課税の適用を受けていました。

　当社は、調整対象固定資産に係る課税仕入れ等の税額の調整が必要でしょうか？　必要な場合は、いくらの税額を調整することになるのでしょうか？

＜適用条文：消費税法第33条＞

Phase 1　原文を読もう

はじめに、条文をそのまま読んでみましょう。筆者による網かけ部分（かっこ書き）をとばして読むと、わかりやすくなります。

（課税売上割合が著しく変動した場合の調整対象固定資産に関する仕入れに係る消費税額の調整）
第33条　事業者（第９条第１項本文の規定により消費税を納める義務が免除される事業者を除く。）が国内において調整対象固定資産の課税仕入れを行い、又は調整対象固定資産に該当する課税貨物を保税地域から引き取り、かつ、当該課税仕入れ又は当該課税貨物に係る課税仕入れ等の税額につき比例配分法により仕入れに係る消費税額を計算した場合（第30条第１項の規定により当該調整対象固定資産に係る課税仕入れ等の税額の全額が控除された場合を含む。）において、当該事業者（相続により当該事業者の当該調整対象固定資産に係る事業を承継した相続人、合併により当該事業を承継した合併法人及び分割により当該調整対象固定資産に係る事業を承継した分割承継法人を含むものとし、これらの者のうち第９条第１項本文の規定により消費税を納める義務が免除される者を除く。以下この項において同じ。）が第３年度の課税期間の末日において当該調整対象固定資産を有しており、かつ、第３年度の課税期間における通算課税売上割合が仕入れ等の課税期間（当該調整対象固定資産の課税仕入れの

第５章　税額控除　　409

日又は保税地域からの引取りの日（当該調整対象固定資産に該当する課税貨物につき特例申告書を提出した場合には、当該特例申告書を提出した日又は特例申告に関する決定の通知を受けた日。次条第1項及び第35条において同じ。）の属する課税期間をいう。以下この項及び次項において同じ。）における第30条第2項に規定する課税売上割合（当該仕入れ等の課税期間において同条第3項本文の規定の適用を受けた場合には、同項に規定する承認に係る割合。以下この項及び次項において同じ。）に対して著しく増加した場合として政令で定める場合に該当するときは第2号に掲げる合計額から第1号に掲げる合計額を控除した金額に相当する消費税額をその者の当該第3年度の課税期間の仕入れに係る消費税額に加算し、当該通算課税売上割合が当該課税売上割合に対して著しく減少した場合として政令で定める場合に該当するときは第1号に掲げる合計額から第2号に掲げる合計額を控除した金額に相当する消費税額をその者の当該第3年度の課税期間の仕入れに係る消費税額から控除する。この場合において、当該加算をした後の金額又は当該控除をした後の金額を当該課税期間における仕入れに係る消費税額とみなす。

一　第3年度の課税期間の末日において有する当該調整対象固定資産（以下この号において「保有調整対象固定資産」という。）の課税仕入れに係る消費税額又は保有調整対象固定資産である課税貨物に係る消費税額（附帯税の額に相当する額を除く。）（以下この号及び次号において「調整対象基準税額」という。）に当該仕入れ等の課税期間における第30条第2項に規定する課税売上割合を乗じて計算した消費税額の合計額（仕入れ等の課税期間において同条第1項の規定により当該保有調整対象固定資産に係る課税仕入れ等の税額の全額が控除された場合には、調整対象基準税額の合計額）

二　調整対象基準税額に通算課税売上割合を乗じて計算した消費税額の合計額

2　前項に規定する比例配分法とは、第30条第2項第1号ロに規定する課税売上割合（以下この項において「課税売上割合」という。）を乗じて計算する方法又は同条第2項第2号に定める方法をいい、前項に規定する第3年度の課税期間とは、仕入れ等の課税期間の開始の日から3年を経過する日の属する課税期間をいい、同項に規定する通算課税売上割合とは、仕入れ等の課税期間から第3年度の課税期間までの各課税期間において適用されるべき課税売上割合を政令で定めるところにより通算した課税売上割合をいう。

3　第1項の規定により同項第1号に掲げる合計額から同項第2号に掲げる合計額を控除した金額に相当する消費税額を当該第3年度の課税期間の仕入れに係る消費税額から控除して控除しきれない金額があるときは、当該控除しきれない金額を課税資産の譲渡等に係る消費税額とみなして当該第3年度の課税期間の課税標準額に対する消費税額に加算する。

事業者とは

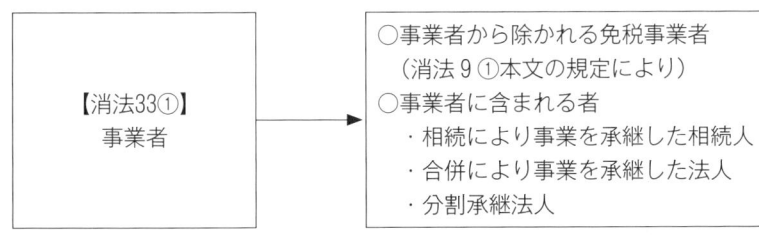

【消法33①】
事業者

○事業者から除かれる免税事業者
　（消法9①本文の規定により）
○事業者に含まれる者
　・相続により事業を承継した相続人
　・合併により事業を承継した法人
　・分割承継法人

調整対象固定資産とは

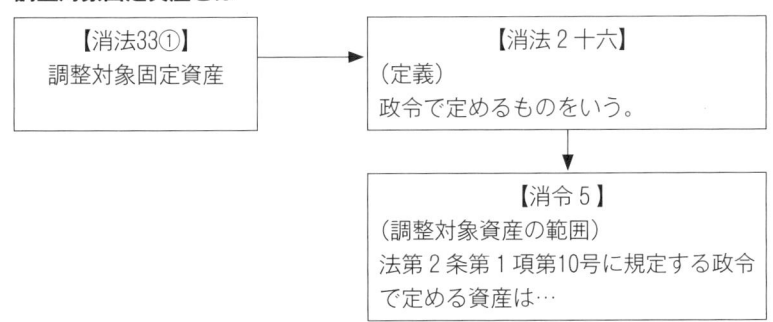

【消法33①】
調整対象固定資産

【消法2十六】
（定義）
政令で定めるものをいう。

【消令5】
（調整対象資産の範囲）
法第2条第1項第10号に規定する政令で定める資産は…

「課税売上割合が著しく増加」とは

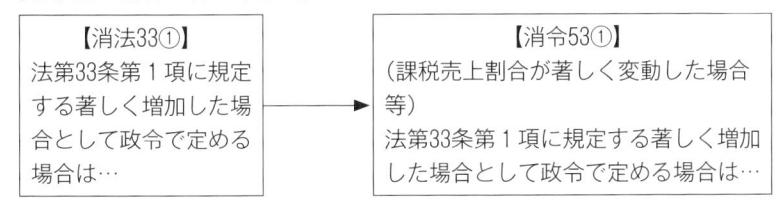

【消法33①】
法第33条第1項に規定する著しく増加した場合として政令で定める場合は…

【消令53①】
（課税売上割合が著しく変動した場合等）
法第33条第1項に規定する著しく増加した場合として政令で定める場合は…

```
┌─────────────────────┐      ┌─────────────────────┐
│ 【消法33②】          │      │ 【消令53②】          │
│ 課税売上割合を政令で │─────▶│ (課税売上割合が著し  │
│ 定めるところにより通 │      │ く変動した場合等)    │
│ 算した課税売上割合を │      │ 法第33条第2項に規定 │
│ いう。              │      │ する政令で定めると   │
│                     │      │ ころにより通算した   │
│                     │      │ 課税売上割合は…     │
└─────────────────────┘      └─────────────────────┘
```

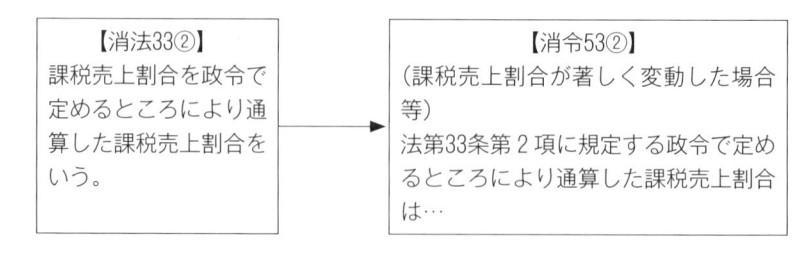

転用した場合の取扱い

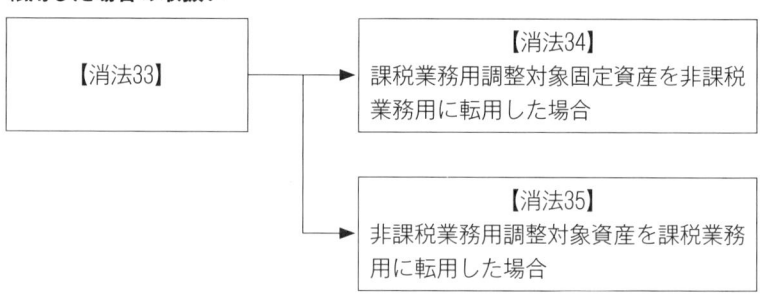

```
┌─────────────────────┐      ┌─────────────────────┐
│                     │      │ 【消法34】           │
│                     │─────▶│ 課税業務用調整対象固 │
│                     │      │ 定資産を非課税業務用 │
│ 【消法33】           │      │ に転用した場合       │
│                     │      └─────────────────────┘
│                     │      ┌─────────────────────┐
│                     │      │ 【消法35】           │
│                     │─────▶│ 非課税業務用調整対象 │
│                     │      │ 資産を課税業務用に転 │
│                     │      │ 用した場合           │
└─────────────────────┘      └─────────────────────┘
```

Phase 2 キーワードで理解しよう

次に、キーワードをつかむことにより、理解しやすくなります。

キーワードは、(1) 調整対象固定資産、(2) 比例配分方式、(3) 第3年度の課税期間、(4) 通算課税売上割合、です。

(1) 調整対象固定資産

調整対象固定資産とは、棚卸資産以外の次に掲げる資産で、一の取引の単位が100万円 (消費税等抜き) 以上のものをいいます。

① 建物及び附属設備
② 構築物
③ 機械及び装置
④ 船舶
⑤ 航空機

⑥　車輌及び運搬具

⑦　工具、器具及び備品

⑧　鉱業権等無形固定資産

⑨　ゴルフ場利用株式等

⑩　生物

⑪　前各号に掲げる資産に準ずるもの

●ちょっと
ひとこと

一の取引の単位は？

通常一組又は一式をもって取引の単位とされるものにあっては一組又は一式とされます。例えば、機械及び装置にあっては１台又は１基、工具、器具及び備品にあっては１個、１組又は１そろい、構築物のうち例えば枕木、電柱等単体では機能を発揮できないものにあっては社会通念上一の効果を有すると認められる単位ごとに判定されます（消基通12-2-3）。

（注）この場合において、消費税法施行令第5条各号に規定する資産に係る課税仕入れであれば、課税仕入れを行った時において同号に掲げる資産として完成されているかどうかを問わないとされています。

前各号に掲げる資産に準ずるものは？

例示として、次のものがあります（消基通12-2-1）。

①　回路配置利用権

②　預託金方式のゴルフ会員権

③　課税資産を賃借するために支出する権利金等

④　消令6①六（著作権等の所在地）に規定する著作権等

⑤　他の者からのソフトウエアの購入費用又は他の者に委託してソフトウエアを開発した場合におけるその開発費用

⑥　書画・骨とう

第5章　税額控除　413

(2) 比例配分方式

　調整対象固定資産を取得した後の課税期間において課税売上割合が著しく変動した場合に仕入税額控除税額の調整を行うのは、比例配分法により仕入税額控除の計算を行っている場合に適用されます。

　比例配分方法とは、前述の個別対応方式又は一括比例配分方式をいいます（課税売上割合が95％以上であるため、全額仕入税額控除できる場合を含みます）。

(3) 第3年度の課税期間

　調整対象固定資産を取得等したあとの課税期間において課税売上割合が著しく変動した場合に仕入税額控除税額の調整を行うのは、第3年度の課税期間の末日においてその調整対象固定資産を保有しており、かつ、第3年度の課税期間の通算課税売上割合が仕入れ等の課税期間の課税売上割合に対して著しく変動した場合です。

　ここでいう第3年度とは、その取得した日の属する課税期間の開始の日から3年を経過する日の属する課税期間をいいます。

　したがって、その対象となった調整対象固定資産について除却、廃棄、滅失又は譲渡があったため、当該第3年度の課税期間の末日においてその調整対象固定資産を有していない場合には、この規定の適用はありません（消基通12-3-3）。

　また、調整対象固定資産を取得した日の属する課税期間と第3年度の課税期間との間に免税事業者となった課税期間及び簡易課税制度の適用を受けた課税期間が含まれている場合でも、この規定の適用があります（消基通12-3-1）。

(4) 通算課税売上割合

　通算課税売上割合とは、次の①に掲げる金額のうち②に掲げる金額の占める割合をいいます。

通算課税売上割合とは

①	課税仕入れ等の課税期間から第3年度までの各課税期間中(以下「通算課税期間」という)において行った資産の譲渡等の対価の額の合計額から通算課税期間中において行った資産の譲渡等に係る対価の返還等の金額の合計額を控除した残高
②	通算課税期間中において国内において行った課税資産の譲渡等の対価の額の合計額から通算課税期間中において行った課税資産の譲渡等に係る対価の返還等の金額を控除した残高

なお、調整が必要な場合及びその調整税額の計算は、次のとおりです。

(1) 調整が必要な場合

① 課税仕入れ等の税額に加算する場合

$$\frac{通算課税売上割合-課税仕入れ等の課税期間の課税売上割合}{課税仕入れ等の課税期間の課税売上割合} \geqq \frac{50}{100}$$

であり、かつ、

$$通算課税売上割合-課税仕入れ等の課税期間の課税売上割合 \geqq \frac{50}{100}$$

② 課税仕入れ等の税額から控除する場合

$$\frac{通算課税売上割合-課税仕入れ等の課税期間の課税売上割合}{課税仕入れ等の期間の課税売上割合} \leqq \frac{50}{100}$$

であり、かつ、

$$通算課税売上割合-課税仕入れ等の課税期間の課税売上割合 \leqq \frac{50}{100}$$

(2) 控除税額の調整額

① 仕入控除税額に加算する金額

| 調整対象固定資産の課税仕入れ等に係る税額 | × | 通算課税売上割合 | − | 調整対象固定資産の課税仕入れ等に係る税額 | × | 課税仕入れ等の課税期間における課税売上割合 |

② 仕入控除税額から控除する金額

| 調整対象固定資産の課税仕入れ等に係る税額 | × | 課税仕入れ等の課税期間における課税売上割合 | − | 調整対象固定資産の課税仕入れ等に係る税額 | × | 通算課税売上割合 |

Phase 3 事例を検討しよう

　この建物の支払対価の額が100万円以上ですので、調整対象固定資産の範囲に含まれます。

　この建物に係る課税仕入れ等の税額は80万円（2,100万円×$\frac{4}{105}$）です。その課税期間においては課税売上割合が70%ですので、56万円が仕入税額控除の金額となります。

　途中に簡易課税制度の適用を受けた期間が含まれていますが、その場合でもこの規定の適用があります。

　次に、上記の算式にあてはめます。各課税期間の資産の譲渡の対価の額を「100＋100＋100＝300」とすると、そのうち課税資産の譲渡の対価の額は「70＋70＋90＝240」となりますので、通算課税売上割合は「$\frac{240}{300}=\frac{80}{100}$」で、$\frac{50}{100}$以上となります。

　かつ、通算課税売上割合$\frac{80}{100}$から課税仕入れ等の期間の課税売上割合$\frac{70}{100}$を差し引くと$\frac{10}{100}$となり、$\frac{5}{100}$以上となりますので、課税仕入れ等の税額に加算することとなります。

　その税額は、「調整対象固定資産の課税仕入れ等に係る税額（80万円）×通算課税売上割合（$\frac{80}{100}$）−調整対象固定資産の課税仕入れ等に係る税額（80万

円）×課税仕入れ等の課税期間における課税売上割合（$\frac{70}{100}$）＝ 8 万円」となります。

> **ちょっとひとこと**
>
> **調整対象固定資産を転用した場合は？**
>
> 調整対象固定資産を課税業務用から非課税業務用に転用した場合又は非課税業務用から課税業務用に転用した場合の仕入に係る消費税額の調整についても規定されています。
>
> 課税事業者が国内において調整対象固定資産の課税仕入れ等を行い、かつ、個別対応方式により、課税資産の譲渡等にのみ要するものとして仕入税額控除の計算を行った場合において、その調整対象固定資産をその課税仕入れの日から3年以内に非課税業務の用にのみ供するものに転用した場合、また、逆に非課税業務にのみ供するものとしていたものを課税業務用にのみ供するものに転用した場合には一定の税額をその転用した課税期間における仕入控除税額から控除又は加算します。
>
> この規定は、課税業務用にのみ供するもの非課税業務用にのみ供するものに、又は非課税業務用にのみ供するものを課税業務用にのみ供するものに転用した場合においてのみ適用されますので、いずれかにおいて課税非課税共通用に供されている場合には適用がありません。

3 棚卸資産に係る消費税額の調整

法律の概要

免税事業者は、納税すべき又は還付すべき消費税額が発生しません。

そこで、免税事業者であった期間に仕入れた商品を課税事業者となった期間に譲渡した場合、または課税事業者であった期間に仕入れた商品を免税事業者となった期間に譲渡した場合の棚卸資産に係る消費税額について定めています。

具体例から学ぶ

[事例] 棚卸資産に含まれる消費税額

当社はＸ年度の基準期間であるＸ２年度の課税売上高は800万円でしたので、Ｘ年度は消費税の免税事業者でした。Ｘ２年度の翌課税期間であるＸ１年度の課税売上高は1,200万円、Ｘ年度の課税売上高は900万円でした。

Ｘ年度末の棚卸資産は105万円（消費税額等込み）、Ｘ＋１年度末の棚卸資産は210万円（消費税額等込み）です。

棚卸資産に含まれる消費税額は、どのように処理すればよいのでしょうか？

<適用条文：消費税法第36条>

Phase 1　原文を読もう

はじめに、条文をそのまま読んでみましょう。筆者による網かけ部分（かっこ書き）をとばして読むと、わかりやすくなります。

(納税義務の免除を受けないこととなった場合の棚卸資産に係る消費税額の調整)
消費税法第36条　第９条第１項本文の規定により消費税を納める義務が免除される事業者が、同項の規定の適用を受けないこととなった場合において、その受けないこととなった課税期間の初日（第10条第１項、第11条第１項又は第12条第５項の規定により第９条第１項本文の規定の適用を受けないこととなった場合には、その受けないこととなった日）の前日において消費税を納める義務が免除されていた期間中に国内において譲り受けた課税仕入れに係る棚卸資産又は当該期間における保税地域からの引取りに係る課税貨物で棚卸資産に該当するもの（これらの棚卸資産を原材料として製作され、又は建設された棚卸資産を含む。以下この条において同じ。）を有しているときは、当該課税仕入れに

係る棚卸資産又は当該課税貨物に係る消費税額（当該棚卸資産又は当該課税貨物の取得に要した費用の額として政令で定める金額に105分の4を乗じて算出した金額をいう。第3項及び第5項において同じ。）をその受けないこととなった課税期間の仕入れに係る消費税額の計算の基礎となる課税仕入れ等の税額とみなす。

2　前項の規定は、事業者が政令で定めるところにより同項に規定する棚卸資産又は課税貨物の明細を記録した書類を保存しない場合には、当該保存のない棚卸資産又は課税貨物については、適用しない。ただし、災害その他やむを得ない事情により当該保存をすることができなかつたことを当該事業者において証明した場合は、この限りでない。

3　個人事業者（第9条第1項本文の規定により消費税を納める義務が免除される事業者を除く。）が相続により被相続人（同項本文の規定により消費税を納める義務が免除される事業者に限る。）の事業を承継した場合又は法人（同項本文の規定により消費税を納める義務が免除される法人を除く。）が合併により被合併法人（同項本文の規定により消費税を納める義務が免除される法人に限る。）の事業を承継した場合若しくは分割により分割法人（同項本文の規定により消費税を納める義務が免除される法人に限る。）の事業を承継した場合において、当該被相続人又は被合併法人若しくは分割法人が消費税を納める義務が免除されていた期間中に国内において譲り受けた課税仕入れに係る棚卸資産又は当該期間における保税地域からの引取りに係る課税貨物で棚卸資産に該当するものを引き継いだときは、当該課税仕入れに係る棚卸資産又は当該課税貨物に係る消費税額を当該引継ぎを受けた個人事業者又は法人の当該相続又は合併若しくは分割があつた日の属する課税期間の仕入れに係る消費税額の計算の基礎となる課税仕入れ等の税額とみなす。

4　第2項の規定は、前項の規定の適用を受ける個人事業者又は法人について準用する。

5　事業者が、第9条第1項本文の規定により消費税を納める義務が免除されることとなった場合において、同項の規定の適用を受けることとなった課税期間の初日の前日において当該前日の属する課税期間中に国内において譲り受けた課税仕入れに係る棚卸資産又は当該課税期間における保税地域からの引取りに

> 係る課税貨物で棚卸資産に該当するものを有しているときは、当該課税仕入れに係る棚卸資産又は当該課税貨物に係る消費税額は、第30条第1項（同条第2項の規定の適用がある場合には、同項の規定を含む。）の規定の適用については、当該課税期間の仕入れに係る消費税額の計算の基礎となる課税仕入れ等の税額に含まれないものとする。

引用条文と政令との関係を見てみましょう。

・引用条文

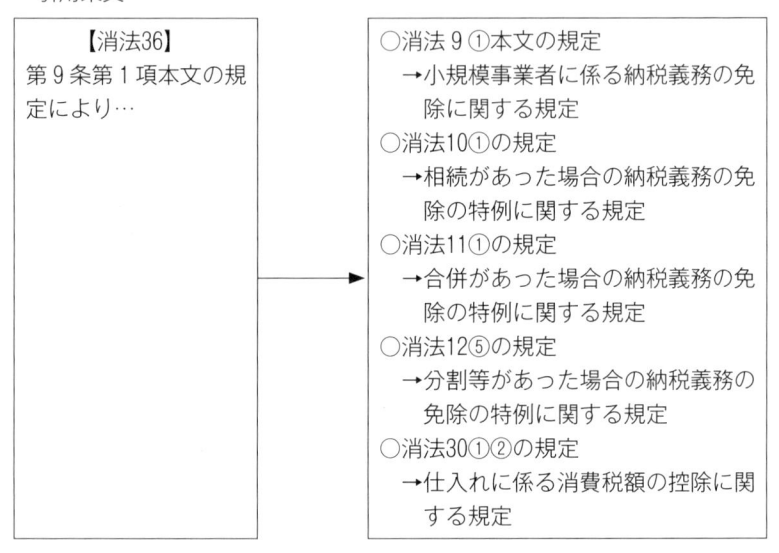

【消法36】
第9条第1項本文の規定により…

→

○消法9①本文の規定
　→小規模事業者に係る納税義務の免除に関する規定
○消法10①の規定
　→相続があった場合の納税義務の免除の特例に関する規定
○消法11①の規定
　→合併があった場合の納税義務の免除の特例に関する規定
○消法12⑤の規定
　→分割等があった場合の納税義務の免除の特例に関する規定
○消法30①②の規定
　→仕入れに係る消費税額の控除に関する規定

・政令との関係

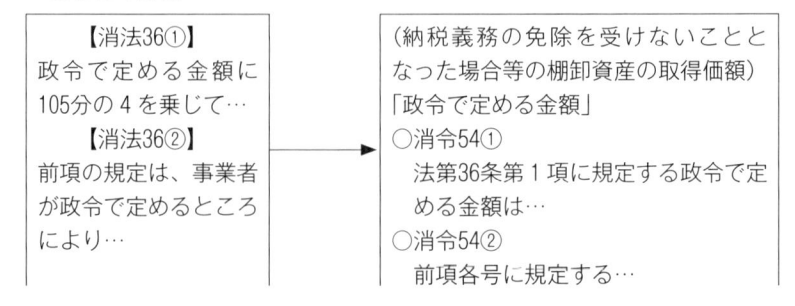

【消法36①】
政令で定める金額に105分の4を乗じて…
【消法36②】
前項の規定は、事業者が政令で定めるところにより…

→

（納税義務の免除を受けないこととなった場合等の棚卸資産の取得価額）
「政令で定める金額」
○消令54①
　法第36条第1項に規定する政令で定める金額は…
○消令54②
　前項各号に規定する…

```
「事業者」
○消令54③
　法第36条第1項の規定の適用を受け
　る事業者は…
○消令54④
　前項の規定は…
○消令54⑤
　第3項に規定する…
```

Phase 2　キーワードで理解しよう

次に、キーワードをつかむことにより理解しやすくなります。

キーワードは（1）消費税を納める義務が免除される事業者、（2）棚卸資産、です。

（1）消費税を納める義務が免除される事業者

「法第9条第1項本文の規定により消費税を納める義務が免除される事業者」とは、その課税期間に係る基準年度における課税売上高が1,000万円以下である者（以下「免税事業者」という）をいいます。

免税事業者は免税事業者である期間については消費税を納める義務はありませんが、当然その期間中の課税仕入れ等に係る消費税額は発生します。

（2）棚卸資産

では、免税事業者であった期間に課税仕入れ等を行った棚卸資産を、条文でいう同項の規定を受けなくなった場合、つまり課税事業者となった場合に、その棚卸資産を譲渡したときには消費税が課せられますが、課税仕入れ等をしたときには免税業者ですので税額控除の対象となりません。

一方、課税事業者であった期間に課税仕入れ等を行った棚卸資産を免税事業者となった期間に譲渡したとすれば、仕入税額控除はできますが、その譲渡等をした商品に係る消費税額の納税義務はありません。

第5章　税額控除

そこで、免税事業者でなくなった課税期間の初日の前日において、免税事業者であった期間中に課税仕入れ等を行った棚卸資産を有しているときは、その棚卸資産に係る消費税額を課税事業者となった課税期間の仕入れ等に係る消費税額の計算の基礎となる課税仕入れ等の税額とみなします。

　一方、課税事業者が免税事業者となった場合において、免税事業者となった課税期間の初日の前日において、課税事業者であった期間中に課税仕入れ等を行った棚卸資産を有しているときは、その棚卸資産に係る消費税額は、課税事業者である課税期間の仕入れ等に係る消費税額の計算の基礎となる課税仕入れ等の税額に含まないものとします。

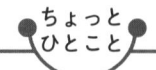

> **ちょっとひとこと**
>
> **前課税期間において簡易課税制度の適用を受けていた場合は？**
>
> 　課税事業者が免税事業者となった場合においては、免税事業者となる課税期間の前課税期間において簡易課税制度の適用を受ける場合には適用されません（消基通12-6-4）。

Phase ③　事例を検討しよう

　X年度は免税事業者ですので消費税の納税義務はなく、X＋1年度は基準期間の課税売上高が1,200万円ですので、消費税の課税事業者となります。

　この課税期間に簡易課税制度の適用を受けていなければ、X年度の期末に有している棚卸資産に係る消費税額の4万円（105万円×$\frac{4}{105}$）の金額を当課税期間の課税仕入れ等に係る税額とみなして、仕入税額控除の対象とすることができます。

　一方、X年度の課税売上高は900万円ですので、X＋2年度はまた免税事業者となります。

　同じく、この課税期間に簡易課税制度の適用を受けていなければ、X＋1年度の期末に有している棚卸資産に係る消費税額の8万円（210万円×$\frac{4}{105}$）は、

X＋1年度の課税期間において仕入税額控除の対象とすることはできません。

4 ── 簡易課税制度

法律の概要

この法律は、一般に「簡易課税制度」といわれるものです。

本来の控除できる課税仕入れ等の税額に代えて、事業の種類ごとに定めた率を、その課税期間の課税標準額に対する消費税額からその課税期間の売上に係る対価の返還等の金額に係る消費税額の合計額を控除した金額に乗じた金額を、仕入れに係る消費税額とみなすことを定めたものです。

具体例から学ぶ

> **[事例] 簡易課税制度の再適用は**
>
> A社は、平成19年4月に資本金1,000万円で設立した3月決算法人で、設立当初より消費税簡易課税制度の適用を受けていましたが、平成22年4月以後の課税期間については消費税簡易課税制度選択不適用選択届出書を提出し、簡易課税制度の適用を受けないこととしました。
>
> その課税期間において、3,000万円（消費税等抜き）で建物を購入しましたが、平成23年4月以後開始事業年度において、再び消費税簡易課税制度の適用を受けることは可能でしょうか？
>
> （注1）課税期間は1年であるとします。
> （注2）いずれの課税期間も課税売上高は1,000万円超5,000万円以下です。
>
> <適用条文：消費税法第37条>

Phase ❶　原文を読もう

　はじめに、条文をそのまま読んでみましょう。筆者による網かけ部分（かっこ書き）をとばすと、わかりやすくなります。

(中小企業者の仕入れに係る消費税額の控除の特例)
消費税法第37条　事業者（第9条第1項本文の規定により消費税を納める義務が免除される事業者を除く。）が、その納税地を所轄する税務署長にその基準期間における課税売上高（同項に規定する基準期間における課税売上高をいう。以下この項及び次条第1項において同じ。）が5,000万円以下である課税期間（第12条第1項に規定する分割等に係る同項の新設分割親法人又は新設分割子法人の政令で定める課税期間（以下この項及び次条第1項において「分割等に係る課税期間」という。）を除く。）についてこの項の規定の適用を受ける旨を記載した届出書を提出した場合には、当該届出書を提出した日の属する課税期間の翌課税期間（当該届出書を提出した日の属する課税期間が事業を開始した日の属する課税期間その他の政令で定める課税期間である場合には、当該課税期間）以後の課税期間（その基準期間における課税売上高が5,000万円を超える課税期間及び分割等に係る課税期間を除く。）については、第30条から前条までの規定により課税標準額に対する消費税額から控除することができる課税仕入れ等の税額の合計額は、これらの規定にかかわらず、当該事業者の当該課税期間の課税標準額に対する消費税額から当該課税期間における第38条第1項に規定する売上げに係る対価の返還等の金額に係る消費税額の合計額を控除した残額の100分の60に相当する金額（卸売業その他の政令で定める事業を営む事業者にあっては、当該残額に、政令で定めるところにより当該事業の種類ごとに当該事業における課税資産の譲渡等に係る消費税額のうちに課税仕入れ等の税額の通常占める割合を勘案して政令で定める率を乗じて計算した金額）とする。この場合において、当該金額は、当該課税期間における仕入れに係る消費税額とみなす。
2　前項の規定の適用を受けようとする事業者は、次の各号に掲げる場合に該当するときは、当該各号に定める期間は、同項の規定による届出書を提出するこ

とができない。ただし、当該事業者が事業を開始した日の属する課税期間その他の政令で定める課税期間から同項の規定の適用を受けようとする場合に当該届出書を提出するときは、この限りでない。

　一　当該事業者が第9条第7項の規定の適用を受ける者である場合　同項に規定する調整対象固定資産の仕入れ等の日の属する課税期間の初日から同日以後3年を経過する日の属する課税期間の初日の前日までの期間

　二　当該事業者が第12条の2第2項の新設法人である場合において同項に規定する場合に該当するとき　同項に規定する調整対象固定資産の仕入れ等の日の属する課税期間の初日から同日以後3年を経過する日の属する課税期間の初日の前日までの期間

3　前項各号に規定する事業者が当該各号に掲げる場合に該当することとなった場合において、当該各号に規定する調整対象固定資産の仕入れ等の日の属する課税期間の初日から当該各号に掲げる場合に該当することとなった日までの間に第1項の規定による届出書をその納税地を所轄する税務署長に提出しているときは、同項の規定の適用については、その届出書の提出は、なかったものとみなす。

4　第1項の規定による届出書を提出した事業者は、同項の規定の適用を受けることをやめようとするとき又は事業を廃止したときは、その旨を記載した届出書をその納税地を所轄する税務署長に提出しなければならない。

5　前項の場合において、第1項の規定による届出書を提出した事業者は、事業を廃止した場合を除き、同項に規定する翌課税期間の初日から2年を経過する日の属する課税期間の初日以後でなければ、同項の規定の適用を受けることをやめようとする旨の届出書を提出することができない。

6　第4項の規定による届出書の提出があつたときは、その提出があつた日の属する課税期間の末日の翌日以後は、第1項の規定による届出は、その効力を失う。

7　やむを得ない事情があるため第1項又は第4項の規定による届出書を第1項の規定の適用を受けようとし、又は受けることをやめようとする課税期間の初日の前日までに提出できなかつた場合における同項又は前項の規定の適用の特例については、政令で定める。

法律と政令との関連

【消法37①】 その他の政令で定める課税期間である場合には…	→	【消令55】 (仕入れに係る消費税額の控除の特例の適用がない分割等に係る課税期間) 法第37条第1項に規定する新設分割法人…の政令で定める課税期間は… 【消令56】 (事業を開始した日の属する課税期間等の範囲) 法第37条第1項に規定する事業を開始した…政令で定める課税期間は…
【消法37①】 政令で定める率を乗じて計算した…	→	【消令57】 (中小企業者の仕入れに係る消費税額の控除の特例) 法第37条第1項に規定する政令で定める事業は…
【消法37②】 その他の政令で定める課税期間から…	→	【消令56②】 (事業を開始した日の属する課税期間等の範囲) 法第37条第2項ただし書に規定する…政令で定める課税期間は、前項第1号に掲げる…
【消法37⑦】 やむを得ない事情があるため…政令で定める。	→	【消令57の2】 (中小企業者の仕入れに係る消費税額の控除の特例の適用を受ける旨の届出等に関する特例) 法第37条第1項の規定の適用を受けようとする事業者が…

災害等があった場合の届出の特例

┌─────────────────────────┐   ┌─────────────────────────┐
│（災害等があった場合の中小企業│   │　　　　【消令57の3】　　　│
│者の仕入れに係る消費税額の控除│   │（災害等があった場合の中小企業者│
│の特例の届出に関する特例）　　│　──→　│の仕入れに係る消費税額の控除の特例の│
│　　　　【消法37の2】　　　 │   │届出に関する特例）　　　　│
│災害その他やむを得ない事情によ│   │法第37条の2第6項に規定する政令で│
│り…提出したものとみなす…　　│   │定める課税期間は…　　　　│
│　　　　【消法37の2⑧】　　 │   │   │
│必要な事項は、政令で定める。 │   │   │
└─────────────────────────┘   └─────────────────────────┘

Phase 2　キーワードで理解しよう

次に、キーワードをつかむことにより理解しやすくなります。

キーワードは、（1）5,000万円以下、（2）2年を経過する日の属する課税期間、（3）3年を経過する日の属する課税期間、です。

（1）5,000万円以下

基準年度における課税売上高が5,000万円以下である課税期間については、この規定の適用を受ける旨を記載した届出書（「消費税簡易課税制度選択届出書」）を提出することにより、その届出書を提出した日の属する課税期間の翌課税期間以後の課税期間について、簡易課税制度の適用を受けることができます。

この制度は、課税標準額に対する消費税額から控除できる課税仕入れ等の税額の合計額を、その課税期間の課税標準額に対する消費税額からその課税期間における売上に係る対価の返還等の金額に係る消費税額の合計額を控除した金額に事業区分に応じて政令で定める率（みなし仕入率）を乗じた金額とみなす制度です。

政令で定める事業区分及び率とは、次のとおりです。

第5章　税額控除

事業区分及びみなし仕入率

事業区分	みなし仕入率	該当する事業
第一種事業	90%	卸売業（他の者から購入した商品をその性質及び形状を変更しないで他の事業者に対して販売する事業＜商品の購入は、事業者からの購入に限りません。＞）
第二種事業	80%	小売業（他の者から購入した商品をその性質及び形状を変更しないで販売する事業で第一種事業以外のもの＜製造小売業を除きます。＞）
第三種事業	70%	農業、林業、漁業、鉱業、建設業、製造業（製造小売業を含みます。）、電気業、ガス業、熱供給業、水道業（第一種事業または第二種事業に該当するもの及び加工賃その他これに類する料金を対価とする役務の提供を除きます。また、第三種事業の範囲は、おおむね日本標準産業分類の大分類の区分により判定します。）
第四種事業	60%	第一種事業から第三種事業及び第五種事業以外の事業（第三種事業及び第五種事業から除かれる事業のほか、金融・保険業等が該当することになります。）
第五種事業	50%	不動産業、運輸通信業、サービス業（飲食店業に該当する事業を除きます。）（第一種事業から第三種事業までの事業に該当する事業を除きます。また、第五種事業の範囲は、おおむね日本産業分類の大分類の区分により判定します。）

　上記の事業区分のうち1種類の事業のみを営んでいる場合には、その事業区分に応じて定められているみなし仕入率を用いて算定します。

　ただし、次の①から④に該当する場合には、それぞれ以下のとおりに計算します。

　①　第一種事業から第五種事業までの事業のうち2種類以上の事業を営む場合

<次の算式により計算した割合>

$$みなし仕入率 = \frac{第1種事業に係る消費税額 \times 90\% + 第2種事業に係る消費税額 \times 80\% + 第3種事業に係る消費税額 \times 70\% + 第4種事業に係る消費税額 \times 60\% + 第5種事業に係る消費税額 \times 50\%}{第1種事業に係る消費税額 + 第2種事業に係る消費税額 + 第3種事業に係る消費税額 + 第4種事業に係る消費税額 + 第5種事業に係る消費税額}$$

② 第一種事業から第五種事業までの事業のうち2種類以上の事業を営む場合で1種類の事業に係る課税売上割合が課税売上割合の合計額の75％以上を占める場合

その課税売上割合の75％以上を占める事業に係るみなし仕入率を課税売上高全体のみなし仕入率とすることができます。ただし、この特例の要件に該当する場合でも、特例計算によらず、例えば第一種事業の課税売上割合が20％、第五種事業の課税売上割合が80％である場合のように、この特例の適用をうけることが合理的でない場合等は、事業の種類ごとにみなし仕入率を適用することができます。

③ 第一種事業から第五種事業までの事業のうち3種類以上の事業を営む場合で2種類の事業に係る課税売上割合が課税売上割合の合計額の75％以上を占める場合

その2種類の事業のうちみなし仕入率の高いほうの事業に係る課税売上高については、本来のみなし仕入率を適用し、それ以外の課税売上高については、その2種類の事業のうち低いほうのみなし仕入率を適用することができます。

例えば、課税売上割合が第一種事業50％、第二種事業30％、第五種事業20％である場合には一種事業に該当する部分については90％、第二種事業及び第五種事業に該当する部分については第二種事業の80％を適用することができます。

また、②と同じく、例えば課税売上割合が第一種事業50％、第二種事業20％、第五種事業30％である場合のようにこの特例の適用を受けることが合

理的でない場合等は、事業の種類ごとにみなし仕入率を適用することができます。
④ 第一種事業から第五種事業までの事業のうち2種類以上の事業を営む場合で事業の種類を区分していない場合

その課税期間中に行った課税資産の譲渡等を事業の種類ごとに区分していない場合には、その区分していない課税売上高については、行った事業のうち最も低いみなし仕入率に係る事業に係る課税売上高として仕入税額控除を行うこととされています。

(2) 2年を経過する日の属する課税期間

この簡易課税制度の適用を受ける届出書を提出した事業者は、事業を廃止した場合を除いて簡易課税制度の適用を受ける課税期間の初日から2年を経過する日の属する課税期間の初日以後でなければこの制度の適用を受けることをやめる届出をすることはできません。

なお、やむを得ない事情があるため期日までに「消費税簡易課税制度選択（不適用）届出書」を提出できなかった場合においては、所轄税務署長の承認を受けたときは、期日までにその届出書の提出があったものとみなされます。

「やむを得ない事情」とは

①	一定の天災又は人的災害で自己の責任によらないものに起因する災害が発生したことにより、届出書の提出ができない状態になったと認められる場合
②	①に規定する災害に準ずるような状態又はその事業者の責めに帰することができない状態にあることにより、届出書の提出ができない状態になったと認められる場合
③	その課税期間の末日前おおむね1月以内に相続があったことにより、その相続に係る相続人が新たに届出書を提出できる個人事業者となった場合
④	①から③に準ずる事情がある場合で、税務署長がやむを得ないと認めた場合

さらに、災害その他やむを得ない理由が生じたことにより被害を受けた事業者が被害を受けたことにより、その災害その他やむを得ない理由が生じた課税

期間において簡易課税制度の適用を受けることが必要となった場合、又は簡易課税制度の適用を受けることが必要でなくなった場合には、その災害がやんだ日から2か月以内に申請書を所轄税務署長に提出し、その承認を受けたときは、その変更は認められます。

「災害その他やむを得ない理由」とは

①	地震、暴風、豪雨、豪雪、津波、落雷、地すべりその他の自然現象の異変による災害
②	火災、火薬類の爆発、ガス爆発、その他の人為よる異常な災害
③	①及び②に準ずるもので、自己の責めに帰さないやむを得ない事実

また、その課税期間の基準期間における課税売上高が5,000万円を超えることにより簡易課税制度の適用を受けることができなくなった場合、または、その課税期間の基準年度における課税売上高が1,000万円以下となり、免税事業者となった場合であっても、その後の課税期間において課税売上高が再び1,000万円を超え5,000万円以下となったときは、その課税期間においては再び簡易課税制度が適用されます。

このように「消費税簡易課税制度選択届出書」の効力は継続しますので、この制度の適用をやめる場合には、その課税期間の初日の前日までに「消費税簡易課税選択不適用届出書」を提出する必要があります。

(3) 3年を経過する日の属する課税期間

平成22年4月1日以後に次の①②③のいずれにも該当する事業者は、調整対象固定資産の課税仕入れ等を行った日の属する課税期間の初日から同日以後3年を経過する日の属する課税期間については、簡易課税制度の適用を受けることはできません（また、免税事業者となることもできません）。

調整対象固定資産とは、棚卸資産以外の資産で、①建物及び附属設備、②構築物、③機械及び装置、④船舶、⑤航空機、⑥車輌及び運搬具、⑦工具、器具及び備品、⑧鉱業権等無形固定資産、⑨ゴルフ場利用株式等、⑩生物、⑪前各

号に掲げる資産、に準ずるもので、消費税等に相当する金額を除いた金額が100万円以上のものをいいます。

この規定は、その事業者が調整対象固定資産の課税仕入れ等を行った後にその調整対象固定資産を廃棄、売却等により処分したとしても適用されます。

「3年を経過する日の属する課税期間」の判定

①	課税事業者選択届出書を提出し、平成22年4月1日以後開始する課税期間から課税事業者となる場合	資本金1,000万円以上の法人を設立した場合

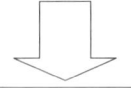

⬇

②	課税事業者となった課税期間の初日から2年を経過する日までの間に開始した各課税期間中に	新設法人の基準期間がない事業年度に含まれる各課税期間中に

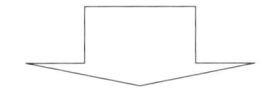

⬇

③	調整対象固定資産の仕入れ等を行い、かつ、その仕入れた日の属する課税期間の消費税の確定申告を一般課税で行う場合

Phase 3　事例を検討しよう

消費税簡易課税制度の適用を受ける届出書を提出した事業者は、事業を廃止した場合を除いて簡易課税制度の適用を受ける課税期間の初日から2年を経過する日の属する課税期間の初日以後でなければこの制度の適用を受けることをやめる届出をすることはできません。

A社は、平成20年3月期、21年3月期、22年3月期の3年間簡易課税制度の適用を受けていますので、23年3月期は簡易課税制度の適用を受けないことができます。

また、簡易課税制度の適用を受けないこととする課税期間については2年を

経過する日の属する課税期間についての制約はありませんので、平成24年3月期については簡易課税制度の選択をすることができます。

さらに、A社は平成19年4月設立ですので、「平成22年4月1日以後に資本金1000万円以上の法人を設立した場合」で「新設法人の基準期間がない事業年度に含まれる各課税期間中」のいずれにも該当しませんので、調整対象固定資産を平成23年3月期に課税仕入れ等を行ったとしても、調整対象固定資産の課税仕入れ等を行った日の属する課税期間から3年を経過する日の属する課税期間についての簡易課税制度の選択についての制約はありません。

したがって、A社は23年4月以後開始事業年度については消費税簡易課税制度の適用を受けることができます。

> **ちょっとひとこと**
>
> **調整対象固定資産と所有権移転外リースは？**
>
> 　平成20年4月1日以後に締結した所有権移転外リース取引についてはリース資産の譲渡とされますので、当然、その課税仕入れ等を行った金額が100万円以上であれば調整対象固定資産となります。事業者が支払うべきリース料の額を支払うべき課税期間の賃借料として経理している場合であっても同様です。
>
> 　平成22年4月1日以後開始事業年度において課税事業者選択届出書を提出した場合や新規に資本金1,000万円以上の法人を設立した場合の簡易課税制度の適用について、特に賃借料として処理している場合に、見落としがちになってしまいますので、注意することが必要です。

◀ 参考 ▶

[判例を読む]

○歯科技工所事件（平成18年2月9日　名古屋高裁判決）、最高裁判所第三小法廷平成18年（行ツ）第120号消費税及び地方消費税更正処分等取消請求上告事件（棄却）、平成18年（行ヒ）第135号上告受理申立事件（不受理）（確定）平成18年6月20日

決定（ＴＡＩＮＳ　Ｚ256－10305）

[事案の概要]

本件は、消費税簡易課税制度選択届出書を提出していた被控訴人が、自己の営む歯科技工業（本件事業）が消費税法施行令57条5項3号に定める第三種事業（製造業）に該当し、みなし仕入率が100分の70であるとして、消費税及び地方消費税（消費税等）の申告をしたところ、控訴人から被控訴人の事業は同項4号に定める第五種事業（サービス業）に該当し、みなし仕入率は100分の50であるとして、消費税等の各更正処分及び過少申告加算税の各賦課決定を受けたことから、上記各処分の取消しを求めた抗告訴訟である。

原審は、本件事業は消費税法施行令57条5項3号ヘ所定の「製造業」に当たると解するのが相当であり、同項4号ハ所定の「サービス業」であるとは認められないから、本件事業が第五種事業であることを前提として、みなし仕入率を100分の50とした本件各処分は違法であるとして、被控訴人の本件各請求をいずれも認容したため、控訴人がこれを不服として控訴した。

[裁判所の判断]

当裁判所は、被控訴人の営む歯科技工業は消費税法施行令57条5項4号ハ所定の「サービス業」であり、消費税簡易課税制度の適用においては、第五種事業としてのみなし仕入率100分の50を適用するのが相当であり、被控訴人の本件各請求はいずれも理由がないものと判断する。

ちょっとひとこと

裁判所の判断理由は？

この裁判では、第一種事業及び第二種事業については施行令第57条第6項において定義しているものの第三種事業及び第五種事業については定義していないと述べ、また第三種事業の1つである「製造業」及び第五種事業の1つである「サービス業」自体の意味内容が明らかにされていないとしています。「製造業」及び「サービス業」の意味を辞典等の記載を列挙して述べている

るが、必ずしも一義的に解釈することが可能なほど明確とは言えないとし、歯科技工所が「製造業」または「サービス業」のいずれに該当するかの判断を消費税簡易課税制度の目的及び立法経緯、税負担の公平性、相当性に求めています。

ここで裁判所は、平成14年度の政府税制調査会の税制改革答申において「基本的にはすべての事業者に対して本則の計算方法による対応を求めるべきである。また、中小企業者の多くが納税額の損得を計算した上で適用している実態が認められる。(以下省略)」との指摘がされ、簡易課税制度についてはその適用上限を5,000万円に引き下げて存置することとされた。と述べています。

さらに、消費税法基本通達13-2-4において「この場合においてサービス業等とは、日本標準産業分類の大分類に掲げる不動産業、情報通信業、運輸業、飲食店・宿泊業（飲食店に該当するものは除く）、医療・福祉、教育・学習支援業、複合サービス事業及びサービス業（他に分類されないもの）をいうものとする」とした上で、日本標準産業分類において歯科技工所は、大分類「N医療、福祉」、中分類「73-医療業」、小分類番号736、細分類番号7361「歯科技工所」に分類されるとしています。

また、TKC経営指標によれば1企業当たりの平均の課税仕入れの構成比は製造業が70.7％、歯科技工所が42％であり、消費税法のみなし仕入率は製造業が第三種事業として100分の70、サービス業が第五種事業として100分の50であるから歯科技工所が「サービス業」に分類することに不合理性は認められないとしています。

以上のように検討したところ、
① 「製造業」及び「サービス業」の明確な定義がないこと
② 簡易課税制度の立法経緯、税負担の公平性、相当性を考慮する必要があること
③ 日本標準産業分類により判断することが合理的であること
④ 歯科技工所の課税仕入れの構成比が第五種事業のみなし仕入率に近いこと

から、第五種事業のなかの「サービス業」に該当すると結論しています。

5 貸倒れに係る消費税額の控除等

法律の概要

　課税売上等に係る消費税については、課税資産の譲渡等を行った課税期間において納税義務が生じます。
　この法律は、その課税売上等に係る債権が、翌課税期間以後において貸倒れとなった場合について定めたものです。

具体例から学ぶ

[事例] 貸倒債権に係る消費税額

　A社は、X年度においては免税事業者でした。また、翌課税期間であるX＋1年度以後の各課税期間においてはいずれも課税事業者でした。

　X＋2年度である当課税期間において、X年度の課税売上等に係る債権①105万円（消費税等込み）について全額切り捨てることが確定しました。

　また、X＋1年度の課税売上に係る債権②42万円（消費税等込み）について破産の申し立てがありましたので、その50％を損金経理により貸倒引当金勘定に繰り入れました。当課税期間において、これらの債権に係る消費税額の控除の対象となる額はいくらでしょうか？

X年度（免税事業者）	X＋1年度（課税事業者）	X＋2年度（課税事業者）
債権①105万円	債権②42万円	債権①…全額切捨て 債権②…破産申立て

<適用条文：消費税法第39条>

Phase 1　原文を読もう

　はじめに、条文をそのまま読んでみましょう。筆者による網かけ部分（かっ

こ書き）をとばすと、わかりやすくなります。

(貸倒れに係る消費税額の控除等)
消費税法第39条　事業者（第９条第１項本文の規定により消費税を納める義務が免除される事業者を除く。）が国内において課税資産の譲渡等（第７条第１項、第８条第１項その他の法律又は条約の規定により消費税が免除されるものを除く。）を行った場合において、当該課税資産の譲渡等の相手方に対する売掛金その他の債権につき更生計画認可の決定により債権の切捨てがあつたことその他これに準ずるものとして政令で定める事実が生じたため、当該課税資産の譲渡等の税込価額の全部又は一部の領収をすることができなくなったときは、当該領収をすることができないこととなった日の属する課税期間の課税標準額に対する消費税額から、当該領収をすることができなくなった課税資産の譲渡等の税込価額に係る消費税額（当該税込価額に105分の４を乗じて算出した金額をいう。第３項において同じ。）の合計額を控除する。
2　前項の規定は、事業者が財務省令で定めるところにより同項に規定する債権につき同項に規定する事実が生じたことを証する書類を保存しない場合には、適用しない。ただし、災害その他やむを得ない事情により当該保存をすることができなかつたことを当該事業者において証明した場合は、この限りでない。
3　第１項の規定の適用を受けた同項の事業者が同項の規定の適用を受けた課税資産の譲渡等の税込価額の全部又は一部の領収をしたときは、当該領収をした税込価額に係る消費税額を課税資産の譲渡等に係る消費税額とみなしてその事業者のその領収をした日の属する課税期間の課税標準額に対する消費税額に加算する。
4　相続により当該相続に係る被相続人の事業を承継した相続人がある場合において、当該被相続人により行われた課税資産の譲渡等の相手方に対する売掛金その他の債権について当該相続があつた日以後に第１項の規定が適用される事実が生じたときは、その相続人が当該課税資産の譲渡等を行ったものとみなして、同項及び第２項の規定を適用する。
5　相続により当該相続に係る被相続人の事業を承継した相続人が当該被相続人について第１項の規定が適用された課税資産の譲渡等の税込価額の全部又は一

部を領収した場合には、その相続人が同項の規定の適用を受けたものとみなして、第3項の規定を適用する。
6 前2項の規定は、合併により当該合併に係る被合併法人から事業を承継した合併法人又は分割により当該分割に係る分割法人から事業を承継した分割承継法人について準用する。

法律と政令との関係

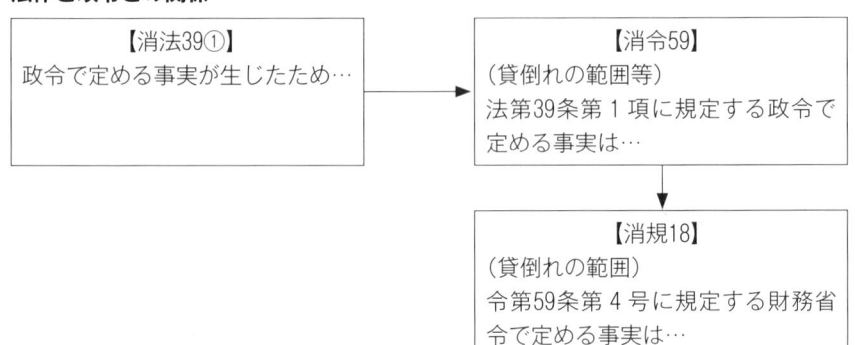

```
【消法39①】                          【消令59】
政令で定める事実が生じたため…  →  （貸倒れの範囲等）
                                    法第39条第1項に規定する政令で
                                    定める事実は…
                                              ↓
                                    【消規18】
                                    （貸倒れの範囲）
                                    令第59条第4号に規定する財務省
                                    令で定める事実は…
```

Phase 2　キーワードで理解しよう

次に、キーワードをつかむことにより理解しやすくなります。

キーワードは、（1）政令で定める事実、（2）領収をすることができないこととなった日、（3）事業者、です。

（1）政令で定める事実

政令で定める事実とは、次に掲げることをいいます。

号	内　容
一	再生計画認可の決定により債権の切捨てがあったこと
二	特別清算に係る協定の認可の決定により債権の切捨てがあったこと

三	債権に係る債務者の財産の状況、支払能力等から見て当該債務者が債務の全額を弁済できないことが明らかであること
四	前3号に掲げる事実に準ずるものとして財務省令で定める事実 1．法令の規定による整理手続によらない関係者の協議決定で次に掲げるものにより債権の切捨てがあったこと 　（イ）債権者集会の協議決定で合理的な基準により債務者の負債整理を定めているもの 　（ロ）行政機関又は金融機関その他の第三者のあっせんによる当事者間の協議により締結された契約でその内容が（イ）に準ずるもの 2．債務者の債務超過の状態が相当期間継続し、その債務を弁済できないと認められる場合において、その債務者に対し書面により債務の免除を行ったこと 3．債務者について次に掲げる事実が生じた場合において、その債務者に対して有する債権につき、事業者が当該債権の額から備忘価額を控除した残額を貸倒れとして経理したこと 　（イ）継続的な取引を行っていた債務者につきその資産の状況、支払能力等が悪化したことにより、当該債務者との取引を停止した時（最後の弁済期又は最後の弁済の時が当該取引を停止した時以後である場合には、これらのうち最も遅い時）以後1年以上経過した場合（当該債権について担保物がある場合を除く） 　（ロ）事業者が同一地域の債務者について有する当該債権の総額がその取立てのために要する旅費その他の費用に満たない場合において、当該債務者に対し支払を督促したにもかかわらず弁済がないとき

　上記四．3（イ）は、継続的な取引を行っていた債務者の資産の状況、支払能力の悪化により取引を停止した時をいいますので、不動産取引のようにたまたま取引を行った者についてこのような事実があったとしても適用されません。

（2）領収することができなくなった日

　上記（1）で定める事実があったため、その課税資産の譲渡等の税込金額を領収することができなくなったときは、そのできなくなった日の属する課税期間において、その領収することができなくなった税込金額に係る消費税額を控除します。

また、この規定の適用を受けた課税資産の譲渡等の税込金額の全部又は一部を領収したときは、その税込金額に係る消費税額をその領収した日の属する課税期間の課税標準額に対する消費税額に加算します。

　この規定は、被相続人、被合併法人又は分割法人に行われた課税資産の譲渡等について、その事業を承継した相続人、合併法人又は分割承継法人について上記の事実があった場合においても適用されます。

（3）事業者

　この条文では、事業者のかっこ書きにおいて消費税を納める義務が免除される事業者を除く、と規定しています。

　したがって、課税事業者が免税事業者であった課税期間において行った課税資産の譲渡等に係る売掛金等につき貸倒れが生じ、譲渡等の価額を領収することができなくなった場合であっても、その領収することができなくなった税込金額に係る消費税額を控除することはできません（消基通14-2-4）。

　同様に、事業を廃止し又は免税業者となったあとに、課税事業者であった課税期間において行った課税資産の譲渡等に係る売掛金等につき貸倒れが生じた場合においても、その領収することができなくなった税込金額に係る消費税額を控除することはできません（消基通14-2-5）。

Phase 3　事例を検討しよう

各課税期間における債権の額

X年度（免税事業者）	X＋1年度（課税事業者）	X＋2年度（課税事業者）
債権①105万円	債権②42万円	債権①…全額切捨て 債権②…破産申立て

　債権①は、免税事業者であった課税期間（X年度）において行った課税資産の譲渡等に係る債権に該当しますので、債権を切り捨てることが確定した課税

期間において課税事業者であったとしても、その領収することができなくなった税込金額に係る消費税額を控除することはできません。

また、貸倒引当金への繰入れは領収することができなくなった事実には該当しませんので、課税事業者であった課税期間（X＋1年度）において行った課税資産の譲渡等に係る債権に該当したとしても、当課税期間（X＋2年度）の課税標準額に対する消費税額に加算することはできません。

したがって、当課税期間においてこれらの債権に係る消費税額の控除の対象となる額はありません。

■監修・編著者一覧

【監修】税理士　藤原　伸彦
【編著】税理士　橋本　清治
【執筆】第1章：税理士　河合　由紀子
　　　　　　　税理士　山田　晴彦
　　　第2章：税理士　中瀬　進一
　　　　　　　税理士　松本　直哉
　　　第3章：税理士　藤本　幸三
　　　　　　　税理士　西本　隆文
　　　第4章：税理士　仙田　哲也
　　　　　　　税理士　春好　崇樹

具体例で理解する 税法条文の見方・読み方

2012年6月15日　発行

編著者	橋本　清治
著　者	河合　由紀子／仙田　哲也／中瀬　進一／西本　隆文／ 春好　崇樹／藤本　幸三／松本　直哉／山田　晴彦　　　Ⓒ
発行者	小泉　定裕
発行所	株式会社　清文社 東京都千代田区内神田1-6-6　（MIFビル） 〒101-0047　電話03（6273）7946　FAX03（3518）0299 大阪市北区天神橋2丁目北2-6　（大和南森町ビル） 〒530-0041　電話06（6135）4050　FAX06（6135）4059 URL http://www.skattsei.co.jp/

印刷：亜細亜印刷㈱

■著作権法により無断複写複製は禁止されています。落丁本・乱丁本はお取り替えします。
■本書の内容に関するお問い合わせは編集部までFAX（03-3518-8864）でお願いします。

ISBN978-4-433-53562-9